文化与城市研究译丛

李建盛　主编

城市的想象性结构

[美] 艾伦·布朗（Alan Blum）　著

李建盛　译

The Imaginative
Structure of the City

北京师范大学出版集团
BEIJING NORMAL UNIVERSITY PUBLISHING GROUP
北京师范大学出版社

目　录

致　谢　　　/ I

导　论　　　/1

第一章　城市不过是一个符号　　　/28

第二章　共同情境　　　/63

第三章　时间、空间　　　/113

第四章　世界主义　　　/147

第五章　夜间　　　/183

第六章　场景　　　/214

第七章　唯物主义　　　/250

第八章　无常性　　　/307

第九章　兴奋　　　/346

结　论　　　/389

参考文献　　　/396

索　引　　　/450

致　谢 ^{vii}

　　1998 年前后，在加拿大多伦多约克大学，我主持社会学系委任委员会的工作，负责这 1 年聘请 1 位城市社会学专家的任务。在阅读该领域的文献时，我激发起对于社会学理论空间干预的思考。于是我开始撰写并整理了几个章节。这些章节是最终成为 1 本书的基础。1 年里，我和同事伊万·戴维斯谈到合作开展一个研究项目来阐明这些兴趣的前景。他正在研究与世界城市文化相关的问题。他和我一样，也认为至少在社会学上，需要对文化和城市进行更加细致的研究。在准备加拿大社会科学与人文科学专业合作研究项目竞标申请书时，我创建了一系列文档，并最终获得撰写这本书的资助。我说这一切，是为了说明申请过程及官方要求和这本书之间的相互影响。我写申请书的经验，以及面对文献和研究的经验以不可估量的方式回馈了这本书。城市文化项目执行委员会不仅正式"反馈"或回应章节的问题，而且采取持续对话的形式与我交流。我的不当想法通过我们之间面对面的接触得到修正。在这里，我提到苏珊·贝内特、基兰·邦纳、让-弗朗索瓦·科特、珍妮·马尔切索、格雷格·尼尔森和威尔·斯特劳。他们都非常支持我的工作和我本人（我的抱负、愿望、好奇心、议题），甚至在反对中我仍然能听到清晰而自主的声音。他们带来了不同的观点和力量，促使我常常重新思考和表述不言而喻的知识习惯，以及那些通常被支配的心照不宣的教条。当然，完全免责是不可能的。我必须提到这套丛书编辑的鼓励和批判性回应。基兰·邦纳总是因为他的诠释严谨和智慧慷慨而受到重视，因为他有耐心和勇气处理表面上容易处理的问题，并将其转化为问题—解决的情境。他越来越多地致力于应对被视为理所当然的社会形式的反思性挑战，这是一种不可或缺的力量。通过他的分析技巧，威尔·斯特劳向我表明，文化研究可以成为日常生活的民族志，其方法就是对流行文化分析中已经僵化的区分用法提出问题。

尽管我们处理这一现象的做法各不相同，但是本书的"致命策略"就是围绕集体生活中失去超越性的问题揭示不可简化的模糊性。本书被这种多样性所滋养，不仅是一种多元文化的跨学科组合，而且接近于同事之间活生生的辩证法。我的目的是要围绕作为主题和资源的超越性终结问题兑现研究的主动性（因此，作为一个"终结"，它本身就是研究的开始），这要求我以对话的方式加入（哲学、社会学、人类学、后结构主义、历史、艺术）学科、风格和趋势之中。它们是在机械复制时代揭露形式概念模糊性的策略的一部分，表明这个问题在日常生活中是如何持续存在的，即使在争论中也是如此。在加拿大社会科学和人文科学理事会的鼓励下，城市文化项目的知识多样性，作为其跨学科任务的一种生动转化，不仅增强了来自不同学科的教师和学生对该项目的协作，而且已经关键性地融入本书及其方法的构成中。我试图把各种明显的分离性话语联系起来，作为加剧根本模糊性策略的一部分，这种模糊性是在空间和时间、共同情境、普遍主义、场景、夜生活、建成环境和当下的表现中被揭示出来的。艺术、历史、时间和场所、社区、社会阶层和本质主义等概念既是理论化的终点，也是其开端，因为干预的空间（对反思或鲍德里亚所称的激进性而言的空间）在本书中充当案例研究或探究的机会——在显而易见的社会实践和解决问题的举措中，总会浮现在人们的脑海中，伊曼努尔·列维纳斯称之为"夜幕下不可知的黑洞"中的顽固问题。在本书中，我要做的是把这个"黑洞（黑暗整体）［black (w)hole］"的问题看作城市日常生活集体化一个可观察的焦点，看作把具体案例研究阐述为问题—解决情境的机会。

我在如下会议上提交了本书的一些部分或片段，在隆德大学举办的国际社会学会议，由爱尔兰国立大学梅努思大学、曼彻斯特城市大学、威尔士大学举办的理论研讨会，麦吉尔大学的夜间与城市会议，以及在柏林洪堡大学为罗尔夫·林德纳的学生举办的会议。我的大部分写作是在班戈的威尔士大学进行的，社会科学系主任霍华德·戴维斯尽一切可能让我过得轻松愉快。在准备书稿时，阿格尼丝·姆罗茨帮了我很大的忙，把我从一些技术灾难中拯救出来。在写作过程中，我们心中始终保持一种积极精神。我的同事吉姆·波特是一个坚定的朋友。许多来自约克大学不同研究生课程班的学生在课堂、小组和日常工作中，以至关重要的方式与我合作，总是用他们的想法、研究和智力激励我，宽容地对待我。他们通过自己的研究，以及具体的工作和批判性的回应丰富了我的写作内容。我特别提到默文·霍根、赛义德·海达利、萨拉·利纳马、斯蒂夫·卡鲁宾诺娃、塔拉·米尔布兰特、彼埃尔·欧莱特、梅瑞狄斯·里斯克和珍妮·伯曼。我要特别感谢保罗·摩尔。乔玄昆为提高我的技术和视觉素养出力。卡尔加里大学、康考迪亚大学、麦吉尔大学、蒙特利尔魁北克大学和滑铁卢大学的圣哲罗姆大学的学生们在会议和讲习班上宣读论文，常常使我感到兴奋和受到启发。我把他们所有人列出来形成了一个邮件讨论组。约克大学的尼克·罗杰斯写了一系列有帮助的、批判性的评论，回应或从一个持怀疑态度的历史学家的角度所做的演讲。我的女儿贝丝经常与我讨论这项工作的哲学立场所具有的重要性，她的阐述表现出明显和非常直接的对于顺从的矫正方法，因为这种顺从不断诱惑理论化。埃尔克·格伦泽整个行程都和我在一起，对所有章节都做出了积极回应，当语言不顺畅时总是参与讨论和帮助我，和我一起克服我在写作本书过程中出现的精神波动。她总是在关键时刻参与进来，让书稿恢复生气。

导　论

　　在审议和争论各种常规事务的时候，把城市表现为一种集体化场景的不同方式通常就会出现在关键时刻和各种场合。在马克斯·韦伯的意义上，城市被视为由劳动分工的迫切需要和制约经济的功能主义操控的企业集团。只要我们处理和看到最初的公共特性，城市就会被理解为包含比这更多的起源。城市生活的生动辩证法就是在解决关于集体性质的不同看法之间的张力中变得生机勃勃的。城市历来都被这个问题所困扰，这种困扰表现在其作为一种组织的两面性进行的斗争中，这种组织由对劳动分工的自我理解和对共同性的需要与渴望所支配。

　　柏拉图的《理想国》表明，公共实践或者他所谓正义的国家，可以在工具性交易、专业能力和资格的理想所支配的环境中得以实现，可以在劳动分工以及他所认为的制约性经济统治的世界中得以实现。黑格尔把集体发展作为一种需求系统和一种精神实体性质之间的张力。在把城市看作集体化动力的范例中，我认为其社会形态和过程反映了面对转变进行自我认识的不懈努力，而这种变化可能会使人们认为这种过程的理论化似乎是毫无意义或本质主义的，也许是一种过时的姿态，一种体现在虚无主义挑衅中的诱惑，即城市只不过是一种符号。

作为集体生活环境的虚无主义

从某种意义上说，每一种伟大的哲学都是从虚无主义的幽灵中分离出来的，这令人想起存在的无根性（groundlessness）。这不仅是一个抽象的哲学问题，因为大众文化充斥着虚无主义的图像，并且把日常生活中的斗争戏剧化已经有很长时间了，如在突出某个人物与精神病患者、捕食者、连环杀手、机器人、十几岁的青少年、贪得无厌的商人或者政客相遇的电影中。在多数情况下，虚无主义者头脑中总是萦绕着人类力量的限度。虚无主义的诱惑出现在我们认识到面对解释和行动都难以表达的那些关键时刻，出现在尼采所说的行为变得无所作为的荒谬似乎就是唯一真实的时候。假如虚无主义的集体表现是社会生活的一种基本力量，那么它就很有可能来自海德格尔所说的我们自身遭遇的不确定性与人类作为某物的地位，而不是这个世界上到手之物的遭遇中必有的焦虑。这和查尔斯·波德莱尔的评论相一致，哲学是一个时代的焦虑症状，意味着每一种哲学在某种程度上都是解决焦虑的一种症状，特别是在塑造一种特别的方式，既在自我提问中夸夸其谈，又在采取措施中犹豫不决。如果每一种哲学都是与对话者压制性的对话，都是用挑衅（柏拉图所谓的善）挑战对真理和知识声音的渴望，那么虚无主义就是善内在所固有的，就好像总是处于行动中的犹豫不决的痕迹。也就是说，在它如其所是地呈现出来的时候，就像赋予其名称的艺术和实践一样，每一种哲学都要求把握虚无主义，仿佛仍然被它的声音所困扰。这把虚无主义从一种学院派哲学家的抽象妄想中拯救出来，因为在作为一种焦虑的状态中，它依然具有生命活力。哲学与虚无主义的长期对话，作为它沉浸于生命之中的一种症状，不过是对我们有限性的集体自我反思的一种净化，因此，是永无止境的，并且往往是对我们自我反思时必不可少的"焦虑"的平常关注（Bonner，2001）。

尼采把权力恢复为对更为高贵的欲望的一瞥，而不是通常所认为的"治理"。这种"治理"把社会性本身构想为他所说的我们在最好的艺术中发现的同一种能力，即创造和再创造的欲望，也就是他所说的"权力意志"。从这个意义上说，城市本身就是一种赋权行为，一种艺术表达，一件艺术作品。尼采说，试着从艺术家而不是从任何男人的角度考虑一下对真理的欲望吧。这意味着我们对城市真理问题的反思，不应该像任何男人（管理者、学者、技术人员、大街上的男人）那样对它进行思考，而应该像艺术家那样去思考。因此，出于理论化的需要，从这个角度看，城市呈现为全神贯注于生活细节的行为过程的结构，目的不仅是忍受这种生活，而且是自我救赎，也就是说，它不只是一种人和资源的数量集合体，还是一个形成过程中的共同体。

尼采继续说，然后从生命的角度来考虑一下这样的形象。他用生命说明威胁着那种要破坏渴望真理本身的矛盾、缺失、断裂、鸿沟和抵抗，因为生命总是检验理性并发现想要的东西，总是在这种意义上超过理性。没有任何一个总体计划能够掌控城市所滋养的生命。城市必须与生命相适应，生命可以使城市消失和沉没，可以完全体现在生活和工作的意外事件之中，反映在会聚与召集的偶然性之中、社会化个体的可能性之中，同时保持这些关系的特殊性和具体性。我们可以这样理解，城市假如是一件艺术品，那么也是一种生命的力量，使人们看到相互冲突和差异的个体需求，追求的目标，支配一切而又无能为力的想法，对自律和独立比较与对比的愿景，对功能的异质性看法，关于管理、制定和分配资源的资格，以及对作为相互作用、认识结构一部分的最佳解释和判断的不断演变与争论的设想。城市这种社会形态的艺术与生活之间的张力，体现在作为一个由劳动分工的利益和需要所支配的集体的重要性与渴望重新变为一件艺术品之间的斗争中。

假如城市是在与生命的永恒斗争中被创造和更新的一件艺术品，而这种生命又让人想起对无根性的真理决定性的渴望，那么这件艺术品如何在场，如何表现出一种创造性和至关重要的实践集合呢？作为一种开始，乔治·巴塔耶在这里是很有帮助的："知识的终极发展正在受到质疑，我们不能无止境地服从答案……服从知识……而且知识最终向虚无开放。在知识的巅峰时刻，知识停止了。我屈服，一切都是眩晕。"（Bataille，1988b，89）他告诉我们一种集体艺术包含什么，权力意志可以通过创造质疑的环境来表达，而这种环境要求在面对生活时要努力保持自己的声音（但生活是鼓舞人心的，而不是对存在的无根性的可怕认识，不是对不可避免和不可动摇的眩晕的可怕认识）。作品中所反映的就是这种明显可见的城市表象，它们不仅展示（根本模糊性的）眩晕的生产，而且展示这种生产所激发的社会形态的创造，仿佛这种生产就是集体生活的焦点。这意味着一个城市对待自身的最好方式就像对待一种社会形态一样，带着眩晕，既不要想方设法掌控，也不要试图消除，而是通过问题—解决的方式在日常生活中遭遇眩晕。更进一步说，这就是城市在所有日常生活领域中发现的东西，那些具体的伦理冲突被戏剧化了，并且出现了对眩晕永无止境的独出心裁而又争论不休的解决方案，这种眩晕伴随着任何一个声称是确定性的决断。正如巴塔耶所说的，如果每一个决断都是犹疑不决的，那么这个信条就不能赋予我们权力，在不能决断的自我生命中再度发现社会的创造性。

城市是什么？对城市具有强烈兴趣的性质是什么？假如像巴塔耶所认为的那样，这种研究的结果只能是质疑，那么这是一个需要导向作为具有约束力和创造性社会力量的眩晕的问题。因此，探究可以把自己当作艺术来进行反思，尽力在言谈中表现一种把人们聚集在一起的提问环境，尽管围绕提问本身的行为有各种差异性，但是这种行为总是被客观化在各种不同的研究之中。在那里，问题和眩晕都在转瞬即逝的社会形态和城市的日常生活中继续作为不可避免的痕迹而存在。然而，这种提问的筹划不是一种不可分割的行为，而是在那些由关注点激发的行为之间和行为之中产生差异。正如斯宾诺莎所说的，不同的人以不同方式观看同一个客体，同一个人也以不同方式观看同一个客体。因此，如果一种筹划认为对艺术和生活的承诺就是这种环境，那么它不是对学说统一性的承诺，而是对提问的游戏及其在研究中的客观化的承诺。这意味着，我们可能会冒着风险把这样一种探究的好处看作以一种谨慎的方式来设想的承诺，即对发展过程中的共同体的承诺。而这种共同体（用黑格尔的话说）是未发展的、隐含的和抽象的，本身总是演变为一个导向眩晕的开放问题。因此，作为一个共同体的城市就是正在进行中的作品（对城市的研究也是如此）。

作为主体和客体的共同体

巴塔耶对海德格尔在某个地方所说的话做了评论。海德格尔说："在我们探寻者的共同体中，教授和学生都是由知识决定的。"（巴塔耶所引，1988a，24）巴塔耶反对这种说法，他说："恰恰相反……没有探寻者的共同体就不可能有知识，没有生活于其中的共同体也就没有内心的体验"。然后，他说了这样的话：

> 当人们互相注视的时候没有任何真理，似乎他们是相互独立的个体。真理开始于共享的对话，共享的欢笑，共同的友谊，并且它只发生在人与人之间。我讨厌把人与孤立联系在一起的想法。认为自己反映着这个世界的隐士在我心目中是可笑的。他不能反映这个世界，因为他本身就是这种反映的中心，他不能与一个没有中心的东西相联系。在我描绘它的时候，这个世界看起来并不像一个分离的或受限制的存在，而是类似于我们欢笑或做爱时从一个人传到另一个人的东西。当我认为这就是事物所是的方式时，无限就敞开了，我就迷失了。（Bataille，1988b，44-45）

尽管今天我们可能会说，巴塔耶似乎有点儿像那种大惊小怪的人，总是把自己推向眩晕、虚无、无限；但是对言说和写作进行反思是值得的。就像人们在戏剧中迷失自己一样，为了重获它们的声音，在这种探究的每一点上，思考对于艺术品的研究如何可以在质疑中失去自我，以及我们理解为研究的东西是否或者如何能够符合这样一种具有原则性的要求。思考这样一种言说和书写方法在人文学科、艺术和社会科学中会是什么样子是值得的。

言谈中的城市

为什么城市既表现为社会理论的主题，又表现为有关社会理论的原始(西方)文本资源，即柏拉图的《理想国》呢？在那里，城市与讨论有关(人们认为这种讨论是在城市中形成的)，与所讨论的"是什么"(国家正义与发展)有关。《理想国》回忆苏格拉底如何提出讨论这个问题，就是一个描述理想国形态的问题，以及一个"让我们相信它能够被实现和表明它如何实现"的问题(v473，Chapter XVIII，178)。这意味着在交谈中，我们不只谈及正义，而且在做正义的事情，并且如果与此相协调，就能够认为我们自己实现了正义和证明了正义是如何实现的。这也意味着，一种解决城市问题的筹划，按照它自己的方式在这场谈话中展现自己，就像某类城市的诞生一样。假如正义在言谈中描述了提问环境，那么《理想国》提出要在这样一种成就中表现艺术与生活之间的斗争。柏拉图想通过会话实践把正义落到实处，在共同努力的实践中，这种方式能够在我们之中和我们之间得到具体化。

如果这个理想国是在具体的对话实践和提问环境中，那么我们可能会认为，我们必须面对的问题不是制定和实现理想，而是处理行动后果，也就是说，处理生命及其所不断提醒的我们的极限。这意味着，这样一个共同体的形成，在某种程度上就是重新制造不断困扰它的虚无主义。因此，柏拉图向我们表明了这种理想国是如何形成的，以及我们如何可能被说服。但是，只有当我们面对作为理性极限的眩晕时才会被说服。这意味着正义并不是某种乌托邦式的梦想，而是伴随着对眩晕的经验而产生的，并在

8

The Imaginative
Structure of the City

其后必须有保证。无论城市的力量还是对城市探究的力量都并不完全在于目标或里程碑的实现，而且在于表明（实现）对其自身眩晕的可论证和令人愉快的"解决方案"的能力。

城市至少以两种方式与这种讨论有关。首先，与自然不同，它不是一种被欣赏、被敬畏或者在技术上采取行动的（如在崇高中，在安静的地方休息或度假时的放松，培育植物，驯养动物，在运动中锻炼身体）一成不变的环境，而是涉及共同相互影响的机会，在这种语境中，从试图相互说服中释放出来的对我们产生强烈影响的激动和挫折，会提高我们的责任感和敏锐性。城市是这样一个对话场所，因为它就是我们对世俗影响的渴望必须与我们努力说服对方所释放的"巨大"力量发生冲突的场所。城市体现了这样一种危险，并且在这样做的过程中，起到了鼓励人们交谈的作用。我们在《理想国》的开篇就看到了这一点，一群年轻人试图说服苏格拉底和他的朋友格劳孔，阻止他们逗留，和他们一起去克法洛斯家。

> 苏格拉底，玻勒马库斯说，我确实认为你要赶回城里去，扔下我们不管。
>
> 你猜对了，我说。
>
> 嗯，他说，你看到我们是一大群人？
>
> 我看到了。
>
> 除非你是我们的对手，否则你必须留在这里。
>
> 难道没有别的选择吗？我说：我们也许可以说服你们，然后你必须放我们走。
>
> 如果我们拒绝听，你怎么说服我们呢？
>
> 那我们就没有办法了，格劳孔说。

　　好吧，我们会拒绝的。你们可以下定决心走了。（chapter 1，i. 327-331 D，3）

　　在这里，对话本身的原始问题是通过力量、人数和拒绝的数量提出来的。与之相匹配的欲望可能会被压倒，被默许，正如我们之间根据数量做出的任何决定一样，数量强加的力量必须受到质疑。在最好的情况下，说服本身可以用一种拒绝屈从于它的力量的姿态被拒绝。虽然苏格拉底暗示，他可以通过理性说服来战胜数字的力量，但是柏拉图更深刻地暗示，即便他取得成功，本身也是对一种力量的运用（他的说服力的力量），最终可能会撞到拒绝的砖墙上。这不仅是共同体"内部"的行政问题，也是共同体与外界的关系问题。在这里，被理想化的提问环境的可能性，在很大程度上取决于它所采取的拒绝措施的能力。"如果你们拒绝的话，我们就无法与你们交谈。"格劳孔说，玻勒马库斯用他们会永远拒绝的承诺来进行反驳。集体实践的精神永恒性必须领会和表现拒绝的声音，而这种拒绝的声音是真正艺术的一部分。

　　对提问环境的承诺可能会以相同方式受到内在和外在数的力量的诱惑，即这样的提问方式不仅必须使自己相信可以在最好的意义上实现，而且在这种情况下，它必须同意自己拒绝相信这一点或听从自己的意见（它的顺从，它在面对任何行动"荒谬"的犹豫不决时无所作为的倾向），而且必须进一步说服自己，在一个受数的力量支配的世界中，它是一个少数群体，这并不表示它的不可能性，而是实现它的必要条件（这种永恒的拒绝就是其生活的一部分）。正如玻勒马库斯承诺永远都不听一样，拉康则用另一种语调说他者并不回答。这意味着，提问的环境必须永远存在于其未回答的问题中，只能在没有这种保证数量和可能达成一致的情况下，通过"说服自己它可以产生并指出它是如何实现的"来使未回答的问题持续存在。

色拉叙马库斯

对《理想国》各部分评论最多的是色拉叙马库斯。他在谈话初期的不耐烦随着他的倾听而变得越来越明显。

10　　　　在整个过程中，他不止一次打断我们的谈话；但他的邻居阻止了他，希望听到最后的争论……他再也不能保持平静，而是像一头野兽一样起身扑向我们，好像要把我们撕碎似的。当他冲向全部客人的时候，玻勒马库斯和我都吓得魂飞魄散。你们俩怎么了，苏格拉底？你们为什么要这样愚蠢地继续下去，客气地顺从彼此的胡言乱语？如果你真的想知道正义意味着什么，就别再问问题了，就别给你们得到的答案打分了。你非常清楚，问问题比回答问题更容易。回答你自己，告诉我们你认为正义意味着什么。我不需要你告诉我们它就像强制性的或有用的或有益的或有利的或方便的东西一样；我想要一个清晰而准确的陈述；我无法忍受那种废话。（chapter 111，i. 336 B-347E，15-16）

色拉叙马库斯认为，某物的意义是由更强大一方的利益决定的。这一说法不仅适用于狭义上理解的政治，而且适用于意义、语言、话语及其根据所谓的"利益"做出的决定。这是今天的许多人经常说的话。

同样，在所有国家，"权利"有相同的含义，即对党派来说它在权力中被确立的是什么。并且这是最强大的。因此，第二个结论是，"权力"的东西在任何地方都是一样的，这是最强大党派的利益。（chapter 111，i.338-1.339，18）

这样一句格言适用于解释本身，也适用于说某种东西是什么，特别适用于色拉叙马库斯所说的在这次聚会中正义是什么。因为他表明了他对成为一个更强大一方定义的清晰性和力量，与那些他认为优柔寡断和闪烁其词的懦夫相反。色拉叙马库斯的不妥协试图强化他的论点，以便控制这场讨论。如果色拉叙马库斯在这里表现得好像他属于更强大的一方，那么这与他的论断是一致的，即强势的一方决定某种东西意味着什么。对他来说，对话不过是他声称的事情就是这样的一种延伸而已。

我们可以把苏格拉底与色拉叙马库斯的斗争看作一场关于谁是最强大一方的竞争，因为苏格拉底的力量显然也在发挥作用，他渴望沿着某些路线来引导探究。然而，任何赢得争论的人都可以被看作更强势的一方（解释最有力）。因此，柏拉图认为苏格拉底处于一种令人眩晕的迷失地位。也就是说即使他处于必须肯定色拉叙马库斯主张的立场上，即使他赢得了这场争论，那也是因为他是最强大的一方。

苏格拉底处在肯定色拉叙马库斯的一个奇怪立场上，即使在实践中反驳了色拉叙马库斯，因为苏格拉底的目的是要维护正义本身，而不是认为正义是由最强大一方的利益决定的，但他仍然是一个被更强大一方的欲望所吞噬的人。《理想国》要求我们考虑令人惊异的真理难点，如果理性是由自我利益的力量支配的，那么对他者的任何反驳都是对自我的反驳，因为任何争论都只能证实它的说服力的力量，而这种说服力归根结底与力量的外在性无关（就像布尔迪厄所说的，口齿更伶俐的教授恰好是更强大的一方）。

好像色拉叙马库斯的声音是永远无法被压制的，因为他能够说任何事情，包括反驳他的人的观点，这是由强势一方的利益所决定的争论。这就告诉我们，要实现正义，必须在一定程度上说服自己，色拉叙马库斯的声音已经被仔细斟酌过，并且发现不合适，在权力、自身利益和反驳的圈子之外还有一些出路。这样，关于正义的对话就不得不与我们可能认为的糟糕的二元论（就像临床实践中谈论坏胆固醇的方式）进行争辩，这种糟糕的二元论促使我们认为言行是如此不同，生命是如此重要，言语是如此致命，而对话对事物本身存在的方式没有任何影响。这样，柏拉图便通过苏格拉底与他年轻朋友之间的关系，证明了这种可能性并不是在统一的学说中实现的，而是在那些渴望实现正义，渴望正义成为一种真正对话实践的人身上体现出来的。

苏格拉底正在寻找那些对谈话友好的人，而不是那些分享他在这段话中所证明的教义的人。格劳孔和阿第曼图斯认识到，苏格拉底没有反驳色拉叙马库斯，他必须做更多的工作，必须对自己提出更多的要求。和苏格拉底一样，他们也同意这种直觉，即正义不能仅仅是强者一方利益的表达，并且正因为这种一致性，他们敦促苏格拉底继续提问。苏格拉底对这种表达共同愿望的喜悦，在致力于实现对话的实践中把他们联系在一起，即便他们对他的论点仍然不满意也同样如此。他们与他并不是理论上的分歧，而是针对他愿望的批判，这就肯定了对话状态是一种提问的友好态度，这是一种面对任何看似固定不变的东西都必须继续提问的态度。在这种情况下，只要它的最终目的可以作为一个机会被重新激活，使正义成为一种对话性的实践，就会产生对反驳的真正满足感。

柏拉图处理的问题是，一个提问环境是否存在并且如何能够存在或者在行动中如何实现，不是通过规定它的存在，而是通过 *12* 建构一种情境。欲望与生命的反复无常在这种情境中发生冲突，从而使人们看到在这样一种环境中需要什么东西来抵制虚无主义的声音。这些"需求"不过是表现保护自己不受生命伤害的艺术愿望，对话试图保护自己免受巨大眩晕及其各种不可控制的力量的表达，免受无法穿透的沉默以及永远自我取消的反驳。在这件艺术作品中，苏格拉底仍然保持另一个角色。《理想国》把各种方式都戏剧化了，在那里，生命的反复无常威胁着要撕碎作为一种集体事业的早期集体性纽带，而这种集体事业致力于掌握其内容，致力于获得一种最终答案。为了相信正义是存在的，我们需要说服自己这样的提问能够并且确实存在，在解决城市问题的实践中这两者同时存在于我们之中和我们之间。

提问城市

这样一种提问环境能够以色拉叙马库斯的方式被冷嘲热讽地听到，或者被看作一种陈词滥调，仿佛我们是在宣扬简单的"开明思想"或一种"目标"，比如模糊性本身就是一种目的，需要证明在这里有我们想要的更具体的东西。无论对我们这些探究的人还是对我们研究的内容来说，问一问所有这一切与我们和城市究竟有什么关系是合理的。我一直在力图提出这种主张，即这样一种环境给城市带来了差异性。这样，我们就可以为这本书兑现一个身份，并给予本书一种属于它自己的声音。

在我们探究的每一个清晰可辨的地区，转瞬即逝的城市生活都会产生坚定的解释和行动，在严肃的质疑中，这些解释和行动揭示了对不确定性集体焦虑的踪迹及其作为一个有待解决的问题的不可思议的持久性。这个问题就是，人们在犹豫不决的时候如何做出决断？在城市日常生活中，这种焦虑表现在伦理冲突中，这些冲突揭示了人们通过各种努力去把握和表现集体遭遇的时间和空间、分隔和邻近、居住和定居、地方性和忠诚、人与物之间的距离、即将消失的瞬间和场所的"浩瀚无边"的问题。城市的想象性结构在某种程度上，涉及权力问题所引起的集体焦虑，涉及场所与生活共同的和相互作用的重要性以及预测这种提问答案的不可能要求。城市的想象性结构体现在那些具体场合，即体现在一种重建行动中，体现在规划中，体现在改变和抵制社区突变中，体现在组织一次节庆或旧货现场出售中，体现在表达和争议住房的需求中，体现在确定和寻求救助贫困中，体现在工业搬迁中，体现在那些数不胜数的城市生活细节中。这些细节总是对理想和现实之间的冲突提出质疑（或者更贴切地说，有关价值的冲突，或者政策称之为"最佳实践"的东西），此时，不确定性仍然是犹豫不决的踪迹。因此，案例研究或探讨重新呈现出这种集体问题—解决（problem-solving）的形象。但是，只有当这个例子被质疑的时候，它才能表现出它的眩晕，只有当提问对自己提出要求的时候，它才能努力在具体行动情境细节的表现中看到它所运用的社会不确定性的网络，以及力图解决问题的各种预期解决方案。

13

客观和主观

人们用无数的方式表达城市，就像金赛报告中对性的描述一样，按照巴塔耶的外在性，如频率、立场和阶级："当我们在一张 10 栏的表格下面读到这个标题时，我们不得不发笑，'美国人口性高潮的原因'，这些机械分类通常适用于像钢或铜的吨数这样的东西，与内在的现实性完全不相称"（Bataille，1986，153-154）。这些"机械分类"在巴塔耶看来似乎很可笑，因为他判断它们存在着不足，发现它们是还原论的，但是根据他对词语"内在的现实性"的直觉标准，它们却往往是我们需要通过提问来阐述的出发点。因此，真正可笑的是那种把问题的开始当作结果进行的研究，这种研究对进一步探讨漠不关心。

我并不是在选择与实证科学明显不同的"主观"方法来看待城市，在这个题目下发生的任何事情，仍然把城市当作一个明确的分析对象。例如，想象一下，我们开始于从数百万人那里收集到的第一手"内在"证据，而不是对城市的这些外在看法，那些人在叙述中向我们表明城市（或性别）对于他们意味着什么。然后，我们可以得到一个类似于被巴塔耶所取笑的标题为"美国人口性高潮的二百万个故事"的例子。这仍然是可笑的，因为在这种情况下，性不是被看作一吨钢或铜，而是被当作知识来传播的一种意见，在这里，那些"拥有"性的人或者说认为性是合适的人，只要能够表达个人的信念就可以了。

我们必须从这些地方开始，这一事实并不意味着以此结束。这些开始总是吸引人们思考在这些材料中有什么事情正在揭示一个社会的效果，也许这种效果是共同的，但是以不同的方式表

14

现。正如材料所暗示的，这样的揭示总是吸引一种敏锐的眼光。可笑的是，不要通过且满足于非中介的开端进行这种揭示。我们希望从人类学角度看待这些观点，这意味着由这种可操作性的假设带来的麻烦，既不是希望对手头的问题提出更好的定义或证据，也不是想"取代"或反驳关于这些问题的假设。当我们探讨城市表象在各种旨在"解决"漠糊性问题的话语中出现的方式时，并不是在进行更深入的探讨，以纠正事实，也不是在打官司；毋宁说，我们试图考察，面对这样的分裂，城市作为一个对象的问题，究竟是如何作为一个集体关注的隐性焦点牢固不变，如何默默无闻地以集体化问题为中心进行协调一致的活动的。这意味着本书体现并在每章标题中所提到的行为，既不是简单确定的，也不是完全散漫无边的，而是问题—解决的过程。在这些过程中，这种关系本身集中于城市是一种至关重要区分的集体化问题。

我试图利用许多被协调的声音构筑一种集体参与感，仿佛是由不同观点或言说者构成的一种蒙太奇，通过伦理冲突或者戏剧化叙事的例子加以阐明。集体本身的意义就是社会生活中一种具有约束力的基本力量。这些由不同观点构成的蒙太奇，使发言者通过我们把注意力集中在他们的关系上，彼此相遇而变得富有生气，仿佛是把他们联系在一起的一个关注中心一样。这种筹划的说服力取决于在微小的迹象中体现社会基本力量的方式。

我把城市看作以不同的方式，在人们的生活中发挥至关重要作用的一种特质。即使这种特质就像许多人所设想的那样，是不明确、不确定、不实在或者虚幻的，也必须以证实其至关重要性的方式来关注这一点。此外，尽管当这种特质呈现给人们时，人们可能会对其重要性有各种各样的看法，但是这并不意味着人们理解或者致力于质疑这个问题。从这个角度看，我把城市理解为一种激发一系列遭遇的集体力量，这些遭遇与特定场所的使用以及这些使用在日常生活中所起的作用有关；或把城市理解为与功能性和象征性参与其中的人口有关的地位问题。

在本书中，我们反对把理论化等同于解释。一是因为这种差异性的失败造成了一场灾难性危机（Girard，1977）。在这场危机中，只有通过命令或武力才能解决充分性的问题（色拉叙马库斯的论点）。二是因为解释往往通过对深度性或目的性的看法（维特根斯坦反对语言"图像"的观点）实现，最为重要的是，解释是理论化的素材或数据。在下面各章中，我关注的都是进行解释的方式[而不是倒数第二个（penultimate）的解释]，试图把集体生活的想象力当作一种社会事实加以拯救。城市的理论化总是开始于解决解释混合物都不可或缺的相互导向的复杂社会关系，这是一种既激活又具体描述各种观点的想象性结构。这样，我拒绝提供另一种解释来增加这种复杂性。人类学的解释方法把它们看作仪式化理解的一部分，并且把用各种方式客观化的图像看作地方性的约束和过滤器，由此，一个民族所从事的现实事务就是要接受与其特质和行为的根本模糊性相关的解释性主权。

不同观点的对话

这种理论化的意识检验各种解释，不是当作反驳的论点重新审视它们，而是当作不同言说者、不同观点的一种对话，并且认为不同的立场构成了一种话语。因此，如果我们把形而上学理解为世界的一部分，而不是超凡脱俗的东西，把形而上学理解为力图拯救"事物发生过程中固有的超越性"（Agamben，1998，16）的一种实践，那么每一种话语都会要求我们恢复"形而上学"的根

源。我们致力于通过分析那些"客观的"和"主观的"开端，揭示在
集体生活中作为一种特质的城市生命力与城市作为一种特质的
"发生过程所固有的"超越性之间的联系。有关各种细微迹象的争
论、政策和解释，都会把重要问题呈现给敏锐的探究之眼，前提
是要把它们看作一张提问的请柬。客观说来，世俗性的形而上学
以自己的方式体现在行为之中，而这些行为是由经常有争议但又
反复碰到的问题引起的，诸如建筑法规和变化、中产阶级和产
权、公共空间的建设和管理、电影节的举办、城市文化的规划、
重建某个遗址、寻找关系和工作、关于城市行政区域划分方案的
争议、延长或限制营业时间的建议，或确认从商业机构前面把车

16 拖走的权利。不管他们说什么，这样的开端都会引起质疑，并且
都有拒绝请求的风险。不管你对地方政府的政治有什么看法（不
管你站在什么角度），如果不接受质疑，就会显得可笑。无论城
市从一开始就被看作一吨钢铁，还是作为第一手的个人证言，这
些处理方式作为探究、作为理论化仍然是可笑的，除非它们服从
于一种提问的形式，力图揭示这些不同观点形成过程中所固有的
超越性（Bonner，2001）。

信念即形象

在本书中，我把柏拉图对分界线（Plato，1945）的隐喻看作一
个表象场景的符号系统。在这个场景中，理论化被认为是一场解
决问题的斗争，而不是表象本身的存在，在城市中形成了解释和
根据其共同情境采取行动的最佳方式和方法。这是一个永恒的、
必要的、可取的问题，但是不可能用最终答案消除所有犹疑不决
的踪迹。对于城市来说，这一问题是由于对已然实现或渴望实现

的集体生活类型和质量的关切形成的，在寻找各种方法和手段的
时候，要么挺身而出，要么弃之不顾，继续被显然棘手的任何最
终解决方案所击败。就像苏格拉底所说的那样，理想国不可能
"直到最后的细节"才得以实现，不必阻止我们就这一问题进行对
话，因为即使面对任何一致解决方案的不确定性，有些事情也值
得争取。表现的根本模糊性(在这里，考虑到作为一个客体的城
市)就是本书要研究的主题，在伦理冲突中出现的社会现象是由
有关非常具体的问题的解释、政策和行动上的差异性引起的。

我总是从那些不言而喻涉及它们的根据的形象开始，从而要
求为它们提供解释性的联系，它们把各种形象与柏拉图所说的信
仰的起源联系起来。因此，本书主要致力于通过引入使其形象成
为可能或可信的信念阐述言谈的"根据"，这些信念解释了所说和
未说的东西之间的隐含关系。由此可以公平地说，本书各章开头
都充满了对信念的关注，而这些信念又被认为是重新思考重要城
市生活问题的请柬。

各章的材料都是这些信念的集合，各章的要素都围绕协调这
些信念的计划来组织，并指向超越特定信仰议程问题话语的一部 *17*
分。因为我们"高估"或夸大了根本模糊性的问题(Lacan，1981)，
所以我们迫使这些信念通过它们似乎被涉及的实质性细节提及这
个问题。因此，假如在一个被认为是城市同性恋区的社区里，以
某个公园是否应该允许同性恋者或"其他人"进入，来界定这个场
所的特别用途存在争议的话，我们就不把对立的观点看作要裁决
的问题，而看作关于公共空间的意义和这些边界根本模糊性话语
的一部分表达。把有关公园的争议重新表述为一种伦理冲突，使
我们能够看到一种关于谁拥有空间以及如何解释和争辩谁有权谈
论空间使用的问题的话语。因此，信念之间的对立便被取消了，

但是差异性被保留下来（黑格尔的"扬弃"），因为这些信念在一个话语中被塑造成不同的言说立场，目的是解决被困扰而又无法掌控的问题。

这种话语在关注焦点上比特殊的信仰更为全面，适应于用不同方式和范围划分边界的现象，而关于公园使用的争论只是这个范围一个有限的案例。这些信念与话语有关，因为部分可能与一个整体有关（这意味着这些信念就像一个原作的图像）。如果没有这些星星点点的信念及构成我们由此可以开始辨别话语"材料"的基本论证结构，那这种话语就不可能取得任何成果。争论和信念是激活所有话语的生动元素。原初的东西不能没有形象而存在，就像话语不能没有信念而存在一样。事实上，原初的东西存在于形象之中，正如话语存在于信念之中一样。原初的东西支撑着形象，就像话语支撑着信仰一样。也就是说，当在数值上被聚集在一起时，这些形象和信念就被认为是相对无形的意见交流或者没有话语介入的感叹，而这种话语为它们提供了集体问题—解决表达方式可理解的力量。信念变成了推论性调整的模式、结盟的可能结构、亲和力和分歧，它们以无止境地肯定其繁殖力的方式横切集体生活。在某种程度上，理论化的技巧在于它与形象、信念和话语材料共同发挥作用，在叙事中构建一种聚焦性、反思性的渐进声音，这是一个既表现集体（为它说话）又再现集体（谈到它）的行动过程。

18   我们确定了一些案例，说明在城市中现代社会反复无常的变化所释放出来的各种焦虑，其中不稳定的情境成为集体问题—解决的焦点。它们总是表现为具有根本模糊性的伦理冲突。从这个意义上说，有目的地把这些案例作为表现的戏剧性中断，是为了使集体直面它们的局限性，以便人们能够反思无法解决的问题。

这些案例起着关键性场合的作用，既具有示范性又具有说明性的方式，能够让人们看到集体的问题—解决及其始终如一的伦理性质。每一章的详细论述都涉及具体问题：城市仅仅是一个符号吗？城市的共同情境究竟是什么？城市究竟如何牵涉世界主义、夜生活、场景、唯物主义、建设和重建以及兴奋等问题？在每一章里，这个问题的不确定性都表明，城市如何能够产生一系列行动与解释、结盟与分化，都由于这个问题的模糊性而被中心化和社会化了。各章力图通过所激发的问题—解决方式，揭示模糊性本身作为一种集体化核心的社会力量。

当前的影响环境

在为索菲·博迪-根德罗的著作《城市的社会控制?》撰写的前言中，萨斯基亚·萨森注意到，作者如何把城市当作"经济全球化影响"的"一种恶化形态"来体验的"经验场所"。萨森继续写道：

> 这些城市有越来越多的高收入职业家庭，通过其可观的数量和生活方式，它们标志着城市景观，并与日益增长的贫困和隔离空间形成强烈对比。由于它们对全球经济具有战略性意义，这些城市也制定了政策……人们认为这些政策对于作为全球经济战略场所的城市的作用是至关重要的。作者探讨的一个重要假设是，在这种联合条件下，这些城市成为新规范生产的场所。这些规范包含维持秩序的更新重要性。（Sassen，2000c，x-xi）

萨森在讨论索菲·博迪-根德罗的"重要假设"时，嘲弄了马克

斯·韦伯关于市场需要可计算和可预测的社会调控模式的讨论，
或者嘲弄了今天所谓的"治理"。事实上，这是一个非常重要的假
设，对城市文化的任何研究都必须考虑到这一点，尽管并不一定
用它表述。这个重要假设是说，在当前条件下，城市成为生产新
规范的场所。

19   请注意，这个假设是如何通过让我们回想起城市是一个具有
集体活力的示范性场景的直觉，从而重新恢复与权威社会学方法
的联系的。从历史上看，社会学一直被称为阐述和再现集体活力
的形态和表达的事业，而"新规范的生产"则一直是这种集体化不
可缺少的组成部分。但是现在，萨森以同样的姿态既给予又撤
回，在两个方面对我们的探究产生影响。由于把新规范的生产与
"保持全球经济"的政策和战略等同起来，而忽视了新旧之间的模
糊而确定的辩证法及其围绕时间和时间性的对话，这正是长期以
来体现社会学直觉的标志。她冒着削弱集体活力的风险。这在她
把"维持秩序"看作最重要的新规范之一时体现得很明显，好像最
好把城市文化描述为对经济全球化刺激的一种反应，而这种反应
力图继续控制和维持秩序，以直面博迪-根德罗所说的"经济结构
调整和社会迅速变化的负面后果"（Body-Gendrot，2000，ix）。这
种把重要认识还原为一种变量语言的做法，理所当然地就是他们
着手解决城市集体活力的真正问题。对文化的控制和所谓的秩序
维护功能只是其话语的众多部分之一，并且，即便它说得很真
实，文化的观念所表达和处理的冲突，也总是要比通常在"学科"
结构中所描述的更复杂、更细微和更具差异性。这是因为文化的
观念涉及情境中集体问题—解决，这些情境从根本上说是不稳定
的，这种不稳定的原始根源并不在于政治或经济，而在于首先理
解政治和经济的不可避免的资源区分（或者过滤，如果你愿意这

样说的话）。如果城市是新规范生产的场所，那么这一命题的模糊性及其所隐含的一切都是城市中集体生活的具有根本性和争议性的焦点。

本书探讨城市是一种新规范生产的场所的命题，但是采用的方式与方法截然不同，因为我们把"生产"和"创新"这两个概念作为始终需要置于问题中的表面话语特征来考察。事实上，城市就是这样一种场所，因为它典型地体现了有关动荡不安的重要而及时的辩论，而这种动荡不安反映在塑造一种文明的明确氛围的不确定性之中。因此，本书的每一章都通过一个不同的例子，以不同的方式具体阐述"新规范的生产"究竟是如何作为一个集体化的焦点出现的。在各种影响循环的情况下，世界主义、夜生活、场景、物质生产和经济创新、建设和重建、艺术和风格、新与旧之间和中心与边缘之间的张力，都通过有争议的说法得到了具体化，即城市是一个符号，仅此而已（或者说没有其他东西）。 *20*

这种惯例性的替代方案可以通过一种习惯用法来理解，即被描述为在治理政策方面新规范"被生产"的情境。它掩盖了这种惯例性的替代方案在集体生活中出现时与模糊性的对抗关系，也就是说，这个命题掩盖了"产生新规范"作为一种推论性领域的社会现象，而这个推论性领域确定了它所提出的说明性实践的伦理冲突。

结　论

城市的表现不断演变，被拟人化地表现为一种关于集体化与共同体的文明化对话的一部分，在各个推论性的片段或部分中，在一种必须深刻而充满诗意的坚实想象性结构中都可以清楚地看到这种对话。这是人类创造的过程，起点和终点都是不确定的，然而激发人们重新获取亲密联系的感觉，重新获得必要和理想的工作的机会，这个过程的不断更新给我们带来了激励和责任。在试图征服、掌控、忽视以及在某些情况下破坏它的易读性，限制它作为集体生活中心场所的权力的过程中，城市确实是一个想象性的客体——塑造着城市的用途，并且被它创造的用途所塑造。在这个意义上，城市作为人类交往中最高和最低程度上的典范，总是挑战我们重新思考人类独创性和社会创造力的伦理限度。

本书的一个结果是，把城市置于当代社会变革的辩论之中，这经常被视为全球性的难题。从这一角度看，全球性作为一个大题目，描绘了对城市产生冲击的影响环境，在以决定性的方式对城市产生影响的时候，也许会改变其形态和目的以及危及其完整性，或者带来新的机会；当然，它也以特定的方式给城市的日常生活增添色彩。不管如何对它进行实质性的描述（如通过媒体、金钱、市场、人们空前流动的景象），这种环境都作为一个"问题"呈现给城市，城市必须用不同方式处理或"解决"这个问题，也就是说，这种环境被看作"无论是什么"（关于"无论什么"，see Agamben，1998），总是对城市提出一种挑战，这是一个在关键时刻形成的问题，在这种情况下，人们可以重新阐述不同意见，对共同情境进行反思，并对其局限性提出看法。

这种环境要求城市把自身看作与其他城市对抗性关系的一部分。这些城市由于竞争性关系而在市场上获得认可。对可比性和竞争性的强调进一步促使城市把差异性看作"文化资本"或产品识别的资源，从而使一个城市的身份在与其他城市的差异性关系中不断出现问题。城市需要自我认同，需要在与其他城市的关系中使自身变得可被识别，这种需求在特定场合不断提出一个问题，即一个城市究竟如何显示一种真正的差异，也就是说，与其他城市的差异如何是或者是否是一种真正的不同。在本书中，我寻找使这样一个问题变得富有生气而又似乎生动的案例，可以把这些案例重新表述为由辩论这一问题的言说者所调解的伦理冲突，并且努力作为一个集体问题加以解决。从这个角度看，全球性在日常生活中创造机会，使集体身份认同的工作在实践中变得生动可控，并且，全球性把这项工作定位于"解决"在一个城市的共同情境中所提出的问题，即这个城市与其他的城市相比，既相同，又有差异，是一个双头怪（two-headed）。最后，让我以一种更加公式化的方式提出这本书应该得出的一些突出主题。

城市加剧了现代性的两面性及其张力，并使之浮出水面。城市为何同时为人所爱又为人所恨，为人所拥抱又为人所逃避？这种张力的根源主要来自城市把现代性作为一种生活方式和一种欲望系统来"实现"的努力。城市通常被理解为处于所参与文明的中心，试图通过不断改造为学校或者实验室、不断强化为日常生活兴奋的中心场所控制社会动荡，从而实现这一目标。在这个意义上，对于在任何一个历史时期经受现代化涤荡的人群来说，城市往往充当了"文明进程"的典范推动者的角色。这种创造性在历史上已经在城市的生产性中得到体现，通过客观性文化的成就构成自己，在显而易见的工程中具体化，这些工程总是引起关于变化问题和新旧关系问题的话语冲突。城市是物质性的，因为它的生产性体现在形象之中，表现出与这种形象不可分割的对话踪迹，就像计算机是关于效率、习惯的改变和修正、工作质量和行为、时间和空间使用的辩论形象一样。衡量城市生产性的标准是形象的生产性，这些形象通常隐藏着对价值问题的含蓄争论，而这在实践和项目中可以被观察到。

The Imaginative
Structure of the City

22　　　　市场只是城市生产性的一个方面。城市形象体现在世界主义，被扩展的夜生活，异质性的场景，多样而变化的群体范围，艺术、知识、技术和城市中心重建中的创新，重新定义令人兴奋的事情，追求"甜美生活"的机会，创业和职业的举措。城市作为"客观性文化"中心的生产性形象具体表现在被人们理解为"给予"问题的冲突上，我们可以在对城市本身有益的变化的质量和方向的有争议的信念中分辨出熟视无睹的背景知识。可以预期，每一个重要的城市都会像"一面平安无事的镜子"（Lacan，1981），都会因为现代性及其与传统的冲突而展开一场殊死搏斗，传统正是城市具体而复杂的鲜明特征。

为了生活在时间之中，城市给出了这一冲突的具体形式，而这种形式是安置斗争的一部分。在撰写本书的时候，我似乎不得不明确一个立场，它涉及与这些名字相关的领域的工作，如萨森、哈维、列斐伏尔、索娅、卡斯特尔等。通常，城市内部空间是在世界市场中为了应对一个城市的空间变化而被协商或重新发明的。与其提出另一种观点或"立场"来增加这种混合体，不如把它作为一个跨学科焦点的出发点，把城市空间与世界市场的关系设想为生活辩证法的一部分，两者都在这个过程中发生变化。

这一概念是从对场所的更广泛理解中发展而来的，不仅包括空间，而且包括时间。这种方法利用社会实践的创造性，以符合我们对文化的重视及其与城市特殊性和独特性的联系。也就是说，城市无论在事实上还是在原则上都是真正独一无二的，城市独特性的问题往往会调解安置的生动辩证法，在这种辩证法中，任何相关的空间都能够激发有关其历史性或当下生存的对话。这种生动的辩证法揭示出安置本身就是一个有争议的过程，由此，各个群体都把城市及其各个部分塑造和重新塑造为与时间联系在一起的历史现象，而不仅是与社会立场、生产和霍布斯式的相互依存联系的碎片。

我们的方法允许把空间与城市影响的扩展和循环联系起来，表明它是一种流动的环境，不断产生关于属地的完整性、生活质量以及可能变化的方向等各种问题的问题—解决情境，这些问题需要解决空间和时间之间的辩证关系。从这个角度来看，对空间的关注就是对城市的一种重要定位。这些问题都与赋予城市空间和作为空间的城市以独特的时间可读性有关，即可以认同也可以否定这种时间可读性。现代的进步（以及所谓的城市千篇一律）和地方性条件（以及所谓的城市历史特性）都能够以同样姿态共存。在某种程度上，城市空间是指它在人类循环回路中占有一种欲望客体的地位，因为城市以提出集体问题的方式排斥和吸引要素（资本、人、信息）的流动。

具体化为社会影响和集体问题—解决的踪迹的各种表现，旨在解决困扰任何一种行动的模糊性。这种模糊性孕育着社会活力，不同群体犹豫不决的解释方案最终都会聚焦在联盟和分裂上，让人们在任何一种共同情境中把握至关重要的机会。这种"流动焦点"指向集体生活中的超越性和反思性力量。本书的唯物主义就在于试图用集体的问题—解决的观点评估所有概念（包括经济决定论），用任何形式表现世界都是基本行动情境的一部分。由此，人类决心让自己满意的是，如何最好地忍受并接受模糊性。这一犹豫不决的"解决方案"是任何集体表现不可言说的焦点，因为言谈必须"解决"社会影响在这个世界中具体化的问题。

The Imaginative
Structure of the City

第一章　城市不过是一个符号

引　言

城市不过是一个符号，这一观念支配着城市的表象。这种陈词滥调不局限于实证科学，而且出现在对经验主义的不同反应中，表现在接受"生活经验"或地方性语境塑造了"内在的现实"的即时性和细节性的优先性上。行为者无论受到强有力的一般性条件还是具体细节的制约，都仍然被外部因素所吸引，而不是定位在吸引他们的事物上。让·鲍德里亚把这种陈词滥调与超越的终结联系起来，因为被看作全神贯注的行动者，从根本上说并不具有对他们接受和生产的东西的局限性进行反思的任何能力。请注意下面的引文：

> 一个对符号着迷和被符号所迷的过程……不再有灵魂，没有影子，没有副本，也没有镜面意义上的形象。存在中不再有任何矛盾，或者不再有存在和表象的任何问题。除了信

号的传递和接收外，不再有任何东西，个体消失了……从来
不直面自己的需要……他自己的形象：他沉浸在自己安排的
符号之中。不再有任何超越，没有终结性，没有目标：这个
社会的特征就是缺乏对自身的"反思"。（Baudrillard，1998，
191-192）

行为者的"着迷"意味着个体（个性）的"消失"，因为行为者不
面向其他任何事物。如前所说，其余的东西没有给出当代变化，
没有给出不同观点，毋宁说，它就是存在于一切区分行为中的最
内在的模糊性，就是困扰着这个词的他者性。在这里，"他者"获
得了基本意义，就像柏拉图所说的，这意味着行为者不具有理解
自我反思（没有灵魂，没有影子，没有副本）的能力，因为事件被
当成看起来的那样，而不是犹豫不决的决断。行为者的存在着迷
于表面的东西，意味着行为者决意要像他看起来的那个样子，保
持不受这种关系限制的影响。因此，"存在中不再有任何矛盾，
或者不再有存在和表象的任何问题"。所以，行为者的行为定位
并不会在行动上形成"他们自己的视角"，也不会在行动上反映给
行为者，因为它是作为一件事情而不是另一件事情来完成的。

城市被看作一种符号，仅此而已，不是被认为拥有或缺少实
质性的能力，而是因为社会行为者被认为是通过区分来发挥作用
的，没有用表明希望与区分行动构成反思性关系的方式来描述。
在城市研究中，构成解释范围的典型行为者被理解为被外在"传
播和接受"的区别问题所吸引，仿佛他们的选择和行为是被确定
的，而不是作为不同的视角涉及他们自身。

一个普遍问题是，对城市的这种看法是否有分量，也就是
说，对那些居住在其区域内的多样性群体来说，以及对那些只能

把城市设想为目的地或他们的部分想象的人来说，城市是否能够作为忠诚、权力和凝聚力的焦点。人们常说，"新"世界把人口和影响混为一谈，以至于人们把其场所感贬低为任何一种东西，而不是一种发挥作用并且与居住具有私密性关系的语境。城市被人们拒绝的理由是，分担仍然不确定所有范畴的命运，像所有此类区分一样，只能以哲学上站不住脚的方式用规定来维持。也就是说，当一切都说了而且做了的时候，仍然没有充分理由把城市当作一个具有特殊意义的场所，因为人们越来越多地把城市当作一个空间或停靠点，而不是当作一个充满活力的场所看待。城市往往被看作各种个人行为的背景或语境，也许是为了生存或者追求生活的便利，而不是被看作一种激发人们致力于其独特方式的秩序。在这里，我们需要揭示一个社会世界，为那些被城市是一种便利设施所困扰的人保持这个存在和表象的问题，从这样一种符号观点来看，"矛盾"可以使行为者直面自身的局限性。

即使最富有思想的城市研究者，也常常把城市的多样性和碎片化作为一种休戚与共的焦点而牺牲可读性。这表明，城市类似于许多人"喜欢"或享受的便利设施，人们不是以一种投入方式融入城市。许多人把城市看作众多商品之一。与此形成对比的是，最原始的观点从作为一个范畴的城市退缩，其理由是城市是多义性的，并且着眼于用多种方式产生符合不同观点或利益的一批城市（苏格拉底会说，一群）。通常，"城市是特殊的"这种观念被看作本质主义或乌托邦主义，被视为一个随着时间的推移而传承的"神话"，并且由于被当代人以及影响的融合和匹配而变得过时了。因此，一方面通过对本质主义的批判，另一方面通过对乌托邦主义的批判，城市只不过是一个符号的主张变得盛行起来。不管是否属实，这是一个有趣的假设，宣称城市只不过是一个符号将是我们的出发点。正如德勒兹所说的，一个命题（如这样的命题）只是我们将要开展这种探究的开始，而不是结束。

> 辩证法具有讽刺意味，但反讽是问题和提问的艺术。反讽在于把事物和存在当作对隐藏问题的众多回应，如此之多的问题案例尚未得到解决……有问题的结构是对象本身的一部分，把它们当作符号来把握，正如提问或问题化是知识的一部分一样，它允许在学习的行为中被理解为实证性和特殊性……然而，如果我们从体现意识中肯定的……命题开始，那么一切都会颠倒……因为问题……就其本质而言是……附加命题和亚表征问题，而不像体现它们所产生的肯定性命题。(Deleuze，1994，63，164，267)

城市只不过是一个符号的命题不仅是另一个符号，而且是一个挑战，要求我们解决这个问题及其与这个符号有密切关系的象征领域："它正是'导致问题'的符号，并且是在一种象征性领域中发展起来的"(Deleuze，1994，164)。本章就是考察这个方向发展的开端。"象征领域"由进入命题及其对象——城市——的各种解释行为构成，从而使其肯定或拒绝成为一个令人信服的决定点，这个决定点掩盖了渗透的不连续性。

城市的身份

27 对于理论家和城市居民来说，城市的身份问题只能参考一个基本的情境。城市具有清晰的持久性、独特性和中心性，对那些生活在城市中并把它的完整性视为理所当然的人而言，对那些研究城市和想当然地把地图上的位置转化为行动路线的人来说，似乎是一种不言而喻的资源。最重要的是，对于所有适应城市的人来说，这种对城市的易读性直觉仍然是一种不言而喻的资源，无论他们是否接受城市作为一个安全和确定的场所而存在，它的无场所性（placelessness）必须从语言的位置来设定或"发声"（Blum，2002）。这就是朗西埃把研究的目标说成"把话语空间和属地空间图绘在一起"（Rancière，1994b）的原因。他的意思是，这个概念（如城市）的创造并不是指某些属地上的参照，而是指这个概念所表达和被表达的话语空间；城市定位和聚焦的对话空间被赋予身体，仿佛这个词作为一个问题的中心在其意义所在的地方被赋予了肉体。然而，这种基本的情境总是设想一个具有争论性的场所，在那里可以采取许多途径和表达许多含义。也就是说，语言场所的权力是一个众多声音参与其中的问题，这意味着我们不断地被这个问题所牵涉，即使是隐含的：谁有权为城市代言和谈论这个城市呢？我的目标是通过对这一根源的分析，恢复和回忆城市的问题结构，聚焦并引发针对其完整性问题的话语。因此，就像前面所说的那样，假如城市没有更多的东西，假如它只是一个符号，那么我还是要通过回到这种挑衅以及如何可以被言说的问题，把城市的现实性摆在我们眼前（Baudrillard，1987）。

如果城市被简单地视为一种便利设施，那么与其他城市的比较就是由对城市差异化具有重要影响的消费逻辑决定的。也就是说，假如城市被看作一件物品，那么它可以被认为按照商品之间的方式进行区分。然而真正的差异使人们成为"矛盾的存在物"（Baudrillard，1998，88），从这个意义上讲，蒙特利尔和多伦多是相互排斥的（因为各自特殊性排除了他者特殊性），但是程度上的差异（"个别化的差异"）像某种逻辑一样支配着消费。这意味着城市是按照一种人为设计（国民生产总值、生活方式指数）的抽象模型来进行比较的，从而放弃了任何真正差异。虽然城市可能在各自与模型（"立场"或"地位"）的关系上"持有不同看法"，但是总是掩盖着存在与现象之间的差异性问题，即这样一种差异与真正差异之间的差异性。在这些情况下，这种陈词滥调便可以通过研究揭示，而这种研究集中在模型与效仿的东西的差异性问题上，这使我们能够提出一种关于城市本身的看法。理论化具有揭示一个社会世界的功能，目的在于使主体成为可能。

在这些方面，城市不过是一个符号的可取之处，就是为场所的想象性结构变得透明提供了一种研究挑衅。这样一种认识是初步的，因为它只是在生活中开始为城市提供一种易读性的区分。至少可以说，它拒绝并果断消除了城市或任何范畴的不确定感释放出来的绝望，引导我们把城市当作集体化的场所，即引导我们"把一个话语空间和属地空间图绘在一起"。即使有不确定性（如果存在的话），也必须作为来自某个由提问主体决定的场所的社会形态来参与和遭遇。客体在话语中呈现肉身（如不确定性的客体），意味着这个话语被结合到了这个标志着城市边界（解释性）领域的空间之中。

即使它没有传达任何东西，话语也体现了交流的存在；

　　　　即使对于显而易见的东西，它也肯定这个词构成了真理；即
　　　　使它为了欺骗，话语在这里也会推测证词中的信仰。
　　　　(Lacan，1968，13)

　　不管是微不足道、平庸还是欺骗性的话语，都证实了权力，
在所有这些事物中都是如此，即使它所说的东西与它本身并不完
全相同。它只能来自这种无场所性能够被触及的场所。如果马
丁·海德格尔认为无场所性，没有任何场所，什么也没有，是人
类与自身的不确定性的原初遭遇的一部分，那么这样一种概念包
括与另一个"实体"城市的相遇。这就是我们为何可以说，不确定
性的不可思议的经验似乎常常困扰着对这个城市的生活经验，同
时也是问题—解决的机会或动力的原因，就像任何一种果断行动
都是解决世界模糊性问题的一种方式。

　　如果人们被城市安置所困扰，被需要在各种环境和场合中使
优先性或不透明性变得清晰可见所困扰，那么城市就是这样一种
区分。这样，好城市或城市善的问题，就在行为者参与其不确定
性的空间中成为基本而互动的问题，这一问题对许多项目都具有
迫切性，在城市生活的许多领域里也具有迫切性。因此，通过询
问这个命题如何在社会实践中发挥作用，提出一种社会学的方法
解决城市不过是一个符号的命题。我们可以想象一下旨在澄清、
争论和重塑作为一种形象(作为一个符号、一种秩序、一个社区)
的不同城市感觉的推论性实践。在这里，我只是遵循马克斯·韦
伯的格言研究城市的集体性"存在"。假如说，城市是一个不确定
的范畴，或者说是一种便利设施，别无其他，或者说城市是各种
各样、异质性观点的杂乱无章的混合体，那么城市仍然必须作为
这样一种阐述结构的基础，一种贯穿于集体生活的社会实践

基础。

> 出于社会学目的，没有这种"充当"集体人格的东西。当在社会学语境中提到"国家""民族""家庭""军队"或者类似的集体时，它们所指的，恰恰相反，只是一种个人的实际或可能的社会行动的某种发展……这些集体实体的概念……在人们的……脑海中……有一种意义，部分是实际存在的事物，而部分是具有规范性权威的事物……因此，行为者在一定程度上把其行动导向于它们，而在这种作用中，这种想法对真正个体的行动过程会产生一种可能的、往往是决定性的因果影响。……作为个体社会互动的一个复合体，它构成了这样的事实，即不同个体的行为都是以其存在或者应该存在的信念为导向的。（Weber，1947，102）

韦伯喜欢说，这样的问题并不是"形而上学的"问题，他指的是对命题的肯定或拒绝的处理方法，好像用一种让社会学家回避所有重要问题的方式，借助于法令，通过对论点或者世界的仔细审视就能够解决问题。城市的存在意味着它以行动和解释为导向（而不是简单地说，因为"人们的思想"是一种速写），是行为所指向的一种秩序。城市是一种定向的对象，或者说是一个行动的过程，这意味着城市的存在是在围绕它在集体生活中所做的区分而组织起来的话语中得到证实的。接下来，我们将关注这个意义上的城市存在问题，以及城市存在所暗示的一切。

城市中的"我们"并不是一件物，而是一种欲望的客体，在日常生活各个方面的冲突中出现而又退出。用维特根斯坦的话来说，身份不是某种东西（以一种确定的方式可触知和可测量的某

种东西），但也不是什么都没有（无形的、任意的、社会结构的简
单表达，如只不过是一个符号）。也就是说，身份涉及问题—解
决的方式，涉及日常生活中有争议和模糊性的力量。例如，建设
30　和重建，公民、艺术与社区的关系，物品和商品，街道生活，白
天和夜晚，景观和风景，每一种表现都以自己的方式发挥镜像作
用，在有关行动和解释的争论中，反映城市作为一种消失点的
"我们"。所有这些表现都会对城市或者为城市提出要求，从而促
成一种力图利用城市声音的司法解释景观。在这里，共同体不是
一劳永逸获得的最终产品，而是图绘在进程中持续发挥作用的不
同群体的对话，通过提出"什么是城市？"和"一个好的城市应该是
什么样子的？"的持久性问题，作为一条问题—解决的路线。

　　韦伯关于城市的社会实体存在的公式，把城市定位在通过隐
性区别的范畴，联系在一起的社会行为网络之中。规范秩序的公
式只是掩盖了共同情境变得明确时所看到的模糊的相互依存性。
韦伯首先表明城市（或任何集体）在实践中是怎样具体化的，但是
并没有阐述这种实践如何指向、如何做、如何参与作为一种秩序
的城市问题。这必须用一种叙述方式表现，扩展并发展关于共同
情境的争论，而这一共同情境合并了这一范畴所涉及的聚集体。
也就是说，如果这一城市社会学的观点认为城市是一种规范性秩
序（因此，是某种东西，而不仅是一个符号），那么通过这种秩序
把彼此联系在一起的集体化的故事就仍有待于讲述。

　　城市变得越来越相似，是否更加努力地在城市之间创造一种
差异呢？这一点并不完全清楚。因为许多城市都以类似于其他城
市的方式，用具有可比性的城市（在"全球市场"中）来衡量自己。
然而，假如城市失去了这种可比性的测度，那么就可能面临丧失
与其他城市差异感的危险。假如身份认同的社会实践既有聚集又

有区别，那么任何一个城市都恰恰处在被誉为边境城市的现代居民的中间地带（Durrschmidt and Matthiesen，2002）。这意味着，倘若身份（比如说一个城市、一个群体、一个人）是塑造差异的一种做法，那么它就不仅仅是一种否定（"嗨。我是切维蔡斯，你不是！"除了我们不是对方外，并没有告知我们各自的任何事情）。蒙特利尔不是多伦多（或任何其他城市）。人们从其他人身上抽离出来的明显否定不仅仅是一种对抗性的姿态，而更像是我们二者是什么（作为城市、群体、人）的一种特殊而有区别的表达。这意味着一个城市的身份，是通过在城市的语法中创造一种差异性的工作，也就是通过塑造一种不同的城市作品来锻造的。这一要求在原则上能够（重新）呼唤所有的城市都提出城市究竟是什么的问题，呼唤所有城市（在马克斯·韦伯的意义上）重新获得作为一个城市的使命问题。在某种隐含的意义上，这一使命与城市的共同纽带问题联系在一起。

在这个方面，以下各章都在寻找各种关键场合或案例研究，用不同的方式来看待对城市共同纽带问题的协调一致的集体参与，含蓄地提出城市为什么是同一又是他者的思考，之所以是同一的，就因为是自己而不是他者。

在大部分研究中，城市的每一个变化都可以被解释为用不同但具体的形态对集体生活提出的挑战，无论是因为传记和场所之间的所谓联系的自我连续性（Corcoran，2002），还是由于以各种方式让人们看到交织着地方性与普遍性、新与旧、狭隘性与国际性影响冲突的解决方式的同质性（Durrschmidt and Matthiesen，2002）。对于探讨者来说，任何这样的变化都必须当作一种挑战来看待，这种变化扰乱了解释和附属物的集体构造，仿佛是一个需要在应答冲突中集体澄清的问题。这些变化体现在合并提案、

31

The Imaginative
Structure of the City

中产阶级化和重建举措之中，它们都以不同的方式使干预作为集体生活中的一种重要区分的问题对话研究成为可能。或许，正是以这种方式，尼尔森和徐才能够说"每个城市的特殊性都以它处理……恼人的问题的方式来表现自身"，正是在这个时候，它才直面"强大的全球性和同质化力量"（Nielsen and Hsu，2002）。变化与抵抗的辩证法释放出激烈的对立，只有通过对话这种药（pharmakon）才能治愈。占据同一空间的人之间的对立倾向于增加他们对空间控制权的争夺。也就是说，他们走得越近，就越容易分道扬镳。

在最基本层面上，城市的想象性结构描绘了一系列解释行为的过程，一套用作推论和行动理由的触及和针对领域性的实践。因此，我们可能在最基本层面上提出问题，即询问，用我们的方式，通过审视聚焦其用途的伦理冲突以及这些冲突所涉及的对象，包括范畴、分歧、群体和社会结构的生产，城市的存在的概念究竟是如何促进社会性的。在这个层面上，当我们询问城市作为场所的优先地位究竟如何发挥作用的时候，质疑城市作为一种欲望客体的自我保持，在解释和行动的冲突中，变得清晰可见的不同方式。

这部作品的引导性问题是，一种内容的不确定性与支配性直觉的坚固性和完整性之间的张力，一种在哲学中被反复提到的张力，如何体现在作为与众不同社会形态的城市的细节中，以及如何体现在把城市看作一种欲望客体的实践中。在城市生活的各个领域，这个问题成为一个争夺战场的焦点。一方面，城市似乎是一个空洞的词，一种毫无实质内容之物；另一方面，城市又"比猫和狗都真实"（Heidegger，1961）。这使我不禁要问，城市（无论是真实的还是一个空洞的词）究竟是如何存在的？言外之意，就存在而言它是如何存在的？

这种激烈的冲突暗含对边界的完整性、渗透性和可变性的关切，这些冲突把集体表述为边界争夺的场所，而边界争夺既是集体生活的主题，也是集体生活的资源，是连续性的和可以观察得到的，是对解释手段的控制问题。无论这种边界争夺对于集体来说实质上是什么，也无论它多么强烈地否定集体的完整性，它总是必须证实自己具有涂尔干所说的一种"社会事实"（Durkheim，1961）以及集体表征的性质。这就提出了城市的定位——可以说，对城市的差异性定位，构成城市集体生活的焦点（其集体目标的首要标志）。通过城市自身的集体化问题而集合起来的集体，对城市而言，意味着我们假定了一个由城市的身份问题涉及的一个群体，仿佛这种参与就是由作为一种根本问题发挥作用的"联合行动"，可以把这种参与看作我们研究的中心焦点，这是一种在理论上连贯，在经验上恰当的方法（Weber，1947）。从这个意义上说，城市是马克斯·韦伯意义上的一种"典型的行为模式"，而不是一个单一的集体行为者。也就是说，集体生活为我们提供了关于城市的集体化问题如何触及群体的无数例子。

被定义的城市

在《城市》这篇文章中，马克斯·韦伯为定义城市所困扰。他首先把城市界定为一个市场，然后又界定为一个政治管理单元（Weber，1951）。当他用城市是什么和意味着什么的常识性知识衡量的时候，这些界限就会不断消失，如按照他正在阐述的定义来判定某些场所是不是城市的时候，就会认为情况并非如此，或者说，当一些城市不符合他所定义的城市时，就会让他感觉到真

33

实的城市。也就是说，为了说明城市是什么，必须知道城市不是什么，为了说明城市不是什么，必须知道城市是什么。这种直觉的发展或基础就是理论化的开始，一种问题哲学已经表现为同一与他者的关系。假如韦作真的不知道城市是什么，那么他又怎么能够认出它来呢？假如韦伯确实知道这个城市是什么，那么他为什么又要重新开始呢？

显然，同一与他者之间的关系，首先并不是探询者与"外部"世界之间的关系，而是思想的根本模糊性在探究本身范围内遭遇的一种运动。这就是贝纳尔德特在苏格拉底之后把理论化称为"第二次航行"（Benardete，2000，408-409）的原因。也就是说，韦伯对于他需要和想要确定的城市是什么有一定的了解。韦伯从结果开始（如常识性知识），以努力追忆这一开始而结束。他不会在城市这个范畴和经验的根源上消除这种模糊性，但是，也许能够通过论证澄清城市在集体生活中所提出的基本问题。对于个人和群体来说，这种特殊的模糊性就是一种社会现象和集体化的场所。韦伯面对的问题就是在语言和行为上把这种遭遇客观化，因为正是在语言的行为中，这样一种深思熟虑的参与才能够得到体现。这个定义问题并不是韦伯所特有的，它似乎已经困扰了城市社会学的传统："一种城市的社会学定义是无法形成的"（Gans，1968，114-115）。

我们继续用往往不可改变的、持久的、清晰和明确的方式来认识和区分城市。一种张力似乎存在于这种确定性与我们定义的不确定性之间。海德格尔等人对这一"矛盾"进行了评论，当深入到坚定地认识到的东西时，其特点就是理论性的，总是需要经受它的直觉的清晰性（如城市是什么和不是什么）与它的区分的不可渗透性之间的张力（Heidegger，1961）。如果在我们对城市的探究中存在这样一种张力，那么它就是这样一个"对象"所特有的，即这是城市本身所特有的东西吗？它描述了对任何内容的探究吗？在致力于抓住它的"对象"，甚至当这个对象逃离这种把握的时候，在寻找各种根据时，难道就没有一种持续的张力吗？在谈到自由的时候，让-吕克·南希谈到的可能是一种观念，甚至是城市："因为，即便它被剥夺了一种参照，或者没有任何可转让的意义，这个词仍然以某种姿态移动，甚至到了犹豫不决的地步，或者更确切地说，这个词陷入其不同意义的僵局之中，哲学在其中承认它自身的逻各斯意义：开启一种意义的自由空间"（Nancy，1993b，8）。

"意义的自由空间"是一种形象性组合家族——生活经验、自然态度、常识知识、前理论态度的家族——旨在引导我们认识到，任何一个范畴是如何回应它必须命名的想象生活（一种经验）的正常和典型能力的。这就是说，城市必须首先指向一些反复出现的陈规定型的遭遇，因为名称临时性和实验性地存在着（重新呈现），经过反思，它将衡量其多样性。也就是说，从一种描述典型经验的陈词滥调开始，这个名称必须指向其形式的某种隐含的直觉，这种形式有待于阐述和解释。另外，一个民族的生活中的陈词滥调的异质性现象，既保证了历史性（它随着时间的推移而变化），又保证了透视性（在任何时候都是不同的）。因此，我们感觉到了这种范畴的隐含形式，承认它的必要的多元性，从而一些人宣称，这些融入内容表现多样性的时间和空间限制，使城市变得不确定，仿佛城市仅是一种符号。这种把形式的统一性或者完整性（"城市"意义的典型化）及其现象的多样性（与其不同形象的遭遇）视为好像两个对立条件的观点，导致需要重新阐述的语言与行为之关系的二元论图景。

The Imaginative
Structure of the City

在黑格尔的扬弃（aufheben）概念的习惯用法中，我们取消了统一性和意义的自由空间多样性之间的对立，保存了差异性（Birchall，1980）。有些人会认为，形式是一种本质主义的姿态，尽管我们已经说过，它期待一种自由的意义空间，一种异质性的和对问题开放的意义空间，但是在其逼真性上仍然是一些活生生的名称说法的组成部分。城市的自由空间（在某种程度上）存在于城市的差异性中，意味着城市既是一个城市，也是许多城市，即一个意义的自由空间，典型体现在城市空间中呈现出不同形态。

在这一点上，一切重要的东西依然存在，因为形式问题是一种有待发展和解释的直觉（Rosen，1980）。我的研究来自确定材料的策略，运用这些材料的目的是以预期进展的方式把这些碎片重新设计为对话。我们将致力于通过考察许多案例和环境追踪城市形态与其声音多样性之间的关系，从而反映城市生活的丰富性。我们不会把城市的形式或意义的自由空间与生活的异质性形象看作对抗性的关系，而是作为一个研究的问题、一种激励。我把这种城市经验的表现当作"自然"情境的一部分，在这种情境中，我们遇到了一个因为不公正而"一直没有被正确阐述的问题"，但是它有足够的激发作用，可以被想象为对话的一部分，这种对话"就像任何争论一样容易受到普遍的结构性扩张的影响"（Benardete，2000，414）。

35

真实的城市

城市衰落的假设（通常在"去属地化"的标题下讨论），也许只是贯穿于现代生活中的集体的一种更普遍存在的情绪的症状。哲学家大卫·卡尔说："毫无疑问，有许多原因可以解释为什么今天人们对一种公共主题的看法没有得到严肃对待。其中的一个原因……来自观察社会现实问题的具有决定性的第三人称视角……通常感兴趣的是那些可以直接观察到的问题"(Carr，1986，124)。今天，这种怀疑被指责为区别对待的本质主义特征所困扰，这一指控表明，能指的重叠交换只会把所指降低到梦想、愿望或呻吟的地位，最终反映在可以微弱听到的言说者声音的呼吸(心灵)之中。此外，尽管长期以来有社会学传统的资源，但是它用一种怀疑的眼光，把集体行为者看作强加于从根本上说属于个人行为的具体化的、无端的或虚构的实体上。（所有这些举动都是关于"普遍性"争议性话语的一部分，而普遍性一直困扰着哲学，尤其是困扰着预测模型控制下的分支。）

在这里，在似乎违背自己的利益时，人们就很难认识到如何致力于集体目标，这是卢梭提出的普遍意志问题的一个组成部分(Rousseau，1947)，通常表现在搭便车问题的概念中，体现在把目的降低为"效用"之中(Stinchcombe，1986b)，甚至体现在思考集体效用时随之出现的难题中，这种局限最终把集体目标限制在阈限、文化或部落的狂热上(Halton，1993)。这与朗西埃的看法相联系，他认为，因为这个概念的不可避免的抽象性，任何观念的不确定性都取决于一个群体是否有能力具体化语言与行动的关系。当一个集体定向于集体化本身时，它才开始把自己作为某种东西，而不是一个范畴。朗西埃含蓄地运用了马克思阐述阶级形成的轨迹是所有集体化基础的方法(Rancière，1999)。

本书的一个重要动力就在于，试图使反本质主义的形而上学及其对形式的恒久性质的批判，与共同影响、反思这种关切的城市生活的普通和专业哲学之间的交流变得清晰。我们不是争论城市不再存在的假设，似乎经验研究可以给我们带来最终的解决方

36

案，我们是把这个假设本身和它所暗示的东西作为一个集体生活的焦点来看待的，也就是说，作为一个基本的问题来处理，在某个城市和为某个城市思考解决方案的时候，表明有某种特别属于这个城市的东西。因此，对城市作为一个相关范畴的否定，需要把它作为一种社会实践重新思考，更准确地说作为一个基本难题重新思考，这个难题对任何一个城市来说都是如此。对城市作为一个相关范畴的否定，需要把城市重新思考为一种社会实践，这是城市和有关城市话语的组成部分。

城市作为一个有意义的自由空间

符号的指示物——"超验所指"的错觉——只有参照城市问题所涉及的集体以及这个问题所隐含的一切才能变得具体。也就是说，"意义的自由空间"是通过"生活经验"或语言的行为过程以及涉及的用法来衡量的。相比之下，城市只是一个符号的规定，正如鲍德里亚所认为的（Baudrillard，1987），可能是作为一种策略的反讽，或者是一个基于对城市的碎片化和显而易见的分散性的解释得出的不成熟结论，或者可能是对通常被称之为它的多义性或"多重代码"的东西的一种简单肯定（Gottdinier and Lagopo-ul-os，1986）。

如果城市是一个符号，这可能只是意味着，它脱离了任何可以动员人们以它的名义行动的集体目的，而这种集体目的就铭刻在人们认为城市要产生的差异性之中，人们假定在安置活动中定位的这种人群差异性就是推理和行为的基础。遵循这一思路的批评，可能意味着人们无法确定把城市彼此区分开来的特性。因为，据说缺少对定义各种集体——国家、社会、部落标准的一致意见——人们认为集体之所以"存在",只是因为它的名称,而名称在那里被认为是一个与实际做法无关的符号。这个命题说名称不会产生什么差异。但是这句格言在韦伯的阐述(Weber,1947)中成为一种研究挑衅,要求我们把场所和地方性的范畴当作"面向一种秩序的行动"来考察。城市之所以存在,就在于我们可以看到指向基于安置和地方性的一些可见的实践组合,从而可以清楚地把它描绘成一个相关的问题。

　　这种批评可能意味着城市并不是作为一种生动的经验而发挥 *37*
作用的,因此,从某种程度上看,任何集体实体的"客观性"都是虚假的,理由是它不能严格按照一组独特的性质加以描述。此外,我们从这一批评中认识到,每一个人都可以按照若干身份划分自己和他人。任何一个身份的"真理"都不足以说明它的用途。反过来,这又使我们提出这样的问题,即我们究竟如何通过城市(在与他者身份的区分中)以及它具有何种优先性来进行身份的识别,这两个方面都与我们选择的其他可能性有关,与用途产生的对比和语境有关。

　　在这种情况下,提出城市的存在,就是建议一个集体确定名称即一种身份来保持自身,而这种身份以不同方式融入城市的实践和解释关系之中。城市如果"存在",那么就有可能被展示为对实践的一种限制,由此,它的名称便会出现在"被恰当标示的一套社会身份"中(Moerman,1965)。地方性的限制预计会以许多可见的方式呈现出来。城市范畴的优先地位经常在与其他身份有关的相互冲突的解释实践中得到观察和检验,而其他身份对忠诚提出了相互竞争的要求。我们也通常在有关城市的不同话语中发现,对居住在这个场所的人的种类及其与其他族群和其他场所的差异性的系统性关注,包括这个城市与其他城市影响之间的关系。我们发现对当地习俗的想象性起源和连续性，以及这些习俗被认为是证明基本成员身份的方式有着一致的兴趣；人口和场所的结合，往往可以追溯到过去，让许多认同这些联系的人把一个人群的所作所为描述为这个城市的典型特征（Moerman，1965）。

在比较城市的时候，我们可能会提出这些问题，如果我们不在场，在谈论可能恰好与其他身份有关的人或做法时，地方性究竟有什么优先性？在任何特定情况下，地方性怎样以相互暗示和彼此界定的方式在城市、地区、国家之间产生对比，从而为比较提供一种适当的语境呢？最后，假如地方性有能力使不同的人群拥有"千载难逢的历史"中的共同事业（Moerman，1965），那么这样一种"普遍性"又是如何被具体表现在特定的城市情况之中的呢？在最基本层面上，城市的想象性结构，就是围绕地方性的相关性组织起来的，就好像一个"装置"一样：分配优先性，确立相关性的语境和比较，典型化自我保持的人口和自我延续的人口。在这个层面上，地方性允许我们把城市的想象性结构说成"共同文化"，而这种共同文化是人们可以在集体解释的权力和秩序中观察到的。（Garfinkel，1967）。

说城市不过是一个符号，不应该分散我们对城市和地方性的范畴在组织日常生活中如何被作为一种优先性来使用的注意力。这样，陈词滥调本身就会成为一张研究的请柬。因为，如果城市只是一个符号，那么这个说法所推荐的东西应该可以在社会实践中被观察到。正是在这个意义上，城市作为一个范畴，发挥的作用不是一个标签，而是一种行为的过程。城市是什么是根据城市不是什么区分的，过去是什么或者未来是什么，是用来解释现在是什么的。这个结构——从来就不是一个空洞的术语——是通过解释性实践来完成的，最重要的是，它以典型的解释方式与所建议的任何东西相遇。也就是说，城市作为一个生命实体的主题在任何一个当下都会产生，并通过一系列实例阐述。

作为一种场所的城市是什么这个问题，在城市日常生活中充当一个实际的、可触摸的集体行动轨迹。正如在不断提出问题和矛盾解释的筹划中无可辩驳地证明了的那样，这些问题和解释指向相对于城市内部的生活和环境、它的人民、历史和未来，以及其边界的不可渗透性问题。从这个意义上说，城市是一个符号，而不是别的什么——一种尼采意义上的纯粹自夸——引导了许多关于全球性的工作，认为城市的侵蚀是忠诚度的一个重要焦点。我们将通过这样的研究，引导我们对许多城市生活领域的兴趣，坚持不懈地考虑它对城市表现和城市集体实践的影响。即便是多义性的城市也需要被看作由多义性所引起的，因此，城市的集体遭遇所隐含的愿景似乎就构成了各种言说方式的基础。

集体是一种不可避免的讨论"背景"，体现在作为一种行为的词语所传达的相互承认中。即使城市被看作一件艺术品，也应该让我们想起语言中介的经典概念，在尼采的《悲剧的诞生》(Nietsche，1956)中，这种概念的模糊性得到了戏剧性的证实，并且被恰当地体现在表达一种"存在的方式"(Ledrut，1986，123)的符号观念之中。我们认为，词语永远是鲜活和神奇的，是指它们所肯定的内在的行为过程，因为即使是没有生命的东西，比如壶和桥，作为词语，对于我们来说，也意味着与这些事物相处的方式和对待这些事物的方式(see Simmel，1959)。这种对城市存在的关切是在冲突性的解释中产生的，即它可能代表的地方性和场所的生活经验就是今天的某种东西，而非空无一物。如果城市是一个冷漠的意义场所，那么对于这个问题的话语，是如何开始表达与其安置相称的方式的关切呢？如何标志城市是一种生活体验的地方性的持续集体参与呢？集体是言谈不可避免的背景，意味着语言具有某种心照不宣的权力和权威，语言具有区分关系重大的任何利益的能力，集体也是语言的背景。

我们如果开始把城市当作"意义的自由空间"看待，那么就必须从文明、社会或人民的角度来理解它的"存在"本身，因为它似乎是一种有意义的欲望客体。雷蒙德·莱德鲁特把城市的形象描述为类似于一件艺术品——某种类似于"神话"或"文学作品"的东西——它只能激发与这样一种结构相称的理论化，即一种以反身性和辩证性展开的理论化，它既能唤起又能把握它作为一种"情境"的众多声音（Ledrut，1986）。尽管没有理由提出，为什么城市在这方面应该是独一无二的，因为任何话题总是要求超过它自信的富有想象力的提问者，总是有很多话不能说，总是存在比词语能够表达的更多的东西。

莱德鲁，特关于城市是一件艺术品的观念，更深刻地表明，城市作为一个对象是一种持续的对话，一种隐含的、未发展的、抽象的表征组合，在不同文明中产生和传播，在语言和行动中不断地被塑造和重新塑造，仿佛就是一件艺术品。如果城市是一个分析的对象，那么我们就可以问，这样一个对象如何既掩盖又赋予一种持续性的关注，用体现和区分城市的方式把地方性表现为一种集体生活的焦点？我们可以把这个对话本身看作一个整体，既因为它超越了我们的论述的终结性，也因为它作为一个持续的创作（poiesis）作品而存在，我们只能通过遭遇它的部分（它的言说者）才能洞察它。这一整体的观点并不像德赛尔托所说的"太阳眼"的概念（de Certeau，1984），即一种从城市规划或总体规划的独立角度观察城市的全景视角。毋宁说，我们继承并沉浸于其中的就是这种对话，是希望恢复其力量的对话，也是希望通过有条不紊地使其基本形式变得显而易见澄清其模糊性的对话。这一对话的各个部分始终都是言说者，这些言说者出现在我们需要用声音提供观点的伪装之中。

城市声音

我想从一个与通常研究有所不同的角度看待城市，考察不同文明给它们产生大量解释资源的方式及城市独特性问题所产生的影响。在某种程度上，城市的想象性结构指的是被构想的方式，目的是把城市的差异性作为常规问题—解决的一个特征来认识和保持。

通常城市之间的差异性被看作是由外部条件导致的，诸如历史环境、地理、景观、经济波动以及来这些地方生活和工作的人的组合。这些差异似乎既区分又限制城市，也造成了城市在这些外部条件上的不平等，生态和历史倾向于书写城市的历史，这些历史把它们阐述为由只能接受却从来没有真正授权的条件所决定的集体行为者。然而城市永无止境的创造性质不仅表现在对差异性的肯定或确认方面，而且表现在城市生活的特殊细节在这些差异中表现出来的方式，以及对共同问题的独特解决办法上。因此，注定一年到头都有海港、酷暑或寒冷的城市仍然可以被看作与众不同的地方，即使被认为在与其他城市共享的这种限制条件下也是如此。在认识城市的这些共同情境时，人们也可以说，独特的城市是不可能被效仿的。我这篇文章的研究所针对的，正是这种陈词滥调及其"非矛盾性的双峰"（Benardete，2000）。

承认城市在共同问题上不可避免的一致性，可以克服城市在外部条件方面的不平等。如果社会学有必要确认任何一个城市的共性和差异性，那么也就有必要理解一个城市的工作在一定程度上如何取决于各项工程和关键时刻。这些工程和关键时刻表明，在与所有城市共同具有的问题—解决语境中，这一城市的差异性是如何产生的。在这项研究中，我关心的是城市差异性的研究，这种差异性不仅是它与所有城市共同具有的问题，而且是它需要遭遇的集体生活的一个持续焦点。我们可以把这个问题与集体身份联系起来，作为日常生活中解释和行动的焦点。

　　如果城市彼此之间既是相同的又是不同的，那么我们总是要问，城市如何被认为是指向这种混合体（这种僵局）从而使这个唯一性的问题变得有影响力、变得引人注目以及变得富有争议性的？在城市日常生活中，它们有时会富有生气地挑战这样一种假设，即它们彼此之间只有程度上的不同，肯定它们在性质上也有不同的可能性。在这些情况下，人们认为城市被这个问题所困扰，即它们的差异性是否是独一无二的，除了程度的差异外（与大多数把文化视为程度上有差异的城市比较研究不同），它们的独特性如何可能具有更多的东西。

　　在蒙特利尔，魁北克省的地位问题引发了这一问题，其措辞涉及魁北克省人民如何或者在何种程度上是不同的或独特的，并且意味着它的主要城市也是如此。柏林在其特殊历史之后的重建，仍然迫使这个城市捷出疑问，在经济全球化过程中属于柏林的东西究竟是什么，就像都柏林的经济复苏要求该城市考虑这个问题一样，在面对这些变化之时仍然要保持其独特遗产部分。如果这些城市能够自由地承认作为一个大城市所具有的不同，那么关键时刻仍然会促使它们在实践中提出这样一个问题，即这些（"属于"这个城市的）差异性是否以及为何是独一无二的。我们打算在富有启示的时刻来审视这种提问被激活和参与城市生活的方式。这一策略允许我们不是把城市的身份当作一种定型的规定来对待，而是看作一种解决这个问题的对话，即城市的独特性如何（以及是否）在许多地区以不同的形象表现出来。

柏林墙的拆除和魁北克省的全民公决（Referendum）显然只是外在于这些城市的条件，是不断被塑造和重新定义的经验和记忆，成为"内在"于城市历史的东西和集体经验的一部分。因此，把一个城市的居民与另一个城市的居民区分开来，标志着城市在性质上的差异，而不仅是在程度上的不同。这样的外部事件与城市居民的社会实践之间的持续辩证关系使城市的身份成为和不成为正在进行的工作。正如柏林作为一个独特场所的部分意义体现在冷战影响的实践中以及在公民身上持续存在的踪迹中，蒙特利尔的部分意义表现在把诸如全民公决（或冰风暴）等事件"消化"或吸收到其集体生活的叙述结构之中。对每一个城市来说，这些"影响"体现在特殊性和独一无二性的持续不断修正的意义中，在城市之间表现出巨大差异的情况下，即使受到共同问题的影响，这种特殊性和独特性也作为它与身份关系的一部分，作为城市居民持续参与的一部分发挥着协商作用。

因此，环境的概念不能被这样不成熟地接受，必须被分解，被视为一种可变因素和一种运动。地理、地形和经济尽管相互关联，却并不是一回事。例如，威尼斯是一个避难的地方，最初被选择是因为容易进入，它也是一个商业场所，因为容易进入而变得繁荣起来。它的宫殿象征着财富增长的账房。它们打开了方便的门廊，那里是码头和仓库。这里的经济符合地形条件，并利用了它的优势。贸易带来的富足解释了威尼斯建筑正面的浮夸，几乎不免有些傲慢；也解释了

42

一个面向东西方城市的阿拉伯式的奢华。海水和倒影中永恒的海市蜃楼，水晶粒子悬浮在潮湿的空气中——产生了某种梦想和某种味道，在许多诗人的音乐和许多彩色画家的温暖色调中得到了无与伦比的描绘。从威尼斯的环境条件和利用某种构成要素很容易成比例的民族混合物的角度来看，再没有比这里更完美的地方了，我们希望能理解一件艺术品的时间谱系。但是，威尼斯以一种非同寻常的自由影响了威尼斯。它的构造悖论就在于它与这些元素进行斗争，把罗马群众安置在沙滩上和水中；勾勒出多雨天空的东方轮廓，最初是为了在永久的阳光下使用而设计；用自己发明的设备发动了一场与大海无止境的战争——船舶廊台、砖石建筑工程，即墙壁；最后，见证了画家对风景的强烈偏爱，对离我们如此之近的阿尔卑斯山的森林和山脉绿色深处的势不可当的喜好。（Focillon，1989，149-150）

影响威尼斯的是这样一种观念，即我们希望不仅使"环境"形象成为中心，也使所有这些条件成为中心，而这些条件由于明显的外在性而给我们留下了深刻印象。环境产生了一种导致新的问题和新的回应的反应。例如，威尼斯以不同的方式为不同类型和不同群体所使用，这体现在影响威尼斯自身成长的用法上。然而，我们如果把城市当作一种艺术品来欣赏，那么会看到，城市的历史表现出一种与其影响持续存在的辩证关系，它与各种构成元素发生冲突，并且用共同发挥作用的方式扩展和延续自己的声音。威尼斯的历史并没有描述它的声音，因为集体的问题—解决的持续性被重新洗牌，在关键时刻表现为努力面对每一个当下与过去和未来的不稳定关系。

作为一种欲望客体的城市

城市是一件"物品"，这在通俗和学术文本中得到了广泛而全面的讨论。作家们就像狗仔队追踪某个名人一样，并且事实上以他们的方式帮助城市产生了新的恶名。这些言谈倾向于使我们对城市有所了解，尽管不全面，却是一幅有趣的图画。话又说回来，一种话语并不是简单地附加在一个清单（比如意见）上的东西，因为它会引发一种干预的暴力，这种暴力可以像一场对话一样开始精心安排它的声音。

> 另一方面，对话（动词对话：甲乙）是由讨论中一种可能出现进展的想法所激发的；并不在于几个声音的并置，而在于它们之间的相互作用。（Todorov，1993，52）

对话（dialogue）是一种对交谈（conversation）的干预，目的是创造一种进程，就像是某种叙事一样。此外，对话不仅"发现"交谈的存在，而且必须从社会舆论碎片和陈词滥调中创造一种对话，因为对话与其目的（利益）相关。对话创造了声音之间的互动，理论化将致力于把这些不同的伦理冲突作为问题—解决情境的外观来回忆。然而，这种情况一直隐藏着，直到我们通过利益和行动（探究）激活才会显示出来。如果在它们的隐蔽性中探究揭示事物（Benardete，2000，413），那么是通过恢复隐含在事物表面下的被压制的对话来做到这一点的。这要求我们把不同的声音组织成一种对话，旨在使对话以作为一种欲望客体的城市的根本模糊性的方式进行干预（Bonner，2001）。

　　我所关心的是介入关于城市的对话——在我看来，它以许多伪装的形式出现——为了把各种声音转化为关于城市作为一种社会形式、作为一种普遍和独特生活形式的问题的对话，并运用这样的叙事"进展"聚焦城市作为一个欲望客体的模糊性所激发的集体问题—解决的方式，这种方式涉及对城市活力的不同看法，也涉及城市品质的多样性概念及其可辨别、特殊、可能是个体的性质。我们能否开始在这些水域中航行，从而恢复城市在其众多复杂的推论性序列中所表现出的某种程度的稳定性？能否救活被雷蒙德·莱德鲁特称为"伪文本"（Ledrut，1986）的东西，在这种对话中，城市作为一种欲望的客体有助于在这个意义上聚焦集体化？由于城市牢牢地保持（尽管它有许多不同的颜色和变体）一种持久的魅力形象（作为话题）而把研究者聚集在一起。然而，对于进行探究的我们来说，城市只是一个话题。因为我们认为，城市始终（尽管形态和形式多种多样）是日常生活中一个正常、典型的（尽管层次分明）对象（经验），在一个群体的社会事务中始终是一种基本力量。

44

场　　所

　　对城市的理论化和研究总是被场所问题所困扰，被城市作为一种场所的余韵所困扰。我通过追问对场所的兴趣，即如何预先假设一种把空间与时间的概念结合起来的兴趣，开始思考这一共同的理解。这样，在社会生活中恢复一种强烈的场所观念是振兴集体超越能力进程的一部分。

　　吉奥-乔·阿甘本说，把城市只当作一个符号，意味着"忘记事物发生过程中所固有的超越性（通过……把它降低到另一个事实的地位)"（Agamben，1998，16）。然而，正如阿甘本所知道的那样，超越并不是一种"给予"，尽管它作为集体生活的一种潜在力量无所不在，而是必须使它作为一个欲望的客体出现。当对公共空间的解释方式和方法发生冲突与争论时，这往往变得显而易见。以一种不那么高调的方式来说，当谈到一个城市的文明时，我们就可能会提到这种超越的能力，隐含的和未充分发展的趋势把问题本身作为问题—解决即集体化的一部分。对于探究者来说，案例研究反映了一种利用集体生活潮流的尝试，因为它把案例带到了辩论场合中。

如果"超越的遗忘"可以在例子中被观察到，如吉拉德所指出的，尼尔森和徐在合并冲突中所讨论（Nielsen and Hsu，2002）的仇恨冲突，就不因辩论中的每一种或其中一种对立立场而协调一致。他们的固执己见导致被"锁定"在一方或双方能够赢得争论而牺牲另一方的对决中："当关于合并的合法性或非法性具有同等权重的话语不再指向相互之间的反驳时，就会出现一种倾向，即各自都会沦为战略性反应，它们被冻结在僵化和相互排斥的立场上"（113），这是因为"在使用不同的理由时，每一方都声称考虑到了问题—解决的最有效率和最有作用的解决办法，并且各方都认为自己的选择最能体现地方性民主的利益"（113）。请注意，因为每一方都以其资源为基础，对地方民主的性质和"利益"进行一种压制性的对话，因此，在这种交流中缺少的就是这种对话的机会。如果对话缺失，那么只会因为它的缺席而被注意到，因为在对立观点之间的对抗中，对话的缺席本身对于理论化来说似乎是一种隐含的在场。

当尼尔森和徐提出，参与者可以把缺席的对话定位为一次机会时，他们认为对话既是缺席，也是在场，更重要的是，尽管这

45

种缺席很明显，却是可以克服的。因此，超越并不是超凡脱俗的、轻飘飘的和没有实质内容的超越，假如它可以作为克服对立的一部分愿望来实践，不是取消而是通过保持明显差异性就是同一性的表达（解决什么是地方民主的共同问题的不同解决办法）。

正是由于对话性承诺的缺席，一个现代城市才可以同时是大众的和公共的。如果城市表现为一种物质，表现为一种超越性终结的化身，那么这个终结就总是可以被开启，并通过看起来似乎是死亡的碰撞被带到人们的视野中。随后的研究确定了作为案例使用的场合，当这些问题可以变得显而易见时，它们便成为范例性和说明性的关键时刻。

我们总是可以提出这样的问题，即个案研究如何开始像镜子一样反映社会的超越性和"反思"能力。鲍德里亚再一次指出，作者不能仅依靠开始时所面对的反对意见，而且需要通过跟踪表面上的二元性，运用一种确定案例的规则恢复对话暗流，而另一个潜在问题则取决于一种更为内在的模糊性（Baudrillard，1990，23）。正是这种根本的模糊性，像地方性民主及其利益问题一样，需要被当作保持对话（反思）的集体化焦点来激活，即使在任何答案都注定要留下一种剩余物的情况下也是如此。在这种情况下，案例研究发挥着干预的功能，目的是扩大公共文化的资源，通过把自我理解的局限性作为一个问题—解决的阐述来中断各种表现。在这里，案例成为理解集体问题—解决方式及其不变的道德性质的关键场合。

理论家

如果城市的各种表象都表现为隐含对话中发挥作用的言说者，那么我们通过与他们相遇来表达这些命题，就像第二次遇到他们一样，在很大程度上就像一个人让熟悉的东西变得陌生一样。因此，旅行的隐喻是恰当的：我们在一个地方范围内而不是到另一个空间旅行，在它们的遮蔽中揭示事物的时候，可以说是第二次遇到了共同看法。共同看法并不深奥，因为它们就是我们的看法，把我们与研究的材料联系起来。我们遭遇了多样性，不是因为前往阿巴拉契亚甚至蒙古的旅行，而是因为通过把我们联系起来的共同差异考问我们。最奇怪的是，摆在我们眼前的问题性质，以及为了表达和客观化所属的话语而忍受这种斗争的能力，而我们就密切地属于这种话语。

46

旅行意味着治愈概念的缺陷，准予我们可以在其中"阅读"它的身体……身份的悖论在于你必须旅行才能揭露它。同一性也可以被承认，前提是它是一个他者。它与这个概念是一样的，因为它在别处，不是很远，但在别的地方，需要很少的移动。现在发现他或她的身份正在构建这个身份的空间。身份不是道德或物质特征的问题，而是一个空间问题。空间化凭借自身的品质呈现出概念与其肉体的同一性，保证了事物和人都呆在"他们的"场所里，并坚持他们的身份。识别旅行的（旧）模式是通过移动到另一个场所来找到相同的东西……于是，问题来自背向的行进：在同一中发现他者，也

The Imaginative
Structure of the City

就是说，学会错过自己的路。（Rancière，1994b，32，36）

从理论上讲，遭遇城市的过程并不像一个外国探险队需要接触异国情调那样被看待，更多地被看作一种让熟悉的事物变得陌生的方法。多琳·马西说，我们可以通过思考非洲来了解西方城市(Massey，Allen and Pack，1999)，维特根斯坦可能会说，我们是通过思考它们来了解西方城市的，因此，首先要把这个城市作为一个客体来思考(恰好就在这里!)。

我们看到，弗雷泽的叙述多么误导人，从这个事实中我们可以很好地想象一下自己的原始惯例，只有当它们实际上在某个地方被发现时，才是偶然的。也就是说，按照这些惯例所遵循的原则，比弗雷泽所显示的要普遍得多，而且我们在自己身上也发现了这一点：我们可以为自己想出这些不同的可能性——可以很容易地想象，如在某个部落里，不允许任何人见国王，或者部落里的每个人都有义务去见他……也许不允许任何人碰他，也许他们会被迫这样做。（Wittgenstein，1979，5）

47   假如我们认真倾听这些命题的含义，城市是一个符号而不是别的什么东西——一种外因的结果，一具被肢解的身体，或者一个用来表达多样性的搅拌碗——那么这种观念就是一个开始。因为当我们说一些关于城市的非常真实的话的时候，它们就会让我们把部分图像恢复到对话中去，这种对话可以把它们当作对话的组成部分而不是整体。这就是朗西埃的"背向行进"，我们不是到他者的场所中寻找相同的东西，而是试图在相同的东西中发现他者。这样的假设把城市化等同于城市，或者主张城市的碎片化，或者主张它的侵蚀就是凝聚力的焦点，每一个问题都经过思考而展现出来。对于理论化来说，这是它们的命题所依赖的一个错综复杂的象征性领域，假如我们接受它们含蓄提出的这些挑战，那么这些问题就会促使我们找到分析的机会。

那时，城市的声音出现了，当谈论城市的时候，我们把作为一个分析对象的城市当作意义的一部分来处理。如果说城市是一个激发解释能量的场所，那么正是在这个意义上才聚焦集体化，因为对城市的解释隐含地把它定位为需要图绘的一个推论性领域。在这种情况下，我们仅是以它的名字把这种对话集合起来。尽管一个城市在空间和时间中被设定为所谓的场所，但是它也是无场所性（placelessness）的，在这个意义上与"它"的接触就始终是一种想象性结构的一部分。城市（如芝加哥、多伦多）似乎属于那些可以称为他们自己的城市的人，属于那些居住在它的区域内以及似乎有权把它称为"我的场所"或者我的家的人。对于研究来说，这些声音总会引起是什么样的场所或家是什么的问题，以及"我的"和"你的"、"我们"和"他们"之间的差异性问题，因为不同的和有争议的主张都把城市当作一种解释的对象。如果我们通常假设对一个场所的密切了解就是一种解释性权利的形式，那么在这一点上仅依靠自己的权限与城市的理论化是不一样的，就像一个具有（拥有？）一个名字或类别的人一样，不能依其本身（eo ipso）就假定她对这样的亲密接触有最终发言权（Wittgenstein，1953；Derrida，1973）。把城市看作一种不可改变的地方性、狭隘性和亲密性的景观，总是赋予居民专门性知识的声音，仅此而

The Imaginative
Structure of the City

已。从理论化的角度看，与城市空间和风俗密切相关的专门知识只能是城市话语的众多声音之一。这就是我们为何可以说，理论化使得城市声音的问题成为有问题的，因为它希望将这个客体（城市）重新创建为具有许多声音的领域。

48　　我把城市的声音重新创造为一种话语，这与柏拉图的回忆或记忆（anamnesis）方法产生了共鸣。在某种程度上，我把本书采用的方法限定在了古典意义上的模仿（mimetic）所体现的理论和方法上，目标不是简单地把城市里的声音复制为文本表达的言谈，而是似乎是各种明确观点的喉舌。毋宁说，这种介入所采取的是把这些不同观点重新塑造或一个故事的形式，不仅是一个杂乱无章的意见，或者是一种东拉西扯的重新排列，而且是模仿其表现行为的戏剧化。例如，城市只不过是一个符号的看法，在城市的各种观点和意见中并没有得到明确的表述，而是对讲述故事行为的一种模仿，把这些声音当作不言而喻的基础来激活。模仿把这种用法戏剧化为一种话语，反过来又把这种话语戏剧化为围绕着各种伦理冲突的观点组织起来的叙事"进程"，这些伦理冲突把材料组织在一起，就好像是一个不可言说的集体焦点。因此，我的叙事并不认同这些观点，而是模仿或体现声音弥漫于其中的表现行为，仿佛是出于伦理上的动力要澄清或"解决"根本模糊性的问题。这种看法中的好理论就是一种介入，这种介入在这些材料中提出问题，即什么是好故事，什么不是好故事。

结　论

　　城市只不过是一个符号的命题是一个反讽，受到对超越性终结展望的启发。客观来说，这是为了挑战并因此开启属地空间与话语空间之间联系的问题。也就是说，如果文化是一种象征性秩序，那么它就不是被定位于任何场所，因为在文化上它似乎是无场所性地存在的。这种现象展示了不可分割的属地性形象的模糊性，在日常生活中，这种模糊性不断地表现为一种伦理冲突，充实关于城市只不过是一个符号的词语，赋予这个命题像这种行动一样的生命，在棘手的不可决定性的表现中肯定城市的存在。

　　城市只不过是一个符号的命题，是一个追问城市如何存在的问题，即我们在与城市的接触中肯定什么样的关系。这种关系通常是极小、受限制、有限度的，尽管可能具有刺激性，但这是一种缺乏深度的关系。作为一个符号，城市似乎更像所有其他商品一样，被工具性交换所控制，或者充其量是方便设施的问题。然而，我们提出了进一步探讨这一问题的方法，城市如何成为人们与集体约定的意义和区域盟约承诺之间关系的中心；城市如何开始用它的集体化方式和意义来体现一个群体的参与。

　　在后面的章节里，我试图在与那些表达城市的人的关系中，即在通过这个客体把他们彼此联系在一起的亲缘性内在结构的关系中，并且在由于他们的共同存在而把他们与这个客体联系起来的关系中确定城市应有的地位。城市凭借其共同的焦点把人们联系起来（把他们社会化），又通过人们不同的动机、能力和期望把他们与城市联系起来（把他们社会化）。城市通过聚集和区分多元化而结合起来，不同的是，许多形象都以不同的方式呈现出来，

The Imaginative
Structure of the City

但是都由于这种一致的利益及其外观而被结合在一起。假如城市
的模糊性(以许多形式表现的权力)在其中释放出关于它是什么和
它意味着什么的冲突,那么正是由于人们之间差异性(他们有不
同的利益和脾性)的结合,才会出现不同的信仰,并且针对这些
问题的"解决方案"展开竞争。在这个图像和信仰的世界里,当不
同信仰的人以不同的名义来理解这个客体时,伦理冲突(在理论
家看来,与信徒相反)就表现为实际而明显的形象,标志着表现
场景的根本模糊性(Plato,chapter xxiv,v1.510,225)。柏拉图
的"分界线"隐喻告诉我们,只有当把不同信仰之间的冲突设想为
客体话语的物质形象本身,并因此想象为进一步探究的材料时,
理论化的提升才能开始。

第二章　共同情境

引　言

　　作为双头怪的城市是一个由基本问题所激发的相遇场所，各种基本问题同时积极和消极地困扰着人们。城市的基本力量表现在这个领域范围内的生命力中，日常生活的转瞬即逝揭示了对犹豫不决意义的可怕坚持，及其作为集体行动中心的模糊性的焦虑。城市由于同时激发和抵制掌握其模糊性的集体尝试的能力而卷入善（the Good）的问题。正如乔治·阿甘本所说，善不是一件与世界分离的物品，正如超越"不是凌驾于万物之上的一种至高无上的存在"一样，而是"实体的发生过程、其最内在的外在性……（就像）……蠕虫的蠕虫存在，石头的石头存在一样"（Agamben，1993，14-15）。如果"世界上不可挽回的东西是超越和揭露每一种世俗实体的东西"，通过把它还原为另一个像其他东西一样的事实而遗忘这种"发生过程"，那么这种还原就有一种遗忘超越性的危险。在这个意义上，作为一种实践的超越就是把

The Imaginative
Structure of the City

"参考"当作世界上的一个事件（McHugh et al.，1974）。现代人把希腊人对这种根本模糊性的看法，重新设想为一种僵局，这在阿甘本的认识中得到了重新表述。

　　善的问题持续存在于城市形成过程所处的伦理冲突的关键点上，并且通过这种参与成为城市的一部分。这意味着，"超越性终结"是善本身的一种表象，因为善就呈现在否定之中，始终是一个开始，在城市中作为社会事实而存在。这个社会事实就是集体化的基本场所。

51　　　这种"挑战"通过一种叙事被接受，通过书写的实践揭示并（因此）超越发生过程。在这一章里，我把好城市的概念转化为这个疑难问题，即对于那些从功能性和象征性意义上参与其中的人来说，城市究竟如何提出超越性终结的问题。我为策划各种例子详述了一种策略，能够用不同的和异质性的方式把这样一种相遇带到人们的视野中。一个城市的生命力加剧了这种关切。

　　城市生活中转瞬即逝的时刻和参与会导致协调一致的行为和反应，可以揭示对意义模糊性的集体焦虑的严肃疑问踪迹，以及在有待解决的问题形式中的不可思议的持久性。在城市的日常生活中，这种焦虑在体现和掌握实际问题的各种不同尝试中变得明显起来，在行动中它的每一个解决方案都只能留下一种不可思议的不确定性残余。城市的这种根本性"破裂"——由认识到实现这种观念的不可能性释放出来的焦虑——显而易见地成为一种问题—解决的情境。由此，城市似乎变成一场为控制其解释方式而进行的没完没了的斗争。

　　我想以一种非正统的方式，把柏拉图的好城市的问题恢复为"城市的善"。正如在城市的表现中反复出现的那样，这让我把城市看作一件物品（good）而不是这个善（the Good）。也就是说，在城市作为一种商品（commodity）的表现中，在某种程度上，它总是揭示出这种差异性的力量。我不会形而上学地把这个问题当作一个最终的解决方案、编码或者定义来探索；也不会通过考察或者把社会成员描述为一个信仰问题所获得的解决方案而把它当作某种可以解决的东西。城市的善的表现究竟适应什么样的人类需要，什么样的材料能够把这个问题定位为一个持续的并且有争议的集体生活中心？我力图发现在日常生活中个人和群体默默无闻地、含蓄地面对这个问题时的情境，从而把它当作一种现象来肯定，对它提出质疑，为它带来的不确定性提供解决方案，在总体上把它引起和释放的模糊性当作问题—解决的机会。雷蒙德·莱德鲁特在谈到这个问题的时候说："如果这个问题定期出现，那是因为它仍然没有得到解决，同样也是因为它有一个真正的基础，无论它在理论上有多么糟糕，尽管事实上它在我们的社会和文化中仍然无法解决，但是它符合正当的关切，符合一种真正的焦虑不安……这个目的是什么，一个城市的目的应该是什么"（Ledrut，1986，128）。我的目标是使这种兴趣可以被观察到，即使在口头上被否定的时候也是如此，因为它是吸引人们和群体的一种集体焦点，在确定性行为和解释之中通过总是指向城市表现方式被生动地显示出来。我将通过力图找出在城市社会实践中体现出来的这种持续关切方式，探讨好城市作为集体生活中的一个话题的问题。集体生活的持久问题究竟如何在常规的城市生活中取得物质的形式呢？

　　莱德鲁特把我现在所说的城市的善的问题，等同于集体目标的问题。这让我开始把集体化本身当作符合社会学传统的城市生活的一个特征处理。假如人们不是直接而明确地对集体目标进行质疑，那么集体目标的问题就仍然是城市实践的一个代谢特征

52

(metabolic feature)，不仅在组织、社团和社会结构中可以被看出，而且在生活的节奏和强度中也是显而易见的，这是一个通过各种举措、项目、附属机构和协调行动涉及凝聚力的过程。城市以数不胜数的方式展示其集体生活的活力，并且总是通过这些行动含蓄地表现出对集体目标的愿景，在这些场合中，构想、争论和辩论各种非常实际的问题。就我们对这项工作的兴趣而言，这些实际的问题总是涉及空间和场所以及边界和属地界线的主权。

> 从历史上看，社会学的筹划就是强化具有强制性和规范性意义的现代社会。它的贡献就是要表明意义和规范性来自集体生活的定向生命力——以及涂尔干提出的作为"动态密度""集体精神""集体灵魂"以及最广义的良知集体的集体关系、承诺和努力。（Swanson，1993，173）

在这项工作中，我们对文化的看法与集体的问题—解决相联系，这种集体—解决的方式在可以列举的场合中显示自身，在澄清集体目标并采取行动的需要下，释放出解释和行为。也就是说，集体目标的模糊性既是集体行为的根源，也是集体行为的主题。

城市的善，不是对什么是好的城市做出规范性的判断，也不是重申城市是一种价值（一个值得渴望的客体）。城市是一个文化体系的一部分，只有"以象征性的形式，也就是说，只有当行为者必须通过象征性行动的方式使自己面向这些对象时"它才是可以理解的(Schmid，1993，98)。因此，规范和价值的分配只是话语的一部分，因为文化的概念只需要所涉及的城市（作为对象）。在这里，我们把对象（城市）说成是一个行为过程的一种象征性秩序。既然这样一种相遇必须是没有预设目标的，那么行为者就可以坚持认为城市是一个客体，同时又可以指向其不同方面，而无需就其共同的属性达成一致意见。它们可以用各种异质性的方式，重塑城市作为一个行动焦点不可或缺的各种差异和矛盾。差异性、多样性和矛盾性不是外在于作为一个文化客体的城市，而是城市的用途不可或缺的东西。

文化并不是指以客体的名义所做的任何事情，也就是说，并不是指意义创造的一切行为，因为它是建立在决策过程的前景基础上的一种相遇，是一个群体的主权，因此是集体的。它坚持认为这个客体是一种可实施、可理解的秩序。通常，这样一个"过程"被等同于语言和表现，这样一种"秩序"必然涉及激活和确定表现的物质性主权场所。尽管如此，这种集体化的秩序或场所从根本上讲是模棱两可的。正如米歇尔·施密德在他对帕森斯所做的批评中说的：

> 这种情境意味着……即使集体接受并被看作共同传统的一部分的解决方案，也不可避免地会导致进一步的问题。这些问题，通过挑战行为者们必须面对的经验和逻辑条件，将使他们的共同情境重新变得不稳定；并且，因为行为者们永远无法确信新的问题可以给出传统的答案，所以他们的文化发展将找不到自然的支持点。不断反复的不平衡过程正是延续文化过程的最基本的条件。（Schmid，1993，111）

文化的根本模糊性来自作为问题—解决情境的性质，而这个有待解决的问题就是对这种情境本身的持续阐明，即对作为一个行为过程对象的持续澄清。任何一个文化客体，如城市，都发挥

The Imaginative
Structure of the City

着(如德勒兹所说的)一种问题表象的作用,并且这个问题,正如一些社会学家所说的那样(Swanson,1970,1971a,1971b),始终是集体过程的一部分,在这个过程中,一个群体在某些基本问题方面具有自己的权力,会提出各种可反复改变这些问题的预期解决办法,产生各种有待解决的新问题。这就是像城市这样的客体"既涉及限制又涉及机会,并且……产生截然不同的后果……导致行为者试图以各种不同的方式解决各种不同的问题……却没有持久的综合性成功前景"(Schmid,1993,110-111)的原因。

54　　　如果说"不断反复的失衡过程"就是"延续文化过程最根本的条件",那么这是因为问题和解决方案的模糊性动摇了共同情境。但是所谓共同情境从根本上说是模棱两可的,因此,对于日常生活中的行动(人们可以说,这种共同情境本身就是不断地被"去稳定")来说,这是一个持续的"难题"。"没有自然的支持点"或"持久的综合性成功前景"这一事实,会使我们能够理解为什么文化的根本模糊性不是简单的分裂,而是社会交往中的一个创造性因素。此外,如果共同情境仅是一种表达集体目标的方式,那么集体目标就会是不稳定的,并且同样是问题—解决的一个源泉。柏拉图说,对真理和知识的渴望——澄清集体目标并且按照集体目标(共同情境)行事——仍然必须在面对没有"持久的综合性成功前景"时奠定筹划的基础。因此,因需要和渴望解决共同情境问题激发出来的集体问题—解决的文化概念,便允许我们预测这种去稳定化成为解释和行动焦点的原因(Sartre,1963)。

从这个角度看,社会学家所指的去稳定化的共同情境,只是谈论表象场景的根本模糊性的一种外在方式,因为作为一种区分的共同情境本身是以许多形式表现出来的,并且是在许多不同信仰的支持下得到解释的。换言之,这种去稳定化的社会学观点构想出来的共同情境，遵循的是库恩提出的科学史的发现和修正模式的方法范式，在发展过程中，问题会得到解决，而且这些解决方案会因"进步"而被淘汰。可是这种去稳定化的规范性前景是在与不确定性和根本模糊性概念的关系中派生出来的。因为"实证和逻辑条件"受到科学进步的传统模式所描述方式的挑战，因此，共同情境变得不稳定。相比之下，当这种不稳定的共同情境被看作一种表象的场景时，这种观点就成为许多信仰中的一种，关于这个问题的话语便出现了。在这里，当被看成对立的东西时，稳定性和去稳定化如何预设一种共同情境的概念，是由实证和逻辑条件而不是由对共同概念中不可分割的关系的理解来限定的。相比之下，这种共同情境同时是同一和他者，不是变得不稳定的时候，而是共性以许多方式表现出来的时候；不是稳定的时候，而是许多形象都由一种集体的目标而被联系在一起的时候。因此，这种共同情境是一种不确定性的社会学假象，只有通过把握日常生活中可能发生的事件的各种协调一致的集体努力才能认识到这种不确定性，这是在转瞬即逝而又热情洋溢、亲近而又遥远、消失而又重获、掌控而又无能为力所引起的犹豫不决的问题中形成的一种焦虑。

　　在这一点上，这种共同情境把城市确定为一个符号，并且没有任何更多的东西（或某种东西）。对于该命题作为一种区分和各种解释难题的模糊性所涉及的许多行为者来说，它体现为在具体伦理冲突中释放和反映渴望的行为。城市的共同情境首先是该难题成为集体化的中心，集体目的与其说是对规范性终结的一种渴望，不如说是为了澄清这一命题及其不同观点所建议的行动上的各种差异性。当把它视为一种行动情境时，共同情境的去稳定化就是表现的根本模糊性的一幅图像，只能根据一种成问题的共同情境概念来描述，以多种形式呈现给不同的人。这意味着，对不稳定的共同情境的看法或者信念本身就是一种行动情境（表现它的）表现的一个根本模糊性的形象。尽管出现的东西似乎就是去稳定化的共同情境，但是对我们来说，首要的是与这个命题，即与行动的模仿关系，在协调一致而又有争议的实践中认识这种表现的场景性预设。理论化通过在日常生活中确定这些显而易见的案例来接受这个构想性的挑战，而这些案例反映着这种表现所特有的伦理冲突（Sartre，1963）。

如果这个概念适用于整个集体生活，即适用于家庭、组织、友谊和各种群体，那么它如何与城市本身有关呢？也就是说，我们需要阐述与城市的典型关系，与城市的典型"经验"的关系，这就产生了它所特有的去稳定化的表现。特别是，城市的共同情境或集体目标如何，或者在什么样的解释领域，经验和行动是城市的一种特质、一种无可争议的权力。如果有些人可能以一种在直觉上似乎正确的方式来谈论场所，即谈论安置的关系，那么就需要更进一步指明，这种关系如何典型而具体地属于城市。这使我们能够开始处理据说一个文明化的城市所要体现、个性化地表现的特殊经验。在这方面，对于社会学来说，城市一直被认为集中了社会变革的问题。

社会变迁

知识的积累以及通过它取得的各种理性解释方法，无疑是现代化最普遍公认的方面，并且它作为一种心态处于这个过程的中心。（Black，1966，10-11）

有趣的是，在这种范式文本中，心态被认为是现代化的核心，与布莱克根据"工业化带来的政治和社会变迁"讨论现代化时所说的"政治科学"形成对比。在这里，通过把心态理解为在人群中被客观化和定向于社会变迁的一种典型经验，我们可以开始突破关于现代与后现代、现代化与现代性等之间的差异性争论。在这一分析中，我们开始将社会变迁纳入作为问题—解决的环境的一部分的文化，因为致力于澄清集体目标引起的共同情境的根本模糊性，总体上出现在关于社会变迁的争论之中，特别是出现在把城市聚焦为这样一种话语的形象争论之中。例如，可以把对创新、技术、资本、人员、公司和观念的全球"流动"的描述所引起的问题放在集体遭遇社会变迁问题的语境之中。共同情境的去稳定化引起的不安，作为一种社会学假象的社会变迁，涉及实现这种理想的不可能性的问题，在把握实际问题的各种尝试中，它作为问题—解决的方式已经变得显而易见。

> 在最发达的社会里，不仅是所有的物质世界，而且是几乎所有的组织……和几乎所有的人格品质，在原则上都被认为只是工具或资源。他们只能按需要加以修改、支持或保留。这一取向并不是通过市场机制把人和神圣的习俗盲目地转变为可销售的商品……这种转变不需要出现在服务某些技术官僚的梦想中……以符合社会效率的一些抽象标准，或者符合雇主或国家的扩张。其目的可能是人作为人类个体的财富和自由；即作为个人保障，人应占上风。无论如何，这种变革的方向不过是现代化的最新发展；从一开始就构成了现代化所希望的人格和社会应用。（Swanson，1971a，138-139）

57 　　今天，对变革的这种强调是由一种启蒙的前景所激发的（或扭曲的）。然而有两个保留意见是井然有序的。在研究文化的过程中，我们首先致力于揭示文化，而不是外在地批评文化不符合某种标准。也就是说，我们并不是"修正"习俗，而是努力展示它们如何在集体的问题—解决中发挥作用（这种批评总是这个努力的一部分，这在第一章"旅行"和"第二次航行"等部分讨论过）。如果集体目标在"发达"城市被看作一种启蒙性的问题—解决方式，那么我们探讨它所涉及的去稳定化的共同情境如何产生各种不同的遭遇，以及对于城市的发展方向及其生活质量方面提出的各种有争议的主张。即使我们当中最挑剔的人对这种说法持有保留态度（即使我们自己远离这种热情），对文化的社会学看法也包括这种怀疑主义，这是有关集体目标辩论中的一种声音。

　　此外，这种怀疑主义在形式上，都声称在哲学、艺术和人文、技术理论和社会思想等方面具有明显的创新性，总是表现在与这些（这种工作要求产生的差异性的）变迁的解释有着始终如一和显而易见关系的主张中。这意味着，在传播中宣称现在与过去的任何背离都是一种思维方式、认知方式和表现方式（如"上帝死了""作者之死""元叙事的终结"）的陈词滥调，各行其道，都是集体目标辩论中的声音，都是共同情境不可或缺的推论性姿态，总是被视为抑制当下的努力，通过一个令人信服的展望把它视为变革的关键机会。这意味着各种超越性能力就是共同情境的构成部分。

　　与城市的共同情境和集体目标预测有关的表现和行动，是受城市理论化的需要和愿望所启发的问题—解决的一部分。普通人和他们的地方性筹划在这样一种欲望经济中表现为解决这种欲望总是会释放出来的任性——无序、动荡——的各种努力。

社会动荡不仅意味着个人的不满或不安普遍存在，还意味着人们想要一种新的或重建的社会秩序，取代他们认为不公正或无效的社会秩序；意味着他们相信这样一种秩序会逐步发展，如果他们共同努力的话……从这个意义上说，社会动荡的参与者那时已经具备处理社会关系以及在与他人互动中建立组织的技能。他们的判断和预测可能是仓促、错误或不知不觉的，但是，如果他们不知道社会组织在处理某些类型的问题方面的重要性，或者在建立组织或使用这些组织方面缺乏经验，那么根本就无法使它们成为现实。（Swanson，1971a，126）

城市提供了旨在解决集体目标问题的地方性新举措持续景观，无论是作为城市独特的共同情境的标志，还是作为一个整体的城市方面，城市本身都被作为一个客体。集体化，就像电流一样贯穿于社会生活，通过解决去稳定化问题的愿望，始终与动荡和无序联系在一起，这种愿望经常被客观化为解释和行为的一个重要焦点。如果说，在某种程度上，这就是文化所指的东西，那么，我们就会注意到文化与共同体建设有着密切的联系，而且这些问题带来了难以克服的阻力："社会不安无处不在，因此，建立在文化之上的集体进程也同样如此……它不需要卷入一种急急忙忙的、口齿不清地对社会不满的倾泻。每一个组织的职业生涯，无论大小，都包括频繁的也许是定期的更新、复兴或重新承认的时期。每一个时期都源于集体凝聚力的削弱，无论是实际的还是预见到的。没有任何一个组织是参与者完全满意的。某些不公正和无效的措施在群体中是普遍存在的。任何参与者都不会对任何组织或其内部的某个特殊角色做出不可动摇的承诺"（Swan-

58

son，1971a，127）。在某种程度上，城市的工作可能就在于，是否有能力让有组织的动荡成为民众的一个景观，成为他们接触其引人入胜的时刻展望的场所，成为一个决定性的变革机会。从这个意义上说，作为客体的城市所引起的动荡不安就是论题，建议把我们的材料确定在这些可以列举的场合和环境之中，在那里，这种动荡不安被表现为一个难题，并通过筹划和举措来加以"解决"。

如果社会变迁是共同情境的"地方病"，那么这就意味着当下不断出现又消失，在过去和未来之间具有一种确定性和不可估量的关系。社会变迁是对作为时间上的一个事件的当前时刻的根本模糊性的外部看法。根据前文关于社会变迁的引述，行为者在任何当前时刻都会根据过去和未来考虑需求和欲望（McHugh，1968；Shils，1981）。然而，由于人们在需求和欲望方面存在着差异，精于算计的当前行动要求必须根据不同的视野以许多方式表现出来。社会变革也是对作为空间上的一个事件的当前时刻的根本模糊性的外部看法。根据前面关于社会变革的引述，行为者在任何当下时刻都只能逼过典型化的方式来"解决"时间的模糊性，而这些典型化只能通过使透视性差异对所有实际目的都变得无关紧要来保持它们的协同共存（McHugh，1968）。社会变迁和动荡是"地方病"，在任何当前时刻，时间和空间上的集体存在的模糊性在社会实践中都既是被遮蔽的，又是透明的。城市作为一个客体获得了作为社会变迁和动荡的场所的特殊性，因为它独特地通过错综复杂和富有争议的伦理冲突，使"解决"时间难题和空间难题的集体需要和渴望变得生动起来。正是这种框架（假设？命题？）引导着当前工作并启发我们去寻找使这种基本情境变得可以观察的案例或事件。

59

当下的时间

在关于城市的所有研究中，我们注意到的是，城市通过对一种共同情境的某种展望因它们与空间的关系而被聚集起来的路径范围。因为共同情境是一种必须提供对变迁的解释的情境，因此，不同研究之间的差异性就以社会行为者被表述为服从于变革，服从于时间性事件的方式表现出来。非常不同的研究就必须解决这个决定时间和空间相关性质的共同问题，即安置的难题。也就是说，对情境的具体和差异化的描述，对于探究者所想象的行为者和他们自己来说，通过假定的在时间上的空间存在问题的方式而变得容易理解和令人信服。无论细节如何，都可以从每一种研究关于共同情境的观点开始的方式中看到这一点，而这种观点总是发生变化，因而是去稳定化的。每一种研究都力图通过有关当下的隐含现象描述行为者与空间的历史关系，力图恢复这些创造意义的方式。在不同情况下，共同情境表现为一个问题—解决的场所，每一个有待解决的问题都是对变革的理解，正如人们所看到的那样，并且人们乐于接受这种理解。

这些探究的共同命运，不管其多元性、异质性和多样性的方法如何，都是为了使这种变革呈现给行为者的不同方式变得可以理解。变革不仅是一个"偶然遇到"的外部事实或事件，而且是去稳定化的共同情境的一部分。这些探究由于他们的假设而产生了变化，他们所描述的行为者把共同情境定位为一种变革的情境。 *60* 任何一种研究都试图把现代行为者描述为一个变化的主体，从而含蓄地将其描述为现代性的（典型）主体。因此，我们可以公平地向任何一种研究提出，如何理解这个现代难题（aporia）及其主体，

变迁究竟是如何出现的，为了什么，如何看待这个受到当前与过
去和未来的关系制约的关键时刻，它如何反对主流看法，以什么
样的声音，赋予这一变革的基本问题有什么不同和具体的形式。
我将考察两个具体的例子，首先是欧洲社区，然后是德国/波兰
的边境城镇。

在玛丽·科克伦对都柏林、伦敦、图卢兹和都灵的欧洲社区
研究（Corcoran，2002）中，对受访者来说，当下的"模糊性和不确
定性"来自对现在和过去之间的差异感。受访者认为，现在已经
没有了曾经的东西，又出现了不曾存在的东西。科克伦的丰富文
本，给主体对引人瞩目的缺席（清洁、友善）、曾经存在的东西的
改变和消失（财产和人员的更替、反应能力的水平），以及从来没
有存在过东西的在场（污垢、排队等候）等持续而恼人的定位提供
一种良好的判断力。对于科克伦的现代主体来说，空间不是一种
人口的变化（新型的人群），而是对那些解释它们的人来说所具有
的"意义"，也就是变化的重要性。科克伦挑动受访者表达抱怨，
因为在这样的时刻，就会揭示他们与场所亲密关系的生动性，即
使似乎被打乱了。例如，在都柏林和图卢兹，在修理房舍方面的
拖延被看作漠不关心的表现，是以缺乏尊重的方式被对待的表
现，仿佛那些受到如此对待的人仅仅被看作一个空间的占用者，
而不是被视为深深植根于赋予权利和义务的情感依恋。时间渗透
着这些永远来来回回的反应，不管是回顾性的还是前瞻性的，都
对比着失去了什么和增加了什么。科克伦的论文让我们了解到，
变迁对于受访者来说如何被表现为一种焦虑，而不仅仅是由于社
区中新来者的在场，而且以他们认为自己是不断更新的方式，因
为没有过去或传承的东西能够让他们获得尊重的友爱情谊，并与
其他那些最近来的人区分开来，仿佛他们总是而且每一次都重新

开始。仿佛就像受访者所认识到的那样，他们无论作为个体还是作为集体都不再有什么差异。

科克伦怀疑，由每一次这样的变迁释放出来的丧失和重组，使亲密关系陷入危险之中。变迁只是被简单地等同于现代化，没有具体说明现代情境给变迁带来了什么（她所描述的始终是那种变迁）。这不但让她把传记作为一种资源（一种想象人与空间的亲密联系的比喻），而且作为集体生活中不断涉及的需要"解决"的一个难题。

在这项研究中，个人传记受到空间的制约，这种方式使和解工作得以开展。也就是说，如果长期居住者不再有所作为，那是因为空间本身既没有在现在和过去之间，也没有在现在居住在这个空间里的人之间显示出某种差异性。现在的空间不同于曾经所是的空间，因为如今每一个人都被看作是相同的。这种从其历史中分离出来的空间，对许多人来说，似乎夸大了与安置的扭曲关系。然而，这项工作仍然存在问题，因为变迁是有问题的。变迁之所以是有问题的，就在于认识到一种产生显而易见的差异会带来在实践中决定的差异，并且这不是一个形而上学的问题。也就是说，变化的问题是持久性的，因为我们总是可以提出这样的问题，如果外围条件发生改变了，"核心"是否还存在连续性。一种改变似乎会导致某种新东西的出现，一次改变可能类似于一次修改，尽管它有新的面貌，但是，一切本质的东西似乎还会继续存在。因为科克伦的世界对那些有能力改变这种变革过程的人和那些无能为力的人进行了区分，所以，面对这样的变幻莫测，她的现代行为者所面临的难以预测的情境就是不断地彻底改造的新的开始，因为对于那些社会底层的人来说，每一个当下都需要一个新的开始，他们需要面对不断的变化，需要对传记进行修改。现

61

The Imaginative
Structure of the City

代生活的一个重大难题是，人们如何通过把变革看作一种事件来适应他们的情境以及他们如何在行动中有选择地利用或漠视这些解释。通过这种方式，科克伦提出了在这些条件下集体化可以并确实发生的各种自我决定过程。我们放下这篇文章的时候感觉到，场所侵蚀的基本脆弱性创造了一种永无止境的辩证法，拥有敏锐眼光的人，可以在这种辩证法中看到哀叹、顺从和选择的振兴机会共存。

　　如果说，在科克伦的敏锐眼光里，对话者就是资产阶级、房地产开发、规划者以及那些无能为力的人所拥有的相似力量的漠不关心，那么在杜尔施米特和马修森的眼里，对话者则是欧洲一体化（欧洲联盟）和经济全球化相互关联的总体计划的组合（Durrschmidt and Matthiesen，2002）。与"前社会主义"的过去形成鲜明对比的是，当下被锁定在过去所是的东西和将来应是的东西之间、旧欧洲和其国家界线之间、新欧洲和其可渗透的边界之间。在任何一个当下时刻，都是这样一个主体，对他们来说，用一种既连贯又统一的方式让不同影响的混合体存续下去，是一个有待完成的实际问题。对要求把握的东西而言，过去的消失必须在当下通过对未来的预测来应对。这使得他们在东德研究的边境城镇古本/古宾（Guben/Gubin）成为这些大规模进程的微观例证的理想场所。

　　科克伦的案例研究表明，叙事是为了揭露现代主题及其问题—解决而产生的。认为被总体计划掩盖或忽视的东西是这种居间的生活经验，或者似乎是聚焦于行为者实践推理的所谓"杂糅"的东西。某些主题，如变革的破裂性以及个人控制其过程的无能为力，持续存在并且与强有力的机制形象结合起来，由此，时间不仅挑战了与空间的密切联系，而且挑战了忠实性和规划本身，从而使任何一个当下都表现为一种不确定性的时刻。杜尔施米特和马修森把他们的主题描述得比困惑、痛苦或无能为力更复杂，描述为睿智、探索，不仅寻找强化意识形态的习惯，而且寻找能够在不确定的世界中作为持久惯例来忍受和强化他们的新习惯。

在谈到无场所性或"非场所"时，这两项研究都是以这些方式进行的，即当过去不存在并且未来尚未发生时，场所（以及任何区分）的衰退都在当下变得丰富生动。时间就是死亡、丧失和不确定性，作为共同命运和所要解决的问题困扰所有的当下，这是一种起源缺席并且结果只能是一种重复情境的振兴和复兴问题。这些研究可能以肯定当代欧洲的语气继承和扩大了当下的声音，使他们在日常的主体生活中看到的东西变成现代怀疑主义的典型例证，而对变革的现代颂扬冒着正在被边缘化的危险。我们能说这些就是现代生活黑暗中心的快照，主体在时间中的根本无能的表现吗？

科克伦、杜尔施米特和马修森的案例研究，似乎所描述的主题之间的私人化，除了生存技能外没有任何力量，不管他们在生活中的命运如何。在这个意义上，"超越性遗忘"在私人化本身中表现为那种常规的还原论，这种还原论描述了周边城市居民的特征。尽管这非常有趣，但是，科克伦的主体把所有街坊的变化等同于新来者的出现。如果这些新来者代表变革，那是因为他们的存在扰乱了这些主体的连续性经验，因为这种新的关系必须得到管理。与那些新来者协商新的关系正是出于这种需要，而新来者背井离乡的奇异经验是作为一种解释而产生的，对于"探究者"所想象的现代主体来说，这种新的情境并没有给他们与新来者之间的差异性留有一席之地。由于与空间的这种新型关系，科克伦的现代主体的经验被认为是不光彩的。

63

　　更引人注目的是，边境城市似乎效仿了公共空间的概念。小镇不仅位于边界上，而且从中间被劈成两半。它的本质似乎是他者而不是它自身。这个城市的名字（古本/古宾）听起来像是口吃，可能是一种重复，不断地给这个问题制造麻烦，这个空间是由两部分构成的一个东西呢，还是一个东西里面有两部分呢？不同主体都会用城镇来实现各自的目的，一种情况是天命，另一种情况是其他追求的垫脚石。人们留在这个小镇上是因为不能离开（"他们有房子"），所以他们的现在取决于他们的过去，或者说，因为小镇给他们提供了做生意的机会，因此，他们的现在也取决于他们的未来。在当前这个时代，没有一个人喜欢这个小镇。然而，现在欧洲的每一个国家和城市在"小人物"看来都是一个打破边界的奇观，欧洲地区之间和城市之间的关系有可能模仿古本/古宾与其他地方之间可渗透的边界。杜尔施米特和马修森认为，古本/古宾能够成为新欧洲的原型空间，对要么被监禁要么恰好在这里的居民来说是一个避难所。在不同情况下，对当下的解释与过去和未来密切相关，从而产生一种主体的观点，即一个社会行为者从属于作为一种时间事件的安置。

　　尽管在这个意义上，这些研究都非常特别，但是在一种情况下，变化似乎无所不在，这种变化反映在更替和新来者的出现上，而在另一种情况下则反映在保持基本不变的修正之中。这就是说，虽然边境城镇可能正在遭受外部变化的影响，但是居民只能适应这些紧急情况，如适应因犯或投机者而"改变"。阶级的图景变得越来越清楚，因为顺从和机会主义可以粗略地表示无产阶级和资产阶级。尽管有所不同，但是他们同样受制于需要适应无法控制的力量的共同情境。在科克伦的研究中，不断的变化使任何当下的经验变得要么过时（老前辈），要么被排斥（新来者）。这意味着，在任何当下，每个人都受到时间力量的影响，即差异性的毁灭。在生命的某个关键时间，每一个人都是新来者和淘汰者，这意味着，在任何当下，所有人都会把自己看作是相同的。在某项研究中，按照囚犯和机会主义者的方式，任何当下的共同情境是所有人都可以被替代。在另一项研究中，老人和新人由于外部条件的无可奈何，变得都是相同的。如果任何当下的共同情境都是一种无情的损失，那么私有化的出现就涉及受制于时间的私人化的友爱情谊。有限性的陈词滥调把当下概括为所有清醒的人的共同处境。如果这样的观念告诉我们对于任何当下的现代经验来说都是一个冷酷的不幸，那么这是否限制了对共同情境的救赎性理解？其他可能的机会是什么？超越和"暴露"这一当下的共同情境表现的产生过程的东西是什么？

64

当代城市的体验

理论化显露并表明工作模糊性的直接方式，这是通过对共同情境以及与意义环境有关的典型社会行动者参与的公式化、平庸表现的游戏性抵抗来体现的。理论化可能把社会行为者描述为坚定的行动者而不是决定论的"火柴人"（Benjamin，1998，307）。哲学家大卫·威金斯举了下面这个和朋友一起看电影的例子。

我转向我的同伴，问道："这些电影让人感到如此孤独的东西是什么？"她的回答是："除了电影中有那么多关于海怪互相吞食的事实外，令人不安的东西就是似乎没有任何安宁的东西"。至于游戏，无关利害的好奇心或者单纯的静观，她可能会补充说，这些似乎是不可想象的……如果我们能投射到一种生命形式上，除了生命本身的追求，我们在那里发现没有任何非工具性的关切，对这个被认为比谈论中的动物更持久的世界没有任何兴趣，就需要这个世界来维持动物自己的生命，因此，在某种相当大的程度上，生命的形式对我们来说必定是陌生的。(Wiggin，1976，344)

对城市共同情境的表述，通常在他们的社会世界中充斥着行为者就是海怪的看法，他们被理解为对集体目标漠不关心。然而，对这样一种霍布斯式的观点的反应，是鲍德里亚(见第一章)通过对符号的循环所着迷的社会世界的概念所暗示的"进步"。虽然这些"能指的"演员可能看起来是比海怪更复杂的代理人，但是正如他所指出的，他们仍然经受着对超越的漠不关心(没有灵魂，没有影子，没有副本)。社会行动者的这些不同观点之间的张力，既与城市的共同情境有关，也与把城市理论化的人以及在我们的叙事中想方设法评价这些诱惑的人不可分割。在揭示集体化的斗争及其共同情境中的根本模糊性时，任何表现都开始把它的声音恢复为某种东西，而不是可怕或能指的言谈。虽然在进行研究的时候需要使共同情境陌生化，但是我们通过这种姿态把它恢复为某种熟悉的东西(真实的生活经验)，而不是陌生的东西。

我们可以通过想象雷蒙德·莱德鲁特和盖伊·德波之间关于现代城市品质的交流，从另一个角度来探讨同样的问题。德波把前所未有的现代城市特点表述如下：

第一次……这种新生活经验的形式匮乏和庞大传播都来自它的群众性质，这隐含在其目的和现代建筑状况之中……同样的建筑出现在所有在这方面落后的工业化国家，成为一个被植入在那里的新型社会存在的恰当领域……霸道的汽车，初级商品阶段丰富的试验品，在高速公路的控制下，给环境打上了深深的印记，使老城市中心变得混乱不堪，需要进行更大的疏解。同时，各种不完善的城市结构重组阶段都在"配送工厂"周围出现了暂时的分化，巨大的购物中心建立在空荡荡的停车场上；在导致拥挤的地方被重新安排之后，这些地方变成了疯狂消费的殿堂（Debord，1967，173-174）。旅游，被认为是消费的人类循环，是商品流通的副产品，从根本上说，不过是闲着没事去看看已经变得平淡无奇的东西而已。到不同地方旅游的经济组织，实际上是对它们的相等物的保证。同样的现代化缩短了旅程的时间，也消除了空间的真实性（Debord，1967，168）。

对于这种哀叹，莱德鲁特（当然是假设性地）带着疑问回答说，作为一种迷人客体的现代城市景象如此困扰着（和激怒）德波，以至于让他陷入瘫痪，无法想象融入其成就的生活，太傻了，不想把城市作为一个客体进行理论化吗？"今天的城市是不是比昨天的城市更没有意义呢？"（Ledrut，1986，122）莱德鲁特自己回答了这个问题。

> 所有城市都是有重要意义的。现代城市和曾经的希腊城市一样"重要"。它只是"意义"有所不同而已。它表达……它的时代和它的制度社会，就像中世纪的城镇一样。（Ledrut，1986，124）

The Imaginative
Structure of the City

66　　　从莱德鲁特的观点看，德波的解释描绘了被异化的现代城市，它本身就属于这个城市，因为异化的表达是城市的声音之一，是城市作为一种场所在现代生活中被体验的方式之一。城市被异化的观念是城市生活经验的一部分，既是他分析的主题，也是他分析的一种资源。

　　　　这种异化，以不同的形式成为所有人的共同命运。它取决于真正的城市经验的矛盾和断裂，其原因是多方面和根本性的。在"城市语言"层面上，这些分裂和不连续性是通过一直未被注意到的沉默来解释的。与其肯定城市不再对我们说话，不如更好地认识到它以不同的方式言说，并且并不言说所有的事情。正因为它现在用功能性的话来言说，用生活经验的话来言说，而且这两种语言不能被组合成一种统一的语言，所以城市在可能把这两种语言融合为一种语言的问题上仍然保持沉默。（Ledrut，1986，130-131）

　　莱德鲁特说，即使在"被异化的"城市里（Ledrut，1986，122，128，130），也无法逃避意义。这呼应了赫拉克利特的格言，即逻各斯没有什么可隐藏的。如果异化是我们共同的命运（Ledrut，130），那么这种经历就会在对我们言说的城市的声音中被记录下来，"它只是'意义'有所不同而已。它表达的时代和制度社会，就像中世纪的城镇一样"（Ledrut，124）。即使有不确定性，也不意味着形式的缺席（虚无），而是意味着社会关系的确定性形式是迷人的模糊性的连接点和相互行动，"意义是普遍的，并且从不缺席，有一种荒谬本身的系统"（Ledrut，1986，116）。
　　请注意德波是如何围绕商品流通的观念把空间和时间的问题

结合起来的。这种相等的韵味成为文明中产生城市命运的东西，使这个过程及其承诺的区分和区别逐渐消失。在德波看来，当下的力量使过去变得无能为力，使未来变得黯淡无光。过去之所以无能为力，是因为无法在当下做出令人信服的区分行为；未来之所以黯淡无光，是因为不能被想象出除了当下之外的任何东西。德波所书写的是一个注定要自杀的人。

　　这场关于城市之典型经验问题的争论，暗含对城市作为一个客体问题的争论，显然它使异化成为核心焦点的问题。然而，我们看到，所处理的难题在更深层次上与时间和空间的问题密切相关。它们被时间的问题所吸引——今天的城市不同于过去的城市吗？——取决于德波对城市之间正在缩小的空间的解释，这会威胁到它们之间的区别。德波和莱德鲁特共同提出了一个问题，即城市的普遍性在今天是不是前所未有的。他们涉及对城市共同情境的思考，这样一种思考为何总是对城市作为时间和空间中一个客体的看法进行反思。

　　城市就是一件商品的观念一直困扰着这种交流。对德波来说，过去可能会让人回想起一种纯粹使用价值的不可分割的时刻，与当前受制于交换价值的城市表象形成鲜明对比。莱德鲁特则把城市的不确定性斗争想象为无论在过去还是在未来都是一种商品。也就是说，如果城市是一种商品，那么它的命运就会被不确定性所困扰，因为曾经存在的东西已经失去了，而将会是什么东西却无法估量。在这里，城市遭受所有象征性秩序的命运及其在时间和空间上的存在，既是一种结果又是一个开端，是风暴来源和后果都无法用某种观念来掌控的一个时刻。

　　一旦我们认识到这一点，德波和莱德鲁特之间的区别就变得越来越清楚。尽管他们两人都可能会同意城市异化的这个事实，

67

但是，德波认为形象好像是整体的东西的一部分，而莱德鲁特则认为形象是整体的一部分。德波的错误并不在于事实，而在于他把一个部分看作整体的绝对论，即一个形象就是原本的东西。莱德鲁特从德波的不准确的观点开始，不是出于事实而是由于对它的偏袒，准备通过恢复这种关系及其根本模糊性来恢复部分与整体的关系。这意味着，莱德鲁特能够区分过去、现在和未来。因为他可以想象过去的生活经验受制于它的当下时刻的强度，他可以预见未来的生活经验取决于它的当下体验的强度。德波却只能把过去和未来看作对当下的反映，尽管他承认现在有不同于过去的差异性，但是，在他的当下不会产生任何差异。然而，德波提出了城市的善的问题，尽管这项提问的工作仍然有待于发展，但是必要、可取和永无止境的。对于莱德鲁特来说，这项工作需要把似乎分开的东西结合起来——这种分离或分裂似乎体现了遭遇现代城市的主体的特征——尽管认识到并没有"整合"主体的总体计划（"没有天然的依靠场所"），但是必须始终保持的东西就是差异性、不可调和性和根本模糊性的踪迹。这个问题必须提出来，并且迫切性依然存在，对任何一个渴望提出疑问的人来说这都是一个持续存在的问题。城市的经验是什么？对这种经验的解释为何必然与它在时间和空间中的存在联系在一起？城市是如何言说的？谁有权为它说话？假如城市对于这些问题仍然保持沉默，那么，我们会怎么弄明白，怎么能让它发出声音？

在这个方面，对技术、建筑和工程成就的启发性特征进行的批判，抓住了当下城市的救赎性质。这种性质既被理解为令人兴奋的成就，也体现在其成就的引人入胜的景象之中，同时，由于它释放出来的魅力（因为是虚假的意识）而让人感到丢脸。

68

记忆与历史

在许多有关城市的研究中，时间（场所也是如此）的声音，是通过"记忆"和"历史"等资源提供的，这些资源作为解释模式的一部分发展起来，"批判"或者记录社会建设是一个没有明显开端或终结的过程。就像尼采所说的那些"随处可见"的人一样，如果过去不可挽回地失去了，而当下又在不断地消失，那么未来就只能像梦一样存在，正在变得无处不在的观看，就像把城市看成只是一个符号一样，除了正在到来和正在消亡的东西之外，没有任何东西，只是"注意到这种事实"。因此，为我们准备的工作就是确定能够增强救赎理解的案例的一种筹划，以便通过对这种冲突的研究揭露和超越共同情境表现的"发生过程"。

许多关于城市的研究把社会变革看作那些商业驱动的重建举措的一种延伸，而这些举措遍布现代城市的景观。变革是由那些非常了解怎样利用当地公共资源来控制其进程的人自上而下发起的。有研究指出，北美城市的典型特征是，城市的解体是一个持续不断的过程，把当下看作充斥宣传、市场营销和商业及其支配着所有生活领域的模仿歪风。例如，在以企业流入为典型特征的城市中，现代主体就是企业本身，因为人民的声音是沉默的，自始至终都被认为是采取行动而不是行动。在资本主义举措中，被人格化了的企业体现了不断瓦解过去的经济创新力量，为了当下的使用总是以导致抵抗的方式机会主义地编辑和选择它的剩余物（包括在这种情况下，记录事实并进行批评性的研究）。假如说德波把这种工作当作典型，那是因为他认识到了企业怎样利用这种景观方法来吸引人们，引起他们对成为一种技术和艺术融合的盛

69

宴所产生效果的好感。

在这些研究中，过去通过资本主义企业为营销目的而开发地方具体资源所提供的改造呈现在当下，未来则只能通过现在被建设的市场的承诺呈现给当下。当下由于社会选择而遭受的损失，只能把损耗戏剧化为恶意的或良性的。也就是说，尽管在某些情况下，损耗是一个与时间进程及其丧失辨识能力相关的存在论参数，但是把城市当作一个由沉默人群居住的市场的关注，只能产生一种邪恶的丧失景象（类似大众媒体和所有形式的大众娱乐、"杜撰"和夸张）。在最糟糕的情况下，现代主体是受害者，在最好的情况下，是（反思性地）知道风往哪边吹的评论家。

这幅城市图景抓住了对没完没了的瓦解时间本身的渴望，以及对当下永恒的协同奉献。这样一个城市被描绘成隐藏在无情的批评审查所揭露的专制主义神话中。然而，市场的解放力量的观念和对其作为生命希望的承诺，赋予资本主义永恒时间。这就让我们看到，不仅可以简单地通过背诵企业的操纵策略，而且可以通过制定企业必须定位的城市公共文化对景观诱惑进行分析。这种备受欢迎的景观不能当作资本主义洗脑所延伸的一种现象来拯救，因为那时的规则（资本主义作为一种解释模式）直接决定了它就是意识形态或者虚假意识。如果它确实就是这个有待理解的"备受欢迎"的问题，那么我们就只能把它纳入欲望系统的方程式，那就是在这个城市中它意味着什么的一部分，并且在时间上作为一个具体城市的主体而存在（也就是说，我们不能从把流行的东西当作虚假的东西开始）。当我们问，要想更具体地理解一个城市，我们必须了解它的什么？我们首先会想到它的历史，然后对作为一件艺术品的城市进行更深入的反思。虽然历史可以背诵那些使一个城市显示其独特性的事实，但是，把城市看作一件艺术品，可能会允许我们开始理解它在实践中表现出与众不同的方式，把城市当作生活辩证法的一部分来定位、修正和重新书写。

融　合

莱德鲁特对于城市的书写提供了一个隐含标准——"融合"了功能的语言和生活体验的语言。在莱德鲁特看来，这种融合似乎需要一个城市作为一件艺术品，因为只有这样一种观点才能缓解以这样那样的方式理解城市的极端看法。对于城市的任何功能性方法，都需要通过在时间中存在的概念增强，莱德鲁特认为，这是通过融合空间和时间克服非中介的空间概念的一种需要。把城市理解为一个场所的方法，需要把城市表现为一件艺术品的"融合"，正是这样一种表现才会捕捉到城市的诗意。城市在某种有限的意义上是一件艺术品，或许，它本身就是一件随着时间的发生而被建造和重建的艺术品，是一种杂乱无章的符号和刺激，是一种羊皮纸上的踪迹，在所有变迁中，它都作为一种恒常的东西保持着"余韵"，以一种特殊方式表现出如画般的环境，可能会以这样那样的方式，让那些被它感动的人想起城市作为一件艺术品的特征。然而，在关于城市的这些看法中，有些东西仍然是抽象的。莱德鲁特的意思似乎是，只有当我们把过去当作一件艺术品看待的时候，它才能够在当下生存下去，而未来只有把它看作一件艺术品的时候，才能在当下变得至关重要。这种时间性元素可能在城市的经验性版本中被淡化，但是以自己的方式肯定城市是一种艺术品的概念。正如我们所看到的，时间相当于历史，使我们能够站在当下的制高点理解过去。

The Imaginative
Structure of the City

在更仔细地考察这三个城市之前，我们需要从纯粹的城市退一步。因为城市可能感兴趣的，并不是独立的力量，因为它们是更大的经济和政治空间的有形表现。没有哪一种说法比城市规划中最古老的陈词滥调更准确了——把美国城市和浑天倒地（刚刚成长起来）相提并论。建成环境并不是有机的，虽然经常看起来混乱，没有被规划。但是，它已经被创造出来，并且在不断地被重新创造，是由社会演员的集体性参与的连续性和象征性构成的共生互动的复杂舞蹈。这些共生互动不断地把自然、材料、技术、社会经济过程和文化形态编织在一起，从而产生了城市结构——就像所有艺术品一样，空间的短暂表达，更多的是从观察者的反应而不是创作者的意图中获得意义的……承认建成环境的结果往往不完全是个体贡献者的意愿，这并不是要否认城市作为一种"艺术"（熟练创作）"作品"（整体）的地位。与通常更无常的艺术形式的短暂问题不同的是，建成环境依然存在，其时间历程的性质甚至比那些可以用来建造单个建筑的石头持续得更久。此外，自然的，尽管有可能移动的边界（平原和高地之间的边界、水但是域和沿海小岛屿之间的边界），更为重要的是，所有权的边界（围墙、地产边界、地下室、种族地盘、独特的土地用途）划定了城市的空间，产生了持久的单元或模板，不仅勾画了当前形式的界线，而且塑造了未来的用途。（Abu-Lughod，1999，4-5）

在这里，阿布-卢格德提到的关于艺术品的传统看法，取决于通过制作活动与艺术品所达到的平衡。然而，就像汉娜·阿伦特所谨慎指出的那样（Arendt，1956），即便是制作，也被嵌套在被需求纠缠的图像家族之中（如它与劳动和行为的关系）。因此，即使这个引述拒绝了一片混乱（Topsy），但还是不明白它是如何构想制作活动的，无论是劳动还是行为。从根本上说，城市是一件艺术品，被人们用来当作确认历史重要性的一种手段，而明显不同于这里所认为的对"全球城市"范畴的不加批判的运用，这个范畴的使用把所有城市聚集在一起，没有考虑构成其变化的条件。历史导致了很多的差异，在阿布-卢格德看来，把城市看作一件艺术品，就是看作一种被创造的东西（一种建成环境），通常会产生各种效果、用途和后果，而这些效果、用途和后果在它被完成的时候没有经过考虑或者必要的预测。城市这样一部"熟练创作"的艺术品，随着时间的推移被创造出来，描绘了城市的用途，并引发了超出其确切意图的意义。

除非我们把城市定义为一件艺术品，否则可能是平庸的，因为把城市等同于"熟练创作"必须让这种行为得到表达。创造美好事物的活动并不一定与制造事物的活动相同。假如城市是一件艺术品，那么我们可以考虑一般的美，也可以考虑被认为是城市所具有的某种特殊的美（除非我们想说，它们之所以美，仅仅是因为它们有"意义"，或者说，"熟练创作"并不一定与美相联系，或者最后，所有创造出来的事物都因为它们是被创造出来的而成为一样的）。在城市作为艺术品的概念中，似乎每个城市都具有一些资格。

建成环境不仅仅是野蛮的东西。人类居住者赋予环境以象征意味和意义。场所以及植入其中的具体建筑，通过敬畏、爱、吸引、恐惧、仇恨、厌恶甚至平淡无奇的冷漠等联想和情感而被它们的居民所评价。它们往往是生存竞争和争

The Imaginative
Structure of the City

72　　　夺的场所，而不仅仅是物质利益。因为场所体现的思想和意
　　　　识形态，同时也服务于更实际的目的和用途，场所构成了一
　　　　个符号学系统，一个编码信息的潜在用户必须"解读"和解释
　　　　的文本。但是，如此所指的吸引力和排他性的含义并不需要
　　　　被注意；用户可以默许这些限制，也可以冒着遭受处罚的危
　　　　险而违反这些限制。（Abu-Lughod，1999，5）

　　　　芝加哥、洛杉矶和纽约都有其各自的"丰富意义"，并因为
"是建成物"而可以相媲美。如果说这里有一种城市之美的概念，
那么似乎就在最普通的事物与具有个性的东西之间实现了调和，
在这种情况下，调和就是历史的作用。引用马克思的名言来说，
历史并不仅仅是行动，因为人类必须处于"创造历史"的位置。重
述芝加哥创建过程中的一些特殊和关键事件，可能会从外部把这
些偶然的事件（戴利市长的政治机器，芝加哥之火）表现为人类出
于条件而采取的行动，但是，这并没有开始接近可能被当作芝加
哥历史来记载的行动大事记里的创造性。即使有这样的行动记
录，也不会像我们所知道的那样，它为自己说话，除了一种成就
之外，也不会把艺术表现为其他任何东西。因此，我们需要考
虑，这些行为的历史如何才能成为一件艺术品，而不是一项实际
的成就（也就是说，一件具有深刻意义的艺术品，不是民族学意
义上的艺术品）。就这方面的兴趣而言，我们与阿布·卢格德一
样，所关注的是这些方式，即在城市的完成过程中，这样一种历
史可以被认为是导向一种差异的形成，导向城市的形成，导向集
体目标的焦点、时间和空间上清晰可辨的特质。在这方面，我们
可以开始想象，对一项实际成就的行动或集体历史的分析，如何
倾向于以一种通常掩盖其模糊性的方式来阐述它的主题（see Sar-

tre，1963）。

> 一个历史现象完全被理解并简化为一条知识，相对于知
> 道它的人来说，就是死的东西，因为他已经发现了它的疯
> 狂，它的不公正，它的盲目激情，尤其是世俗和黑暗的地平
> 线，这是其历史力量的源泉。（Nietzsche，1967，11）

把一幅绘画或一部小说构想为一种历史的或实际的成就，无
论多么详尽，都不能开始把这项行动当作一件艺术品来看待，直
到与其不同影响的斗争以这样的方式被表现出来，即这种行为如
何——这种相互作用中的同一和他者——作为它所是的差异性产
生出来。除了它的各种影响之外，这种行动既是同一也是他者。
对于像洛杉矶这样的城市来说这是成立的（see Banham，1971，
与其他处理方法不同）。因为要把它表现为一件艺术品，就是同
时要证明它如何成为一个城市的条件，即使它似乎已经背离并且
具体化为一个独立场所。也就是说，洛杉矶正在与它要成为一个
独一无二的城市的存在作斗争。按照尼采的看法，把城市当作一
件艺术品，需要对它独特的范围有限的动荡不安保持开放，这种
开放性能够抵制或者至少能够缓解那种赋予其主体一种独立理性
的诱惑："最初的音符歌唱行动、需要和恐怖；平静的调子却诱
使我们进入一种柔和的、虚幻的睡眠状态"（Nietzsche，1967，
36）。再有，把城市当作一件艺术品来看待，并不仅是让城市在
历史意义上变得容易理解，而且是把它的"黑暗地平线"作为其代
理权力的一部分纳入解释之中。

把城市当作一件艺术品来看待，就是把当下看作一个整体的
一部分，包括过去和未来，从它的诞生、更新到死亡，都是运动

73

The Imaginative
Structure of the City

中与众不同的时刻。如果当下时刻被城市的历史形象所吸引，那么对城市的模糊性的开放就必然会对其"非历史"的开端和演变做出反应，"然而，这种状况在整个非历史和反历史的过程中，不仅是不公正行为的摇篮，而且是世界上每一种公正和正当行动的摇篮"（Nietzsche，1967，10）。

在柏拉图看来，这种联系是由美与生育的关系提供的。城市作为一个美的对象，是与持续繁殖的问题有关的。当下的美在于把过去构想为富有生殖力的时刻，因为它有能力使当下能够预期到在我们的未来不断地重复生成的现实。当下通过它的自我超越的狂喜力量，把过去和未来联系在一起（see Sartre，1963）。

在任何一个当下时刻，行为既是历史的（植根于过去的影响，预测未来的后果），也是非历史的（为当下的目的而盗用过去和未来）。当下既被过去也被未来的过度控制所困扰。任何一个当下的自我超越都是指它的双头性，在这个意义上它既是历史的，又是非历史的。正是以这种方式，这种奇怪的爱试图在其非历史的爱欲姿态中把握历史（过去和未来）。莫莉·奥尼尔引用索塔·库因的话说，一个来自曼哈顿马戏团餐厅的厨师，她陪他回到了柬埔寨的家里。

74　　只要你尝一尝，你就会尝到完美的味道。那你就一辈子都会寻找它。但你永远都找不到，永远。厨师，他像动物一样工作，创造出一种完美的味道，当他这样做时伤透了他的心，因为他不可能再来一次，永远。但是，这个主厨，他不停地找，他一直都在找，他会尽一切努力再寻找一种完美的味道。（O'Neill，2001，55）

推动这个厨师探索的（过去）历史与（未来）历史结合在一起，后者赋予这种探索以其结果性的自主权，它既被非历史性的探索行为所"超越"，也被面对他知道并期待却不会有持久的成功的强迫症所"超越"。正是对"损失越大越好"（Bataille，1985）的这种期待，使他的追求色情化了，这注定是会失败的，即使他可能成功，也像齐美尔对卡萨诺娃所做的评论一样，他"渴望的是不可能的东西"（Simmel，1971，246）。历史既表现为对成就的记忆，也是对实现成就的期待。正是通过"完美味道"的诱惑及其对他的控制，非历史的爱欲行为的"黑暗地平线"，即历史的普遍性和完美一瞥的诱惑性才把子孙后代作为个体（让人心碎的动物作品）联系在一起。从这个意义上说，生育是指城市的集体生命力，当我们想到它所孕育的完美味道的标准时，就会诱使那些品尝它的人像令人心碎的动物一样工作，让它重新出现，在其他地方也是如此，因为知道它将会消失。城市的当下——不断唤起这种爱欲碰撞的踪迹——让我们有机会最终认识到，城市本身不仅是历史意义上的创造和被创造，而且是范围有限的繁殖形象，是过去在当下运动和消失的形象。

这让我们把城市之美的问题从开普敦、洛杉矶或所谓"新都市主义"典型的太平洋模式中解放出来，把它与集体的关系想象成——其想象性结构不断召唤出生、死亡和重生——一种流动的、有争议的需要解决的问题。我们如何开始表现城市对自身繁殖能力的参与（或者一种文明对其城市的繁殖力问题的介入）呢？

科学具有一种与艺术品有着深刻区别的命运。科学工作是与进步过程联系在一起的；而在艺术领域没有相同意义上的进步。因此，一个时期的艺术品，如果创造了新的技术手段，如透视定律，它就在艺术上表现出比一件缺乏所有这些手段和规律知识的艺术品更好，这是不正确的——如果它的形式对物质是合理的，也就是说，如果它的对象已经被选择和形成，它就可以被艺术所掌握，而无须应用那些条件和手段。一件真正的"自我实现"的艺术品永远不会被超越，永远不会过时。个人在欣赏艺术品的意味上可能有所不同，但是，没有任何人能够说，这样一件作品被另一件作品"超越"，另一件作品也是"自我实现"的作品。在科学方面，我们每个人都知道，他所取得的成就在 10 年、20 年、50 年后都会过时。（Weber，1946，137-138）

把城市当作一件艺术品来对待，或者说当作不可效仿的作品来看待，与认为它是"受进步过程束缚"的观点形成鲜明对比。在第一种情况下，城市尽管不断改变形状，但是保留了一定程度的永恒忠实，在某种意义上是不变的。相比之下，一个"受进步过程束缚"的城市总是在变化，总是变得与自身不一样。从某种意义上说，这两种观点都把城市看作"受束缚的"，在一种情况下，被束缚于其堪称典范的历史时刻，在另一种情况下则被束缚于它自身的变化。然而，既然变化总是在发生，那么对比的关键似乎就涉及对变化中的同一性的坚持或消解之间的差异性——把城市之间的差异性看作真实于自身还是丧失自身，保持同一还是变成他者。韦伯问道，这样的城市形式对这些条件是否公平？这不是一个非此即彼的问题，因为通过提出变化如何公正地对待坚持以及坚持如何公正地对待变化的问题，它既接受坚持，也接受变化。

假如我们认为，城市在任何时候都是为在形式和物质条件之间建立一种公正的关系而斗争，那么，在这场斗争中，与其观点的主要对话者是这样一种立场，即城市被束缚在一种观念上，它的持久性是一个不可模仿和独特的标志，或者说，城市被束缚于其必然而无情的命运（fate）的变化过程。冒着复活日耳曼式威胁的危险，我们可以认为，一种观点认为城市被束缚于它的宿命（destiny）（它不可模仿的典范），而另一种观点则认为它被束缚于它的命运（不可避免的共性）。如果，正如韦伯所认为的那样，形式必须公正地对待它的物质，那么，形式必须同时公正地对待命运和宿命，必须将它们融合在一起或结合在一起。

　　现在，关于城市文化的问题，我们有了言说者和一种隐含的对话概念。这种对话，一方面是城市是一件艺术品，有坚持不可模仿的同一性的问题；另一方面是由城市作为不断变化的他者的问题所激发的。只有一种"融合"才能解决这种因我们需要和渴望理解城市的集体目标而引起的不稳定的研究情境。这种对话并不是在两个外在的言说者之间，而是在文明和城市本身"之内"作为斗争的声音展开的。也就是说，为了在集体生活中树立一种文化的概念，必须通过确定使人们对这一根本模糊性问题进行争论的案例和材料，必须经受斗争才会获得这种看法，即一个城市既是同一的东西又是他者。城市同时是两样东西——可以说是双头怪——既是力图表现为共同的去稳定化情境的组成部分，也是渴望掌握的集体目标的组成部分。按照韦伯的看法，解决形式与物质条件之间的一种公正的关系的问题，即把坚持与变化联系起来的问题，需要把"融合"看作一个有待解决的集体难题，看作一个不断出现在城市生活中的常规的和关键时刻的问题。

　　一种城市文化的研究方式，为何不取决于对其迷人的历史目的性的憧憬，也不在于技术领域取得的进步，而是在于绝对诱惑

76

变得最引人注目的时刻把它与自我维持有关的某种意义在此时此
刻呈现在眼前？因此，要开始掌握城市的文化，就有可能把它理
解成一个历史群体展示其斗争的示范性场所。在任何一个现代时
刻，这种斗争都努力调和对其宿命或命运的不同看法之间的具有
挑战性的分化，从这个意义上说，城市成为一面人们在其中遭遇
现代性的镜子。

通过预测繁殖的隐喻及其联想所产生的联系，我们可以更具
体地阐述这个问题。研究城市文化的途径，可能就是分析城市参
与现代性的方法，因为这样一种遭遇就是一个人群在其繁衍问题
上纠缠不清的生动表现。也就是说，如果每一个历史社会都有它
自己的现代时刻，那么正是由于城市，一个人群才直面现代性时
刻。因此，对任何一个社会来说，现代性的问题都会体现在城市
的话语中，并且围绕城市话语而出现。在某种程度上，有关这种
遭遇的任何对话都表明，它在斗争中所涉及的城市概念都只能在
最夸张的意义上表现为一种融合。

动　荡

这是不是巴赫金关于怪诞世界观的推论，而不是他所谓的进
步的线性概念呢？

一切存在的东西都会同时消亡和诞生，把过去和未来，
过时的东西和充满朝气的东西，旧的真理和新的真理结合在
一起。无论所选择的现存世界部分有多小，我们都会在其中
找到同样的融合，而且这种融合是非常有活力的。一切存在
于整体及其各个部分中的事物，都处在生成的行为之中，也

都是滑稽的（就像一切正在生成的东西），但它的本质也是反讽的和喜乐的。（Bakhtin，1984，416）

城市的日常生活呈现的是这个整体的"部分"景象，我们准备在其中找到这种同样的"动态"融合。这种活力出现在行动和政策的表现中，而这些表现使新的东西与旧的东西、过时的东西与充满朝气的东西、旧的真理与新的真理、过去与未来形成对比，并结合在一起。这里将会有一种开始理解某种文明与其现代性相遇的形式，一种在它与其镜像功能本身的关系中适用于城市的形式。在这些意义上，城市表现出新旧之间的紧张关系，它的融合永远不会是和谐的，往往以暴力为标志使它显得很怪异。我们只想找到那些城市生活的实例——它们体现在解释和行动的冲突之中——当文明的死亡和重生以各种怪异的表现揭示自身时。请注意彼得·罗布对那不勒斯的描述：

除了大量正在衰落的不可比拟的艺术品，那不勒斯在（20世纪）70年代还在追求的东西，是很受欢迎的城市生活，如果无关紧要的话，可以直接追溯到这个城市的古老开端。它在欧洲是独一无二的，并且是由那不勒斯在工业时代之初成为一片死水的事实所造成的。在18世纪，到进入19世纪，正如歌德和斯坦德哈尔所发现并生动证明的那样，那不勒斯是欧洲的三大首都之一。斯坦德哈尔在1817年写到，在我看来，这是宇宙中无与伦比的、最美丽的城市。它跟伦敦和巴黎一样大，一样壮观。天堂和地狱之火，吉本说，让人想到庞贝的命运，维苏威火山还在城市的边界外不祥地冒着烟火。意大利统一时，由于权力向北方转移，那不勒斯被边缘化了，经济逐渐衰退，但以其衰败为代价，避免了现代化和发展的破坏性更新。城市更新是碎片化的、零星的。上世纪末一场霍乱流行之后，一条又宽又直的大街穿过港口的贫民窟。圣卢西亚的一些土地被开垦。墨索里尼后来通过托莱多在那不勒斯银行中心的下面推平了另一块地，警察总部，法西斯现代主义纪念碑式风格的邮局，是这座城市近百年来唯一体面的新建筑。不然的话，那不勒斯就被孤立了。这个中心仍然人满为患，并且仍然以一种退化的形式呈现出一种文化的连续性，而在别的地方这种文化早已消失不见了。（Robb，1996，150）

那不勒斯反映了美与丑的混合。让人奇怪的是，在走向"现代化和发展"之后，它究竟是如何被"抛弃"的？即便是城市更新和法西斯主义建筑也无法改造这个城市，因为国家的统一帮助它产生了"让它免被破坏"的经济衰退，也就是说，使它能够保持原来的面貌。那不勒斯在死亡的时刻（遭受经济衰退）重生（仍然与"在别的地方消失了很长时间的连续性"保持联系）。罗布说，那不勒斯以"一种堕落的形式"呈现自身，在这里证实了颓废和怪诞之间的联系，一种富有争议性和暗示性的联系。

用巴赫金的话说，融合指的是在陈旧过时与充满朝气之间持续的张力，以及内部与外部之间的延伸。融合——新的东西与旧的东西、内部的东西和外部的东西——生动地出现在城市生活的争议性实践传播的相互竞争的真理主张之中，总是需要一种途径或方法来夸大这种张力。由于声称它们自己拒绝和正在拒绝所宣称的东西，这些主张本身看起来像是滑稽的物质行为（实践）。

在罗布看来，那不勒斯的魅力就在于其生与死同时，也就是说，它作为一种活着的死亡而存在。那不勒斯为生存而自杀，也为自杀而生存。那不勒斯反映了意大利在民族统一方面的政治现代化和经济现代化的后果，显示了在国家灵魂上顽固的落后存在，揭示出这个城市的人民生活的力量如何能够总是超越现代时刻的要求。在那不勒斯，我们不仅看到了人们的旧有方式与在生活理性化的新主张之间存在的张力，而且看到了这个国家新与旧之间分裂的张力。罗布继续说：

> 我以为我看到的是过去，它起作用了。这些是古代世界的幸存者。我放弃了我的计划和整个世界，留在那不勒斯，我认为它会永远持续下去。在几千年之后，在资本主义晚期，为什么不呢？就像那不勒斯人一样我会安排好自己。3年后，一切都消失了。人们的那不勒斯已经消失不见了。(Robb，1996，151)

但是，1995年，当他面对那不勒斯的变化时，它的衰落仍然令人着迷，让他难以相信。那不勒斯的丑是美的。

> 1995年的那不勒斯似乎依然是一个完全让人迷失方向的城市，它的语言和姿态仍然是过去的样子，但不再涉及现实。那不勒斯现在有一种毒药不胫而走。怨恨迅速地浮出水面。那不勒斯人心目中的巴洛克式结构正被进一步扭曲成某种丑陋的东西。同时，人们期望你欣赏步行区和露天咖啡馆。主题公园的坏死正在发生。邪恶势力想要对这座城市进行防腐，创造另一个威尼斯，一小块托斯卡纳。人们被推到了边缘，如果不是被推出城外的话。你可以在阴影中看到他

The Imaginative
Structure of the City

们，在视野的边缘。这个时候，究竟是美模糊了我的眼睛，还是生命从我所知道的地方消失了呢？那不勒斯似乎从来没有像现在这样美丽过。我觉得自己就像一个幽灵一样在大街上游荡。游客回来了！在 20 年前，那不勒斯曾经是一个濒临死亡的城市，它属于居住在那儿的人们。它充其量是难以忍受的，可是在生命的可怕中却一直有生命。你现在很少听到那不勒斯人的声音。荒诞的喜剧不见了。那不勒斯伤透了我的心。然而，就像这个城市一直以来所拥有的，它戏弄你，让你梦想得到比它所能带来的更多的东西，让你想起为什么你放弃了你的生活去那儿，但是，如果你住在那里，你会认为它是世界上最不可思议的城市。在那不勒斯，你记得自己是快乐的，从来不问为什么。那不勒斯，我在心里安慰自己，总是比其他地方更有趣儿。那不勒斯永远不会让人感到厌烦……那不勒斯是唯一一个让我拥有在家感的地方。（Robb，1996，168-169）

这段感人的话提出了许多问题，这是我们在反思作为一个欲望客体的城市时需要考虑的。罗布说："那不勒斯曾经是一个濒临死亡的城市，它属于居住在那儿的人们。"这就提出了一个中肯的问题，我们将有机会在整个过程中加以考虑（并且这是全球化文献中一个不言而喻的主题）。首先，一个城市在何种程度上属于居住在那儿的人们，按照进步的过程来衡量，这个问题在今天还有什么分量呢？其次，"生命的可怕"中存在的生命观念，今天似乎是一种过时的观念，充其量不过是一种浪漫的姿态，但这是我们可以拯救和探索的一种观念。最后，通过使它看起来可与其他城市相提并论，"主题公园坏死"、在城市中投毒的想法，仍然没有削弱它的"似乎从来没有像现在这样美丽"的经验，仍然没有削弱它的似乎是"世界上最不可思议的城市"的经验。罗布把他与这个怪诞城市的关系难题搁置起来，理由有三：他记得自己快乐，从来没有为什么；他觉得总是更有趣儿，永远不会感到厌烦；他的体验是唯一让他有在家感的地方。在最糟糕的时刻，那不勒斯看上去也从未像现在这样美丽；当城市的现代化给它强加某种一致性的时候，它的抵抗也让它显示出独一无二和无与伦比。

兴盛与衰落

在通常的城市兴衰故事中，永恒性被看作一种生物般的宿命。城市从环境中得到的信息是，在经济和环境定位上把赢家和输家（在今天："全球思考，地方行动"，反之亦然）区别开来的机会主义和运气。城市历史的达尔文式光环，开始在"挑战与回应"的集体认同模式框架中讲述这个故事。在这种模式中，"赢家"和"输家"在言行上同样不断地与集体完整性的根本模糊性问题作斗争。在这里，城市被看作是由它与环境的功能性关系所决定的，而它本身在功能上被理解为一个资源基础。

一种命定的场所观念在历史上面对城市的生态观时退却了，因为它是为了使不同空间成为场所的生存而斗争的。历史描述了城市命运的波动，而这些波动使空间适合它们的利益，海港、贸易中心、首都城市、优势区位、联盟网络，一切都建立在获得各种优势的基础上，而这些优势标志着世界历史上各种空间的兴盛和衰落。阿姆斯特丹、布鲁日、汉堡、威尼斯、费城、伊斯坦布尔都被作为外围的中心而被人们记住。

The Imaginative
Structure of the City

城市的生态历史描绘了它作为主导中心功能的不稳定性方面的变化。如果中心城市被认为是由贸易路线、区位、专业化以及对邻国、腹地和竞争城市的支配所塑造的，那么其场所的首要地位——基于它通过专业化在其国民中创造依赖性的能力——就是功能性地确立它的权力。城市的历史叙述了一种从功能上理解的主从（master-slave）关系年表。一种深刻的生态观会要求我们提出这样的问题，即如果统治和依存不是生态的，那么对于城市命运中的波动来说，是否以及如何可能还有比生态更重要的东西呢？也就是说，永恒之城的恒久范例要求我们提出这样的问题，即在巴黎和伦敦这样的情况中，持续保持的地位或者它的重新定义如何以独特而显著的方式抵消或重新界定生态的优先地位。

城市作为一种为生存而斗争的生态观，作为一种静止与运动、生存与死亡的持续辩证法吸引着我们，因为它的空间概念指向城市作为一种更新的场所的资源。假如城市的生态景观表明了统治与更新之间的关系，那么，这就引导我们去探究作为一个更新的场所的城市。通过这种方式，我们可以预见，作为一种不可改变的身份和忠诚的场所，地方性特色（genius loci）或场所的静态概念所具有的局限性。城市终有一死的形象告诉我们，场所和空间并不是不可调和的对立面，因为城市必须把空间当作场所来更新。在一定程度上，这涉及通过激活私人化与公众之间的张力重新定义家庭的生活和工作，也会涉及更多的东西。这种"更多的东西"令人想起永恒的韵味，即更新总是援引它的"神话"，赋予当下一种永恒感，把城市延伸到作为一种欲望客体的未来。

81   在回应具有本质脆弱性的城市生态前景及其作为偶然和命中注定的有限的更新的时候，作为"永恒之城"的例子，罗马让我们聚焦于它的互补意义之间的更新概念中所具有的主要张力。罗马这座永恒之城的统治，不仅是生态问题使统治成为难题，而且要求我们反思罗马的复兴为何是一个与生态统治的诱惑进行持续斗争的问题。"罗马问题"是非常复杂的，人力枯竭、享乐主义、过度吞并、专制无情、精英剥削、军事冲突和疲惫不堪，所有这些都导致了罗马的衰落。但是，罗马已经衰退了吗？请注意，希特勒是如何试图把柏林重塑为罗马意义上的统治地位的，并且在这样做的时候，尽管罗马"衰落"了，但也保持了它的活力。

> 当人们经历内在的"伟大"时期时，他们通过外在的形式来再现这些时期。它们被如此表达的东西比口头的话更有说服力；这是石头的命令（希特勒）……这些建筑不应该为 1940 年而构想……而是要像我们过去的大教堂一样，它们应该延伸到未来的数千年……只有这样，才能成功地使我们唯一的对手罗马黯然失色。（quoted in Ladd，1997，126）

希特勒给柏林带来了沉重的负担，迫使它与罗马产生敌对关系，他把罗马界定为延伸和持续时间的倒数第二个例子。他想让自己的国家成为一个不朽的文明中心，并把柏林作为承担这一重任的城市。今天柏林的问题之一是法西斯主义继承下来的"环境"，是在现代环境下必须协商的问题的一部分，是在这种继承的对抗中把自身更新为一个自由城市的问题。也就是说，柏林的问题不只是"全球性思考"的问题，而是要在其形式和物质条件（作为一种环境，物质条件包括它的纳粹遗产）之间建立一种公正的关系。

在消除城市与现代时刻功能关系的姿态中，希特勒把城市是一件艺术品的观念激进化了。希特勒试图克服使德波这样的批评家绝望的东西，即当前过于强大的功能主义。在没有把形式与物质条件联系起来尝试的情况下，希特勒只是征用了罗马这一特殊的历史范例（它的永恒性），而不是通过考虑柏林与其物质条件环境之间的相互作用来提出一种对柏林形态的理解。这个暴君发现，现代实在太丑了，不能保留（用他的话说，"肮脏的犹太人商店和百货公司"），这在某种程度上限制了柏林的美，因为一个城市的美需要把创造性和商业融合在一起。正是在这个意义上，颂扬城市之美的观点仍然会把它的形式外在化，从而使它没有得到发展和探索，用尼采的语言风格说，把它的历史"纪念碑化"（或本杰明：通过把美学政治化）。在对生态记录的反应中，希特勒没有发现任何美的污点，这只是一个动荡不安的故事，希特勒找到了用最极端的方式对待柏林之美的理由，因为它的永恒性只会是抽象的。然而，罗马之美并不存在于它的建筑之中，它表现在所遭受和暴露的矛盾之中，肯定它那个时代的现代性就是"文明化的世界之都"（Baudelaire，1972，416）：在罗马的阶级分化和帝国征服中，在它的公民身份的扩展中，在它对景观的迷恋中，在它的享乐主义、粗野行为和禁欲主义中，以及在贬损和解放它的人口的能力中。在效仿罗马建筑的同时，希特勒的城市之美力图消除的正是罗马的这种混合体。

雅　典

与希特勒在柏林征服空间和时间的企图相反，请注意遭受这种张力痛苦的经典实例。雅典城仍然是一个试图把对永恒不变的关切与世俗影响的延伸融合在一起的原始例子。在这个城市里，这种文明见证了现代时刻的所有矛盾：自由与奴役、哲学与专制统治、创造性与商业、共同体与自私自利。伯里克利的《葬礼演说词》力图用一种公正的方式，用一种修昔底德摆脱了纪实风格而变得清晰透明的夸张方式，把雅典的形式与它的物质条件结合起来。

在《葬礼演说词》中，修昔底德用政治家的口吻赞美雅典，说雅典很可能由于其形式与物质条件之间的一种公正关系而成为城市的典范。也就是说，无论伯里克利的自夸是否属实，无论它是否与事实相符，它都是一个城市为文化问题所消耗的典型案例，并因此表明了为表现文化而斗争所固有的张力（Thucydides，1934，102-109）。当然，这种相遇是第三手的，雅典是通过伯里克利和修昔底德来调解的，这正是它作为一种具有启发性的故事的性质。伯里克利的特征描述确定雅典必须重写的物质条件，正是为了表现作为一种集体美德的公正关系。每一种条件都是为了反映雅典人民的精神。伯里克利的演说词用独特性、差异性为谈论城市参与的所有方式设定标准，这并不是因为这个清单里所包含的实质内容，而是因为它关注这些具体条件如何反映城市的生活质量。通过这种方式，伯里克利声称，雅典精神的独特性就体现在这些条件中，他称之为城市自由和城市遗产的象征。

修昔底德列举了伯里克利的美德——为富人和穷人制定统一的法律、人民掌握管理权、对卓越性的持久尊重、遵纪守法的自由、劳逸结合、满足愿望、培育心智、对外国人慷慨大度、充满活力和开放的公众生活，包括伟大的作品——人们所看到的都是不符合规定的东西。这种被赞美的自由可能是一种官方的说教，它们都受到为了对付共同敌人而加强凝聚力的法律和战争的制约。如果没有这些限制，不和谐和分歧就会占据主导地位。这个涉及雅典命运与其统治家族的关系、对哲学家的迫害、对持不同

83

政见者的排斥以及复杂的阶级关系的清单提出了许多问题。我们所看到的是，伯里克利所描述的理想与他所描绘的"事实"之间存在对立。也就是说，在自由的自我表现中存在内在的明显模糊性。雅典之美并不是从它对驱逐丑的详细描述中看出来的，而是在对正义永恒性展望的夸张旗帜下把高雅和低俗融合在一起的赞美之词中表现出来的。

　　更进一步说，这个城市用不同于其他城市的方式来看待自己。雅典经常被邻国看作好战的，野心勃勃的，咄咄逼人的和帝国主义的，它们用其他的生命形式来反对雅典的理想。假如一个城市必须声称自己是自由的独特体现，全体公民享有独特的自由，那么这种主张无论在国内还是国外都会有争议。这种颂美之词在城市对其身份的肯定中夸夸其谈，同时也肯定了这种自命不凡的必要性。这个演说词是典范性的，说明了城市为何必须把自己表现为自由而不是奴役，表现为中心而不是边缘的。然而，正因为自由必须受到每一代人的挑战，他们发现自己被过去和所面对的不公平的执政联盟、分裂和派系的遗产所"决定"，同样，它的中心地位必然受到那些努力保护自己不受其影响的竞争城市的挑战。假如城市的自我肯定的真正必要性有否定其他城市的危险，那么它对自身问题的处理就必须始终释放这种辩证法的模糊性。

　　雅典的自由绝不是一个"神话"，而是必须解决的一个基本问题。不管事实上自由与否，这个城市都把自己当作自由精神的家园，当作自由精神可以安顿的地方。此外，这个演说词明确了解决这一问题的另外两个条件。第一，这样一个场所中的人们必须创造出证明这个城市之所以伟大的作品，这是伯里克利在他的演说词中可以反复说道的成就，这些成就证明了人民的精神自由与他们的集体生产性之间的联系，从而证明了它与一种所有工作中的协调精神及其客观化的公民训练之间的联系。这就告诉我们，城市的财富——反映在生产性和所有事物上——不只是为了私人的积累，因为它既是城市自身伟大的标志，也是城市外在伟大的标志。第二，城市的财富首先表明，一个城市之所以伟大，就在于它是自由精神的聚集地，是自由精神受到约束并为共同利益服务的场所。伟大城市的财富或生产性是凝聚人民的一个标志，意味着作为一个值得纪念的事件在时间上持续下去的信心。正是这种值得让人骄傲的市民生活场所的重要性，能够把城市里的众多声音联合起来使之成为一个整体。

　　肯定城市文化的声音坚持统一性与差异性的关系：雅典与邻国之间以及内部对其多样性景观的分歧——阶级、时代和性别——使这个城市表现在它的形式必须公正对待的这些物质条件之中。在提出这一主张的时候，这篇演说词把对文化的集体自我反思表现得既生动又具有独特风格。这个城市的财富和生产性就是伟大性的一个标志，并因此表明它不同于它的国家和所有其他城市。城市的财富具有两面性，一方面激发人们对其作品的骄傲，另一方面激起人们对其傲慢的敌意。修昔底德的《葬礼演说词》表明了城市的财富与其对自由的要求之间的原始联系，城市生产性与城市自由之间联系的永恒模糊性。此外，在这一原始文本中，城市的财富只是部分反映在许多作品或成就上，因为这种量化的东西必须始终指向人民的素质与精神。正是这种品质让这个城市变得与众不同，让它在自己和邻居看来都是独一无二的，这是一种可以而且应该永远存在的骄傲源泉。

　　我们在这个《葬礼演说词》中理解到的这种显而易见的雅典永恒性，把雅典与城市的财富和生产性、这些富有想象性结构的多

The Imaginative
Structure of the City

种解释的重要性联系起来。通常被称为城市历史的东西——艺术、人工制品和纪念场所——仅是自身生产性、创造性能量的可见标志，而那些隐藏在共同性外表下面的东西，心灵苦难故事、个人烦恼的道德生涯和各种不公，都被城市的无情生产性和物质丰富性掩盖了。

85　　　雅典的永恒性以一种更具有物质性的方式指向持续性。雅典的连续性与集体的必死性以及利用伟大的作品和公共成就永久保持它在历史时间中的显著存在有关。这座城市——因为人造物品的脆弱性而总是处于危险之中，总是可以消亡和毁灭的，需要采取具有统一意志的集体行动，特别是政治修辞的有力干预，组织当下，充满信心地面对未来，使它作为一个值得纪念的事件在时间中持续下去。如果说集体的重要性表明了其历史时刻的不可估量，那么城市的财富（它的"文化资本"）就是必须被客观化和外化为遗产的传承核心。在富斯特·德·库伦（1864）看来，从希腊和罗马城市的故事，再到意大利文艺复兴时期的城市历史，都是老调重弹：城市的物质性延续，加上有权有势的人对不朽和名声的渴望，以及公共建设工程的共同成就，通过一门既有技术含量又讲修辞手法的学科，把城市的不朽声誉与其受人尊重的市民的永恒认同（和拯救）联系起来。

　　在这一原始文本中，集体的品质问题被看作是不可改变、必要和值得拥有的，被看作是通过一个特殊场所的保持可以证明的，被视为与群体及其人民的物质命运相联系的。所有这些都被看作对过去和未来的必要关怀，被看作对政治和权力干预以及公共财富积累的依靠，被看作对公民纪律和修辞所需要的一种执行机制。

　　尽管可以做出许多判断，但是我们不能肯定地解决雅典的问题。对于后来者来说，其永久性的功能问题已经"解决"，它的记忆对我们有着明显的影响；然而，一个城市也可以生存于声名狼藉之中。城市研究的难题来自必须面对其共性和特殊性的个体融合的古怪特征。世俗力量的顽固似乎迫使文明把城市表现为一种霍布斯式的丛林。然而，韦伯所做的科学与艺术之间的区分指向了一种文化的视野。他认为，文化要解决的是命定与命运之间的一种公正关系，就像巴赫金所理解的那样，融合在某些场合或关键时刻会显现出来——这些案例——总是显得古怪，因此，也需要"快乐的反讽"方法。反讽的目的就是要抵制对城市命运的极端看法（担心城市的不可模仿性被变化所破坏），或抵制城市的命运（害怕城市的变化会被虔诚的态度所左右）："恐惧是心胸狭隘和愚蠢严肃性的极端表现，它会被笑声所击败"（Bakhtin，1984，47）。

结　论

文化不仅指生活方式或者行为方式，而且指对人类生存各种情境的集体表现，人类生存在这些情境中遭遇、解决或经受各种困惑。当然，在面对存在无根性的生死攸关的和始终如一的重复时，人类文化的筹划总是对社会化保持一致的承诺。最令人困惑的以及城市作为分析对象所带来的问题是，场所（place）与无场所性（placelessness）之间关系的模糊性，以及这种张力如何可能引起朗西埃所说的那种对不确定性的民主恐惧。

民主的奥秘和威胁只不过是其本身的不确定性。这就意味着人们没有地位，他们与自己"不一样"；不确定性实际上

The Imaginative
Structure of the City

是对政策合理性和社会知识理性的一种永久挑战。（Rancière，
1994b，34）

　　更好的建议是，任何历史社会的现代时刻，始终都受到不确
定性的动荡的制约，在某种程度上，这种动荡以具体而生动的细
节表现为集体问题—解决的焦点。这些场合或关键时刻是怪诞
的，并且本身也是研究的机会或案例。城市为何是这种话语中的
一种形象，以及如何通过经济全球化、商业和消费、建筑和重
建、兴奋和公民等世俗性议题所带来的具体挑战占据一种特殊的
地位，仍然有待探讨。假如时间和空间似乎承载着这种集体表达
的重量，那么持续和延伸的问题必然会被看作与各种社会形式有
关的有争议的问题，这是我们必须开始着手处理的问题。

　　社会变革和社会动荡问题所引起的城市的基本情境，体现了
一个群体在时间和空间上生存的根本模糊性所造成的集体复杂关
系。我把重点放在历史终结性（艺术、科学）观念的张力中和这些
观念的融合问题上。我暗示了一种最终会探讨的初步关系，即美
和进步之间的关系，它是繁殖表现本身的最为核心的一种辩证
法。在这里，柬埔寨厨师的形象及其复制完美标准（完美味道）的
筹划，必须始终以这样的方式与市场及其进步的满意标准相冲
突，这些方式既通过其客观性文化的成就，又通过其难以克服的
审美和道德品格所带来的愉悦与效用的异质性及矛盾性关系，把
城市作为分析对象进行独特的戏剧化。

87

第三章　时间、空间

引　言

　　我正在探讨前面所提到的"象征性领域"的概念，这是客体本身所固有的问题结构，即作为一种充满世俗性依恋的重要特质的城市本身的问题结构（Deleuze，1994，164）。当我们从社会变迁和动荡的传统视角来看时，城市作为一个去稳定化的共同情境的中心，首先关注的是，与时间相称的张力以及在伦理冲突中明显可见的问题—解决方式。尽管实际上时间和空间是不可能分清的，但是我们必须考虑与空间的模糊性相关的去稳定化的具体形态。

　　在现代社会中，最显著的变化之一就是中心对其边缘的权力和权威的增长，同时边缘对中心的权力和权威也在增长……这就缩小了中心与边缘之间的差异性。（Shils，1981，247）

　　当我们从中心和边缘的传统视角来看这种去稳定化的共同情境时，与空间问题相称的持续和明显的张力就生动地表现为一个集体化的问题。在上面的引文中，希尔斯说，中心和边缘之间的差异性正在消解。在我们看来，这并不一定意味着城市就是中心，而是意味着以生动和可以观察的方式解决差异性问题的典型场所。也就是说，如果中心和边缘之间的差异性的解决在城市之中并为了城市而被戏剧化，那么这就意味着当下的时间被解释为一种共同情境，这些影响的混合和匹配在这种情境中便成为道德冲突的核心。不仅中心和边缘被看作是相互威胁的，而且中心性和边缘性的观念也得重新构造。

　　对于当下来说，城市的各种表征，包括城市只不过是一个符号的命题，都建立在关于社会变迁和世俗运动在时间和空间的现实性的话语之上。对城市的这些看法被确定为城市真实而直接的环境的想象性结构的一部分，是一种侵蚀边界的循环运动，在空间和时间上造成了问题的起点和终点，是一场把混合性、多样化或多样性看作每一个大城市都不可或缺的东西的运动，而且在所有地方都看到了指向地方集体化的前所未有的能量激增，而这种集体化导致一系列持续不断的工程和强度，不断为谁来控制城市的解释手段和谁有权把它定义为一个参与空间的问题制造麻烦。这种象征性领域是客体的一部分。它告诉我们，城市是一个场所，在这里，这种话语被强调为一种可感知的知识环境。因此，与其他一些全球性城市相比，这座城市并不是一个地方性场所，而是这种地方性观念不可或缺的张力出现的一个场所，并且在各种伦理冲突中变得更加突出的一个场所，这样就总是把它确定为欲望系统的一部分。也就是说，作为一个概念，地方性既是同一，也是他者。

持续和扩展

哈罗德·英尼斯明确地把文化与集体生活的独特性联系在一起："也许，这是文明的一个独特特征，每一种文化……都相信它具有不同于其他文明的优越性和独特性。事实上，这可能就是文化的意义……就是我们所拥有的东西，而其他人却没有。"(Innis，1995，317)在这种表达方式中，英尼斯抓住了文化被用以突出差异性的思想，把这种差异性的形成过程与集体生活的必死性问题联系起来。

> 对西方文化发展的简要回顾可以表明，文化的特殊性或独特性以及构成持续和扩展的要素……它们涵盖的面积有多大，持续的时间有多久？(Innis，1995，317)

城市通过体现与集体生活的扩展和持续有关的各种张力来看待文明的当下时刻的关键性。此外，由于差异性与集体何时何地停止存在的问题有关，因此，城市通过必死性的问题把身份与差异性联系在一起。当城市被称为一个剧场时，它以存在的问题作为文明中心来反映作为一出戏剧的集体必死性问题。城市的新陈代谢及其释放出来的矛盾性张力，效仿和嘲弄着其现代时刻的生产性所消耗的集体生活的两面性，同时意识到它的终结和新的开端。

传承和扩展的关系似乎是日常生活实践中的一个集体问题。在这个问题上，城市与他者之间的区分被建构、被再生产、被辩论，并就城市为何(以及是否)既是同一(如其本身)又是他者(与

90

The Imaginative
Structure of the City

差异性的东西不同)的问题提出疑问。同样，城市的持续性受到其各部分不断变化的结构的挑战，受到不断质疑和重新界定其边界的人和物的持续循环的挑战。如果社会学谈到了社会变革的动荡不安，那么我们可能会把这理解为城市的当下被过去的幽灵和未来的幽灵的出现导致的根本模糊性所困扰。这意味着，当冲突在解释和行动中把发展表现为一种持续不断的机会，把集体认同的模糊性视为差异性，把分化的模糊性视为自我保持的时候，集体的现代时刻就尖锐地提出传承(在时间上)和扩展(在空间上)的问题。正是在这种情况下，与城市共同情境有关的集体目标的问题才得到解决和容许，社会变革所致的传承、补充和退出的挑战就存在于这种情境之中。

在某种程度上，城市的持续时间，指的是它在时间流逝过程中的持久性，被历史地体现在对城市造成的毁灭性暴力之中，因为每一代人都在致力于解决它与其所继承的过去之间的关系。然而，我们可以在这里找到一个区分人类事物腐败的恒定不变的消耗过程。城市生存在对毁灭的恐惧中，这意味着它不仅必须把自己当作一件人工制品、一件人造物来照顾和维护，而且必须尊重自己在循环性的影响回路中所具有的地位，以免变成一种非实体。

虽然这项涉及自身永久性的工作是持续、不确定的，而且有很多的途径，但是不可避免的必然性构成了所有城市的环境。也就是说，城市的"环境"不仅是指它的气候和景观，也不仅是指资本的世界流通，而且是指它所体现的文明所传递的"信息"。这样，永久性所涉及的思想上和行动上的集体论争事业，就始终以更新的问题为中心，这是一项集体自我维护的协同工程，是在普遍性中坚持特殊性的问题。

因此，人们可以说，城市是文明的代言人。例如，经济全球 91
化本身就是一种信息，不仅是撞击出城市这个"结果"的一个"原
因"，而且是一种把真实世界及其真实运动的主题典型化和规范
化的方式，根据这一主题，城市被"吩咐"去寻找自己的位置并且
崭露头角。研究者所确定的全球城市就是旨在揭示这场世俗性和
决定性运动的实例。

循　环

在第一章里，我把全球化的陈词滥调与一种欲望系统联系起
来，这种欲望系统强调异质性影响的循环戏剧。现在我们正在解
读哈罗德·英尼斯所说的，对于任何文明来说，它的扩张（流通）
和延续（当下）的问题都与城市密切相关，这些城市可能作为解释
性场合发挥作用，从而让人们看到其文化的透明性。当然，我们
现在谈论的只是空间（扩展、循环）和时间（持续，当下时刻），首
先，这意味着，在这两个问题上的伦理冲突确立了（解释性的）城
市议程；其次，在空间和时间方面，城市的问题—解决变得显而
易见，因为地方性的成就与体现和作用于共同情境的行动有关。
直截了当地说，城市的文化在其工程中被视为一种地方性的现
象，不可避免、无可阻挡地被视为持续和扩展问题—解决的关键
时刻，并因此被视为持续和扩展集体目标的可观察话语。

英尼斯说，对于任何一种文明来说，扩展（空间）和持续（时
间）的问题是根本性的，不仅为地方的问题—解决设定了议程，
而且为地方性的表现设定了议程。在一定程度上，文明的扩展体
现在把城市聚集和分化为一种循环过程中的关键时刻的方法和手
段上，体现在理论化、有条不紊地比较城市并与其他地方区别开

来的惯例中。文明的持续时间在某种程度上体现在方式和手段上，即通过把城市与其过去和未来联系起来，通过把它们的集体目标和组织化作为资源，将城市的当前时刻定性为关键的，而这些资源被认为戏剧化地体现了它们的自我保持和永久化的斗争。因此，形式及其模糊性的问题确确实实困扰着文明的运动及其根源。

城市的扩展是指一种欲望的客体在人类循环回路中所具有的地位，因为城市以提出集体问题的方式排斥和吸引有影响（资本、人、信息）的运动。我们可能开始把守旧主义和移民社群设定为这场辩论中的两个最为明显的言说者，这场辩论最终建立在集体形成、解体以及边界的完整性和消失问题上。守旧主义和移民社群通过这些方式提出了关于城市完整性的根本要求，即城市在人类的循环回路中扮演着角色，通过接受影响来扩大影响，反之亦然，接受影响是为了扩展它们自己的领域。

哈罗德·英尼斯告诉我们，一种文明的扩展指的是它所涵盖的范围有多大。这样一个范围的前景是社会性的，使我们能够想到拓展与影响力的联系，甚至可以说是"交流"。今天人们所谈论的"流动"与他们所认为的已经过时的"扩散"形象形成对比。但是这一点是相同的，即城市被解释为文明能量循环回路中的阵地。

在所谓的全球文明中，循环事物的最直接的例子表现在资本流动、跨国公司和人口离散流动的形象之中。影响的循环比这更为复杂，层次更深，而且在不同情况下，只有在集体化的实例中才能观察到，只有在以具体的地方性方式体现的多样性管理中才能观察到。也就是说，全球文明对城市持续问题的参与体现在始终是地方性的集体化之中，具体表现在各种项目、各种举措中，体现在城市日常生活各种社会形式的实施之中。

我们可以根据它们在全球流通体系中的地位和作用来解释城市。如果对城市的最外在的看法是按照变量来排序的，那么，其他的观点则是根据对影响流动的热情友好或接受来思考它们的。例如，文化规划和城市规划的循环表现为一座又一座城市用特定方式吸收和改造各种举措和项目，就像合并城市及其周围地区的模式、新体育场馆的举措以及振兴滨水区和中央"核心区"所做的那样。对城市的这些要求以涂尔干的社会事实概念的方式发挥作用，呈现出一种外在性和强制性的韵味。尽管这种韵味支配着城市，但是给了它们以地方性的方式表达集体行动的机会，即提供了普遍性紧急情况的"解决办法"。

正如商品、物品和产品流通一样，城市展现和展示的形式也是如此。这种影响的循环的不同实例包括人权理论、设计物体和环境方法、多元文化主义、平权行动、爱尔兰酒吧、电影节、网 *93* 吧和运动中持续的表象边缘。这样一个文明地区的"伟大"致使它把城市表现为热情欢迎这些影响的好客之地，表现为中心或边缘，表现为容纳这种运动而有效组织起来的场所，或者表现为顽固不化、抵制、"落后"之地。在这样的运动中，除了商人、流亡者、难民和游客，各种各样的群体——如巡回表演者、专业建筑师、恐怖分子和学生——都以持续不断地把城市表现为欲望客体的方式循环流通。

我们可以通过地方性成就的细节观察拓展问题上的集体遭遇，正是通过这种特殊性，拓展才具体化为一个问题。集体与其"环境"之间相互作用的影响可以追溯到一系列举措，如重建城市核心区、博物馆、酒店，为促进企业合并或电影节而重新设计边界、梦想在全球范围内促进城市联盟，或者建立维护城市内不同群体和利益的协会（语言权利，同性恋权利，财产所有者和租户的权利），通过组织程序推进对"新"公民或小企业的培训，以及创造各种"现场"以满足有限圈子的专业化发展需要。尽管在采取这种地方性举措的方式上，不同的城市似乎往往有所不同，但是，这种地方性举措在影响回路中所具有的作用，是各种方式和观念传播的一个关键点。在不同情况下，在敏锐的眼光中充满活力的扩展（"它涵盖的范围有多大？"）都会成为影响的主题以及影响范围有多大的问题。相互影响的调解会体现在每一个这样的实例中，集体边界成为显而易见的行动路线，即一条二合一的、既具有地方性又具有普遍性的行动路线。

对于群体涉及城市共同情境的模糊性问题产生了各种不同的看法。首先，修改社会秩序问题的解决办法的不断需要，激发了接触和碰撞的机会。其次，作为"社会问题"的拥堵和蔓延的加剧，人们认为是因为大量人口密集地集中在有限空间而产生的"社会问题"。在这些方面，城市的多样性作为一个场所而发挥作用，其中对稀缺性和秩序问题的争论总是反映在一切有目的的解决方案上，反映在关于城市是什么、城市不是什么以及应该朝什么方向发展的问题的话语碎片之中。

除了有组织的举措和工程外，扩展的问题还以这些方式表现出来，即令人兴奋的事情和集中性的传播。例如，全球性的扩展由于具有把游戏和休闲重构为娱乐的能力而成为欲望体系的顶端，建构了甜蜜生活与流通之间不可分割的联系，不仅与产品或物品的流通联系在一起，而且与"权利"联系在一起，生活快乐，拥有一切，以无限的方式推销自己，以前所未有的方式使时间和空间合理化，以及通过品评、测试和营销手段开发新的感性解放领域来扩展自己。这揭示了持续时间和当下时刻、空间和时间究竟是如何在城市中被联系在一起的，这是在地方上明显可见的各种工程、各种举措和各种安排中认识到的一个共同问题。

永久性

在原初性的实例中，持续时间是因为集体需要与它掩埋的过去保持联系而被确定的场所（Coulanges，1864）。这种过去、传承或传统，包括埋葬在遗址上的祖先是必须被维护或爱护的，在某种程度上，这把永久性看作集体生活的一个根本性问题。集体的连续性与场所有着不可分割的联系，这个场所是一个印刻着集体关系的埋葬地。从根本上说，它与死亡的社会关系是模棱两可的，因此它与其属地的集体关系既是物质的，也是想象性的。库朗热的"圣火"概念表达了这种模糊性，即这个集体与自身的关系，集体与自身在时间上的继承性和连续性的关系（Karatheodoris，1979）。这个群体将会生存下去还是会消失呢？对于这个集体来说，物质存在在其生命的每一个决定性阶段都会提出这个紧迫的问题。这个问题需要一种狄俄尼索斯和阿波罗式的直觉，持续时间既是在一切都要灭亡的直觉中宣布的，也是在通过创造出经得起时间考验和检验的集体作品以战胜这种无情命运的渴望中宣告的。

集体生命的永恒存在既作为需要和渴望的物质性而存在，也作为生命和死亡的物质性而存在，这是一种怪诞的双头形象。同样，文明与其持续时间问题的相遇不能与城市的地方性举措分离开来。在这方面，这个问题必须以不同的方式表现为这种相遇的镜像。对于现代人来说，持续时间中的这种张力可能最恰当地反映在了沃尔特·本雅明的工作中，他一直坚持不懈地注意到新与旧的共同存在，但是，这种冲突似乎是城市重建中的一个永恒特

征，人群和活动的运动和迁移引起了对忠诚于过去的关切，不同
民族的融合经常会造成新居民和常住居民之间的分歧以及在习俗
方面的冲突，艺术、技术和信息、地区、权利和机会，都不断地
提出陈旧过时的价值和意义问题，以及一切实践和举措中的最新
问题。在城市里，当下时刻与过去和未来的关系被戏剧性地体现
在如下各个方面，在被城市预算永恒固定了的规划、节俭和稀缺
性的意识形态中，在由未来市场繁荣前景的梦想所激发的企业家
精神中，在标准的代际划分及其相关的音乐和场景的地方鲜明特
征之中，在确认每一个城市相对于其过去的束缚所拥有的"新"自
由之中，以及在持续不断的万花筒般的城市叙事之中，无论是官
方的叙事还是地下的叙事，都会让我们回忆起这座城市的过去，
想象它一定会出现的未来。从城市幸存者和常住居民的证词，到
市政机构和博物馆的档案，在每一个当下时刻，城市的记忆都在
被重塑、被持续和被毁容。在这方面，对于城市的生活质量以及
它如何可能与未来的幸福相联系，有关当下时刻的话语总是提出
各种各样具有挑战性的命题。

必死性

如果这种话语是必要的，并且必然与对城市在时间和空间中
的存在的考虑有关，那么为什么这些重要的事情会引起人们的焦
虑呢？可以通过必死性的观念提出我们在时间和空间中的存在与
我们的身份密切相关来预先考虑这一问题。早些时候，我们谈到
了文化是与集体目标的关系的一部分，而这种关系从根本上说是
模棱两可的。身份提供了这样一种共同情境与需要解决的集体化
问题之间的联系，因为身份通过死亡与集体在时间和空间上的存

在联系在一起。在比较一种僵化的身份概念和一种"辩证"概念时，约翰·麦克库伯指出，为何正是这样一种辩证视野的力量使它认识到了身份的脆弱性，使它认识到了这个事实，即在有关任何一种共同性质的考虑中都没有确定性的界限。

> 因为要成为……任何东西……都没有一套唯一的属性，却有一个在不同时间里添加和减去各种属性的过程的历史。虽然这段历史对一个群体的身份来说可能是独一无二的和"特殊的"，但它总是与一种更大的历史不断地相互作用，最终，没有被实现的人性……在面对经验的不可预测性质时，由于其自身概念的不一致性，最终会需要基本的身份认同，通过对构成其身份的个人施加力量来维持他们自身。一方面，辩证法的身份不受这种特殊的不一致性的影响，尽管它们建立在一套经验的基础上，但是它们并不排除未来的经验会颠覆当前身份的可能性……另一方面，辩证法的身份随之带来了一定的安全损失，接受它的个体和群体……必须面对这样一个事实，即他们最终可能在一个不同群体中不再作为独立的个体而存在……这种分离性的损失最终可能被看作一种集体死亡。因此，辩证法的身份构成了一个必死的共同体。避免这种身份苦恼的唯一办法，就是假定这样一种社会的某些特征是永恒的和……超越时间的。（McCumber，1995，1157-1158）

96

辩证的身份关系把它与城市的遭遇看作与"未实现的人性"的持续相互作用，它作为一种问题—解决是可以被持续观察到的，控制不稳定的共同情境的努力，总是会遇到"不可预测的经验"的极限，从而导致修改、重塑和更新那些似乎是安全的和有把握的东西的可见成就。我们对"经验"范畴的开放性，有可能要以突出其任意性的方式重新界定它们的限制，正如这些开放性创造了一个不可估量的未来一样，它们也有望取消我们在任何当下时刻所尊重的主权边界。我们所体现的凝聚力就是为它的灭绝的恐惧所困扰。但是，这种模糊性又是如何以一种具体和个性化的方式围绕城市作为一个客体的命题而形成的呢？

集体生命以永久性挑战的形式，在"未实现的人性"的衰败与补充、疲惫与振兴的幽灵中面对着命运，这种"未实现的人性"就是集体生命无法估量且不可避免的忧虑。然而，只有在城市中，当下时刻的代谢强度才会在当代人或同辈中被加剧，而这一代人或这一群人总是通过不断做事情来嘲弄必死性的命运，仿佛过去和未来都无关紧要。

城市化

众所周知，世界的城市化是随着商品、产品、民族、思想和影响的普遍现象而迅速发展起来的。人们认为，这种普遍现象以一种自然过程的力量和动力跨越边界而流动。因此，这些相同的技术、组织、学说和产品都是在以前被认为最不相同的空间中具体化的；仅仅是因为对这些事物及其影响的共同接触，这种影响才好像以各种使这些场所变得等价和时髦的方式表现出来。因为可以获得相同的物品（如卡布奇诺）、相同的优势（如 24 小时的夜生活）、相同的信息（如有线电视提供的）、相同的"生活方式"影响（如广告、商标品牌或家居用品），或相同的混合人群，从而把不同的城市都称之为城市。在这样一个世界里，城市化似乎有一种循环系统的力量，传播基础设施、财产和影响，就像一个冷漠的搬运工一样。

循环往复的兴奋跨越城市和国家之间的界限，因为人们迁移到了曾经被隔离的牧场，用通常被认为是城市所特有的影响来标记它们，如拥堵、生活方式、便利设施和与自然精神相对立的人造物，房地产开发后的便利设施（MacGregor，2001，37-55）。在城市内部，同样的循环过程的不同形态被认为激活了从前死气沉沉的地区和行政区，它们被用作发展和"资产阶级化"的场所，取代了老居民，"振兴"了一度被认为不讨人喜欢或狭隘保守的社区。市场所驱动的循环的兴奋，通常归因于放松管制和取消对行动的限制，创造了一种从压迫关系中解放出来的疯狂体验，以及从过去的负担中解放潜力的希望。如上所述，这种循环运动不仅包括散居人口，而且包括特许经营、跨国公司、据说可以跨越国界随意传播的疾病、曾经被认为对某个地方具有特殊意义的博物馆的复制件，以及曾经被认为是地方、地区、人民和群体特有财产的所有影响、观念和技术。据说，世界性的影响在任何地方的相互渗透，都在他们接触到的人人都能平等享有的循环系统的基础上使场所变得名副其实。

世界城市化命题的一个含义是，场所由于与一个共同过程的关系而变得相同，其方式是根据循环的一般性及其规范秩序（其"编码"）来确定所有特定的场所。如果这样，城镇和乡村之间的差异似乎就消失了（因为大众文化的普及和"产品认可"的普遍性），那么城市之间的差异似乎也正在消失。在本书中，这样的说法让我把都市性（urbanity）的观念作为城市化（urbanization）的一种衡量标准，在某种程度上，我要问的是，都市性作为城市生活的一种持久而明显的特征是如何持续存在的，从而使这些相等的观念，特别是这些城市化的始终如一的经验观念成为问题。

98　　这就是空间和场所之间的差异性可能变得相关的地方。所有那些因在循环系统中的相对定位相似而出现的相同的区域，可能是不相同的，这不仅是因为外表和现实之间的经典区分，而且是因为它只是不清楚城市化的出现与都市性之间的关系究竟是什么。此外，假如都市性与城市化的关系不仅是一个方式问题，而是把我们的注意力集中在作为集体生活焦点的礼仪或伙伴关系的关注上，那么这就开始提出城市化（设施、电影节、拥挤、寿司）的装备在安置过程中如何发挥作用，对它有所贡献还是使其倒退。这就告诉我们，拥有便利设施并不是一种温文尔雅的习惯，而是需要作为一个考虑因素来发挥作用。在所有这些方式中，解释性的问题坚持干预，因为这对我们来说太具有根本性了，以至于我们不能允许对城市的评论不间断地进行下去，仿佛它只需要证据、进一步论证、反驳或技术澄清一样。我们必须恢复这个有意义的问题。

　　如果说城市化是一种普遍的力量，那么提出城市的终结问题似乎就会让人感到好奇。但是这并不奇怪，因为如果每一个地方都被城市化了，那么城市的概念就会失去其重要性。正如希腊人所熟知的那样，它要求我们通过询问一个真实的城市和虚假的城市之间的差异来恢复表象与实在之间的区别。如果这种差异性并不意味着公式化的东西，而是提醒我们注意都市性的一条经验法则，那么这样一种挑衅性质疑的本质主义韵味就不应该让我们感到害怕。进一步提出的问题是，假如所有的城市在某些方面看起来都很相似，那么它们如何在这样一种环境中维持自己的生命呢？我们熟悉这种对个性的关注，就像它适用于集体和个人一样，正如齐美尔坚定地指出的那样，他们永远都在这个模糊性的

"悲剧"空间中工作，而这种空间就是"解决"其共性和个性共存和冲突的感性问题(Simmel，1950)。

如果说城市化描绘的是商品的普遍流通，那么，我们就必须把城市作为这种流通的特殊场所来探讨。人们已经注意到，在分类系统中，商品主要是作为分化和凝聚力的标志发挥作用的，在那里，个人和团体聚集和分化为价值的承载者。当我们考虑到对共识的诉求和融入其使用的区分时，商品就会成为可见和可用的文化范畴(Douglas and Isherwood，1979，59)。根据这种观点，商品是信息系统的一部分，允许用户在合适的联系网络中进入和获得可用性。商品的使用调动人们在适当的位置接受和反馈影响，并因此在任何时候都会成为"文明进程"的更积极部分(Elias，1978)。如果商品流通作为一个信息系统发挥作用，那么与它们的恰当使用不可分割的商品和信息的获取以及纳入生活机会的考虑就应该集中在城市之中。这是布罗代尔的城市是"交流中心"的概念的加强版(Braudel，1973)，不仅是因为它的媒体，而且是因为在它所流通和提供的商品存在的情况下把对社会强化的许诺看作一个具有各种可能性的领域。无论城市化是不是一个普遍的过程(商品流通)，城市都似乎是一个场所。在这里，通过社会允诺的根本模糊性，信息系统的循环过程的透明性会变得清晰可见。

中心和边缘之间差异性的消失以城市化的出现为标志，不过总是以各种成问题的方式出现。城市化和都市性之间的差异可以在旅行形象中得到把握，这种旅行形象与其说受某个空间的影响，或者相反地对空间产生影响，不如说永远不能保证它具有比运动更多的东西。都市性通过空间的历史经验与安置相联系，在某种程度上，它是用一种隐含的现象学衡量城市化的概念的，而在这方面它总是可以被质疑。中心与边缘之间的差异性的消

99

The Imaginative
Structure of the City

解——相互影响——在城市中变得明显和突出，这就是鲍德里亚通过对实在与表象之间差异性比喻所指的生活"矛盾"。每一个人和每一件事都可以从这儿移动到那儿，这并不会使距离变得更重要，而是以一种令人信服的方式提出了这个问题，那就是，在社会上占据同样的空间或者被分散在不同的空间里究竟意味着什么。"距离"作为一种古老的本质主义远未宣告结束，而当下的轻松运动却使距离的问题变得生动而引人注目。由于便利设施的扩展似乎使每一个场所都显示为相同的，也就是说，它似乎使所有的边缘都变成了中心，中心性的意义问题总是会被提出来。相同的商品在每一个地方出现，并始终留下了这个需要探讨的问题，即商品是如何被经营的，如何导致凝聚力与排斥、市场和场景等多样性的社会形态，以及如何产生批评、精心策划和完善设施等社会形态。每一种便利设施或者良好管理都能成为一个微观社会世界的焦点，这个社会世界可以通过多样化的应用领域来拥护、阐述甚至反对它。便利设施和商品成为社交活动的促进力量，从而提出了城市化与都市性之间的差异性问题。大多数城市可能已

100　经重建了中心和香醋厂，但是，"拥有"这些设施只是表明它们在那里被人们使用。其他城市建立了致力于进一步完善具有不同立场和差异程度的团体协会，它们以规模经济的形式出现，因而提出了反融合主义，用具有社会意义的方式抵制和批评这种用法。对个人和群体的审美和伦理的重新定义来说，商品成为资源，也成为解释人生意义、人生目的和人生观的资源，而这些资源都是决定性的和必然的东西。在城市里，丰富的商品本身并不能说明问题，因为它使商品和善之间的差异成为一个持续存在着争议的地带，因为市场价值会使这种差异性陷入危险的境地。

　　中心和边缘之间的区别正在消失，意味着商品和市场的整合

和使用问题以最激烈的方式指向交流，指向凝聚和相互促进的场所，指向有组织的敌意场地，指向完善和多样化创业举措的机会，指向构建"形象"（Gans，1993）或者身份标志的材料，指向前所未有的重要性迹象和与未来幸福生活相关的一切当下时刻的机会。正是中心和边缘之间正在消失的差异性被戏剧化从而使城市成为中心而不是边缘。城市是一个市场，并不意味着市场被域市化，而是意味着通过市场价值的透镜在自我肯定中把它当作考虑善（Good）的典型场所，通过关注中心事物和边缘事物之间的差异而持续地进行干预。只有在城市里，商品和便利设施（周边地区也"有"）的难理解性才成了问题，才变得富有戏剧性，因为它们在标识个人和群体时被作为资源投入千姿百态的社会用途之中。

> 在这里，解放主义意味着每一个人都应该自由地满足自己的冲动，应该获得由自己的欲望所定义的幸福，应该只和精神上与他相似的人交往。（Shils，1981，3030）

在城市中，市场价值作为一部戏剧而被加剧，产生了限制自由（限制了它的无限性）的平等（欲望行动者的共存）和挑战了平等的自由（渴望确立独特和特殊的价值）。平等和自由之间的辩证法体现在城市关于集体和个人真实或不真实地位辩论的伦理冲突之中。

多样性

101

从前面推导出的看法是，世界金融力量释放的流动性产生了一种不同人口居住在大城市中的循环组合体，这可能会让任何一个城市的主权陷入危险。也就是说，城市居民对家乡（习俗、传统）的多样性依恋使他们有可能方便地把现在的场所当作便利设施，仅此而已。不过，如果这一观察是真的，那么它就可以增添而不是剥夺城市的色彩；由于要更深入地探讨究竟是哪一种城市的混合形态，我们被引向一个城市究竟是如何进行融合的问题。多样性不仅是一个数值条件，因为那里的离开、到来和存在都是在过去的影响和对未来的期待的熔炉中形成的。正如流动性碎片的循环并不意味着都市性一样，碎片的数量聚集也不会带来多样性。

如果每一个大城市都是柏拉图《蒂迈欧》习语中的"搅拌碗"，那么我们可能会问，如何用某种都市性的观念衡量这种混合体，而无须假设它是无形式的，也就是说，如果混合对于城市来说是重要的，那么这种多样性又是如何被认为具有都市化性质的呢？一个城市的都市性是否存在于不同事物的简单数量以及给这个地方带来的影响？如果是这样的话，那么多样性就是由数字规则来控制的。一个城市的都市性是存在于这样的数量变化中以及存在于各种颠覆中，还是相应地被这种场所吸引呢，抑或存在于一种相互作用中？例如，戈特迪纳认为，城市的无形式性（formlessness）只有通过霸权性的篡夺才能得到解决，"空间本身成为社会互动的对象，而不是对比性所指。各种意义的冲突，往往是在受益于工具性功能的单义性能指的场所符号中，通过一切所指的衰退而得到解决的"（Gottdiener，986，213）。

这种城市的混合体——在人类学上是很有名的——实际上植根于这种符号学的视野之中。它的"多义性"和"多重编码"的现象出现在客体、符号和影响的循环之中。如果要把混合看作和定位于这种而非别的社会事实，那么对混合体本身的接受就必须结合

我们这里所说的符号学和人类学元素。如果这种方法在某种程度
上是作为城市太阳之眼的地面对立面，那么它就会被马西所说的
"混合性"的人类学魅力所吸引（Massey，1999，109-111）。认可
这种城市混合体的许多研究者都很难从符号学（或外部）角度把它
描述为一种社会现象（在城市生活中如何确定数量及其程度的差
异）。作为修辞学的一部分，史密斯、梅西和其他人都经常漫步
于当地社区以充实研究或者作为研究的开始，尽可能使这种"混
合性"成为一个当地旅行者的调查的即时性生活体验（Smith，
2001，108-110）。这是鲍德里亚关于符号系统概念的另一个例子。
它以消解超验欲望的方式吸引所有参与者，因为在这里，调查者
本人只能"注意到这个事实"，即符号多样性的旋风："消除人与
人之间真正的差异性……同时也意味着差异化的控制"（Baudril-
lard，1998，89）。问询者注意并赞扬这些差异性，而没有精心考
虑真实和表面之间的差异性的问题。因此，真实的差异性与虚假
的差别性的问题总是含蓄的，总是可以争辩的，而且确实是一个
社会事实，即使在那些意味着"超验性终结"的实践中也可能被否
定。这是因为，这样一种否定的还原论，只有在它明显转变为真
实（质疑）的背景下才能被观察到。

　　如果不把多样性作为一种差异性的总和或者算术次序对待，
那么，就需要将其当作集体化本身的焦点对待，当作行为定向的
一种区别对待。这会引起人们对多样性如何在实践中出现的关
切，即如何把集体的社会部分而不是数字碎片之间的关系具体
化，怎样把这样一种相互承认的结构设想为把多样性本身确定为
共同情境的一个特征？难道混合城市就意味着不同观点的持续共
存和接触吗？假如是这样的话，这又如何转化为一种都市社会关
系和一种可以被认为是属于这个城市的典型的行动路线呢？这些

The Imaginative
Structure of the City

研究者大概想谈一谈彼此陌生的群体的集中化，或者不同的影响以及相互联系的不同原因。这种多样性作为城市本身正常运转的环境又具有什么样的社会意义？

从根本意义上讲，当城市的性质就是我们所有人用来描述城市特征的陈词滥调时，城市的多样性就作为一个分析的对象而变得活跃起来。这种陈词滥调使我们可以把城市看作一种完全不同的和不相似的影响的组合，一方面可以把这些影响看作产生差异性的优势（经济两极分化），另一方面这些影响会产生过度刺激（不满的态度）。其中每一个在数字上得到确认的结果都需要转化为一种社会关系。如果经济两极分化公式所计算的是富人和穷人，那么在这种关系形成之前，它们把仅是类别的东西误算为部分。作为一种陈词滥调，多样性首先会让人产生一种差异性聚集的形象，即每一种差异与其他差异的不同之处都只是在数字排序的方式上存在程度的差异而已。这些片段不是一种共同情境的差异化部分，直到它们彼此之间的关系被认为通过对它们差异性地参与的共同问题的解释在社会上得到了调解。正是通过参与的概念，各部分与整体之间的关系才被表述为一种不只是算术上的集体化时刻。共同情境不是其各部分的算术之和，各部分是解决共同情境问题的多样性尝试，而算术顺序确立的只是一个运算（加法）而不是一个问题。从这个意义上讲，由于它们的差异化，由于共同目的的多样性表达，真实部分才"参与"（柏拉图）到整体之中。即使是比较不同的类别，如果没有通过分类的相关性而默认授权的数字规则，也是不可能存在的。

如果整体是对共同情境和约束其行为者的结构的解释，那么，正是这些解释为所有分类，包括数字奠定了基础，并且我们认为，没有为所有偏袒（观点）提供基础的整体就没有部分，没有具体规定和说明整体的部分，整体就不可能存在。说一个城市是多元的，并不是通过数量或分类列举，而是在实践中表现出多样性，因为在伦理冲突中以它为导向，从而使真实和虚假的多样性问题成为一个永恒的参与话题。

当一个多样性的城市被理解为是以多样性为导向，并且表明多样性是一个集体问题的时候，它就会被看作一个在各种场合下遭遇集体化的城市，分裂和参与之间的斗争、不同社会形态之间的斗争就出现在这些场合之中。城市不过是一个符号而别无其他的看法，意味着它只是一个范畴，并且别无所有。同样，城市中的任何一个范畴都再现或反映这场斗争。各种重大事件和案例研究都让人们在城市中看到了社会结构不断集体化的景象中分化与参与之间持续存在的张力。

混合的情境能够以产生保守、冲突或培育的方式表现出来，宣布它作为一种城市生活的事实，是一个始终需要解释性地植根于问题情境的开始。比这更重要的是，在多样性成为城市生活的一部分以及多样性是它所在场所不可分割的部分方面，这种混合体的量化结构必须保持沉默。差异性在社会上是很重要的，因为它们是以影响为导向的，我们可以把这些影响当作一种集体行为焦点纳入对城市的自我理解之中。也就是说，什么样的分析对象是多样性的？当它被辩论并在集体生活中采取行动的时候，把都市性与多样性联系起来的东西究竟是什么？

对居住隔离和歧视的描述为何仅是一个城市故事的一部分？从更根本的意义上讲，我们需要遇到其特定组合的社会现象。如果对任何一个城市来说，性别、年龄和种族的差异都是典型的，那么，这些差异在城市的街道、公共空间和活动中是被如何分布的，不仅在特定的地区，而且在一天里的不同时间？也就是说，

104

The Imaginative
Structure of the City

多样性究竟是怎样与城市的节奏相互渗透的？如果就政治经济而言，多样性体现在经济的两极分化上；对于城市规划来说，多样性反映在区域的不同使用上。那么，我们可能会问，多样性和同一性究竟如何具体影响城市的发展？一个城市的多样性是如何作为知识环境而产生活力的？

　　每一个范畴（如年龄）不可缺少的多样性都要求我们提出这样的问题，即在城市生活中这种范畴本身是如何被定位的？在城市生活中，年龄的变化是如何表现的，这不仅是指年轻人和老年人在夜间活动中或者在其各个地区和街区的街道生活中的相对参与率，而且指其他范畴之间的相对参与？也就是说，年龄、种族和性别（如对阶级的控制），如何以产生不同的范畴（年轻的黑人男性、年长的白人女性）被分布在城市的空间和时间中，从而显示出城市的独特性？这些结构本身又是如何用可能为任何一个城市产生一幅凝聚和排斥的假想地图的方式相互关联在一起，描绘了一种集体序列的地形？一个多元化的城市是否意味着在年龄、性别、种族或阶级的范畴上存在相关的多样性，从而把每一个范畴都区分为具有内在异质性的？一个城市的多样性是否与其不同范畴之间和之内的交流流动性相关，而这些范畴可能产生种族间或代际间的联系和凝聚力？一旦我们开启多样性的概念来接受检查，它就会暴露出这种组合可能性和集体化实例的巨大范围，我们凭直觉预期这些可能性和实例是不是与这个"混合体"和城市有关的话语的一部分。如果混合体作为标记系统这一事实毫无意义，那么，我们就可以开始预测城市激活、管理或使多样性的个人和群体类型和类别变得死气沉沉的极端点。

　　中心与边缘之间的差异性是由城市中的不同群体的流动来体现的，因为这些影响的相互渗透总是会引发这一个问题，即这些

差异性如何改变中心以及中心如何重新塑造差异？希尔斯所说的
"传统的多样性"（Shils，1981，255）由于影响和人口的不断迁移
而成为城市一个不可避免的特征。当这些影响变得明显可见的时
候，融合总是提供一种观察增加、合并、吸收、溶解和冲突模式
的机会（Shils，1981，240-286）。同样，城市并不是以不同群体
的量化表现（以商品或设施的方式）把相互渗透的问题集体化，而
是通过它释放出相互参与的期待和相互认识的结构的能力，这种
期待和结构以它本身是中心还是边缘的方式涉及它在城市中心究
竟是什么的问题。

世界上作为一种实体产生的距离概念，通过运动和聚集的数
字被简化为另一个事实，而这些简化又以它自身的方式成为揭示
作为一种集体化焦点的机会。这个时候，无论是关于城市化还是
多样性，超验的问题都会被遗忘。

看不见的手

对城市终结的看法在许多解释中占上风。一方面，认为全球
金融业务的流动性超越了不相关地区（国家、城市）的主权观念，
这一看法充其量使城市沦为市政规章的纽带，最终取决于其他地
方的决定（Delanty，1995 and 1997；Castells，1997）。在这里，
对城市的研究不过是相当于对地方抵抗的无能为力或者地方政治
决策的顺从做法进行一种没完没了的诠释。假如城市被想象成一
个接受来自任何地方的影响的吸收性语境，那么作为行动者，它
往往带有受害者的印记。城市只是一个符号，而不是别的什么，
因为它将成为的一切都是由它无法控制的力量决定的。即使在被
压迫民族的漫长历史中，这种外部条件与人民精神之间的相互作

The Imaginative
Structure of the City

用产生创造性反应的无数方式，也通常被描述为一个集体的文化符号。因此，作为一种典型的声音，萨斯基娅·萨森很难找到这样的创造性，她认为某些城市目前正在成长（她的"全球城市"），这是因为：

> 国家和全球市场以及全球一体化组织都需要全球化工作得以完成的中心位置。金融和先进的公司服务是生产全球经济体系实施和管理所必需的组织化商品的行业。城市是这些服务生产的首选地点，特别是最具创新性、投机性、国际化的服务部门。（Sassen，2000b）

请注意，不管是什么使城市成为"首选地点"，都被排除在这幅图景之外，这意味着城市对作为一种欲望的客体保持沉默。在这里，城市往往被看作商品，而没有更多的东西，就像"国家和全球市场"、组织及其"需求"中的价值标准一样，欲望"客体"令人垂涎。萨森的安置概念要求城市成为"全球化工作得以完成"的场所，按照市场价值来选择。因为她把这项工作描述为"先进公司部门"产生的"创新、投机和国际化"服务，因此，全球化的工作就是金融和公司专家的工作和它们所需要的服务。

很显然，无论我们如何看待萨森的主张（关于传统批评的概述，见Smith，2001），城市的集体化仅限于企业组织的创造性及其产生的项目，往往导致了清晰确定的企业"生活方式"的制度化，其中包括为它所服务的下层阶级（大部分是移民）的很大一部分。市场驱动的流通体系以游客、企业管理者和流动劳动力的形式把游客带到城市，他们往往在项目和集体化的时刻合并，从而形成一种生活方式。令人奇怪的是，城市的游客通过把集体自我维持的要求强加给常住居民来界定自己的生活方式，这些居民要么接受它(中产阶级消费)，要么在边缘(穷人)发泄敌意。客人通过寄生的过程来颠覆这个城市，城市内在固有的东西因为那些外在于其历史的人的议程设置举措而被外在化，而那些人只是出于工具性的理由才来到这个城市。

　　城市只不过是一个符号，因为它似乎是全球性解决和凝聚其"战略功能"的一个场所，也就是说，它只是被一些匿名但协调的公司"太阳之眼"所指挥的国际力量所使用。然而，即使是这样一个城市，从这些非常有限的角度来看，也必须为它的身份和地位问题而斗争。也就是说，一个全球性的城市是被解释性地产生出来的，典型的说法就是城市是一个欲望的客体，因为人们认为，它产生其存在的一种解释性的可能性结构就是那种热情友好的地方。

　　萨森的观点力图借助于描述通过项目在行动中实施的方式进一步推进这个循环过程。集体化的概念仅仅限于企业的举措和战略，仿佛这些利益如此巨大，以至于它们开始定义城市的文化。城市与其集体目标的关系要么被视为数量上不可及的，要么被看作是非理性的，因为它不能被格式化为一种"效用"，或者极有可能的是，认为在问题—解决的前景中已经变得精疲力竭，而这一前景似乎是由适应全球市场的地方性表现的需要所决定的。所有有趣的区别和概念，都不会被怀疑为是建构和典型化一种社会世界的成问题的方式，这种社会世界与被认为如此有效的那些世界有着共同的联系。市场概念、社会行为经济的概念、地方和全球经济的概念，在缺乏任何持续拷问的情况下，都被当作不言而喻的实际理解，却没有得到系统的阐述，而这些拷问把话语暴露和激化为一种争议性声音的差异性混战。自始至终，对调查声音的掌握仍然是一种固定的资源，没有表现出把自身的连贯性和完整性当作更具有挑战性的出发点的意愿，而不仅是一种自信的结论或主张。如果城市的地方性的细微差别总是在日常生活中作为顽固的踪迹而存在的话，那么一个一般性的概念就被当作一种解释性资源来建构和表现，因为这些资源与全球市场因素具有共同关系，从而使不同的城市看起来似乎是相同的。

然而，城市的集体化包括围绕各种兴趣而组织起来的各种社会形式，如节庆、嘉年华、社区举措、新的建设和改造、变动的联合和联盟、示威和抗议、国际网络的地方表现，以及用特定方式把地块显示为地方性的各种项目领域。正如秦安娜所说：

> 经由民粹主义者和企业、科学和文化、被排斥的边缘和新兴的中心糅合的各种项目，似乎都完全沉浸于同样充满活力的运动之中。（Tsing，2000，332）

假如城市以作为一种社会力量的集体化活力为标志，那么其最重要的表现形式可能就是以日常生活项目和集中性的可见方式传播集体的目标。对任何一个城市来说，我们必须考虑的一个重要问题是，如果作为一种力量的集体目标被封锁、被挫败、被分散，甚至被剥夺，或相反地在许多方面表现出来，那么它如何以及在何种程度上得到集中或分配，是否仅限于一个或另一个集团或派别。相比之下，我们这里正在考察的工作类型是，首先，通过将集体化限制在企业行动上（通过一种它认为涉及"因果"关系的主要参与者之间的交流刺激—反应模型），还原性地考虑集体化的问题，然后，不考虑作为一种社会现象进入其章程的组织合理性和形式（Meyer，1977），因此只能将企业行为的制定看作是

"战略性的"，仅此而已。

　　这项工作提出了把城市的声音聚集起来的东西究竟是什么的问题。这是一个主权问题，在这个问题中，"正式的"和"非正式的"竞争，都是为了控制把城市解释为文明生活中的一个想象性客体的手段。从这个意义上说，我们应该开始认识到，中心与边缘之间的关系，即城市中似乎最为明显或"富有戏剧性"的东西的消解，主要不是区域或地理关系，而是关于集体生活的中心与边缘之间的差异性问题的一种隐含辩证法。这是一种确定其根本形式的辩证法，在参与问题的争论中，在这种形式中，集体的"各部分"使集体化成为中心焦点。对参与的关注，意味着集体与其自身集体化之间的关系出现在商品与善之间、数量差异与社会多样性之间，以及在为自己争取解释手段而斗争中所处的立场之间的张力之中。在支配性声音与边缘化声音（正式/非正式、官方/非官方、高文雅文化/大众文化）之间的竞争关系中，城市的表现性经济作为一种重要而基本的力量得到了维持，这种声音不断地提出，城市是一个在实质性上有差异而不是程度上有差异的问题。关于城市的中心是什么这个问题，与其说是作为一个控制机构的城市化、多样性或战略定位的问题，不如说是作为一个场所焦点的问题，在那里，中心性与边缘性的问题在实践中被当作安置的"矛盾"进行争论，而这种"矛盾"不断地表现为一个隐含的先验焦点。

　　在城市中，差异性的消解与参与问题的剧增相适应，为争取对城市解释手段的控制、其集体目标和共同情境而进行的斗争都集中在冲突领域。这种差异性的消解与"谁在以及什么是城市的中心和（或）边缘"的问题有关，因为这个问题是在日常生活的伦理冲突中表现出来的。

The Imaginative
Structure of the City

因此，这种显而易见的集中化和公司权力的集中化在城市就是这种辩证法的形象，既释放对立的能量，也释放机械的同意或顺从，但是这些能量仍然取决于中心与边缘的差异性问题。真正的中心就是使城市成为中心而不是边缘的这种中心阵地（意义问题），就是遭遇这个问题的戏剧性场所。这就是说，因为城市通过为资产阶级提供空间而提出了究竟谁是中心和什么是中心这个问题，把中心与边缘的问题戏剧化了。因此，城市以牺牲自己为代价而成为了这个场所的中心：反全球化的抗议、少数群体权利要求的回潮、审美化波希米亚的商品化、地下和非正式经济的繁荣、对"解放主义者"的颂扬以及各种自我肯定的"姿态"，还有各种相关的异类声音与其企业文化和下层社会一样，也成为了城市集中性的一部分。

这就好像城市知道，其文明的中心地位取决于它愿意牺牲自己的意愿解决中心与边缘之间的差异性问题，愿意成为提出这个问题的主人或者愿意为这个问题提供庇护，城市总是释放出怨恨和暴力。为了成为文明的中心，城市以牺牲自己为代价，与"自然的"诱惑作斗争，扩展并进一步完善它作为市场价值中心的权力。正是关于城市作为一个中心的意义问题，作为中心而不是边缘的意义问题的冲突，界定了此时此刻城市在空间中的存在。

当下时刻

城市的环境充满着时间性，因为它把当下时刻看作一种永无止境的行动机会，未来的生存在这种机会中成败攸关。当下经常被解释为无所作为就会产生未来损失的关键时刻："它的长远眼光是群体享有优越道德地位权利的不可或缺的组成部分。因为它的法律存在是永恒的，能够以未出生的世代的名义提出要求"
（Douglas and Isherwood，1979，37）。《芝加哥论坛》系列在千禧
时刻对于芝加哥的问题展示了这样一幅形象。这些文章建议，这
个城市要努力通过一系列行动来维护它的集体身份，维持它作为
一个特色城市的濒临危险的完整性。

　　这种变化被看作一种自上而下的变化，它呼吁政治和经济精
英要谨慎地运用各种举措，把芝加哥的振兴带入 21 世纪。据推
测，有信息表明芝加哥在世界经济中所具有的地位——作为一个
资本主义工业中心的地位发生了变化，这就意味着它减少了匿名
性，也就是说，它只是在全球竞争者市场中的另一个城市。

　　损失和衰落的氛围以一种哀叹芝加哥独特性逐渐消失的方式 *110*
弥漫于这个系列的声音之中。芝加哥昔日的风光不再，未来会是
什么样子也不确定。当代形态的"全球化"文明进展势不可当，冷
酷无情，就好像毫无人情味的冷漠无情的自然力量一样，只有迅
速而强大的力量才能生存下来。这篇文章认为，"现实不等人！"，
也就是说，真实的环境不会等待任何一个城市。"全球思考，地
方行动"这一句格言，意味着要关注真实的环境（全球思考），如
果你想让城市生存下去，相应地就要规划你的城市（地方行动）。

　　芝加哥与郊区、腹地、国家和世界的关系，被人们理解为是
由于经济和技术变化而引起的，这些变化已经改变了芝加哥的面
貌。这种令人恐慌的叙事暗示，芝加哥行将失去它的身份，即将
变得一无所有，将在城市中成为一个非实体，这旨在提醒芝加哥
人思考当地的生存、永续性和延续性。芝加哥必须在现实世界中
明确方向，也就是说，必须用弗朗西斯·培根的精神来观察世
界，为了掌控它，必须服从它的命令。"成为真实的"意味着对环
境的观察会产生一种预测能力，从而实现掌控的目的。这一警告

所引起的反思使这些文章提出了这样一个问题，即芝加哥是否仅靠其资源维持下去，或者说，是否还有更多的东西，某些对芝加哥来说属于常量和不可缺少的东西，不受资源基础波动的影响。这个问题无法回答，但是一些决定性的行动可以解决伦理冲突。

芝加哥所面对的"去工业化"的复兴、制造业的撤离以及股票市场向虚拟系统的转变，都被表述为呼吁专业化的项目，呼吁能够确定"芝加哥做得最好"的举措，目的是在世界市场上与其他城市进行有效竞争。号召芝加哥以新的和原创的方式进行创新，如果一切顺利的话，这些方式就可能会更新它的生产性。当下的芝加哥似乎冒着失去差异性的风险，缺乏与其他城市区别开来的独特性，除非它能够组织起来迎接环境的挑战，也就是说，除非它能够发现一些可以控制和展示的特有功能。环境首先指导城市，想象它所特有的东西是什么，然后安排途径和手段，展示和传播与其他城市不同的、作为一种符号的自我表现。城市可以思考如何组织起来使自己成为一个欲望的客体。

111 芝加哥做得最好的事情将是找到让自己变得引人注目的东西，这样一种探索基于对环境（作为一个系统的世界）所需要的知识。芝加哥没有任何内在的东西可以借鉴，因为这个文本已经决定，它的了无个性（facelessness）已经注定它要从其经济衰退中走出来。从这个意义上讲，被保存的东西和被改良的东西都在经济上表现为这个城市的资源基础。

由于把城市与生命周期的不成熟阶段——童年、青春期联系起来——仿佛当下就是成年期，因而也是试金石、它的现实性时刻。关于芝加哥的系列文章的修辞学否定了它的过去。环境的现实性总是被界定为当前环境所带来的挑战。当下并不是要更新过去，而是要求为未来创造一个绝对的新开端。当下是作为彼此分离的两个时刻的过去和未来之间的一个过渡时刻。过去不再意味着它的影响不会延伸到当下，并且意味着它毫无价值。就任何一个当下而言，这种惊慌失措的叙事渴望把握一种城市的政策，恢复或者取代一种已经变得空洞无物的身份。

通过用这样一种方式把芝加哥置于其未来之手，这个系列肯定了历史在当下的终结。在当前的"危机"中，促使芝加哥把自我反思等同于在竞争者市场中进行优化的合理性。芝加哥的命运在于，在资源稀缺和城市间竞争的当下条件下，它可以为自己争取优势。在当下时刻，对城市的需求就是设想它的差异性——它的身份——完全只是在经济方面的，以及把"文化"看作能够在真实环境中增强自我表现的任何东西。芝加哥的自我保持将取决于创造经济专业化商机的能力。即使在这里，这种优势也被承认是困难重重的，不稳定的，好像集体化的失败会让芝加哥无计可施。

这个城市的美也同样脆弱。因为，如果芝加哥的命运被看作世界城市历史上的一个偶然时刻，那么芝加哥的面貌——象征着其独特的艺术与自然融合——很容易受到侵蚀。例如，弗兰克·劳埃德·赖特的建筑随着时间的推移而崩溃，只能承认这种维修的失败是一个技术问题。在这里，为了视觉上和美学上的连续性，芝加哥对自己的爱护被认为受到漠不关心和市场驱动的联合力量的威胁。最后，这种"危机"延伸到了芝加哥本身的正义，*112* 因为损害其真理和美(芝加哥的独特性)的力量似乎保证了多样性的人口，除了作为一种资源基础或"重新开发"手段外，不能被认为是其他任何东西。并且，只能把芝加哥本身看作劳动力流动的一系列"机会结构"之一，它们无法把这个城市想象成一个发挥私有化能力的场所。

当前时刻对这个城市的这种解释是在一种危机展望的支持下

进行的，这一展望是由城市资源不足的外部力量所引发的。面对
这一挑战，人们认为这个城市毫无防御能力，因为它的脆弱性，这
是经济决定的，只允许它做出反应，而不是发展它已经拥有的和现
在所具有的东西。与当前的任何情况一样，这种恐慌的叙事渴望把
握城市的政策，希望恢复或者取代一种已经变得空洞无物的身份。

结　论

城市的表现是界定这个讨论的全球化话语的直接部分。作为
一种语法这种话语强调流通的现实性、多样性和分裂性的限制、
社会能量的零星或脆弱的爆发机会，以及当下时刻作为一场解释
性参数环境的戏剧，任何一个城市都必须在其中找到自己的位
置。作为一种社会现象的地方性问题的争论，始终是与这种环境
打交道的一部分，是其现实性的一种辩证遭遇。这种现实性往往
以无法估量却可观察的方式反馈给它，在城市方向问题上出现伦
理冲突的情况下表现为根本上含糊不清的问题。

在把当代城市辩论看作对传统形而上学有关区分与区别的对
话的具体转化时，我们必须毫无保留地在一些领域采取行动，带
着反讽的态度去接受诸如经济全球化、后现代主义的陈词滥调，
以及（甚至）是集体生活的真实而又从根本上模棱两可区分的城
市。在城市的叙述过程中逐步分析这些陈词滥调的判断，不是为
了摧毁或者解构它们，而是作为策略的一部分，目的是想表明，
它们的不确定性思想所释放出来的模糊性是集体生活中一个持续
而令人烦恼的问题，是一个协调一致的能量和集体自我认同的中
心。为此目的，我想把文化的概念恢复为另一种陈词滥调——一
个在这种集体欲望经济中发挥作用的中介概念。因此，文化观念

的创新与城市观念和社会观念的创新携手并进。然而，这些陈词 *113*
滥调的踪迹究竟是什么？以及这些陈词滥调如何暗示以社会为导
向的更新做法？不是要埋葬城市和社会（因为人们认为是社会变
革导致了这样的毒害）。在当今的城市里，城市和社会是如何以
生动和可观察的方式结合在一起的？我不是用城市表明社会的终
结，而是把它作为理解结构的一部分讨论它所谓的权力下放。根
据这一结构，城市被想象为一个欲望的客体，是一个符号而不是
别的什么东西的陈词滥调（本质上是指城市的终结）以及城市是一
件艺术品的陈词滥调（从本质上说它留下的只是其诗意或历史的
不纯洁的踪迹），两者都以它们的方式成为这样一种想象性结构
的部分或形象。观念往往被描述为已经灭绝或者最新的东西。一
种备受指责的过时观念通常指的是它的最初意图已经被耗尽，以
至于它在集体生活中没有任何明显的适用性。通常情况下，意味
着这一想法在过去就已经是支离破碎的，但即便是被掏空的观念
也必然会留下掏空的踪迹。比这更重要的是，我们还不清楚这些
踪迹是如何赋予它们以新的形状而发生改变的，从而可以过早地
隐藏它们的密切联系。因此，观念就像齐美尔对废墟的看法一样
（Simmel，1959），尽管也许注定了始终表现为消耗的修改，在集
体生活中最好地具体表现为一种振兴的场所。正如许多人所说的
那样，城市的"概念"不是从集体生活中消失了，也许更有用的做
法是，看作经过改造了的概念，并因此以新的形式被保存下来。

这里有一种比它的批评者建议的更有力的标准观点，一种比
这样一种区分的迷恋者建议的更深刻的"范式"转变的看法，作为
一条持续和改良路线的结构性观念的概念（Rossi，1983）告诉我
们，在历史上的任何一个关键点上，在每一个决定性的时刻，过
去和现在都会作为一个放大的时机发生碰撞。也就是说，如果观

念就是废墟，那么它们并不一定会被遗忘，因为它们是被翻修的场所，重建和复兴所产生的项目。城市的表现给了我们这样的机会，如果我们有耐心的话，必然会有抓住想象性结构的种子的办法。当我说"结构"是隐藏的时候，意思是需要阐述它、解释它，并且使它变得具体（Hegel，1904）。我不知道最终会发生什么，但是可以直觉到在某种意义上把场所、地方性和都市性连接起来的一种轨迹。如果城市不是一个非场所，那么它的能力就是持续和延伸我们的对话，甚至是有关证实它的共同体建设的各种权力，因此也是不言而喻地证实其安置权力的对话。城市可能就是双头怪，从这个意义上讲，它既绝不是场所而同时又是场所，对于这种"非矛盾的故弄玄虚之词"（Benardete，2000）需要理论化。我不是在寻找圣杯（Holy Grail），而是为了把一种可以想象的影响汇流表现为一种集体生活中的基本问题—解决情境。各种对话声音的暴露都显示了它的局限性，因为除了言说者及其诠释学定位是对话本身及其声音的永恒余韵，这种汇流的声音最终是不能被占有的。我希望表明的是，这种对话标志着一种系统性的张力——一种与模糊性的根本遭遇——可以振兴和探索从而开始理解集体生活的一些典型矛盾。

第四章 世界主义

引　言

　　今天，就某些标准而言，比较城市的各种方法往往是按照差异性的程度和特征定位的。马丁·海德格尔曾经把它当作"数学的"方法讨论过，并认可了这样一种规范性概念："现在，自然不再是一个物体的内在能力，它决定着其运动的形式和位置。自然现在属于统一的时空运动语境的领域，这在公理化的筹划中得到了体现，其中只有物体可以作为物体的一部分并固定于……物体没有被遮蔽的品质、力量和能力。自然物体现在只是它们在这个筹划的领域中所表现出来的东西。现在，物只在场所与时间点的关系中、物质和作用力的测量中显现自身。它们如何在这种筹划中显现自身是预示性的。因此，这种筹划也决定了领会和研究它们自身所显示的东西的方式，即经验"（Heidegger，1967，92-93）。

　　这种数学的筹划通过预先设想物体的本质保证物体（海德格

尔称之为物体的东西）的外化，而这个本质是由一个以物质和作
用力来量化的时空连续的关系决定的。如果在这个意义上把城市
理解为"物体"，那么我们就领会到这种筹划为何必须忽视它们的
"被遮蔽的品质、力量和能力"。我们所忽视的，并不是作为"场
所和时间点"的城市，而是"物质和作用力"以外的任何事物的延
伸和持续，即对文化观念来说至关重要的一切。然而，海德格尔
却向我们表明，这种筹划忽视了文化是不准确的，因为它仍然可
以从"物质和作用力"的角度来对待文化，即从数学上。我们不能
116 责怪这种筹划，因为正是在其本质中我们才把城市看作这样的
物。然而，在证明这样一种筹划就处在实践中的时候，我们可以
继续讨论这个观点和其他观点的含义，尽管很奇怪，但在某种程
度上这种讨论是有帮助的。在这一章里，我将考虑在对城市进行
比较时如何援引世界主义，如何偷偷摸摸地解释它们之间和它们
之中的关系，以及这样一种观点是如何试图把城市的外部条件与
被遮蔽的品质、力量和能力联系起来的。

新与旧

《纽约时报》的建筑评论家赫伯特·穆尚普，在世界贸易中心
遭到袭击之后，对重建纽约的前景进行了评论。他通过记者托马
斯·弗里德曼引用了西蒙·佩雷斯的第三手资料："这不是一种
文明的冲突……今天，真正的冲突……是文明内部——那些具有
现代、进步观点的文明与那些中世纪文明之间的冲突"（Mus-
champ，2001，36）。

"现代"和"进步"似乎是指向前看，而"中世纪"指的是倒退，
任何一个社会都存在旧与新、过时和最新之间的划分。如果我们

对集体生活中的这样一种划分的人类学感兴趣——它在其中被解释、被传播和被争议的各种方式——那么对这种划分的定位就应该揭示出与岌岌可危的"集体身份"或主权问题的某些典型关系。在这种情况下，现代和中世纪最终都会被消解为神圣化的范畴，但是与这种划分含蓄提出的差异性之间的关系会被重新表述为我们的现象。请注意，这样一种划分在各种体制性的领域都会遇到，而我们的特别兴趣在于把握它如何在与城市的关系中发挥作用。朝着这个方向展开，需要我们开始提出一种更好的理解，即新与旧之间的划分究竟意味着什么，它所涉及的东西又是什么。

在一个社会里，这种旧与新之间的划分指向一个与时间和空间、当下的时间和中心性的空间相联系的重要现象。连带地，这也意味着一个现代城市的场所，专门把自己的景观形象看作一种被赋予了客观价值的东西，释放出一种魅力和诱惑交相辉映的丰富图像。

如果城市的声望和诱惑创造了各种各样的观点，那么好像城 *117* 市是富有生产性的，就像柏拉图在《理想国》里所说的绘画具有生产性一样。在那里，他用一个手艺人（"他能生产各类工匠制作的东西"）的隐喻把生产性描述为图像制作。根据这个对话，理解生产性的最佳方法是通过镜子的概念："最快的办法也许是拿一面镜子，拿着它朝各个方向转。在很短的时间内，你就能产生太阳、星星、地球和你自己，以及其他所有的动植物和无生命的物体"（Plato，1945，chapter xxxv，x.597，326）。当然，我们不习惯用镜子这种方式来看待生产性，而格劳孔则认为，这样一面镜子只产生真实事物的表象，这就确立了柏拉图对绘画的批判。然而，就我们的目的而言，设想城市的生产性是很有趣的：因为这种力量可以使人们对它所形成的反应或形象变得更加复杂，而这些反应或形象可能是假的，也可能是真实的。一个强大的城市提供了在它创造的形象中被观看和审视的条件，这些形象可能是真实的，也可能是虚假的。此外，在某种程度上，城市之美与其自身的生育能力有关，从而使这些回答变得更加丰富、更加多样和具有必要性。

这在某种程度上类似于柏拉图对生产性的批判，它忽视了真实的形象与虚假的形象之间的差异性，尼采取笑了不能区分真实和虚假的"外来"影响。

> ……我们现代人没有自己的东西，只有让我们充满异国风俗、艺术、哲学、宗教和科学，才是值得注意的；我们正漫游于百科全书之中……但是，百科全书的唯一价值就在于它的内部，在于内容，而不是书写在外表的东西，在标价或包装上……书页上印着这样的东西："给外来人的国内文化指南"。（Nietzsche，1967，24）

因此，穆尚普关于现代与进步相等的系列释义过于简单。没有引起争论的是，它可能会暗示两种现代症状——其传说中的生产性和对值得称赞的"外来影响"的殷勤是理所当然的，是好的，没有更多的疑问。然而，我们注意到了柏拉图的提示，生产性可能会"产生"虚假的表象，这意味着，如果仔细观察，一个富有生产性的场所可能就是一个镜子的牢笼。尼采提醒我们，如果对"外来影响"的殷勤不加审视，就会误导我们把粗野与灵活性等同起来，因为一个对所有外来影响都开放的城市，可能就像一个不能说不的人一样，他不知道应该在哪里划出界线。这个意义上的开放可能就像乱搞男女关系一样，不能理解任何一件事情该在哪

里开始或该在哪里结束，这是一个不受区别和细微差别影响的头
脑。然而，这些观点确实重申了我开头所说的重要事实，即社会
中的旧与新之间的划分是一个争论的场所。因此，这是在反复出
现的伦理冲突中可以看到的一种社会现象，对于理解城市来说，
应该具有特别的相关性。

开放和封闭的社会

与众所周知的封闭社会相比，现代社会往往被认为是开放
的，这就要求我们考虑这些开放和/或封闭之间的联系及其与外
来影响的关系。毫无疑问，这种关系可以体现并且被体现为一个
过程，一种存在方式，一个行为过程。"最新的"和"落后的"与开
放和封闭的产生共鸣，反过来又意味着与外来影响有关的某些特
定的社会实践。一个困扰集体生活的问题，及其自古以来各个领
域里的行家，都涉及各种集体的持久性和完整性与对这种影响的
不同反应之间的联系。这一问题往往以自我—他者关系的语法以
及认同与差异之间的相互交换为框架。也就是说，如果自我对
"外来影响"飞扬跋扈，就有保持无动于衷和依然如故的危险，与
世隔绝，不受生命流动及各种偶然事件的影响；如果自我毫无分
辨地对各种影响持虔诚开放的态度，就有毁灭自己从而成为另一
种复制本的危险。维持借来的或衍生的可读性原则所说的是这两
种极端之间的一种平衡。例如，尼采的名言指出了被外来影响淹
没的危险，而在其他地方他又赞扬希腊这样的民族，因为它敢于
冒着外来影响的危险而变得更为强大（他说更健康）。请注意，这
种"外来影响"会对一个假设的"原始"民族身份产生作用。

The Imaginative
Structure of the City

　　　　太平洋岛屿的民族装饰是兴味盎然的，并以原始人的装
　　　饰风格的演变和完善而闻名，拥有纯粹本土的神话和传统，
　　　根本没有受到其他国家的影响。（Glazier，1899，3）

119　　　在这段引文中，地方性观念究竟如何变成了一种标志民族力
量的价值？这个例子假定了与世隔绝的纯粹性及其对外来影响的
免疫力。在这里，我们发现的不仅是对这些影响可能产生的有害
结果的认识，而且是一个民族在这种纯粹性可以被孤立和辨别的
地方尽情发挥其独特性的观念。

　　人们之所以能看到这个民族的独特性，是因为他们似乎生活
在温室里，这是一个不受影响的纯粹性的例子。但是，如果似乎
只是外部或自然环境的结果，那么，这个民族的纯粹性就不会显
著区别于其他纯粹的民族。如果它对外来事物表现出一种坚韧或
保留，而不是单纯缺乏接触或处于欠发达状态，它就会被看作真
正的不同，也就是说，它指向的是差异性，而不是简单地"倒
退"。如果一个民族的"身份"取决于我们能够看到他们所创造的
差异性，那么，这种差异性就以抵抗的形式最生动地表现在实践
中，也就是说，由于它在实践中导向差异性的行为而成为模仿的
东西。如果没有这个假设，那么这个民族表现出来的任何一种差
异似乎都是落后的，而不是强大的，即它是一种由自然原因而不
是由选择或导向决定的状况。尽管大洋洲的民族似乎是不同的，
但是我们怎么知道这种差异性不是外部条件所造成的呢？通过分
析这些人与外来影响有关的图片，以此区分自我和他者之间的差
异，评论者首先阐述的似乎就是一种孤立状态的结果。

　　　　这是一种意义和象征的风格，但细节和排列很简单，不

是以他们岛上的美丽植物和植物群落为基础，而是以来自人
类形象的抽象形式为基础，用令人愉悦的几何形式精确性组
织起来，对于一个原始民族来说这是很了不起的。(Glazier，
1899，3)

我们所看到的不仅是他们对外界影响的免疫力，而且包括他
们的某种模拟能力，即他们能够做的不仅仅是复制他们的美丽
（自然）的环境。对于这样的民族来说，这种"抽象"的放肆或能力
似乎是"很了不起的"，它要求他们看到人类形象中的"几何"潜在
性，以及怎样用"抽象形式"表现出来。这样，格莱齐尔对大洋洲
民族的解释就取决于他辩证地构想了他们的关系，不仅涉及自然
本身，而且参照了自然的表现。让这些人变得了不起的东西不是
他们抛弃自然，而是他们拒绝用最明显和最肤浅的方式再现自
然。也就是说，他们的独特性在于，拒绝指向好像必须镜子式地
反映他们的自然环境的表现能力，通过超越这样一种方法来拥抱
"抽象"，从而能够提升他们的能力。

120

　　在这里，在一种抽象"风格"的演变中，最引人注目的是这些
人表现出的普遍性和地方性之间的张力。由于不受各种影响，他
们仍然发展了一种"抽象的"几何风格。这告诉我们，也许关键的
不是接触各种影响，而是如何处理各种影响。此外，如果最引人
注目的是，这种差异性通过当地人的普遍性改造而表现出来的方
式，而不是当地人需要这种普遍性，因为没有普遍性威胁的危
险，就无法辨别出地方性；正是在这种抵制的实践中，地方性才
被展现出来。

　　这个例子表明，开放和封闭的对比，掩盖了所面临的利害关
系，好像极端孤立与吸收是唯一的选择。很显然，关键的问题

是，这是与各种影响、与它们被解释和参与的方式的关系。但最重要的似乎是抵制的作用，因为好像一个民族为了增强自己的能力而要求他们受到攻击的影响似的。正如大洋洲的例子所暗示的那样，这种抵制不是指向外部的影响，而是指向自我。假如自我因诱惑而屈从于外来影响的力量和新奇，那么这种诱惑就必须在回应中加以考虑和权衡。从某种意义上说，集体既是自我的客体，也是自为的客体，既是主体，同时也是客体。因此，一种抵制的辩证关系以诱惑的形式在针对自我的行为中集体化了，从而赞同直接性的力量，无论接受还是排斥外来影响。如果在最好的意义上，外来影响是经过深思熟虑的，那么对于这种关系来说，限制、权衡和推断的概念则是至关重要的。

为了澄清这一关系，请注意这个来自《纽约时报》的例子。一位虔诚的穆斯林解释为了排斥所有外来影响的情境，他认为这种感染可能把传染性后果扩散到整个社会中。

> "也许很难接受，但你必须把伊斯兰国家作为一个整体"，一位遵循宗教正统戒律的沙特人以面纱的主题为例说，"当一个男人说让一个女人露出她的脸的时候，他们真正想要的是被彻底地揭开，像西方人一样生活。这只是他们正从大楼里搬出来的第一块石头。如果我们生活的每一个方面都被夺走，那它会在哪里结束呢?"(MacFarquhar，2001，B7)

121　　与这样的回答相反，在缺乏大量资源的情况下，无权无势的民族抵御帝国征服者的能力，往往被认为是他们在改变那些更强大的人的影响中表现出来的创造性。被侵略者对罗马帝国的侵略扩张的反应是一个过程的外壳，通过这个过程，公民身份得以扩大，中心与边缘的相互影响以各种方式相互作用，除了军事外，通过幽默、戏仿、嘲讽的持续颠覆性诡计展示出少数群体对环境的创造性影响。例如，美国黑人接管了美国文化，以各种不可磨灭的方式把他们的影响嵌入美国文化，人们也注意到，同性恋为何能够彻底改造现代城市的都市美学。也许值得考虑的是，当有能力通过效仿外来影响来伪装自己的时候，与外国影响的关系是否最强，是否进入"主流"声音，在于以选择、转化和消化的方式，使之改头换面从而与所需要的东西相一致。很难在占有的"防御性"和创造性之间划出界线（Blum，2001）。这使得外来影响的威胁成为一种激励的力量和动机，因为它所带来的危险和期望的损失同样大（Bataille，1985）。

> 如果说原几何时期见证了摇篮中的希腊艺术，几何时期是它的童年，那么第七、第八世纪后期则是东方化的时期，它经历了青春期；在易受影响的年代，它所受到的众多不同的影响在世界观上产生了某种革命性的东西，而违法行为只有通过早期成长的品质和规训才能得到避免。（Boardman，1967，73）

与大洋洲不同，这些民族受到了影响，并且能够证明如何应对或吸收这些影响。博德曼对希腊艺术所做的描述让我们了解到，外来影响为何并不一定会危及集体身份，而是可能有助于以自己的方式增强它。然而，他所暗示的对希腊艺术的东方影响，并不是说，影响要么是这种要么是那种，要么好要么坏，而是取决于如何被吸收、被节制、被转化或被消化。这种解释让我们离开影响本身的问题，转而考虑那种在集体生活中被认为是必要的

"品质"或"规训"，从而加强一个民族抵御强大影响的能力的问
122 题。一种良好教养的隐喻及其"违法行为"的辩护使我们看到，集
体身份既不是由外来影响创造的，也不是被外来势力破坏的，因
为它的基础早就被奠定了。这再一次表明，身份是一个持续性的
过程，是在同一和他者之间保持平衡的持续过程，而这种平衡可
以在一个民族和外来影响之间的相互交流中看到，并且能够得到
解决。

> 多年来，东方物品和观念的涌入对希腊艺术家产生的这
> 种影响，一直是学术研究的主题。从来就不难列出希腊人借
> 来的许多母题……但要确定这些母题是如何被转移的，以及
> 在何种程度上转移仅仅是一个复制的问题，就不那么容易
> 了。（Boardman，1967，74）

早在全球化之前，人们就认为，一个社会的环境，包括对产
生冲击的世俗影响，已经成为集体生活心照不宣且往往不易察
觉的特征。这种相互渗透的影响表明，一个民族的独特性观念本
身就处于危险之中，因为任何社会都具有其他社会的踪迹。这让
我们认识到，对纯粹和不纯的富有想象力的理解为何是集体生活
的一种持续性的资源，一个基本的问题，一种总是能够被改变的
成见。

> 毫无疑问，希腊艺术在这些年里所经历的变化几乎被完
> 全归因于东方的影响。同样明显的是，这种影响在很大程度
> 上是表面上的，作为学生的希腊人对必须学习的东西有很强
> 的选择性，而且很快就会拒绝任何一种他们无法轻易同化或

塑造自己观念的东西。(Boardman,1967,74)

主人、客人和寄生虫

在当前的研究中,这些反思给城市及其表现提出了特殊的问题。例如,萨斯基娅·萨森把城市看作一个全球资本流动的依赖场所,因为这样一个流通体系需要"资本固定性……巨大的物质集中性,而非真正流动的设备和基础设施"(Sassen,2000a,217)。在只是使城市成为"战略性功能"实施语境的时候,她才把城市与行使控制功能联系起来,这是由资本循环及其"流动"决定的功能。尽管她所说的是全球和地方之间的"重叠"和"相互作用",但是地方仍然处在全球被"嵌入"其中的语境之中。

> 这是因为全球需要履行大量高度专业化的功能,保障基础设施,创造和保持友好的立法环境。(Sassen,2000a,217)

123

地方始终是全球运作的中介,是一个具体化的区域。地方性并不增加或者影响普遍性,而是给予它躯体或肉体。城市是一种影响循环的最终目的地。在一定程度上,如果说全球城市被认为具有一种积极的特征,而不仅仅是一个语境,那么它是通过"管理"引入影响的能力来确定的。因为在某个关键时刻,全球的"流动性"必须被固定、牵制和集中("插入一种体制世界"),如果它要被实施的话。因此,城市是专门管理这个过程的场所,能够吸收资本的流动。

在这里,全球城市是象征性的,它有巨大的能力控制高度流动的去物质化的金融工具和高度集中主要受场所约束的巨大物质和人力资源，这些资源使这种能力成为可能。城市展示了一种全国性地嵌入经济全球化的方式，在这种情况下，无论在体制上和区位上都是如此。（Sassen，2000a，218）

这种城市是合理的，因为它为那些必须落地生根的影响提供庇护。一个隐含的假设是，全球城市是最适合普遍性的地方，包含了一种重要的局部性真理，因为它允许萨森偷偷摸摸地把城市的权力和身份与世界主义等同起来。城市对全球（内部）的殷勤接纳描述了对影响力流动的开放性——人员、观念、企业涌入——以自己的形象重塑了这些影响。这些城市的法律和体制结构不仅对全球的客人开放，而且对观念开放。

这种对外来影响殷勤接纳的构想，标志着城市要么是世界主义，要么就近乎下流。殷勤好客的城市，不分青红皂白地接受各种各样的影响，因而变成了两极分化的场所——在行使控制职能的人与为他们服务的人之间、在长期居民与新来者之间，在成功人士与下层阶级之间——必然需要抵消追捧外来影响的这种殷勤态度的调节机制。在认真考察之后会发现，这些城市的殷勤好客可能比实际表现得更为玎显。"好客"的观念本身就是一把双刃剑，因为男女主人不会给每一个人发请柬。好客确实既是排斥，也是包容；不应该被轻易地等同于慷慨大方。更有甚者，我们永远无法确定，那些被誉为殷勤接纳全球影响的城市，是否确实会以挑战而不是简单地确认自身安全的方式体现殷勤好客。一个好的主人需要为热情好客的姿态带来的后果承担责任，如果没有责任的话，通常就会类似于对难民持开放政策的地方，那时，对他们的到来后所导致的道德失范问题漠不关心。因此，殷勤好客需要承担邀请的责任。这会让我们思考，怎样比较那些同样被认为是开放社会的城市，问一问它们的特殊性通常是如何以隔绝影响的方式体现的。

好客的观念往往是表现为狭隘的地方性的一种假象。在许多情况下，最下流和最粗俗的东西就是流通中的一般性和可移植性的东西。为什么容易传播的东西（包括人、观念、娱乐）仅因为它是可消化的东西（除非我们认为吸引很多人的东西本身就是不好的）就应该是好的呢？好客是一个奇怪的概念，因为有很多地方不允许女性像男性那样在公共场合抛头露面，否则他们砍掉涉嫌通奸的女人的手，这些做法似乎对正在流行的人权理论很不友好，尽管同时欢迎网吧、计算机技术和好莱坞电影。

城市中普遍出现的便利设施始终是世界主义的一个奇怪指标，这些便利设施究竟与人类学家所说的"普遍性"有什么不同，比如说乱伦禁忌？虽然我们可能会因为乱伦禁忌并没有在那里出现而称某个地方是粗鲁的，想象一下有人说："那座城市真的是国际大城市，它竟然有父系血统！"

这意味着拥有一种普遍性从来不会确认一个地方就是世界性的。但即便如此，如果一个地方拥有这样一种规则或惯例，那么从来不会无须斗争而被实现。想一想基于这些做法的稳定的共同情境，即使在我们的社会中，乱伦的感情、经历和成见都浸透了乱伦禁忌的所有外在表现，就像一对同居夫妇关于究竟在哪里定居和居住所发生的争议一样，是充满了父系世袭惯例的持续争论的场合。因此，说一个地方有乱伦禁忌或父系血统的规则，就是没有什么特别的东西要说，除非这些规则所释放的想象性结构得到了探索。当谈到一种被遮蔽的性质、力量和能力时，海德格尔就谈到了事物的根本模糊性，不是持有讨论中的卡布奇诺咖啡，

125

而是存在这儿或那儿的张力及其根本模糊性，这是事物的外部条件与其被遮蔽的性质之间的张力，这些都是在与它所释放的动荡不安有关的解释和行动的冲突中出现的张力。

国际大都市的本质就是对各种各样的影响持一种殷勤的态度，包括殷勤接纳为了自由和机会而来到这里的人们的运动，在其狭隘的方式和方法上对所吸引的影响仍然保留着的某种敌意。这一必须吸取的教训把城市重新表述为一个更加复杂的欲望客体。这不仅仅是因为城市是一个有偏见的场所，而是作为一个城市，在面对完整性所遭遇的危险时，归根结底必须表现出一种地方性的韧劲，而这正是它所想象的被体现在所招致和吸引影响中的东西。城市是开放的，同时又是封闭的，这就要求我们考察它所保持和证实的那种封闭性。因此，开始理解集体生活中的地方性力量的一种方式，就是通过我们总是坚持的韧性观念，把这种观念看作一个集体在世界上出现的必要和可取条件。有一个地方开始表现出对这种世界主义允诺的怀疑态度，而这种表现可以呈现多种形态。

都柏林

距离的根本模糊性，无论物质上的还是社会上的，都在这种认识中被暴露和超越了，即亲近性可以是遥远的，而遥远性也可以是亲近的。相亲相爱的人可以相距遥远，相距遥远的人也可以相亲相爱。

都柏林的经济繁荣和传说中的"凯尔特之虎（Celtic Tiger）"，把这种距离的社会现象表现为所有那些彼此保持距离的人的解释核心，尽管他们被这种变化所感动，并且因为这一点被认为是亲密的。居住在同一空间的人彼此之间往往（感觉）相距遥远，而对那些离他们很远的人来说却往往感到更加亲近。如果说世界主义的部分魔力在于可以使一些人摆脱物理空间的限制，那么正是这种想象我们的普遍性的能力，开始把那些被认为幸运的人与其他拒绝接受这种挑战的人区分开来。正如那些相距遥远的人之间的亲近性往往体现了爱尔兰侨民的特征一样，在城市的日常生活中，那些相亲相爱的人之间的距离构成了一个需要处理的问题。

漫步在都柏林的几乎任何一家咖啡馆，如果你认为你已 *126*
经被送到意大利、法国或美国，这是可以原谅的。你找不到
一杯像样的咖啡的日子已经一去不复返了……想喝一杯卡布
奇诺……浓咖啡……帕尼尼或者美式咖啡和有机包装？都不
在话下。（Marriott，2000，14）

此时此刻，有两件事情会让我们觉得很有趣儿。第一，城市居民的想象力（拉康的想象）与漫游癖、在其他地方生活的想法、交通和旅行联系在一起；第二，这就是我们身处任何一个场所都可能具有创造性的地方，它能够激发我们的想象力，鼓励我们去思考其他地方的存在。一个富有刺激性的地方允许我们同时在这里和那里，可以说是双头怪，或者说身在这里，而心却在那里。

但是，这也存在某些威胁性的东西，因为这样一个富有刺激性的地方，似乎通过邀请我们想象自己在别的地方而起着相反的作用。尽管在这个问题上，这篇文章并没有明确地说都柏林是一个好地方，但是让我们冒昧一点儿说，毕竟这是我们的地方。因此，我们发现这是一个奇怪的地方——一个具有刺激性的地方，它让我们想到置身于别的地方。爱尔兰一直以这种方式被认为是

持久移民的根源，通常被归结为贫穷、马铃薯饥荒等，或者教会的镇压性质，而与此相反，这篇文章更富有联想地暗示着，正是这个地方充满了想象力，激发了我们的欲望，在某种意义上促使我们去思考其他地方的存在。特别是，都柏林如何提出与场所有关的问题，就是持续存在并且从根本上说是一个模糊性的问题，是一个使我们不得不而又不可能地追问它所指的究竟是什么的问题，怎样才能够在这些具体细节中重新发现它被遮蔽的性质、力量和能力呢？在这里（借用弗洛伊德的话），假如这样一个"非常重要的问题在如此微小的迹象中暴露了自己"，那么我们能够通过使这一伦理冲突变得透明从而系统地处理这一重要问题的复杂性和不确定性吗？

　　伊曼努尔·列维纳斯把这种欲望的概念看作一个行为者对"他者"的形而上学渴望的症状，也就是说，在别处。（Levinas，1969）从这个意义上说，列维纳斯把形而上学的欲望与场所联系在一起。尽管用他的惯用语来说，相异性被掩盖在他者追求的对象之中，但是都柏林的形而上学力量被暗示和讽刺为，一个好城市不知道怎么会让我们感到不安，它可能是快乐和痛苦的源泉。当然，有些城市压迫我们，似乎限制了我们的权利，使我们渴望逃离；然而，它们却可以激发我们去探索其他的地方，因为它们的力量在柏拉图的意义上是有生殖力的，从而唤起我们努力在其他地方去重新发现一种美。也就是说，这可能是导致我们离开的最好的而不是最糟糕的地方，因为最好的地方会激励我们，让我们努力在它们的形象中重新创造自身和其他的场所。在这里，我们可能有理由理解沃尔特·本雅明的怀旧之情，也可以窥见一种接近黑暗之心的方式，而这正是当代全球化和城市讨论的核心所在。当城市看起来变得越来越好的时候，它实际上为什么变得更糟糕了呢？

　　这一非常轻微的迹象表明，城市生活的质量可能会变得糟糕，即使它表面上看起来好像更好。这里有一种关于看起来像什么和实际是什么之间的差异性的隐含对话。更重要的是，质量及其追求的问题被提出来了，对于实践中的事物而言，品位、洞察力和辨别力的培养实际上所表明的是对美的热爱，或者相反，正如柏拉图所说的那样，是对美的事物的爱。柏拉图说，在对美本身的关注不存在的情况下，对美的事物的爱就只是对事物的盲目崇拜的爱，这确实和势利小人或书呆子对迷恋对象的贪婪没有什么差别，而且，在某种程度上，对其质量的占有只是抽象的和机械的，在某种程度上对象变成了一件物，尽管听起来好像尊重品质。例如，我们知道收藏家往往是收藏的爱好者并且熟稔收藏的本性，而不是他所收藏的什么。以品质为幌子的占有性获取往往表现出绝顶的庸俗，因为它对品质的崇拜只是一种装模作样的伪装，除非是以对客体所体现的美的热爱为基础的，而不是因为对占有的热爱。就像追求完美波斯地毯或完美咖啡的人一样，对完美事物的这种执着，除非是出于对美的关注，否则仍然不会有什么效果。咖啡应该更好，在我们的门口唤起世界的形象，当我们在啜饮咖啡时，梦想着自己身处于人们欣赏咖啡品质的地方。然而，有些东西似乎缺失了，在我们庆祝进步的时候表现出一种不可思议的东西。有人会把这种进步体验为一种丧失吗？

　　更重要的是，为什么咖啡会让我们感觉到与其他地方的和谐，为什么它会让我们感觉到与当下的和谐？抿一口咖啡并不会让我们觉得仿佛是在另外一个地方，因为这会是一个乌托邦式的解释，把都柏林人看作决定论的一个简单的产品（本雅明称之为"剪贴画"的东西），毋宁说，世界上的咖啡也会在这儿，似乎通

过确认我们在这儿可以拥有每一个人所拥有的东西，从而纠正对
场所的世俗性结构的不公平看法。咖啡使我们成为世界的一部
分，不是因为天马行空地想象我们在别处，而是通过纠正都柏林
与其他城市之间的不平等。特别是对都柏林的世俗丰富性的扩展
恢复了城市之间的关系，不只使都柏林拥有我们所拥有的一切，
而是因为这一点，我们也拥有了选择的权利，喝咖啡还是不
喝——给都柏林作为丰裕世界的一部分带来一个新的选择（接受
还是拒绝）。都柏林摆脱了那种固定不变的只能接受它本身所具
有的东西的限制。

　　世界上的咖啡不只意味着它的世界性传播，不只意味着传播
到世界所有角落，而且意味着梦想的权力，意味着我们的当下如
何在别的地方和其他场所被划分的形象的权力，意味着商品影响
的眼神所矫正的本质上定位不公正的权力。比较而言，这样的循
环使都柏林在这里和那里之间、此时与彼时之间有了切身的体
验。我们可以品尝咖啡，意味着我们可以享受选择，享受世俗性
魔力的丰富性，拥有在空间上和时间上体验与我们有关的场所的
能力，它们与我们的场所具有可比性，拥有体验与我们有关的其
他时代的力量。如果咖啡似乎把我们带到了当下的世界，那么它
实际上给我们带来了具有各种异质性和丰富性的世界，并把与当
下无关的过去当作遗产带给我们。可是，我们为什么会这么伤
心呢？

　　　更难找到的是一家提供普通食物的传统小咖啡馆。大蒜
　　鸡肉配上番茄，还有橄榄面包，可能对我们的胆固醇含量会
　　有好处，但是它对我们的情感和精神状态会有帮助吗？我怀
　　疑。在成为欧洲人之前，我们是爱尔兰人——有时候，世界

上所有的罗洛罗索和香脂醋都不会让我们打起精神。我们需要的是孩童时代的食物（Marriott，2000，section 14，1）。

现代咖啡馆本身就是交往的场所。这个反复出现在全球化评论中的认识体现在那些对咖啡馆雅皮士的批评中，他们假装喝着意大利咖啡。如果一开始我们就怀疑雅皮士在想象自己生活在别处，那么势利小人可能就是我们的城市梦想家。更有可能的是，雅皮士正在考虑，把他们当下的地点和时间自命不凡地看作对公然不公平的纠正，直到现在，这个城市才能承认拥有任何人都拥有的一切，而现在是第一次拥有它。可是，正在消失和难以找到的东西就是"传统与平凡"，尽管看上去并不好，但是它"可能对我们有好处"。也就是说，最渴望的东西（时尚和营养设施）"可能不利于我们的情感和精神状态"。

拥有一切与这种表象的不可思议的力量之间的张力困扰着我们，当苏格拉底描述一个自然社区的基本条件时，与他在《理想国》中关于香料的谈话产生了共鸣，这个时候，格劳孔插嘴说：

苏格拉底，如果你要建立一个猪的社区的话，这正是你要提供的那种干饲料。 *129*

好吧，那它们怎么生活，格劳孔？

平常的舒适。让它们躺在沙发上，离开桌子吃这些食物和甜点，像我们现在一样。

啊，我明白了……我们不仅要研究一个国家的发展，还要研究一个舒适国家的发展。嗯，这可能没有任何害处。但是，享有这种生活方式，医生将会有更大的要求。（Plato，1945，v11，60-61）

对格劳孔和我们当中任何一个习惯了现代生活设施的人来说，看似可取的东西可能对我们的情绪和精神健康都没有什么好处。多样化设施的时髦增量可能实际上会产生一种失落感，这表明需要医生来解决我们的疾病。早在全球化现象出现之前，柏拉图就在这里以他的人物口吻提出了一种交流，暗示着这篇文章中所隐含的关于都柏林的张力。

请注意，愿望与它的形态之间的解释性交流，不健康，无助于我们的情绪或精神健康，不能让我们振作起来。令人惊讶的是，都柏林的毛病就在这里：被誉为高质量的东西是令人沮丧的，进步让我们感觉到病态。这些改善究竟剥夺我们的什么东西呢？文中说，在成为欧洲人之前，我们认为自己是爱尔兰人，我们的感觉是具体的，而不是一般的，我们的自我感觉是舒适的，因为这是在我们体验的正在消失的幸福中被述说的（Simmel，1950）。可是，假如这样一种满意不存在，那么它就是一种缺席的在场，在当代都柏林景观中留下了它的踪迹。我们可以说，尽管它好像丰富了我们的生活，但是也可以说都柏林给我们确定无疑的迹象表明，有些东西正在消失吗？

这种商品的魔力不足以提供"情感和精神的健康"。它承诺以牺牲留下的东西来扩张和延续我们。但是，如果我们一致认为坏咖啡是坏的，那么坏咖啡怎么可能是一种代价呢？没有人否认咖啡是如何得到改善的，不过人们对咖啡质量的关注可能会被取代。这是因为咖啡是一种象征，消费是一种把它所代表的魔力结合在一起的行为，它有把遥远的东西带到眼前、而让身边的东西变得遥远的能力，它有把当下分割成一种地方性和普遍性的能力。我们以牺牲幸福为代价来消耗商品的神圣力量，那就是在商品出现之前有一种不可分割的感觉。这样一种好东西怎么可能是不健康的呢？

我们有引人注目的声明，我们是爱尔兰人，并且在其意义的 *130* 拥抱中尽情享受，在某种意义上这是与"我们的孩提时代"相关的，我们是爱尔兰人而不是欧洲人。这类似于孩子的天真而非成年人，成年人是充满痛苦的，因为它即便提高了"质量"，也不能让我们振作起来。

这是非常有趣的，因为童年——通常与纯真、好奇和想象联系在一起——现在与独立自足和志得意满、不受干扰的满足、宁静时刻的想望联系在一起，它在一个充满了丰富多样的取舍和选择的世界被打破之前，出现了改变那些似乎是连续的、不可改变的东西的各种想象方式。不好的东西不是咖啡的质量已经提高了，而是以一种外在的方式关注对质量的追求，即数量，以及它体现的焦躁不安。也就是说，这种对仅被确定为必要性和移动力量但又未被权衡的物体间的质量的追求，导致了不健康的状态，需要医生来治愈疾病，以便恢复我们的"情感和精神健康"。

> 不幸的信息是，唯一可能的是找到一家还没有被中产阶级化的咖啡馆……都柏林从萧条的省会城市向时尚的欧洲文化中心转变，再也看不到普通的咖啡馆了。（Marriott，2000，14）

这就是全球化争论的症结所在，城市表现在一个很小的迹象中，这个萧条的城市的转变本身就有令人沮丧的意味，也就是说，它产生了一个令人遗憾的消息，看似很好的东西（时尚的中心性）以一种看似糟糕的方式，或者不明确地说是好的方式，已经取代了糟糕的东西（被压抑的乡下人）。对于这个城市来说，当下就是一个根本的模糊性问题，当代都柏林是好还是坏呢？似乎并不知道，并且投票也解决不了问题，这个文本所知道的是，有些东西已经"消失"了，即有些传统有灭绝的危险，有正在失去的危险。然而，都柏林人却在寻找这种正在失去的"所是"，这种正在失去的场所感。它的缺席被注意到了，并以一种保持生动的方式面对这种缺席。

失去的东西被称为"大众的"。但是，面对强有力的证据，对新咖啡馆和咖啡的热爱才是真正受欢迎的，这能是正确的吗？究竟谁有权为城市说话，是那些拥抱当下的人还是那些怀念过去的人呢？虽然对我们来说，这个问题没有明确答案，但是，在城市里，这个问题是围绕着作为我们的共同情境的世界主义的辩论形成的，而且是在这些变迁所引起的动荡不安之后需要阐明的集体目标。正在消失的东西，似乎被想象为先于当下而出现的选择方案的一种自我满足。怎样才能把先于选择和富足的封闭世界，想象成比现在的开放世界和它所允诺的未来更好呢？作为物质丰富性的进步说教，难道不是让它愚蠢地哀叹过去，或更仁慈地说，使它看起来像一个古怪的姿态？

这种场所感回荡着一种忧郁的声音。我们首先是爱尔兰人，也就是说，在我们被唤醒去思考一切可以想象的事情之前，我们首先与自己在世界上出现的方式相安无事，然后才被唤醒去思考一切可以想象的事情。如果我们被限制的过去体验为压迫性的东西，那么我们被扩展了的当下究竟产生了什么样的不同呢？这些曾经受欢迎的咖啡馆以似乎不再可能的各种方式为彼此之间接触创造了机会，或者，假如这些机会是可能的，那么它们现在只能是稀奇古怪的。看来，我们的被扩展了的当下的魔力，让我们热爱看来一直稀奇古怪的东西，一种被束缚了的发展的状况。

看起来好的东西，濒临灭绝的东西，就是在某些场所成为一个都柏林人的机会。我们可以把这些场所称之为场景，在这些场景中，都柏林人的存在和行为变得引人注目，变得可以理解，他们出现在人们的眼前，并被人们看到，因此，他们居住在作为一个场景的空间里。使这种传统的与平凡的东西出现的场景是什么呢？这个文本描述了几个场所的名字，如阿尔法、雪利酒、内利咖啡馆、布兰登咖啡店。有一位工人说："我们这里是一个令人快慰的地方……有五扇窗户俯瞰着这一条街，就像一个乡村十字路口。我们有不同年龄的人，从婴儿到养老金领取者，顾客们相处得很融洽"。在这个地方吃了 20 多年的老顾客马克斯说，他来这里是因为"这儿的食物就像是自家做的"，其他的年轻顾客，比如学生和上班族，他们选择的主食，其中有"像我妈妈以前做得一样的油炸土豆块"（Marriott，2000，14）。

"家里做的"象征着食物和母亲结合在一起变成了一种幸福的汇合。虽然许多人都知道，这不一定是一种幸福的汇合，但是，在这里，它却值得记忆。我们再次回到现代城市的模糊性，他们一边喝着卡布奇诺，一边试图逃离母亲自制的食物，假装自己是法国人、意大利人、美国人，还假装自己享受着婀娜的伯爵夫人所给予的母亲般的溺爱，披着飘逸的秀发，穿着迷人的长袍，发出低沉的笑声，时不时地伸出双臂，低声说着："吉多……吉多……来，坐妈妈的腿上吧……"传统的咖啡店似乎在反抗现代的矫揉造作，这种世界性的幻想。因此，我们欣赏一种非常强烈的和大众的品质感，这种感觉不仅是由人造的东西赋予的，而且还有妈妈亲自制作的东西给予的味道。

考虑一下品质："尽管都柏林有这么多时尚的咖啡馆真是太好了，但有时我们宁愿吃烤豆子也不愿吃百吉饼；宁愿吃土豆泥也不愿吃意大利面。因此，我们会徒步前往少数幸存的真正的爱尔兰咖啡馆——但不是喝咖啡"（Marriott，2000，14）。这种食物偏好的竞争性形象掩盖了一些重要的东西。似乎没有人说妈妈的厨艺是最好的——当然不是咖啡，但是它似乎要满足被当代城市漠视了的需求。这可能是母亲的食物的力量完全是想象出来的——只要她做饭，就能非常成功地烹饪任何食物。就像都柏林这样的现代城市一样，没有给我们想象童年时光的乐趣，给依赖的慰藉和母亲的艺术留下任何空间。冒着表现更多的弗洛伊德观点的危险，其实我们并不愿意，听起来好像母亲是欲望的客体，与母亲的关系是场所正在消失的意义的一部分。我们的问题是要理解与母亲的关系、与场所的关系以及与其中表现出的日常生活的社会实践的关系，究竟是如何被当作一个具有根本模糊性的领域被完成、被重塑和被争论的。母亲代表爱一个人自己的模糊性质，这种爱可能显得武断，甚至自私，尽管如此，但还是必要的。

顾客们想要混合烤架之类的东西，还是让欧式咖啡馆和快餐店引诱他们离开？我们没有受到影响。传统的爱尔兰食品永远也不会消亡。（Marriott，2000，section 14，1）

有一句非洲谚语说，国王表现得好像从来没有吸过母亲的乳房一样。现代的都柏林人就像那些国王一样，可能忘记了他们原来对母亲的手臂（或乳房）的依赖。如果这种场所感持续存在，并且"永不消亡"，那么这个文本就仍然是矛盾的，一方面是拥有新的、时尚的东西真是"太好了"；而另一方面是"人们仍然喜欢传统的饮食"。这似乎不是一个做出非此即彼的决定的问题，因为两者似乎都有自己的地位。新的稳定不变的饮食令人筋疲力尽，但是单靠母亲的固定不变的饮食可能并不是那么"太好"，可能是"令人沮丧的"。都柏林人不能说旧东西就比新东西好，或者新东西比旧的好，因为这是必须解决的关系。这个现代化的城市是一个不完全和谐的混合体。假如没有现代的生活设施，我们就会冒着萎靡不振和乡下习气的风险；然而，如果有了这些便利设施，我们就有可能对已经失去的东西感到沮丧，"我们有很多来这儿度假的移民，他们说这里并没有发生什么改变……她们来这儿，是因为在这里遇到了她们的丈夫，或者是 25 年前或更多年前经常来这里。"

　　具体表现在去稳定化的共同情境中的都柏林的不安，深刻痛苦地反映在这个消失的问题上。这个问题表现在为一片乐土而进行的斗争中，从而保持自己成为一个具有活力的场所。这个文本的坏消息越来越明显，因为这是都柏林在为自己的生命而战斗，这是为了维持生物的繁殖力而战斗，既是为了来来往往的鼓动者和动摇者，也是为了为忠诚而埋头苦干的人们。对他们来说，这场运动是一种抽象的景观。所有都柏林人的情感和精神健康都处于紧要关头，对于那些需要和渴望把都柏林变成一个场所的所有人来说，这种场所既现代又传统，既非凡又平庸。

133

The Imaginative
Structure of the City

曼彻斯特

对于城市我们理解的是，它必须提供现代和传统之间的"第三空间"的持续建构，必须是一个以它自己的方式提供这种关系本身的公共空间，它必须体现在能够在本土多样性中保持令人欣慰的可识别的规律性场所之中，这些场所是独立的，但又并非与正在发生的变化无关。这只是对城市的一种看法，如果任何一个城市都遇到同样的问题，那么它在都柏林设想的形态可能就是那个城市的特殊标志。与曼彻斯特形成鲜明对照的是，想一想曼彻斯特，并注意对现代咖啡馆里的喝卡布奇诺咖啡者的如下描述。

> 在曼彻斯特的这些天里，这种自命不凡的乌托邦是景观的一部分。普通的富裕的人和那些想变得富有的人，都可以像在米兰或马德里一样度过潮乎乎的星期六，在消费和喝咖啡时，训练他们的辨别能力。并且，在英国的其他任何一个大城市，人们也会做同样的事情。（Beckett，2000，32）

在这里，同样的美景就像在都柏林一样表现出来，因为"自命不凡的乌托邦"，不过是我们注意到的那些伪装的避难所而已，那些居住在这里的人们似乎想要一种身处随时随地的感觉，而且就在这里。正如在都柏林一样，这个作者也很矛盾，尽管有人观察到正缺少某些东西，但是仍不确定这种发展是好还是坏。人们很难认为这种情况完全是不好的，但是，这可能正在让这些城市变得"更加平淡无奇"（Beckett，2000，32）。

曼彻斯特却对此不屑一顾，如果现代城市仍然有"许多时髦的咖啡馆"(用都柏林人的话来说)，那么，曼彻斯特人认为这样的发展可能会让这个城市变得"更加平淡无奇"。都柏林人从来没有提及平淡。与曼彻斯特人相比，都柏林人要么更自鸣得意，更没有洞察力，更缺少"批评"，要么更有信心，不管有多少"欧式"咖啡馆，它可能都永远也不会平淡。也许，这意味着不仅在都柏林和曼彻斯特之间，而且在爱尔兰和英格兰之间存在着一种深刻而广泛的差异性。英国人而不是爱尔兰人被平淡的前景所困扰（一个爱尔兰男人可能会说，这是有道理的！）。在谈到曼彻斯特逐渐消失的街头文化，以及它令人舒适地"被欧化"之前的那种任性而独特的性格时，贝克特(2000，32)说：

> 这种街头文化并不涉及公民自豪感和营销举措……它可以，而且会在糟糕的咖啡吧里，在漏水的屋顶下或者在没有灯光的马路上繁荣起来。这是无法控制的，令人不舒服的，而且从来没有远离日常生活的问题。

人们认为，成为欧洲人"丢弃"了一种成为一个都柏林人或曼库尼亚人的强烈感觉，而被遗弃的是"受欢迎的"和"独特的"东西。在这两种情况下，对于都柏林和曼彻斯特的当代看法，都指向一种正在消失的作为城市空间参与场所的遮蔽品质。然而，作者可能用不同城市之间的差异性所要求的方式来对待这样一种丧失感。在都柏林，这一丧失感是在本土避难所的图像中得到重新审视的，而在曼彻斯特，是在一种导致不守规矩的、无法控制的和令人不舒服的共同在场中被表达出来的。两种不同的拥挤的图像被表现出来。在都柏林，是母亲艺术魅力下的家庭生活的感染性，在曼彻斯特，是街道生活的咒语下激发的感染性以及对年轻

134

The Imaginative
Structure of the City

人的召唤。

> 这里从来就不是一个让人舒适的地方。曼彻斯特从作为工业城市的第一年起，就以人满为患、粗制滥造和阴郁暗淡而臭名昭著。"贫穷的直接生活质量"……让人们有一种要努力逃离这个地方的"狂热癖"……19世纪城市造就的绝对密度和新奇……大众胃口。音乐里充斥着成千上万的怪异表演，歌曲和喜剧表演聚成变化无常的夜晚，酗酒，此起彼伏的喧闹。入场的门很少比商店的门道宽……一种循环已经形成了，这会导致一种狂热或亚文化，会膨胀到崩溃的地步，并警告市政当局姗姗来迟的禁止。场馆将会被关闭，发起人和投资者会一如既往，一种新的突变还会出现在这条道上。（Beckett，2000，32）

在这里，工业资本主义带来的恶劣环境，特别是密度和拥堵，是因为创造了一种良好的反应而被人们记住的，这是一种由过度拥挤的压力和必须缓解或减轻痛苦的需要所引起的集体问题—解决方式，目的是在消遣和娱乐场所找到创造性的解决办法，并且最终在年轻人的音乐场景中找到创造性的解决方案。同样的过程也发生在年轻人的时尚和帮派的属地性上。在不同情况下，年轻人都会在恶劣环境的压力下（磨坊里单调无味的工作，令人不满意的家庭关系，阴沉沉的日子，只有在期待夜晚或周末的想入非非中才会被打断），举办音乐会来解决问题，寻求喘息的空间——寻找可以表达创造性的固定场景空间。在这位作者看来，现在，令人难忘和与众不同的东西并不是糟糕的条件本身——谁想要这种条件呢？——而是过去这些条件激发了创造性探索空间的方式，反过来又发展了独特而清晰可辨的场景。现在看来，这个城市所特有的东西和面临失去危险的东西，就是对问题—解决的集体冲动，诸如拥堵、令人沮丧的家庭、例行公事的状况，已经"导致"了几代人所体验的时间（重新定义为重要的时间是夜晚而不是白天，是周末而不是工作日）和空间（把街道改造成相互支持的场所）。

> 这些成群结队的年轻的男男女女的夜间穿梭被称为"猴跑"。他们的方法是形成圆圈和三角形，道路两边站着不同性别的人，许多人驻足在商店的门口。（Beckett，2000，32）

在曼彻斯特，人们认为这个场所与众不同的东西，就是那些被认为值得记忆的空间万花筒，因为它们的场景性质就是工业城市在时间和空间组织上进行创造性越轨的场所。如果正在消失的东西显然就是这种创造性，那么我们是否能够希望它会在没有这些似乎必须依赖的非常恶劣的条件下回来呢？因此，真正的危险在于，当代青年的活力，在当前状况下——按照"自诩的乌托邦"标准把这些条件定义为良好或者进步的——这种生命力、这种任性、这种即兴创作的活力将会根据城市中的变迁被重新定义（被吸收、被借鉴）。

最时兴的

资产阶级的追求，不是为了获得令人满意的客体，而是为了欲望的外观，即捕获当下的样态，在此时此刻中和在中心性的场景上沉浸于狂喜的神色。欲望的"客体"不是狭义的炫耀性消费，

The Imaginative
Structure of the City

而是适宜的中心性外观，是同时性的表象。如果这种世界主义的迹象在实践之中被具体化，那么它就会存在于与其他声音的斗争之中，而这些声音在城市中控制着各种解释的手段。

136　　　国际大都市的形象——此时此刻的形象，位于中心的形象——来之不易，并且始终处于修正之中。它既突出典型的城市居民又突出典型的城市，更准确地说，这便是使这样一种欲望系统变得引人注目的城市。这个欲望系统把与当下和中心性（这个时间和这个空间）的狂喜关系确定为全人类的必要条件（sine quanon）、行为实践的必要条件，因而也成为一种普遍性、成为一种普遍性的化身的必要条件。在城市中实现的这种普遍性使它成为任何一个重要城市的共同特征。任何一个城市都有能力培育这些姿态，普遍性成为任何一个地方都公认的世俗性基础。在这方面，都柏林和曼彻斯特的例子都表明，狭隘的敌意总是作为世界主义辩证法的一部分共存于普遍性之中。

　　　世界主义的一个重要方面是获取信息的方式。这符合道格拉斯和伊舍伍德的消费就是信息系统的表述（Douglas and Isher-wood，1971）。如果国际大都市是消费中心，那么意味着它们是信息流通的高密度场所，这种信息关涉到掌握现代时刻的社会动荡范式的有效途径和方法。城市是一所学校，教会世界人民如何按照现代方式进行社会交往，如何在它的时代里熟练地驾驭危险的社会情势。世界主义的魅力及其物品的丰富性，在于城市在原则上惠及所有人的教育允诺，承诺为应对不稳定的共同情境提供典范性的语境。

　　　正是国际大都市的这种隐秘学问——掌控动荡经验的不成文的战略和战术宝库——渗透到人民对作为一个欲望客体的世界的想象力之中。这样的学问隐含着一门课程，是最时新的，不受地方性约束的限制。国际大都市的力量就在于它所承诺的诱惑，它告诉人们在这个时代什么是现代的东西，如何在这种机会释放的动荡中生存下去。可是，这一承诺并不明确，因为它的教训是，欲望的实现是用标识商品使用的方式来划分的。在这方面，城市告诉我们，对自由和机会的追求以决定性的方式受到限制，因此，应对生活机会的限制就是要吸取的秘密教益。大都会的秘诀是，每个人都需要考虑到社会阶层。

> 分享商品，欢迎来到好客的餐桌上，一起睡在婚床上，是包容的第一个、也是最亲密的领域，而排斥则在政治边界处于危急关头很久之前就会自行发生。在一种文化的结构中，消费、公共关系和同居是各种共享的形式；彼此接纳的程度往往都是通过类比来描述的。（Douglas and Isherwood，1979，88）

137

如果说国际大都市的承诺是对包容性的诉求，那么事实上，城市的坚韧性提醒我们，亲密关系总是有问题的。城市以各种挑衅和狭隘的方式在其欢迎光临中加剧这种张力。对城市的把握需要学会解决其虚假的和复杂的殷勤好客，它的双头怪结构，在同一时间开放和封闭自己。例如，大卫·斯科特在回顾有关殖民主义的激烈争论时提出了一个重要问题："对这个当下来说，重要的是要对现代性把它自身插入并改变被殖民化的生活实践、方式和项目进行一种批判性的拷问"（Scott，1999，17）。

现在，城市为掌握当下而提供的示范性课程的承诺，就是现代性"把它自身插入"殖民地人民头脑中的媒介。这一课程总是围绕城市作为一件物品的形象而组织起来的——作为一种艺术品和

一件商品——此时此刻创造了一种新生活的机会和巴塔耶所说的
期待失去得越多越好(Bataille，1985)的机会。作为阶级或生活机
会的事实，与这种承诺不可分割的是在物质化中变得显而易见的
分化，即遭遇承诺和寻求解决其物质化释放问题的生活体验。

> 同质性的工人阶级社会环境永远不会提供中产阶级家庭
> 通过其社会交往所能够获得的信息。还有另一种人们可以浏
> 览和传播的信息，仅通过唠叨的行为就能使一些事情变得意
> 义重大，而其他的事情因为人们的忽视而变得无关紧要。掌
> 握这类信息对于获取和保持一种高收入的潜能至关重要。如
> 果完全在它的范围之外，对于那些既听不到也不让别人听到
> 他们的声音的人来说，就有被人当作一块石头对待的危险，
> 被人踩在脚下，被人踢到一边——对于未来的选择和进行理
> 性选择而言，这是一个局限。(Douglas and Isherwood，
> 1979，91-92)

结　论

关于世界主义的许多辩论都利害攸关，因为这是为了吸取各
种极端政治立场的能量，不仅涉及有关"生活方式"的问题，而且
涉及多样性和移民等问题。例如，国际大都市中心地区的教区动
荡经常以新的形式在仇外的复活中表现出来，往往表现为国际和
平与狭隘好战之间的逆向关系，还有更多的问题。世界主义的魅
力在一定程度上摒弃了令人奇怪的批判本质主义的经验主义。因
此，汉斯·马格努斯·恩岑斯·贝格尔认为，对祖传的"自我归
属"优先性的辩解是"虚假的"，因为在任何属地内都要求优先权

没有任何根据，任何一个场所始终不变的"混合体"和异质性都同样要求符合习俗。倘若所有的分类都是任意的，那么任何要求优先性的主张都必须受到"事实"的影响，即语言的流动性及其差异化的作用会不断削弱限制和起源的概念。世界的流动性，体现在每一种目的性立场的欺骗中，这种欺骗证实文明的实践是不可弥补的错误。

> 对几乎所有的国家来说，"我们自己的"人民和"陌生人"之间的区分似乎是很自然的，即使从历史的角度看也是完全成问题的。无论谁想保持这种区分，都需要用他自己的逻辑来坚持，他一直都在那里——这一论点很容易被证明是错误的。一个国家的历史假定有能力忘记不符合它的一切。(Enzensberger，1992，19)

这种世界主义的极端形态，不仅从经验主义的角度把所有优先性要求看作是虚假的，而且把所有对领土的承诺视为"神话"。如果"我们"和"他们"之间的关系处理在这方面（数学上的）被认为是错误的，那么它就被简单地看作一种现象，而不是被视为一个文明所做的某些事情。相比之下，假如爱自己的人和近在咫尺的东西是集体生活的一部分，即便在我们看来是错误的，仍然需要成为所有文化现象学方法的出发点，因为我们通过它的每一点错误来理解一个民族，就像通过我们同意的真理来理解它一样。世界主义不可或缺的这种模糊性可以通过这个事实来表明，即无论公司资本主义还是社会主义都会把对地方性的承诺当作一种偏见，不管出于固执己见还是出于神话，那就是，在我们的当下是反动的。重要的是要了解世界主义的基本模糊性如何权衡本质主

义的模糊性，特别是在空间和时间方面，以及如何冒着蔑视狭隘
主义的风险而生活。如果这是真的，那我们就必须保持警惕。如
果我们把狭隘性的观念视为地方性经验的一个组成部分，就无法
开始理解城市。在这方面，我们理解文化的努力必须开始应对和
阐述本质主义，不是把它作为神话、刻板印象或者一个"逻各斯
中心主义妖术"的案例，而是在表现为集体和工作一部分的社会
实践中处理和阐述它。我们要着手理解的这种错误是主权真理在
集体生活中的运作方式，即这种差异性的真理["我们"和"他们"
之间，我和你之间，"我"（"I"）和"我"（"me"）：即空间的真理]。
我们可能会注意到汉娜·阿伦特把这种狭隘性看作生命的一种
形式：

> 当人们生活在一起时，就会出现这种情况；它的原始形
> 式是家庭，可以由许多不同的方式构成，所有这些最终取决
> 于某种同意的形式，其中服从只是最常见的模式，就像不服
> 从是最常见、危害最小的异议模式一样……人的多元性，从
> 个体自我分裂出来的无个性的"他们"被划分为许多单元，他
> 只是这种单元中的一员，即共同体的一员，人们才准备采取
> 行动。这些共同体的多样性以许多形式和形态显示出来，每
> 一种形式和形态都遵循不同的法律，有不同的习惯和习俗，
> 怀有对过去的不同记忆。（Arendt，1971，200-201）

与另一种观点不同的是，阿伦特并不把狭隘的依恋当作一种
错误来对待，而是当作一张探寻的请柬。当然，她的同意概念掩
盖了与去稳定化的共同情境的斗争，但是仍然有待于探讨。而另
一种观点只能摧毁这种现象或者把它视为一种意识形态的例子。

139

阿伦特引导我们反思多元性、狭隘性和同意之间的关系。同意本身可能是狭隘的，这一观点把它从传统的自由派、爱好和平的腔调中根除了，甚至指向一种标志着一个集体的共同偏心或耻辱。更重要的是，它开始表明世界主义建立在同意的基础上，而这种同意就其本质而言可能是狭隘的，因而也是地方性的。我们可以再一次仰赖尼采看待这种话语的戏剧性。

> 把人们与同样的伙伴和环境、日复一日的辛苦劳作、他们的光秃秃的山坡联系在一起的影响，似乎是自私自利和不合情理的。但是，这对共同体来说却是一种健康的、非理性的、有益的东西，因为每个人都清楚地意识到，仅是对迁徙和冒险的渴望所带来的可怕后果——也许是在整个民族中——或者是他密切注意到一个民族在早期失去了信心的命运，并被一种不安宁的世界主义和不断求新的欲望所抛弃。(Nietzsche，1967，19)

在急切地把这当作一种反动的谩骂之前，请注意尼采是如何要求我们提出这些问题的，一个民族的非理性及其地位如何可能是"健康的"，它如何能使共同体受益？这难道不是以我们还没有探讨的方式把都柏林和曼彻斯特联系起来的秘密吗？我们可能会开始意识到的是，所有的大城市都是可怕的，都是双头怪，既具有普遍性又具有地方性。尽管我们被一种世界主义的形象所诱惑，这种形象把都市性的追求理想化为通过服饰获得的黏合剂，但是，也许一个更真实的形象就是要挣扎着去关注"我们"和"他们"之间不可避免的差异性，并以机敏的方式采取行动（Gadamer，1975）。这将开始恢复世界主义与已被切断的教养之间的联系。

140

The Imaginative
Structure of the City

因此，围绕这一问题的话语将成为关注普遍性问题的中心。

世界主义的观念使人们更加关注城市的声音问题，以及关于城市作为一个场所的解释方法的各种交流。如果一开始，就能理解这样的关切如何取笑传统希腊人对自己的爱和对世界的承诺之间的对比，那么我们所面对的不是在接受还是拒绝现代性之间做出的一种选择。相反，我们所看到的是进步本身的根本模糊性，因为它似乎要反映的"文明进程"只能是它在与地方性和狭隘性观点的冲突中的一个不断争论的话题。与其说按照祈求这个问题的某种世界主义指数进行城市比较，不如说我们开始认识到，对城市的密切关注都必须集中于与共同情境的这个方面的地方性斗争。

第五章 夜 间

引 言

　　本章中要讨论的问题是夜间与城市的关系。夜间唤起了一种在"最后的边界"的概念中被拟人化的狂暴和任性气氛。另外，一种令人兴奋的夜生活被认为是现代城市必不可少的愉悦，24 小时城市通常被认为是世界主义的必要条件。事实上，在最后一章里考虑的咖啡供应和这里考虑的夜生活，通常都被看作最时髦的城市标志。这表明，有一定的设施，有与之有关的选项或可能性的选择，在某种程度上就是世界主义不可缺少的语法。特别是因为康德所说的世界主义与和平的联系，拥有咖啡和夜生活为何能够促进城市的和平（它的"文明化进程"）。让我们更深入一步，酒精饮料、烟草、性行为、营业时间和不容争辩的熬夜权问题，这一切都是各自解释的场所。在那里，想让夜晚平静下来的愿望与维持其任性的愿望相冲突，这是不同声音之间为控制城市的解释手段而进行斗争的一个特征。

这个问题要求我们思考夜间的观念，当然，还有白天的观念，一个观念往往首先根据它为何与其他东西有所不同来理解它是什么。因此，我们必须首先考虑的是白天和夜间之间的这种关系。接下来，我将列出一些通常表达的白天和夜间的正常用法，目的是打破这些惯例，以便使人们看到有关白天和夜间边界的争端以及它们之间关系的模糊性。假如，一方面，白天和夜间似乎在集体生活中表现为简单的惯例，作为标志，而不是别的什么东西；另一方面，白天和夜间在集体生活中似乎作为真正的区别而存在，那么，它们之间的关系就作为一种聚焦集体能量和问题—解决的真正秩序而存在。

要记住的一个重要问题是，在思考诸如夜间这样的概念时，无论以其名义进行的行为如何，它的社会意义的一部分都是表达一种社会事实或行为过程的期待环境。虽然我可能不是一个星期天的信徒，但上教堂是星期天的意思之一。也就是说，可以确信无疑，如果我碰巧发现自己某个星期天在美国中西部的一个小镇里，那一天的部分含义是，它要求我（在某种意义上，涂尔干称为"外部的"和"强制的"）按照上教堂的相关性来定位我的存在，不管我对这个问题是怎么想的。我们对城市的很多了解都是这样的，因为我们知道 24 小时的不同时段意味着什么，在某种程度上，当在这些时候造访这些空间和场所时，我们会期待有某些事情发生。我们也看到了，夜晚和白天并不仅是同质性的范畴，就像下午 5 点的时候告诉我们这是介于白天结束和夜晚开始的一个中间时刻，在北美却被认为是"鸡尾酒时间"。更有趣的是，把这样的中间时刻看作醒着的时刻：这样黎明是白天的觉醒，黄昏也是夜晚的觉醒。因此，黎明和黄昏是同一问题的两种不同形态，这是一个以不同的方式看待白天和黑夜的问题，这些方式有助于我们思考白天和黑夜之间的差异，因为日出和日落会导致与当下时间的不同现象学关系及其他打破沉睡的能力。

正如白天和黑夜被理解为不同质的范畴一样，我们也经常认识到，作为范畴，它们在影响中不断地被提出和被打乱，常常诱惑我们着迷于它们的灵活性，我们通常很难知道，如说黑夜从哪里开始和结束，在那里，每一种反作用都溶解到另一个反作用之中。我们通常很难知道，比如说夜晚的开始和结束，也很难知道它们彼此在哪里消解。人们常说技术可以忽略白天和黑夜之间的区分，因为它减少了这些差异之间的不连续性。或者，人们说在家里工作——白天或晚上——这样就模糊了这些界限，使黑夜往往看起来像白天一样。但是在这方面，夜晚可能更难对付，因为很难想象白天会看起来像黑夜一样。有些人可能会认为白天睡觉就是一种夜间活动，并且通常是在夜晚结束时开始睡觉。这就是说，黑夜的决定性特征可能就是与睡眠的斗争，它挣扎着过着无眠的生活。

也许，黑夜具有一种特殊的性格，显得比白天更加不屈不挠。也就是说，如果夜晚有规律地复制白天——假如它有这种力量——那么很难把白天想象成能够模仿黑夜。用希腊人的惯用说法，我们可以说黑夜（Night）是一个神。从这个意义上说，黑夜和白天与城市的关系问题的一个说法，可能就是这样一个提问，大城市的夜晚是不是不可（被白天）模仿的？因此，在这个意义上，与这种差异性可能消失或模糊的其他城市相比，它是否更具有神性。

143

黑夜与白天的关系

如果不借助提出这个问题的标准，我们如何区分黑夜和白天？每个谈论夜晚的人都认为这种知识是不言自明的，我们没有资格挑战这种信心。这是圣奥古斯丁《忏悔录》中的叙述者的相同立场，他注意到了我们社会性地处理时间观念的"矛盾"："那么，我们怎么能够测量它呢？尽管如此，我们确实测量时间"（Augustine，1961，Book xi，27）。社会成员生活在这种矛盾中并且解决这种矛盾，这表明我们可以在各种形态中观察到一种集体问题——解决的方式。

我们在晚上可以得到什么在白天得不到的东西呢？这个问题常常意味着，夜晚的独特性，使一个城市因为这种魅力而变得特别，提供了白天缺少的某些东西，从而使它在具体细节上与白天不同。然而，事情并不那么简单，因为当白天和黑夜被看作相似的时候，城市往往被看作是特别的。想一想"我们在晚上能得到什么在白天能得到的东西"。在这里，"任何东西和一切东西"的答案，实际上都可以通过消解时间之间的边界夸大城市的明显的都市性质。

我们根据城市的白天与黑夜究竟如何不同来显示一个城市的特征，就像我们声称在夜间获得机会而白天被剥夺了机会的时候一样。但是，又一次提出"24 小时城市"的想法表明，黑夜和白天的界限是模糊的，同样的机会存在于不允许我们把两者区分开来的方式中。世界上的大城市是要让夜晚与白天相似，还是要使白天和黑夜能够彼此保留一些各自的东西呢？在城市里，白天和黑夜之间存在着什么样的关系呢？想象一下，这就像一个自我和一

个他者之间的关系，或者两个自我之间的关系，是白天主宰黑夜
还是黑夜主宰白天，就像在主仆关系中那样，还是因为相互作用
而变得相等呢？这些排列会产生复杂而有趣的问题，因为在晚上
提供白天能得到的一切的城市是否就更具有都市性，这一点并不
完全清楚。

144

似乎自相矛盾的是，在一个可以昼夜不停地得到任何东西的
24 小时城市里，无论是黑夜还是白天都可能失去个性。再说一
遍，在白天和黑夜看起来是不可调和的对立面的地方，它们可能
各自以不同的方式意味着某种东西，也就是说，白天和黑夜可能
拥有"不同的身份"。在这样一个城市里，白天和黑夜是不可比拟
的对立面，以至于它们的凝聚力可能会受到威胁。白天和黑夜关
系的同一性或者差异性是把城市分为两部分（白天的城市，夜晚
的城市），还是强化一种消解这些时刻的分离性的统一性呢？我
们可以问，在一个 24 小时城市里，白天和黑夜都是诱人的欲望
客体吗？我们经常用这种方式来谈论一年四季，比较季节的模糊
性之处（一年四季的夏季，一年四季的冬季）与季节分离和可以辨
别之处。

通常对这种关系的各种解释都拒绝统一性和差异性的极端，
假设有一种受到社会规范、营业时间和昼夜节律限制的劳动分
工。这些解释表明，这种区分受到群体的状态、习俗和习惯等条
件的制约。这些看法通常所提供的是这种关系的有限案例，所表
达的东西似乎这些夜间话语的形象就是整个故事。请注意，如果
白天和黑夜由于相互对立而不同，那么白天就不会有任何积极的
内容，这是因为它纯粹不存在黑夜（not-being-night）；相反，夜
晚没有任何积极的内容，这是因为它纯粹不存在白天（not-being-
day）。无论黑夜还是白天都纯粹是它的对立面，因此，两者都受

到非存在(non-being)的限制，也就是说，通过提出这个问题"要成为黑夜，黑夜必须是什么(对白天来说也同样如此)?"尽管我们不打算(也不能)回答这个问题，但这是我们探询这个问题的一个方法。

通常白天和黑夜似乎彼此期待着与生活的关系。白天被看作醒来之后的开始和工作完成时的结束，夜晚则被看作工作之后的开始和醒来之时的结束。但是，这有可能把醒着看作属于白天，而夜晚有它自己独特的醒着。我们知道这一切是多么不准确(我们在夜间工作，白天睡觉)，并且为了把这些差异性当作社会事实进行持续的观察，往往把这些例外当作研究项目(研究夜间经济，研究无所事事)。然而，越轨行为仅仅因为它们的预设而被看作是有趣的。如果工作和睡眠的界限经常被打破，我们就可能会以不同的方式来看待白天和黑夜的界限，如根据其各自的和特145 定的起点和终点。正如我们前面说过的，白天和黑夜各自都有自己的和特殊的醒着(黎明，黄昏)，各自都应该有自身的和特殊的终点，就好像有一个白天和夜晚都是不可分割的必死性的概念，使我们能够理解每一个都与其生死周期有关。让-吕克·南希把"存在"说成是一种醒着，一种"出身的在场"，这一种是重生的喜悦(Nancy，1993a，1-57)：快乐，欢爽，到来，具有诞生的感觉：感觉到无穷无尽的急迫感(Nancy，1193a，5)。

如果我们把黑夜和白天理解为相同的，即理解为参与觉醒的概念，那么我们可以开始把各自的特殊性理解为一种不同的出生的在场形态。也就是说，我们为何通常被解释为在白天和晚上获得重生? 不，我们为何在晚上而不是在白天获得重生(如在夜间解放的看法中)，但更准确地说，与各自相称的重生是什么样的?并且，如果这个问题引导我们去探究醒着的形式——出生和死亡的形式——开始限制了黑夜的概念，难道我们不是处在把黑夜（和白天）当作有分量和有价值的区分或社会形态来对待的途中吗？（而不是当作不断相互消解的不明确的区分，也就是说，作为符号，而不是别的什么东西）。

我们可能会问，在开始使都市性的力量变得透明的社会实践中，黑夜是如何被定位的？城市生活中的社会实践如何提供机会，让我们把集体与黑夜打交道的形象看作一条独特而具体的通道？我们如何才能开始收集这种与城市的基本问题有关的不同话语声音呢？（有些人会说，犯罪和安全是夜间的惯例，但这只是冰山一角。）

暴力的夜晚

在赫西奥德的《神谱》中，天神（男人）对与地神（女人）结合而生的孩子的仇恨导致他对他们施行暴力，而不是通过把他们隐藏在地神的肚子里获得白天的光明（Hesiod，1953，Ⅲ，154-210，57-59）。由于剥夺了后代的白日之光，即造成了失明，黑夜被看作最初的暴力行为（第一次暴力行为）。

黑夜的失明是一种（没有光）生活在地神肚子里的生命。赫西奥德描述了黑夜女神的"阴沉黑暗的区域"，她在"阴冷的房子"中间为所有"进入大门"的男人放置了这样一个"张开的裂口"，"他会被一场又一场的暴风雨无情地抛向这个和那个方向——一种连神都会害怕的神秘"（Hesiod，1953，XI，736-819，74）。然而，夜神的黑暗性不应掩盖她的生育能力，因为她唤起了想象的力量。

146

夜神生了可恶的毁灭之神、黑色的幽灵之神和死神；

她还生下了睡神和梦呓神族

——尽管没有跟任何男人同睡，但黑暗的夜神生下了所有这些神

接着她生下诽谤之神、痛苦的悲哀之神，

还有命运之神，毫无怜悯之心的复仇之神：

正是这些女神记述了男人和诸神的罪过，

她们从不停止愤怒，直到把惩罚降临在罪人的头上。

可怕的夜神也生下了折磨男人的复仇之神，然后是欺骗之神、爱神，

可恨的老年神和顽固的冲突之神

（Hesiod，1953，v，211-336）。

黑夜使人类远离光明，笼罩在一个深渊的阴郁的黑暗之中，产生了令人恐怖的分离和不安，即便对诸神来说也仍然是一种神秘。黑夜是想象的区域，既产生了越轨（犯罪）的梦想，也产生了对违法行为（愧疚、羞耻）负责的神；创造了爱，也导致了冲突。黑夜之神的阴森之家掌控着黑暗的中心。请注意，在社会学中，人们通常是怎样根据犯罪和安全或者越轨和治理来谈论黑夜的，而赫西奥德却引导我们把这些担忧看作是由夜晚引起的。赫西奥德让我们追问，让这样一种想象性结构变得引人入胜的，究竟是黑夜的什么东西呢？

自由时间

黑夜的危险是与自由时间相等的一种功能，根据这种自由把它的主体定位为容易受到伤害的。这并不一定是真的，但是仍然值得检验。因此，考虑到被归因于黑夜的诱惑，我们可能会思考为什么乌托邦式的作品只是顺带提到它的问题。在谈到乌托邦的公民时，托马斯·莫尔说："他们晚上 8 点上床睡觉，睡 8 小时。24 小时里的其他时间都可以自由地去做他们喜欢做的事情——不要在无所事事或自暴自弃上浪费时间，而是要在一些意气相投的活动中好好利用它"（More，1965，76）。注意，在晚上他们不能"自由地做他们喜欢做的事情"，因为他们被迫从晚上 8 点到凌晨 4 点睡够 8 小时。虽然有 6 小时的工作日，在 1 天中断断续续地给他们空闲时间，但是规定要在晚上睡觉，大概是为了让他们为第二天的工作而休息。

夜间生活得到允许，是因为自由时间的适度使用被认为是一种美德，是自我管理而非"自我放纵"的公民的标志。这种自我管理被认为是需要考验的，在空闲时间释放出"破坏性"诱惑的时候，无所事事就会加剧人们的天然脆弱性，使他们暴露在最糟糕的环境中。因此，夜间的诱惑就不是它本身所特有的，而是对自由时间而言的，如果白天和黑夜在工作日程上被颠倒了，那么白天就会像晚上一样具有强烈的诱惑力。请注意，尽管自由时间（闲暇）与醒着的关系和出生感之间的联系还没有得到探讨，但是，因为一个持久的集体生活主题利用了休闲与醒着的联系，并以增强而不是破坏的方式变得更加富有活力。这个有争议领域中的夜间场所仍然有待于进一步阐述。

147

如果回想起赫西奥德的黑夜之神的故事，我们就会看到它与越轨行为的联系。对于自由时间话语中的不同声音所引起的这种诱惑表明，在自由时间里感到害怕的东西就是越轨行为。自我放纵的越轨性（transgressiveness），被更多地解释为是无所事事，也可能是由于（比如说）让-吕克·南希所想象的醒着和重生而引起的。因此，我们可以提出，与乌托邦式的思考相反，自由时间的机会可以被想象为一种由于越轨行为而具有创造性的诱惑。

> 夜幕降临的时侯，我回到家里，进入书房；在门口脱下沾满泥土和灰尘的衣服，穿上高贵典雅的衣服，再穿得更得体一些，进入古人的古老宫廷。在那里，我受到他们的喜爱，吃了那些只属于我的、生下来就喜欢的食物，不难为情地与他们交谈，问他们行动的原因，他们好意地回答我；在4小时的时间里，我不感到无聊，我忘记了每一个烦恼，我不怕贫穷，我不怕死亡，我完全把自己交给他们。（Machia-velli，1961，no.137，142）

马基雅维利列出的夜间的诱惑及其自由时间是他需要平息的困扰，羞愧、无聊的心烦意乱，对贫穷和死亡的恐惧，都是他通过把自己交付给别人的思想和声音的游戏——交谈来克服的一系列执念——他通过询问和得到别人的回答而"进入"这些交谈。人们通常把马基雅维利称为现代社会思想的奠基人之一，马基雅维利致力于通过使他的黑夜变得更富有生产性抵抗自由时间所带来的弊病。但是，生产性在两方面是越轨的。它重塑了希腊人对黑夜的黑暗性的看法，它更新了勤劳利用自由时间的世俗版本。马基雅维利的"解决方案"通过想象一种善意的社会关系，遭遇到赫

148

西奥德的"黑暗和阴郁的"力量(黑夜的丑),它抵制了莫尔对夜间用途的苦行僧式的谴责,他认为夜晚的用途是"自我放纵"和"无所事事",而实际上是穿着"真正的长袍"和享用"只属于我的"食物,目的是把当下的时刻更新为美好的良宵。在一举一动中,马基雅维利通过炫耀被乌托邦排斥的自我沉迷抵抗对深渊的恐惧。我们可以说,马基雅维利通过把越轨行为转化为一种仪式行为破坏黑夜的集体表征。在这里,我们开始瞥见仪式化夜晚的再创造。

等 待

自由时间让我们考虑与等待现象有关的时间流逝。白天和黑夜的等待有什么不同呢?我们可以说,白天期待着黑夜,黑夜也期待着白天,从某种意义上来说,这是正确的。从表面上看,白天似乎是在等待黑夜或工作之后发生的事情,而黑夜似乎是在等待白天或睡觉之后发生的事情。这种解释把白天和黑夜的性质视为理所当然的,通过暗示工作和睡眠的流行隐喻之间的对立来阐述它们之间的关系。在这里,它们各自期待的东西完全就是当下的解脱。我们只有通过理解等待(无论白天还是黑夜)才能更新这一"黑暗和阴郁"的看法,使之成为一种与如其所是的当下相遇,而不是与非其所是的当下相遇。白天和黑夜难道不等待它们自己的醒来吗?回顾赫西奥德、托马斯·莫尔和马基雅维利之间的假设性交流,我们可以把这种相遇的场景定位为夜间醒着的辩证法,黑夜里的自由时间的更新,发生在马基雅维利面对危及自我着迷的夜间暴力和克制时的自我觉醒之中。他通过阅读的仪式来持续夜晚时间,冒着"深渊的风暴"(黑夜的幻想)重新创造一种社交生活，这实际上是在嘲弄上帝，使他变得更糟，因为他在一种骄奢淫逸的仪式中炫耀专注和沉着（see Bataille，1985）。

我们可能会提出一些问题。是城市从枷锁中解放了夜晚？还是夜晚把城市从枷锁中解放出来了？抑或两者兼而有之？我们知道的一件事情是，城市随着夜晚的到来而发生变化，为公共空间的生活体验创造各种各样的机会。黑夜以多种方式扩展着城市生活的可能性。相应地，城市有助于黑夜实现某种独立性或自律性，通过让人们参与进来，城市或许以前所未有的方式增强人们享受城市之夜的能力。在这里，我们可以谈论正义，城市是通过夜晚伸张正义，还是通过平庸或者对任性的过度管理而扼杀夜晚呢？

一些城市有所谓的"夜生活"（灯光、娱乐、便利设施），但是，并没有太多别的东西，或者，在巴塔耶看来，没有对"尽可能大的损失"的期待（Bataille，1985）。在许多情况下，这样的夜晚只有在与单调的白天进行比较时才是特殊的，在某种程度上表现为规则的例外，表现为对单调乏味的越轨。其他城市，如纽约、柏林和巴黎，都有绝妙的夜晚，人们期待这些夜晚比白天变得更加美好。在这些城市里，夜晚并不是依靠与白天的差异性而活着，而是增强白天的丰富性。在这样的大城市里，不必等到夜晚才把我们从白天里解救出来，因为白天本身就充满了事件性，白天和黑夜并不以牺牲彼此为代价。法国电影《白日美人》（*Belle de Jour*）和《午后之爱》（*Chloe in the Afternoon*）就专门把白天的重生描述为富有事件性的。这表明，这样的城市并不依赖于白天的优势，相反地作为一种差异性，作为醒着的另一种形态。在这里，我们能否把黑格尔关于扬弃（aufheben）的原则用在一个假设的形式里？城市越大，白天和黑夜之间的对立就越有可能被取消，但是差异性保留了下来。也就是说，白天和黑夜之间的差异性必须存在，但不是一种对立关系。

拥有一种夜生活是不够的，假如像一种商品被占有，而不是以滋养和激活白天的方式被吸收到城市的血液之中；拥有一种夜生活并不很美妙，假如仅是因为所对立的白天的寻常性而表现出色。这就是说，城市需要有可能越轨的白天，而不是把越轨行为留给黑夜。倘若一座拥有夜生活的城市不需要有比越轨的白天更多的东西，那么意味着只有白天具有活力时黑夜才能保持神圣地位；意味着黑夜需要白天，就像白天需要黑夜一样。这种反思引发了一些关于世界主义的有趣问题，在白天的创造性可能更难，让白天变得有趣可能也更难。因此，我们不应该仓促地接受 24 小时的世界主义城市模式。倘若任何一个城市都能够拥有一种夜生活，用苏格拉底的话来说，那么拥有一种夜生活就并不那么美妙。即使有夜生活总比没有的好，但从这个意义上说，有些城市是世界性的，它们的夜晚没有任何挑战，也没有任何风险，也就是说，在没有任何损失预期的情况下，却有安全的和有保障的狂欢的夜晚。（例如，充其量，在那里，我们聚聚会或喝醉酒，丢失钱包，打了一架，遇见一个人，去看一场表演，但总是在有限的同一个圈子里。）

睡与醒

150

如果白天和黑夜都可以说是在等待自己醒着的形式，那么白天与完全清醒的联系以及晚上与睡眠的联系是有限的，因为醒着和睡着都与直接性或者被给予的东西具有不同的关系。

> 睡眠是灵魂沉浸在无差别的统一体中的状态。醒着是灵魂进入与这种简单统一体相对立的状态……。它可以……说醒着是由主体性突破心灵的直接性形式的闪电所导致的。(Hegel，1971，67)

在这段引文中，黑格尔把白天和黑夜看作两种不同的闪电，两种"主体性"突破"心灵的直接性"的不同方式。然而，黑格尔说，我们把睡眠看作灵魂的无法区分性的状态是"自然的"，就好像"黑夜掩盖了事物的差异性……日光却允许事物的差异性呈现出来"(Hegel，1971，68)，仿佛白天是突破黑夜直接性的闪电一样。根据这种"自然的"观点，黑夜就会显得更加贫乏，因为缺乏它自己的醒着。

> 模糊地说只有在清醒的状态下人类才会思考，这也不足以解决这一区分。因为从总体上说思想是人的本性内在固有的，所以人总是在思考，甚至在睡眠中也是如此。在每一种思维形式中，在感觉中，在直觉中，就像在图像思维中一样，思想仍然是基础。到目前为止……因为思想是这种不确定性的基础，不受睡眠和清醒的改变所影响；在这里，它并不完全构成相互交替的一面，而恰恰相反，完全是普遍性的活动，不受它们二者的影响。(Hegel，1971，69)

如果我们总是在思考，睡眠和清醒就表达了两种不同的中介关系，并且以在梦中坚持"理智和理性"的方式彼此独立存在(Hegel，1971，69)。黑格尔如此毫无保留地把夜晚与睡眠等同起来，以至于我们无法把黑夜的力量和自主性当作一种社会形态来把握。也许更有趣的是，这意味着在夜间主体性的"闪电"就是失眠，因为夜间只是作为失眠才存在。因此，我们可能会追问失眠中的"在场的出生"。

有一个拒绝睡眠的可敬的先例，它既不是基于无所事事也不是由于生产性的缺乏。这个"可敬的先例"源于苏格拉底在《斐德若篇》中针对中午睡觉的警告。他谈到了蝗虫伪装成缪斯，有嘲笑同伴的习性，假如它们屈服于睡觉而不是对话的诱惑的话。

> 如果它们看到我们像很多人一样，不是在交谈，而是沉睡着，它们会怎么说？……被它们的声音所吸引，懒洋洋地想不起来？难道它们没有权利嘲笑我们吗？它们可能会想象我们是奴隶，在它们的某个地方休息……就像绵羊躺在睡梦中一样……但是，如果它们看到我们在说话，就像奥德修斯驶过它们身边，对它们的诱惑之音充耳不闻，它们也许出于尊重，把它们从神那里所领受的礼物赐给我们，把它们传递给凡人。（Plato，Phaedrus，302）

虽然柏拉图的苏格拉底谈到了在中午与睡眠作斗争，但是，没有理由为什么是白天而不是夜晚所特有的，从失眠中挣扎出来才是问题所在。与失眠的生产性关系会是什么呢，是白天还是黑夜？如果是白天的问题，中午 12 点的问题是失眠与睡眠的诱惑作斗争，那么，正如苏格拉底所说的，晚上的挣扎可能就不是与睡眠，即与保持清醒而不是与睡眠作斗争，而是与过度的失眠诱惑作斗争，这是一场推论性的而不是歇斯底里的斗争。黑夜是失眠自我挣扎的区域，存在着睡不着之间的真假关系的差异性问题。夜间的失眠诱发了歇斯底里，在这方面，我们需要确立一种推论性关系。晚上害怕的不是睡眠，而是睡不着的疯狂，失眠的幽灵肆无忌惮，什么事情都有可能发生。在这段对话中，黑夜是这样的时间，即失眠最剧烈地面对着控制自己的问题。

有比这个对话更深刻的东西，因为它表明，当黑夜被睡不着和睡眠之间的差异所困扰时，它就如苏格拉底所说的像奴隶对待正午一样对待自己：要么睡着了，要么醒着。但是，清醒并不是那么美妙，因为就像那些在酒店大堂酒吧和休息室里的人一样，我们可以说他们最好的状态就是他们没有睡觉。相反，我们能否开始想象夜晚不仅是从睡眠中解脱出来，而是与睡不着本身的意义作斗争，即与做什么和如何生活作斗争？从这个意义上说，夜晚的全球化及其在 24 小时城市中的出现，可能只会产生苏格拉底称之为中午的那种夜生活，也就是说，夜晚与白天没有什么不同，它只是以保持自己的清醒而感到自豪。

如果午夜和中午一样都需要保持清醒，那么午夜在失眠困扰的方式上是具体的，并且必须把失眠当作一种没有限制的生活前景来治愈。柏拉图关于黑夜的他者性的设想——因为需要在奴隶沉睡的时候保持清醒——要比注意到它试图在中午保持清醒更加深刻。在这方面，一个真正的夜晚就不得不与午夜干什么的问题作斗争，不是与是否要睡觉，而是与如何生活作斗争的问题。

失眠症

如果在某种程度上，失眠症被看作一种疾病，那么它现在似乎与进步有关。对城市而言，这意味着一种建设性的而非歇斯底里的紧张性能量或不安。失眠症开始描述一个永不睡眠的城市，一种"发达的"夜生活被看作一个进步的标志，完全像新的建设举措和艺术活动一样。在谈到柏林时，有一名记者惊叹道：

> 这使那里正在发生的事情更加令人兴奋——现时代城市规划中最伟大的实验是在艺术和夜生活中正在匹配一种同样令人振奋的能量。白天，你可以用你的方式漫步于著名建筑师的建筑之中，穿行在一系列非凡的画廊中。到了晚上，你可以穿行在设计师酒吧、鸡尾酒休息室和夜总会之间——尽管漫步可能更加接近目标，因为在一个真正不眠的城市里，没有关闭的时间。（Pietask，2000）

没有关闭的时间的说法，从不睡眠的失眠城市，当然是一幅24小时城市的图景。显然，"关闭的时间"意味着限制性，而不是保持清醒、推迟睡眠的机会的无限性。城市改变了家庭和睡眠的状态，使之成为我们想要和选择的东西，而不是被迫接受的必需品。我们可以选择不睡觉的生活，这让我们想起了没有死亡的生活幻想，睡眠的持续推迟就像永恒生命的梦想一样，是没有限制的梦想。使这种机会成为可能的城市就是自由和进步的城市，当然，也是市场的城市。

> "10年前，每个年轻的爱尔兰人的梦想就是到纽约去并且拿到绿卡"，克莱伦斯酒店一个时髦的圣殿酒吧区的营销总监，艾利什·坎特威尔说……在都柏林举行的聚会似乎取代了那个梦想。凯尔特之虎就是所谓的大繁荣。最好的时候是在晚上听到它咆哮，有钱的新贵们聚集在俱乐部、休息室和酒店大堂酒吧喂它。"我们正在经历的凯尔特之虎意味着人们确实有可支配的收入用于社交活动，而且能够负担得

起所有这些高档酒吧和俱乐部的消费，"塔拉·奥康纳说，她不当女招待的时候，就会把都柏林变成场景。（Sander，2001，7）

没有人会在睡觉的时候花钱，城市却打开了夜晚的大门，使人们有可能度过不眠之夜，为人们提供一个消磨时光的机会，因此，人们可以在晚上消费可支配收入。在这一努力中，"高档"的想法就变得有意义了。在整个进步世界中，在这些被解放了的大都会里，新的夜间社交场所表现为"高档"或"上档次"的现象，在这里，它们体现在设计师酒吧、俱乐部、休息室和酒店大堂酒吧里。大都市打破了黑夜与睡眠之间的联系，创造了一种允许晚上花钱的失眠症，让人们有可能在新的场所里进行社交活动，目的就是吸引那些认为自己是一种新的社会形态的人——上流社会——这一代人幸好有机会在夜间打发时光，而不是在晚上睡觉，他们可以利用夜间来加强社交能力。这就告诉我们，打破黑夜与睡眠的联系就像扰乱私人化对城市的控制一样。在选定的夜间活动场所里，密集的"人群"聚集在一起，使城市充满活力，并扩大其社会权力。此外，在谈到新柏林（"现代最伟大的实验"）和"凯尔特之虎"时，有一丝自豪的声音引起了人们的共鸣，因为那些原本想待在别的地方的人，现在可以待在属于他们自己的家里了。如今，这个城市有了一种夜生活。

在一定程度上，我们理解这意味着什么。这个城市如今有了一种夜生活，意味着年轻人处于前所未有的地位，可以把自己想象成上流阶层和高端人士。城市有一种夜生活与其自我理解的革命直接相关，从这个意义上说，夜生活不仅仅是一种成为现代的机会。城市有一种夜生活，意味着已经准备好给年轻人提供拒绝他们的父母的机会，这种机会让他们自己表现得摩登——表现得最时髦——在他们最具有生产性的时候。

今天，人们会说，城市的命运与夜生活息息相关。城市在全球市场上竞争的能力取决于保持开放、延长无眠的能力。在这方面，城市需要使夜晚富有事件性，这通常体现在城市夜间活动的一览表上，这些活动按艺术和表演进行分类，在那儿，富有事件性的活动性质总是根据一般类别规范化，一般类别把其定位为一种不会因夜间而受到危害的消遣。这些"名单"(经常出现在城市的报纸和其他媒体上)把夜间行程作为一个安全可靠的行为领域，不仅是为那些与高度自我认同有关的人，而且也为那些想要在夜间进行无伤大雅的试验的人。正如马克斯·韦伯指出的，为了确保资本主义的可预见性，法律上的可计算性是必要的，因此，我们期望夜晚变得让人容易理解，不仅通过治安和安全措施，而且因为集体需要使城市环境成为一个社会行为和实践的组织，人们可以单独或一起在他们可能把其定位为独特和重要的场所中进行活动和实践。在这种情况下，我们可以理解城市是在描述自己、书写自己、用描绘夜晚的方式展示自己。

154

夜晚是通过描述在时间和地点上所进行的活动来保证的，这些活动的目的就是促使人们放弃睡眠，努力加入循环的混合体中去花钱，在一种黑暗景观里的有灯光的空间中成为其他人中的一员。在选定的时间进入活动和空间的时候，城市的方法论所遵循的是这样的承诺，晚上出来会产生一种差异，无眠的延伸和失眠的经历会让它自己意识到付出代价是值得的。在这里，如果餐馆、电影院、酒吧和休息室承受着午夜之前的夜晚的负担，那么城市的各种场景及其午夜之后的剧目总是许诺会强化人们的体验，因为午夜之后只有坚定的人才会留下来。不用说，都市的活

力是积极的或消极的，是一种被利用的资源和机会，城市的创造
力和商业之间的这种混合体成为我们需要参与的一种社会现象。

　　对于一种真正的而非虚假的夜生活，我们必须理解的是，午
夜并不是夜晚的结束，而是开始。在柏林这样的城市里，人们能
够以其他城市不可能的方式开始其深夜的活动。城市延长夜晚，
并且可以通过各种方法保持一种公共生活，让人们晚些时候才出
来开始公共生活，并在外面待更长的时间。对任何一个城市来
说，这都表明了一个重要的经验考虑，它怎样体现其夜晚的开始
和结束呢？对柏林来说，重要的是康德大街上有这样一家喝黑咖
啡的咖啡馆，吸引着来来往往的人们。但是，我们必须明白，柏
林的深夜和漫长的夜晚与新奥尔良不同，我们已经注意到了不间
断的夜晚，因为一个从深夜开始的夜晚与一个永无尽头的夜晚是
不同的。从这个意义上说，午夜之后的生活的多样化，对于城市
表现为一种真正公共的而不是专门化的场所是非常重要的，那就
是，它是一个能够吸引多种类型而不是某个有限圈子的城市。在
城市里，夜晚的想象性特征在某种程度上引起了物质性的共鸣，
在伍迪·艾伦关于纽约的评论中，夜晚的城市被看作一个人们可
155 以在凌晨 4 点喝到酸辣汤的地方，因为重要的不是在喝汤，而是
知道这是可以实现的。在某种程度上，夜晚在这个城市里意味着
午夜之后存在着活力的迹象，这关系到我们知道和相信把城市看
作一个场所的问题，关系到赋予城市形象以某种程度的现实性的
问题。这并不是说，人们可以在凌晨 4 点喝上酸辣汤，也不是说
这里的白天和黑夜都一样，而是因为酸辣汤在 24 小时里都有供
应。虽然我们可以随时得到它，但是在晚上能够得到它，所说的
意思是夜里有些特别的东西，纵使人们可能在白天也可以拥有。
这意味着，在这个城市里，对许多人来说，这样的夜晚有一种好

客的感觉，如果他们选择使用它的话，不只是限于性工作者，还包括一些渴望分享不眠之夜的用户。

延长黑夜、维持无眠的努力所引起的张力，必然会与白天的需求产生冲突。可以预见，这种张力在顽强的德国人和他们的首都柏林中是最为明显的，柏林以其似乎危及白天景象的方式不间断地保持它的夜间开放。因此，柏林人越来越发现，由于夜间无眠状态的延伸，他们无法为第二天的工作做好充分的准备。然而，这些柏林人却想从不眠之夜中得到快乐。他们面临的问题——如何二者兼得呢？——可能是如何拥有一切问题的微观版本？对于这样一个问题，柏林似乎已经获得了一个前所未有的创业解决方案。

穆克蒂·雷尔斯有一个问题。她想参加派对。但是，就像德国的很多人一样，她很认真地对待自己的工作。"我在一所私立幼儿园工作。明天，我8点开始上班，重要的是我适合这个工作，因为我不想凶巴巴地对待孩子们。"这就是她为何上周二来到库尔斯滕达姆的一家先锋派俱乐部的原因，它利用最新的热潮来冲击柏林不断变化的俱乐部场景。当穆克蒂和她的朋友走到舞池时，仍然有阳光透过窗户照射进来。这股热潮始于去年10月……是一个叫炼狱的机构组织起来的。"有一天，我们正纳闷为什么有趣的派对都这么晚才开始，为什么第二天人们在办公室里会感到不爽，"老板亚历山大·舒尔茨说，他拥有了"下班后"这个词的版权……不要浪费了这个想法，而是要去跳舞，聊天，喝点儿东西——但只一点点儿——然后适时离开，睡上一整晚，第二天早上醒来精神饱满……"我喜欢跳舞，但我不喜欢等到半夜才

跳，"一个失业的软件顾问说……在俱乐部的另一边，5个年
轻的母亲围着一张桌子坐在一起。"我们本来要去参加家长
会，但是我们决定错过它，而来到了这里……我们很高兴它
这么早就开始了。上次我们去参加一个聚会的时候，直到凌
晨一点半才结束，如果你有孩子的话那就太晚了"。（《德国
学会有如明天一样的聚会》，《卫报》，22 April，2000）

虽然晚上仍然是一样的，但他们决定把通常在晚上进行的活
动重新分类，跳舞和聚会，因为把它们当作"下班后"的活动，他
们可以回到家里度过一个更喜欢操持家务的夜晚，而不会有令人
陶醉的失眠症风险和不规律的影响。解决办法——把夜晚适度地
当作跳舞的时间，聊天和喝一点儿酒的时间——重新引入了这样
一种观念，即如果这些活动在技术上得到了处理，那么夜间就可
以是一个清醒的时间。因此，人们一直担心夜晚的兴奋及其氛围
会向人们提出要求，对于那些成熟又富有创造性地想调节快乐和
痛苦的人来说，在这里，他们无法抗拒的是柏林试图重组俱乐部
场景所体现的东西，它以自己的方式告诉我们，自我放弃可以有
自己的美。

作为公共空间的夜生活

城市有一种夜生活，最明显的意义是一种公共生活，一种公
共场合的生活，城市最终有能力吸引人们离开家庭领域——独自
或一起进入街道和场所。在城市的文化方面，夜生活是吸引和动
员人们的复杂机制的一部分，因为它能够把他们吸引到户外，让
他们把自己和别人看作为了无眠的生活而放弃睡眠的夜间部落。

这种夜间活力起初听起来好像是针对边缘性的、不守规矩的，或者所有那些不能入睡或不愿睡觉的人，其原因是正常生活的变态。然而，高档及其另类（地下）——它的消极面——在城市的夜晚作为混合体而共存。这表明，一个城市对夜晚的普遍关注形成了一个它属于谁的问题。这不仅适用于通常的范畴，而且适用于那些独处的人和那些聚集在一起的人之间的持续的夜晚划分，这一点总是在优秀小说里被提到。我们听听让·里斯的说法：

> 行走在黑夜里，黑暗的房子笼罩着你，就像怪物一样。如果你有钱和朋友，房子就是有台阶和前门的房子——可亲的房子，在那里，门开了，有人迎着你，微笑着。如果你很安全，而且你的根扎得很深，他们就会知道。他们恭恭敬敬地站在后面，等待没有朋友也没有钱的可怜的家伙。然后，他们走上前去，在让人等候的房子里，皱着眉头，心烦意乱。没有殷勤好客的大门，没有灯光明亮的窗户，只有眉头紧皱的黑暗。一户人家，一个一个地皱着眉头，斜眼看着，冷笑。黑暗的高耸的立方体，顶上两只发光的眼睛，冷笑。并且他们知道该向谁皱眉头。他们和拐角处的警察一样明白，你不用担心。(Rhys，1939，18)

157

尽管我们可以从这一观察中读出很多东西，但是，在这一点上，我们只注意到城市之夜的款待并不广泛，也不包罗万象，不仅是因为对种族、性别和阶级的排斥性政策，而且因为所有那些不与他人相处的人。对于那些孤单的人来说，用波德莱尔的话说，对于那些能够被他们在人群中的孤立所感动的人来说，对于那些能够被夜间脆弱的匿名性所激励的人来说，城市的这种冷酷无情会使他们变得更为孤单，不仅因为沉闷和重复，而且因为令人兴奋的时刻。最重要的是，我们看到城市的夜晚，通常被认为是一种公共生活，群体居住在一起，跨越不同的空间，这也是许多人以更有创意的方式进行私人交往的一种机会，也就是说，以各种更为突出的形式扩展和重新创造独处，并且有时与他人独处是件快乐的事情。我们认为，艺术家的这种创造性，在让·里斯本人身上，能够在夜间的想象中得到集中发挥，把各种房子和城市照明拟人化成一种景观，不仅让她的人物感到可怕，而且成为她的艺术形象的灵感来源。如果黑夜能够引起这样的魅力，那么，艺术就有能力通过单个的人把这种魅力转化为一个奇异的事件，就像一个真正的个体所证明的那样，夜晚的痛苦可以在集体生活中得到彻底的了解。

夜间，特别是午夜之后，既是一种时间，也是一种空间，因为城市的夜晚总是把自己呈现为一种不言而喻的迷人的公共生活。这是一个有争议的领域，在那里，"高档的生活"和"另类的生活"在争夺控制作为一种夜间城市的解释手段的权利。作为这场解释性冲突的一部分，它引导我们更深入地把夜晚看作一种机会，询问天黑之后弥漫于城市及其空间的那种混合体，那种多样性，尤其是性别和代际、阶级和种族上的多样性，每一个城市都由此而变得富有特色。这种多样性不仅适用于个人或群体的范畴，而且适用于各类活动的范畴。假如我们在午夜之后的都柏林喝酒和跳舞，那么，在蒙特利尔，我们也可以用暗示其相对异质性的方式做更多各种不同的事情。最后，这个混合体的概念是一个强有力的隐喻，允许我们更有力地理解城市的夜晚，因为除了个人、群体和活动之外，城市的无眠分布在整个区域和地区，从而让我们能够思考失眠症患者的生活的分布，以及夜生活的负担是如何作为城市中心和社区之间的一种关系来分配的。

正如许多人所指出的那样，不同的社交聚会控制着城市的不同地区，不同地区的渗透性也各不相同。尽管我们常常被诱惑赋予某个城市区域的普遍可用性的想法以特权，仿佛 24 小时城市的空间相似物就是一个完全开放或透明的城市，但是，任何一个城市都必须拥有无法被渗透的空间。在某种程度上，与种族隔离等概念所表达的东西一样，这些空间更为复杂。除了富人的飞地和穷人的贫民窟之外，地方性的韵味弥漫着城市，就像那些只有长期居民才知道的隐蔽点一样。任何一个城市的地方性特征，实际上连地方性本身的概念，都与一种隐秘的结构、隐蔽的联想和残留的遗迹密切相关，这些东西只会有助于重申城市作为一个场所的独特之处。尽管每一个城市都有世界主义的氛围，但是其粗野和狭隘的俗气必须作为不可磨灭的地方性踪迹持续存在，即使不考虑世界主义的狂喜，这种踪迹也会在夜间得到强化。这样的踪迹往往被表达为小说家的声音，在这些声音中，不仅把城市书写为某种语境，而且书写为某种属于个人的东西。城市的影响力——其地方性力量的影响力——对文学的影响是非常成功的。可以说，曼彻斯特学派的这种可能性很可能导致它的占领和商品化成为循环系统的一部分，而这种循环系统标志着文化是一个至关重要的过程。

沉迷于当下的高档生活，往往意味着过去被隐藏在他们的视野之外，作为剩余物或遗迹持续地存在于他们的光圈之外。这些踪迹，一方面，持续存在于光线之外，光照的范围之外；另一方面，又持续地存在于阴影的形状之中，不可估量的痕迹之中。这些踪迹仍然在光线之外，但被反射出来，既传递不再存在的过去，也传递尚不存在的未来：阴影既反映了已经发生的事情，也反映了尚未到来的事情。我们能不能说，每一个城市都有它的阴影，它曾经所是的东西和现在尚不存在的东西都作为残余物困扰着当下，而当下对于城市魔力下的所有人来说又是视而不见的夜晚意义的不可或缺的部分呢？

夜间旅行

如果上流社会和底层社会都焦躁不安，或者说至少对夜间的流动用户来说是这样，那么让·里斯笔下那些在屋子里打发时光 159 的人，或者被固定在日常生活中的人，可能都是出于任何一种原因拒绝城市之夜诱惑的人。尽管如此，我们可以把夜间视为一个要在各种活动中处理的一个"对象"，在具体城市里这些活动表现出不同形态。雅克·朗西埃再一次为我们提供了帮助：

> 这恰好说明了旅行在理论上的利害关系，没有发现遥远国度和异域习俗，而是做了细微的改变，形成了一种从"那里"到"这里"的图绘。这种图绘是另一种方式，也就是说，这是人类用语言塑造肉体和用肉体塑造感觉的一种方式。（Rancière，1994b，31）

柏拉图称这个"轻微的改变"是一件使世界上的一切都变得不同的"小事"，而不是以一种贬低你眼前事物的方式去寻找那里的差异性（他者？）（Wittgenstein，1953），找出你在这里正在谈论的东西的惯例（使这个概念变得具体，即一种可观察的关系）。与其匆匆忙忙地确认或否定这个命题，或者把它与其他命题联系起来，不如在具体化的问题中"图绘它"（定位它），并且图绘为使它具体化的问题。旅行，作为涉及一个"概念"的模糊性的隐喻，开始描述这种"反向行进"的开始。这个隐喻究竟是怎样让我们想象与夜晚有着一种强烈的联系的呢？

假如我们在相同的东西中找到他者，那这又如何与黑夜里的他者性有关呢？我们不是为了研究它在其他"遥远国度和异域风俗"（即通过把我们的夜晚与柏林之夜、都柏林之夜、蒙特利尔之夜等）中是如何展开的来确定对夜晚的看法，而是让夜晚变得更加具体，也就是说，把肉身赋予我们与夜晚的接触，首先把它作为一种典型的实践，其次作为一种体现这种（些）实践的话语，最后作为一种确定这种话语的问题情境。从某种意义上说，这个过程包括"学会迷失我们方向"（Rancière，1994，36-37），也就是说，学习使我们熟悉的概念变得陌生（第二次航行）。在某种程度上，我们试图仿照本章所表达的夜间策略。这需要做进一步的探讨。

如果城市的夜间把这种参与看作从"那里"到"这里"的旅行方式的一种机会，那么，上流社会、另类和不爱活动的人都是这种话语中的不同声音，都是处理对象或迎接其挑战的不同方式。如果对于上流社会来说，消费和狂欢是这种旅行的一种形态，那么，一直到底层社会（或放荡生活）同样也是这个叙事历史的一部分，这种叙事旨在描绘我们对视而不见的"他者性"的意识。夜间的话语不断地提供一个机会，重新阐述我们的安全共识，并且按照安全共识行事，不断地为我们从那里旅行到这里提供机会，但是以各种各样的并不是没有问题的方式。例如，如果夜晚提供了 *160* 这样的机会，那么我们是否可以问任何一个城市，如何重塑这些材料增加我们迷路的可能性，而不是简单地确认夜晚是一种实际上相同的明显差异（他者？），就是说它是白天的一种延伸，而不是别的什么？更具体一点说，夜晚的模糊性和不可估量性，是否

The Imaginative
Structure of the City

会随着狭隘的韧性和普遍的世界主义之间的紧张关系的加剧而更持续地侵入城市？在这些变化的条件下，夜间的社会组织会以什么样的形式出现呢？更为重要的是，一个保证我们不会迷失方向的城市是国际大都市呢，还是一个风险普遍存在的城市，甚至是一种学习的经历？

这种旅行的概念把黑夜的过剩描述为来自持续不断的丧失前景，而黑夜似乎提供了一个"回归"的机会，通过暴露和超越日常生活和生产性的发生过程，也就是说作为世界上一个事件的白天本身的发生过程，来恢复基本的因素和基本的原则。这出戏是通过对抗的方式发生的，把夜晚降低为便利设施和娱乐，这样它就总是冒着掩盖主体与当下空间相遇的危险。拥挤地带里的孤独，面对不断刺激而感到的无聊，面对凝聚力的分离，追求得到满足时感觉到的沮丧，典型地表现为贫穷的消极症状，都在夜间呈现为一种暴露自己和为自己而存在的确定方式，自我私密性的问题是一个无法回答的问题。尽管如此，还是必须不断地提出这个问题。

结　论

这些考虑开始提出这样的问题，即城市的夜晚究竟属于谁，或者究竟谁有权为城市的夜晚说话。当从资产阶级的角度把城市夜生活的发展描述为一个故事、一个历史问题、一个与进步命运联系在一起的行动过程的时候，人们往往会把它说成是从粗鄙过去的束缚中解放出来的，说成是与每一代人的权力觉醒有关的一种进步运动。人们总是在现代时刻的"高档"娱乐活动中叙述这样一种发展。另一方面，夜晚也被表现为对边缘性、另类生活方式和底层社会的共同看法。正如无眠会导致"成群结队"的消费者一样，会产生那些想要成为他们中间的人、周围的人和行动的人，并参与到标志着夜间的城市公共生活所产生的结构之中。正如经常指出的那样，夜晚的集体表现包括恐惧和狂喜，因为无眠的力量和诱惑引发了各种极端看法。

24 小时城市的概念似乎含蓄地赞扬了这种城市的世界主义。*161* 在技术上，由于灯光或照明；在社会上，由于自由和夜以继日地扩大休闲和生活的机会；它被表现为一种进步。如果夜间的解放似乎是这个解释结构不可分割的一部分，那么黑夜的概念及其与白天的关系就仍然有待于被当作一个经验问题以外的其他东西来研究。我们如何才能开始把夜晚的社会形态作为一种生活体验来看待呢？这样一种考察，不仅有可能激发人们对真正的世界主义和虚假的世界主义之间的差异进行反思，而且可能促使我们思考世界主义与都市性的关系。全球化是否意味着大城市在所获得的夜生活中都变得相似，都越来越接近于 24 小时城市，还是城市给夜晚传递了一种特殊的现实性语调，从而使它在具体城市的发展方式上变得独具特色？

这种特殊性表现为那些类型的关系以及可观察到的做法，由此，城市标志着夜晚的开始和结束，把这些夜间扩展和发展为不同的市场、机会和社会聚集的结构，引诱或者限制对夜间属地的使用，使之成为流动人群、活动和空间的多样化或者有限性的剧场。通常情况下，通过协调夜晚的事件性和能够实现其安全性的正常程度，使夜间成为一个适宜居住的空间。

我通过把黑夜和白天塑造成一部戏剧的角色进行讨论，在这部戏剧中，为生存而斗争的不同观念，旨在描绘它们之间关系的模糊性及其对城市间差异性的影响。最终，我对城市感兴趣的是一部戏剧中的角色，在这部戏剧中，黑夜及其与白天的关系表现为伦理冲突发生的想象性场景的范例来源，不同的遭遇都有助于激发我们去思考——是什么和不是什么——正常的和不正常的意义问题。然而，日常生活和集体问题—解决方式的特征却是不可避免的，并且往往是被抑制的。在这里，拥有一种"发达的"夜生活究竟意味着什么，并且不管意味着什么，这都是关于城市的世界主义的言说吗？这关系到都市性问题和当今城市的定量讨论，城市在注重丰富生活设施的同时，可能对质量的问题仍然漠不关心。

一种文明及其城市的成就往往被看作可以感知到的纪念碑、建筑、艺术品形态，但也被看作知识、科学和技术的进步。假如我们在这里想到马克斯·韦伯关于西方理性化"成就"的著名讨论，可能也会想到在扩大权利方面的"进步"，以及在一定程度上通过资本流通以及随之而来的劳动力流动而产生的便利设施的丰富性。我们可以扩展齐美尔所说的"客观文化"（Simmel，1971，227-235）的概念，使它不仅包括伟大的艺术作品，而且也包括文化资本（Bourdieu，1984）的概念，认为艺术和知识可以成为商品，商品可以当作艺术品，这对于客观价值模糊性的认识来说是必要的。

24小时城市的夜生活，对一个城市来说便是这样一种客观价值的成就，既体现在进入霓虹灯的景观和所提供的涉及其他新选择的想象与技术之中，也体现在要求考虑消费可能性而扩大机会的商品化之中。如果波德莱尔认为大城市是"文明世界的首都"，那么，24小时城市就体现了城市作为资本的双重功能，首先是作为能够使资本主义处于夜间灯光闪耀的中心，在这个中心里，资本主义被照亮并且变得光彩夺目。尽管有许多人已经注意到，艺术是如何被转化为资本的（如在推销城市遗产方面），却很少有人试图阐述把这种资本转化为价值品质的方式（如何把夜间消费扩展成一种需求和欲望的客体，与甜美生活的理想和"生活方式"相称，与商业和教养之间的被扩大的和密切的解释性关系相符合）。

最后一章里讨论的咖啡的作用，是双头怪商品的一个典型的例子。一方面，人们认为这是促进劳动生产力和效率的一种刺激；另一方面，又认为这是一个快乐的体面来源。尽管批评家们除了咖啡因的有害影响外什么都看不到，但是，它的享受真的只是资本主义的又一种意识形态武器吗？"咖啡因所提供的强大刺激是抵抗疲劳的武器，有助于恢复衰弱的精力和维持工人的纪律。然而，其他因素与其说与饮料的内在性质有关，不如说与那些兜售它们或从中获利的人的意图有关"（Mintz，2001，36）。

这些看法把与咖啡有关的一切深刻的东西都简单化了（或者就说夜晚那件事儿），把商品看作市场流通的一部分，却又把市场贬低为以剥削和利润为导向的交易场所。作为这个欲望系统的组成部分，我们需要以充分和综合的方式考虑效率的模糊性及其所强调的生产性与享受性之间的联系。城市与刺激的关系，与对持久性、脆弱性、规律性以及模糊方法和程序的关注的关系，都标志着城市始终是身心实验的中心，是激发自身创业积极性的场所，也是与允诺"甜美生活"的产品、环境、机会的稀缺性和可获得性有关的问题。

163

处在文明中心的城市成为首都，正是因为它能够使世俗欲望问题的传播成为资本关切，这是一种如此重要的资本关切，以至于能够在夜间变得戏剧化，能够成为一个扩大的公共舞台，在这个舞台上，所有参与者彼此都是表演者和观众，合二为一，通过灯光照亮它的多样性选择，在一个扩大的环境中彼此相见和彼此被看见。这种资本照亮了欲望的丰富性和多样性，对所属的文明来说至关重要。

第六章　场　景

引　言

在场景的问题上，有关城市的文献和研究似乎都保持着沉默。可能的资源也许包括卡尔·曼海姆已经谈到的咖啡屋及其在民主化进程中所具有的重要性（Mannheim，1956，141-142），但是，我们对这种轻易地把场景等同于标志着民主公共空间讨论的对话及其透明性的做法没有信心。在整个历史上，对小圈子和社会圈里的许多逸事和民族志的描述提供了各种生动的细节，却对场景的问题置之不理。政治经济学由于从外部把场景看作剥削或虚假意识的场合（zukin，1997），即看作市场而没有更多的东西，从而忽视了作为一种现象的场景，尽管对作为肯定"部落"意识的狂喜事件的场景有一些评论（Maffesoli，1996），但是，一直没有想把这种场景理论化为一种社会形态；有的倾向于批评它的装腔作势，有的则倾向于褒扬它的阈限性。对场景排他性的要求都充满了自命不凡，它的狂热似乎往往要以牺牲自制力为代价来拥抱

激情。可是，作为一个集体问题，场景的复杂性似乎总是超出了
这些特征。最后，对城市公共空间兴趣的暴涨掩盖了这些复杂
性，要么把场景看作一种对话的机会，把它理智化并减少其感性
的魅惑（仿佛这种场景是民主事业中的一个教育时刻），要么把场
景看作一种尚未形成的共享空间的展望，让一切有趣儿的事都得
到发展（似乎最好把这种场景理解为由陌生人居住在亲密空间中
的一种模式，因为陌生人的共同存在迫使他们面对共同的问题）。
显而易见的是，对场景问题的探索，作为一种有助于使城市成为
一个场所的地位的探索，应该让我们开始澄清两个重要噱头之间
的解释性联系，一方面是公共空间的观念（Clarke，2000），另一
方面是"想象的共同体"的概念，这两个概念都已经固化为陈词滥
调的噱头（Anderson，1983）。

165

作为一种社会现象的场景语法

为了参与场景的存在，我们最好能够想起下面这段话。

> 因为对存在的理解首先存在于一个模糊的、不确定的意
> 义上，可是它仍然是肯定的和确定的；因为对存在的理
> 解……仍然是模糊的，令人困惑的，被隐藏的，它必须被阐
> 明，被解开，并且从遮蔽中被撕开。只有当我们探询这种理
> 解时才能做到这一点……我们起初认为这仅是一个事实——
> 假如我们对此提出质疑的话。（Heidegger，1961，70）

在日常生活中，我们有条不紊地谈论场景，场景首先呈现给
我们并且为我们而呈现。然后我们会问，当我们以这些方式面对

这个世界的时候，我们在说什么，有一种支撑这种多样性的持久性吗？我们是要对场景进行无限的评论，还是应该努力去恢复场景与集体生活之间的解释性交流的某种自律感，尤其是一种适用于城市的感觉？

由于城市被认为是场景的滋生地，也就是培育场景的地方，因此，场景肯定与城市联系在一起。例如，在生动有趣的书里，乔纳森·拉班含蓄地认为，各种城市的场景产生于根本的都市戏剧性，这种戏剧性是必要的，因为有不同陌生人的共同存在："当然，正是认识到了城市生活的这种内在的戏剧性，城市的公共场所才往往像等待着一个场景的灯光舞台"（Raban，1988，27）。在这种典型的场景表述中，它们是戏剧性被强化的背景。现在，我们可能会只注意到场景的概念是如何被视为理所当然的，尽管在本章的后面部分考察城市空间中的私人和公共功能的混合体时，我们会尽力运用拉班的餐厅例子。虽然拉班讨论了在一种匿名情境下与陌生人在一起是如何对城市居民提出表演要求的，但是没有具体阐述城市的戏剧性为何以这样的方式才能被理解为场景的基础，也就是说，没有具体阐述作为一种社会形态的城市为何取决于这种戏剧性的方式。这正是我们要探讨的方面。

当考察有关城市的文本时，我们注意到了被当作"场景"的环境，这些场景的重现被设想为组织城市描述的主要范畴——同性恋场景、音乐场景、毒品场景、艺术场景、探戈场景、狂喜场景。在这里，场景听起来就像商品一样，不同的传播方式可能会把它们带到某些城市而不是其他城市，或者说，会在不同程度上传播到所有的城市。在这样的用法中，场景的具体性质和色情性质似乎在普遍性的凝视中消解了，在每一个城市里都会发现相同的场景，或者不同程度的场景，仿佛这种场景具有一种普遍性的功能，只不过以程度不同的方式在不同城市中付诸实践而已。然而，乡土式的场景感仿佛总是被赋予了具体性和地方性的意义，对于那些被迷住的人来说，这就是它极具吸引力和诱惑力的理由，使得它的大部分话语好像是由一个没有体验过它的乐趣的人产生的。

在各种导游手册中，场景往往被等同于俱乐部和迪斯科舞厅、"现场表演场所"、咖啡馆和酒吧。特别是，场景被等同于夜生活：

> 柏林以拥有欧洲一些最好的和最激情热辣的夜生活而闻名……今天，最吸引人的是这个城市的那些高科技……在场景中发展起来的俱乐部。在相当短的时间内，许多这样的场所被设置在从前是禁区的东西边境线上或附近的废弃建筑中，由此产生了欧洲最令人兴奋的景象。(Holland and Gawthrop，1998，260)

如果这对于柏林来说是特别的，那么特殊性就在于柏林的夜生活观念被赋予了场景的性质。对场景的这样一种解释本来就是典型的，它提供了一种并非必要的夜间感，因为场景总是意味着一种比它与夜晚的联系更为基本的专业知识、途径和联想。

另一方面，如果场景指向任何一个城市或者任何一个名副其实的城市反复出现的特征（想象一个无法要求任何场景的城市），那么这种普遍性功能的分布是不同的。场景与一些协调一致的活动产生共鸣，而这些活动在某种程度上是专业性的，至少会有所不同，但并不一定是隐蔽的。然而，即使是合法的——如时尚场景——也意味着某种保密的因素，或者说，至少是对它所庆祝的

167

活动有差异性的进入权。也就是说，任何一个场景都有一种常人难以理解的氛围，这往往会使外界或者刚刚到这个城市的人对其所到之处的了解成为一个问题。场景的位置有问题，不仅与到那里去的人所需要的专门知识有关，而且这种知识的微妙性要求与在某种程度上不受世俗影响的观念有关。这种场景往往显得神圣不可侵犯，因为它所培育的惯例可能会被利益集团打断，而这些利益与它所需要的严重性无关。

我们是否知道一个场景是什么和不是什么，在某种程度上允许我们用理智和区分来处理这样一种实例多样性？或者说，我们是否应该把接受这样的前景当作任务，通过思考其所具有的丰富性和多样性的用法，开始获得对作为一种社会持续性的场景的方向感？我从一些关于场景语法的评论开始，以便从它的用法中重建各种参数。

规律性

"单身酒吧"的场景，来来往往就像夕阳西下一样有规律。这种场景是否仅是一种反复出现的、有规律的、可重复活动的场所？那样的话，火焰吸引飞蛾的方式似乎就成了有规律可循的了（Bennett，1964）。这种场景的偶然性质——引起观看和被观看——暗示着一种比限制性经济更为强大的欲望元素（Baille，1985），更准确地说，表玥这种关系所释放的张力——在有限的欲望经济和一般的欲望经济之间——正是此种场景的内容。场景作为一个集体问题的模糊性，在某种程度上，就在于它试图厘清在观看与被观看过程中的工具性与仪式性元素之间的关系。

我们把单身酒吧作为一种观看（一种景象）的场所，并不是像游手好闲的旁观者那样去参观，因为他是在一种不受约束的观看意义上被人们看到的。更准确地说，被称之为起着"相互观看"作用的东西，就是它持续存在的需要和渴望。假如场景在主题上激发了对他的永恒性的渴望，就会有助于我们把无所事事的旁观者（像计算机惯用语所说的"访问"网站的人）与被这种形式的持续性所吸引的人区分开来。因此，即使是规律性也不会深刻地描述主体可能需要和造访的主题——即使"需要"把它作为一个事项写在日历上——但是不会愿意为这种场景及其作为一种社会形态的持久性做出牺牲。这样就开启了政治和场景的领域：在迫不得已之时，我是错过街头咖啡馆，还是准备为了它而做出牺牲呢？这是卡尔·施密特针对资产阶级政治含蓄提出来的论点，也是他衡量"真正的"国家承诺的理由（Schmitt，1996）。因为这种场景使窥淫癖、规律性、甚至表现狂具有了寄生的可能性，所以，总是使真实而非虚假的承诺，以及什么是真实的而不是表面的主题这个问题发挥作用。这样，场景总是会引起一个问题，即无所事事的旁观者的舒适感，以及她是否应该被认可为一种好客的形象，还是让人觉得她是一个难以理解的外来者。这就引出了与城市生活有关的场景的广泛性问题。

168

广泛性

请注意一本旅行指南是如何赞扬都柏林"可接近的"男女同性恋场景的：

> 都柏林的景致之所以有很好的声誉，是因为对游客来说是如此地容易接近，如此地具有吸引力和易于管理……它迎

合大多数人的口味，还不把自己太当回事儿。前往都柏林的
游客可能尤其会被这样一种感觉所打动，那就是女同性恋和
男同性恋场景都融入城市的社会生活之中，在很大程度上比
曼彻斯特和伦敦的情况要好得多；并且，大多数聚集地点都
维护同性恋者的权益，而不仅是女同性恋者或男同性恋者，
如在曼彻斯特和伦敦，而且大多数场馆对同性恋者都很友
好，而不仅是女同性恋者或男同性恋者。（Time Out，1998，
178）

　　在多大程度上，这种场景被从城市中消除或融入了城市中？
如果每一个大城市都需要并且有同性恋场景，这仍然不能告诉我
们这种场景与城市的社会关系。也就是说，这种场景究竟是如何
远离城市或者成为城市一部分的？此外，这并不是不言而喻的，
它作为城市的一部分在本质上"有益于"这种场景，因为它有可能
（就像旅行指南中所认为的那样）"钝化场景的激进性边缘"（Time
Out，1998，178）。这种场景的广泛性是否意味着它取代了城市
以至于城市与场景变得无法区分了呢（在这方面，旧金山是一个
同性恋城市，或者拉斯维加斯被等同于赌博行为）？另一方面，
排他性是否如此紧密地与场景的性质相互呼应，以至于对所有趣
味和所有游客的"殷勤"都可以剥夺它的活力和鲜明个性？

必死性

　　一个关键的解释性场所，在那里场景的问题——范围和边
界——是围绕生成的问题，即围绕即将到来的和正在消亡的问题
而产生活力的。场景的演变和衰落是集体生活中的一个吸引人的

对象。人们常常认为，场景的不可避免的命运、变化无常和短暂 *169*
性，表明了它们与风靡一时之物和时尚的必然联系。通过这种方
式，场景的必死性似乎证明了它们的轻浮，它总是标志着场
景——比如纽约的时尚或餐馆——就是今天在这里存在的某种东
西，明天就会消失，因为它过于脆弱而不足以支撑一种更为持久
的兴趣。

　　场景的必死性与城市的历史密切相关。巴黎、纽约、伦敦和
巴塞罗那都以它们的黄金时代为标志，在大多数情况下，这些黄
金时代都是"前卫"活动集中在城市场所的时期。例如，艺术场景
往往是大城市的遗产，既是城市历史上的典范时期的表现，也是
创造性躁动的典型张力和轨迹的体现。然而，关于黄金时代和历
史城市场景的轶事民族志（Flanner，1974；McAlmon and Boyle，
1984；Shattuck，1979）却常常掩盖或者没有提到城市与场景之间
的这种张力。也就是说，今天的伦敦是否能够借助乔治·帕德莫
尔的形象，或者弗莱、伍尔夫和其他人的布卢姆斯伯场景中具体
表现的过往岁月的泛非洲场景来体现自身的特色，且不说表达这
些居住地与城市之间的张力关系的故事了。如果城市在一定程度
上通过场景来讲述自己的故事，那么场景的成就往往是来之不易
的，也是艰难的斗争，或许有一种官方的场景历史（纽约的阿尔
冈金酒店、让·科克托的圈子），还有一段更黑暗、更神秘、更
隐蔽的历史，被封存在证人证词或者等待恢复的碎片性剩余物之
中。这类场景的神秘性，是一个有待探索的谜团，是它们的地方
性特征。多萝西·帕克和让·科克托都是很少离开他们常去的地
方的当地人（甚至连科克托的无数次旅行都证明了他作为地道巴
黎人的成长状况）。我们需要想一想，这种场景究竟是如何把地
方性的"生活经验"强加给少有承诺的人的，仿佛他们是凭借场景

重新定义城市一样。这样，苏格拉底、科克托、帕克就是当地人，也就是那些专注于戏剧化和客观化场所经验的人。城市和场景之间的张力关系需要被重新找到和重新书写为这样一个故事，这些人物如何为他们的城市而牺牲自己，他们如何因为城市为了自己的历史而做出牺牲。在不同情况下，对无节制的社交活动的强调使场景变得更加丰富，并且会被它所激发——欣喜若狂的社交活动的利比多循环——使这些人物中的每一个人都成为场景的牺牲品，以及为了这种场景而成为牺牲品，并且表明每个场景都需要这种自为存在的同一性，即它的替罪羊。

场景的必死性问题，使我们能够重新审视无所事事的旁观者的问题，因为它提供了一种更有力的选择，而不是被认为仅是和完全是由规律性所涉及的主题画面。可以认为，这种场景的主题在于以某种使城市出现的方式始终坚持一种社会形态，因为这种形态的持久性被看作城市永恒性不可或缺的组成部分。例如，想象一个人会说："我不需要单身酒吧，因为我结婚了。"或者说："我不需要同性恋场景，因为我是异性恋者。"或者说："我不需要音乐场景，因为我有一个很好的音响系统。"这不同于那个会说"城市需要场景，不管我是什么"的人。我们能不能把持续存在问题涉及的场景中的情人——与柏拉图惯用语中的"非情人不同"——看作公共利益及其与私人化不可避免的斗争的一部分呢？

场景的必死性的问题提出了一些涉及边界及其与外界"交流"的问题。以艺术为例，我们可能会问，如果它的场景出现而又消失，它是否能够生存，即表现这种形式的场景与形式本身之间存在着什么关系，还是以这样方式进行思考是一种"范畴错误"？艺术能够在场景缺席的情况下蓬勃发展起来吗？或者，这是一种同义反复，就好像没有艺术场景就没有艺术一样？对城市来说同样如此，在艺术场景缺席的情况下，一个城市能够拥有艺术吗？反之亦然，一个城市可以有艺术场景而没有真正的艺术吗？当我们以这种方式提出问题的时候，艺术的社会现象就不仅让我们思考场景与公共空间的关系，而且关注场景的语法。假如我们能够想象没有艺术的艺术场景，那么，我们就需要问一问，在这个场景中正在被实践的东西到底又是什么呢？事实上，这个问题不是任何一个艺术场景的组成部分吗？它始终以指责赝品和作为场景本身特征的伪艺术的方式涉及产品质量的主题。一个有艺术而没有艺术场景的城市，无论是在庄严的豪宅里，还是在工作室里，似乎艺术都是一种私人的操练。在这个城市里，艺术家和艺术爱好者从来都没有彼此相遇过。令人奇怪的是，一个艺术场景可能会产生坏的艺术，并且可能对城市有好处，就像一个城市面对美的作品可能无法把它们融入公共生活一样。

这就告诉我们，一个艺术场景可能不是所谓的"艺术世界"（Becker，1984），可能与艺术的质量没有任何关系。这意味着任何一个场景都隐含着相互依存的关系，这种场景可以让这些形式的爱好者聚集在一起。艺术场景通过把它的角色当作一种在形式爱好者之间进行邂逅的方式，将会使我们对场景的感觉变得更加敏锐。从这个意义上讲，我们需要追问的是，与这种场景不可分割的集体化的内在意义以及它如何在人们脑海中唤起一种集体行为的概念。

集体化

我们仍然不想把这种场景简化为一种逻辑，如转化为被戈夫曼描述为"自我呈现"（Goffman，1967）的有限经济体现的那种逻

The Imaginative
Structure of the City

171　辑，这种场景涉及在集体生活中对共同体的强烈渴望。因此，可能有许多作家，但是并不会像萨特对美国和欧洲作家进行比较时所暗示的那样，会有一种写作场景。

> 这位美国作家在写书之前经常从事体力劳动。他回到书本上去了。在两部小说之间，他的职业似乎是在牧场上，在商店里，在城市街道上。他不认为文学是一种宣泄孤独的手段，而是一种摆脱孤独的机会。他毫无目的地写作，出于摆脱恐惧和愤怒的荒谬需要……他与其他作家没有任何牢固的关系，往往因为大陆的广袤而与他们相隔遥远……他不断地在工人阶级世界中徘徊，在那里寻求他的冒险以及中产阶级读者。（Sartre，quoted in Kaplan and Roussin，1994，204）

这种场景需要某种形式的情谊，这种情谊并不一定存在于那些练习写作的人（萨特上面的话中）之间，而是存在于那些热爱写作的人之中。这至少让我们可以想象一个有很多作家而没有写作场景的城市。事实上，那些忠诚于这种场景的人之间的纽带性质仍然有待于探讨。如果相对于一个不热爱艺术的"外行"来说，所有人都是表演者，那么表演者和外在于场景的观众之间的区别就有可能会消失。更重要的是，把艺术世界的成员（出版商、代理商、书店、媒体、读者、作家）联系在一起的相互依存关系，仿佛是一条体现交流纽带的影响之链，就好像具有一种决定性的影响一样。相比之下，我们能否重新思考这种场景的典范性关系及其具体而独特的凝聚力形式呢？一个场景能否描述集体化的各个阶段，从那些因为不言而喻地共享资源的共同关系而被松散地联系起来的集合到一个初期的共同体，而这种共同体正在参与作为一种集体的身份的形成、塑造和改变？

戏剧性

场景中不可或缺的戏剧性元素意味着它作为一种观看场所的重要性。场景就是观看与被观看的一个场合，也是一种在观看与正在被观看的场合。观看和被观看都是在这种场景中完成的。

场景的偶发性质，就是要把时间和空间带到场景的语法之中。因为，假如场景就是一个场所，一个观看和被观看的空间，那么场景的偶发性质就会表现为人们的参与在时间上被不时打断的一个场所，就像一场仪式一样。这种场景为了进行观看和被观看而把空间和时间连接在一起。我们是否可以说，场景既非简单的空间，也非简单的时间，而是一种社会仪式呢？如果这种场景的陷阱就是一个人被认为是被观看的，那么它的风险是，一个人总是可以看起来是工具性的。就场景的逻辑而言，它的有限经济就是窥淫癖，似乎人们总是心怀鬼胎地观看一个未被看见的观看者。这种观看同时也是被观看，而不是未被看到，这使主体与窥淫癖的斗争具有彰显不同场景特征的解释轨迹的作用。观看与被观看的斗争——被看见在观看，因而着迷于行为而不是无所事事的旁观者——表明它的主体是表现狂而不是窥淫癖，也就是说，就像主动地让在观看的人看见一样，同样牵涉到把观看当作一种互相承认的行为的相互性。

表现狂描述了观看和被观看的行为——对这种观看的社会参与——因为它抓住了被看到在观看行为上的相互性。主体并不是首先观看，其次才被看到在观看，相反，被看到在观看是作为一个行为过程的观看和被观看"两者"的融合（关于双重的可能性，

172

见 Parsons，1951，36-37）。场景往往与展示联系在一起。例如，就像散步所描述的那样，不仅是出门走走的家庭或夫妇，好像没有被看不见一样，而且是在进行观看的同时也被人们观看，因此，观看也是在进行自我展示。这意味着，场景的主体总是通过进行或展示作为一个喜欢被看到在观看的人所需要的参与，也就是说作为一个喜欢沉浸于实践中的人，努力摆脱作为一个单纯旁观者的气场。这样一个主体致力于完成作为一种抵制抽象性的社会关系或行动过程（它可能被具体化为无利害的观点）的被观看的相互作用，从而呈现出观看所涉及的相互性。这就是它所说的他极力要被人看到的场景主体所表达的意思，这不一定是在表面意义上，而是被看到在观看的意义上，也就是说，被看到是由观看的相互作用所引起的。这开始涉及场景的公共性质，它使视线与凝视之间的这根细线变得有趣起来（Lacan，1981，67-97）。假如这种场景的特点是由所要求的观看的相互参与来体现的，那么这种场景同时也是由来自相互性的深层次联系所唤起的能力体现的。

　　柏林的一些百货商店，如布卢明代尔或卡迪威，往往被描述为场景，首先，因为人们认为作为一种"次要"功能的展示取代了购物的主要功能。但是，这可能会掩盖购物就是展示的强烈感觉，就像散步发生的情况那样。这就指向了另一种由于场景的模糊性而产生的有趣张力：观看（观众）和被观看（参与者）之间的张力，必须始终以一种努力在行动中让观看和被观看的行为变得可见的方式来完成。因此，裸体海滩或名人聚居地总是通过抵制"无所事事的旁观者"来保护他们的声誉。尽管也利用他们（虽然土耳其少年在柏林裸体游泳场和海滩上可能仍然穿着衣服，但是，由于他们的魅力，他们把自己同时表现为外在和内在于这种场景的人，就像那些到名人聚集的地方愣愣地观看的人那样，通过他们的偶像崇拜而成为这种场景的一部分一样）。

倘若这种戏剧性引起了外在或内在于场景的问题，就会使寄生成为场景的一个永久特征，寄生虫是一种依赖于对他人的忠诚而生活的持久类型，它的典型性往往被纳入场景之中——通常是自豪地——成为其吸引力的标志（Serres，1982）。在这里，粉丝、逢迎者、甚至游客都成为必不可少的场景。假如在这个意义上对会员身份的入迷往往是场景的标志，那么这确实就不仅被看作粗俗的场景，因为所有类型的场景——即便是那些被认为只限于具有最精致的敏感性的场景（咖啡馆社交活动、文学沙龙、艺术圈）——都在不断地检验和辩论资格和归属的问题，往往使这种问题成为一个最受欢迎的讨论话题。

越 轨

正是当戈夫曼把乡土意识作为违规来阐述的时候，戏剧性所引起的一个问题就是暴露。

> 有些情境往往被称为"场景"。在那里，个人的行为以这样一种方式破坏或严重威胁到文雅的共识现象，尽管他的行为不可能只是为了制造这种不和谐，但是，他清楚这种不和谐的行为可能导致的结果。"创造一个场景"这个常识性短语很贴切，实际上，一种新的场景就是由这种干扰创造出来的。（Goffman，1967，210）

这种场景让人兴奋的部分原因在于，把人们对失礼的期待制度化。在这种期待中，关于成员资格本身和归属资格的"文雅共识"因某种干扰而受到了威胁。也许，场所的力量直接关系到与之相称的暴露的危险，从而使任何一个场景都会成为那里的权利可能受到质疑的一种场合。对场景的这种挑战难道没有涉及暴露的前景所释放的风险，一种激活场景、增强场景本身活力的前景吗？我在这种困扰中力图表明的是，表现狂并不必然是（被视为）肤浅的，场景的问题生动地提出了这种边界的问题性质——浅薄的还是深刻的？——作为主题。

174

场景的戏剧性与其具有的表演性质产生共鸣。一个恰当的问题就是需要考虑，我们将不断地重新思考正在被表演的东西的性质，不仅是购物、艺术、诗歌朗诵、音乐、舞蹈等，还有观看和被观看。我们必须使这种表现狂的中心场所成为所有场景都是由它的内容所肯定的表现材料。

这些思考所表明的是，假如越轨对场景来说是必不可少的，那么，它就不是一种法律原则上的越轨行为，而是表现本身在性质上的越轨行为。这种场景之所以是越轨的，并不是因为赞美"反文化的"价值观或"生活方式"，或者宣扬边缘性的、深奥的学说，甚至是颠覆性的哲学，而是在于它的表现狂，以及存在于它声称要摆脱日常生活的常规化而突出自身的场面上。正是这样一种理解允许我们把任何一个大城市或任何一家餐馆的庭院场景都当作一个场景来谈论。这一场景往往因其华而不实变得不知羞耻，总是不言而喻地表现为一种被嘲弄的机会。

它是一种越轨的表演，就像 20 世纪 60 年代新左派所说的"顶上墙的畜生（Up-Against-The-Wall-Mother-Fucker）"的对抗性政治策略一样，把一种学术上的交流变成了一种表演。即使是在其最寻常的形态中，表演也有可能造成暴露或羞辱的越轨。比如，用打破观众和表演者之间界限的方式叫某个观众来表演（唱歌、背诵诗歌）。表演挑战自我封闭，并且在这样做的时候，使场景充满着一种危险的气氛。表演通过让所有观众都看到自己的身体从而把观众的被动性作为焦点。表演使它不可能保持身体的不可见性，让未被看见的观看者呈现为被人看见的某个人。因此，把正式的社交场合（"高档生活"）当作场景来讨论，就是要承认如何充满了由他们的俗套提供的暴露和羞辱的危险，而这在一定程度上就是期待他们的兴奋中的机会的理由。因此，把场景说成是事件是正确的。只要我们认识到，这种危险来自让人看到某种私密的东西，在那里，最隐秘的东西就是对这种无法渗透的边界的幻觉。

倘若在一定程度上场景的狂喜性质，就在于允诺打破自我封闭的常规以及所需要的一切，那么场景意味着另一种危险。场景是一个集体性实践的场所，给城市带来了集体专一性的力量；人群的出现是由一种统一而又老练地追求质量的机械狂热所支配的。用现在的惯用语来说，场景唤起了部落霸权的迹象，因为它的惯例总是意味着在这个场所中存在一种特殊化的凝聚力规则。这就是说，场景的危险既存在于内部，也存在于外部，在暴露给那些通过这种资格考验而变得欣喜若狂的人的事件中，它就在"内部"允诺了这种危险，而且并没有因为凝聚和集中那些分散的和未被聚集的人而带来这种危险。这种场景总是使人们想起城市的工程和它需要具有吸引力的特殊性质，因此，它总是提出关注工程的地位问题——人类工程及其价值的地位问题。

175

景　观

　　从某种意义上说，场景涉及使我们能够抵制那些容易识别的
景象和场景的工程。很显然，古罗马角斗士的比赛就构成了那座
城市的一个场景，让观众聚集在一起的东西就是对这些选拔赛所
体现出来的兴奋和娱乐（Barrow，1993）。假如游戏在这个意义上
是戏剧性的，有趣的，是一种魅力的来源，一个不安分的人群的
发泄渠道，那么我们也许还会追问，它所体现的究竟是什么样的
项目？如果这种场景不仅是一个经常重复的场所（歌剧、保龄球
联盟），难道它只是一个戏剧性焦点的场所（公鸡搏斗，赛道，赌
场）吗？提出这样的问题，并不是力图通过取消某些人的资格和
提高另一些人的资格来使场景的意义合法化，毋宁说，是要以我
们（的理论化）必须考虑到的方式指出场景作为一种集体表现的模
糊性。对于场景的任何一种考虑都会让我们反思景观和工程、魅
力和诱惑的边界，以及它们的阐释在其中引起的一种集体问题的
方式。

　　在许多城市，商店、区域、娱乐综合体等新的项目都被设计
成各种工程壮举，建筑景观旨在通过肯定对自然的集体掌握来吸
引用户。如果这些项目总是不言而喻地把自己当作集体化的场
所，那么，它们所激发的魅力就有可能由于景观的惰性及其麻痹
的力量而束缚共有化。可是，最好的建筑有望通过对空间的景观
性承诺而超越魅力。如果说每一个空间都是为了安置而斗争，那
么正是在这个意义上，它才致力于克服景观所引起的魅力，仿佛
这是一场使它作为一种场景的承诺成为可能而进行的巨大斗争。

176　　从最好的意义上说，每一个项目都在为成为一个场景、成为

某种不只是令人好奇的东西而努力，不仅是一个迷人的客体，而且是参与者，把他们带到想象为场景的共同体的魔咒之下（Baudrillard，1991）。场景许诺诱惑是对魅力的一种克服，这不仅适用于城市的内部景观和地形，而且适用于作为一个整体的城市。城市之所以繁荣，就是因为场景，而不是作为一个容纳事物的容器，从本质上说，被诱惑的多样性和异质性机会，在某种程度上，开始标志着一座伟大的城市就是值得人们记忆的城市。

　　这种场景似乎证实了某种有关城市交往生活的东西，由团体、社会和派别组成的网络赋予了城市一种具有凝聚力的精神，这让人联想到了作为一种"共同体（Gemeinschaft）"的场景。相比之下，正是这种共同体—法理社会（Gemeinschaft-Gesellschaft）的综合体及其不可能的调和导致了场景的诱惑力和兴奋感。我们可能会想到德·托克维尔的著作《美国的民主》，在这本书里，他以对这种场景表达持续怀疑的方式讨论了美国交往生活的丰富性（Tocqueville，1945）。也就是说，不论扶轮社、美国军团、专业协会、小剧场、族群组织（还是团体治疗网络），都是托克维尔的美国害怕诱惑和（城市）场景的变革力量。正是在这种魅力与诱惑之间的运动中，场景的力量才得以存在。因为场景同时既是一种允诺，也是未实现的东西。我们可以说，场景的本质就是渴望，也许是对不可能的东西的向往，不过，人们对它的可能性的渴望，是通过对被认为是实际的东西的记忆而得到的。当莱德鲁特说城市的形象类似于"神话或文学作品"（Ledrut，1986，222）的时候，他是对的。场景开启了关于城市梦想事业的对话，它如何唤起人们去梦想，即由当下诱发的欲望——永恒的当下之梦——给予一种能够使它持久的方式。正是通过这种场景的观念，我们才能够开始把伟大城市的观念恢复为激动人心的。这样一种方法让我们重新思考法理社会的内在梦想，就像黑格尔所说的那样，这种梦想让我们强大到足以消除（共同体—法理社会之间的）对立，并且能够保留差异性，即我们社会的梦想（这是一种能够令人难忘的社会，这种当下能够在时间中流传下去）。

原创性的城市场景

从所有的描述中可以看出，原创性的城市场景都是围绕激发
177 苏格拉底及其追随者圈子的哲学交流被组织起来的。大多数类型的哲学化都不是在场景中挑起的争论。因此，苏格拉底圈子这个例子的有趣之处在于，通过指向哲学活动可能需要的东西，如果它要成为一个场景的话，可以引导我们到任何实践中的场景的极限。当然，哲学理论，如维也纳学派的逻辑实证主义，已经产生了不同的团体，每周都有聚会，还有各种协会，但是已经被苏格拉底（和其他一些哲学家）所认同的是场景而不是社交圈子。运用苏格拉底的例子，我们可能会问，究竟是什么东西让我们有资格把这样一种社交圈子当作一个场景来谈论呢？

第一，努力证明城市对于实践的必要性，正如他对国家的批判所表明的那样。以这种方式，他把场景具体化的活动（在这种情况下，哲学）等同于城市。第二，哲学不是抽象的都市，而是在某个地点进行的实践。这个地点被秩序化为一种场所，在城市广场（agora）中可以看到和开展活动。这种实践的都市性是作为一种集体实践而产生的，它在戏剧性中指向一种具有其广泛内涵的城市象征。当想到哲学的起源、想到城市时，我们就会想到哲学的场景有如城市里作为一个场所而存在的市场。

尽管有这种场景的根本都市性，但是，它始终与所在区域的

城市之间存在着张力，具体体现在苏格拉底的指控、审判和死亡中。场景与它所体现的城市之间的这种张力，不仅表明了场景对城市的危险性，而且证明了这种危险是如何通过无所事事的旁观者的工作被传播的，他们作为不忠诚于这种活动的见证人来到现场，即他们是希望得到娱乐的旁观者。因此，《理想国》的第一卷表明了场景的部分作用就是怎样把无所事事的旁观者与这种实践的朋友区分开来，作用就是分清每一个人在那个场所里出现的理由。第一卷表明，这种场景的内容为何在很大程度上用于资格问题（比如，询问"谁有资格或没有资格讨论哲学？"），在某种程度上，可以把场景的"生活体验"表现为一种启动仪式［就像辩驳（e-lenchus）是一种仪式一样］。

接下来有一个最重要的认识。假如场景实际上是专门用于解决资格的问题，就如在某个市场中涉及这个问题一样，那么它就会在公开场合进行某种最私密的活动（对品质的区别性对待属于私人的方式）。这有助于把这种场景与退出世界的邪教或教派区分开来，后者是一种集体私有化的姿态，因为这种场景选择在公共场合开展业务（甚至是使自己成为排他性的活动）。这种场景是因为需要逃离家庭空间以及对私人的统治而在公共场合进行的吗？这种场景如何以及为何把个人事务公之于众呢？也许，场景规定了对区别对待的一致性享受，即它在某种特殊意义上为集体提供了一个场所（因为在某些事务上涉及对品质和资格有特殊追求和实践的集体）。但是，如果这种现场拒绝被轻易地命名为宗派或邪教，那么它如何坚持这是一种社会运动？社会运动是一个场景吗？在通常所讨论的社会运动方式中，似乎无所事事的旁观者有可能就是作为一个场景参与其中的人。我们可能会问，一种社会运动需要赋予什么样的典型意义才能被看作一个场景呢？在

178

这里，我们可以想象被看作一种时机本身的社会运动，而不是一种工具性的联想（因此，用维特根斯坦关于会说话的狮子的评论来说，这会是一场社会运动吗?)，这个边界所释放的模糊性肯定是场景话语的一部分。

在第一章，我们注意到了海德格尔是如何把场所当作一个过程来讨论的，一个事件，如腾出空间，开启了一个地带，为未来安置的"可重复可能性"确定了一个所在。在这里，他使场所与我们所认为的假设或预设，以及对行为者的地方性限制联系起来，通过邻近性的概念产生了所谓的邻里关系。他谈到的邻里，意思是"住在附近……在邻里的近邻性中，场所被具体化了，并且变得亲密，面对面"（Casey，1997，chapter 11)。也就是说，场所就是相遇的场景。在建造和居住的场景中，场所是特殊的。

如果一个场景就是把人们连接成共同言说者的集体的场所，就好像他们住得很近一样，仿佛他们一起体现了一种相互承认的结构，那么任何一个场景都会变得具体而特殊——一种言谈居民的亲密关系。在这样做的时候，就是一种安置，一种为其交谈腾出空间的方式，正如海德格尔所说："这给了我们空间，并允许我们做些事情……这种场所给了我们空间去体验实际情况是这样的"（Casey，1997，282)。因此，邻里就是一种来自"腾出空间"或者安置所展开的欲望的隐喻，因为场所上的安置方式把它作为相遇的场景来建构和栖居，这种场景就是场所，并且在栖居中使相互承认的结构变得具体而明确（Kolb，1986)。

私人与公共/公众

　　海德格尔所阐述的场所是为那些具有亲近性的人创造一种林中空地或邻里的含义之一，这为我们开始探索场景中的私人和公众之间的张力提供了方法。正是在这样的基础上，拉班从两个方面提出城市是陌生人的共同存在的概念。我们谈到了（公众）对戏剧性的强调以及在私人化的拓展中形成的小圈子扩散。拉班和海德格尔（含蓄地）两人确定的这种部落主义和戏剧性的结合，开始把城市定位为一种交流能量的场所。在那里，私人的亲密关系被集体化为一种共享的实践，只是因为被分享才使这种实践变得令人愉快。这种场景使共享变得愉快，仿佛是一种私人的体验，并且使非常私人的品质和区分取向成为可以被分享的东西。拉班谈到这一现象时说：

　　　　紧密围绕一种象征性客体和观念的亲密私人团体，是一个大都市条件的非常严重的症候。（Raban，1988，119）

　　这必须结合前面讨论过的戏剧性关系阐述。正如海德格尔所暗示的那样，场景为居住在近处的亲密关系提供了一个场所，为人们的相遇提供了空间，而这种空间被人们认为是具有反复出现的可能性的场所。场景使邻里之间的亲密关系被视为某种具有创造性的而非死气沉沉的东西，成为对某种重要事物而言的可能性存在，以及某种重要东西中的可能性所在。这就是说，场景似乎为亲密关系和共享某种创造性事物提供了一个场所。除非亲密关系受到威胁，否则为什么这会是一种城市现象呢？我们现在可以认为，场景是城市展示亲密活力的方式，也是展示共享和分享"生活体验"的方式，而这种方式被看作并且被定位为自身所特有的创造性形式。难道场景不是城市为集体生活的亲密关系创造场所的方式吗？这对于把社会运动与场景简单等同起来的做法提出了反对意见，社会运动难道不一定会对亲密、隐私、品质及其内在的深刻多样性（统一战线的目的所要求的必要性）进行粗暴的践踏吗？

亲密关系的集体表现的根本模糊性激发了城市生活中一个有趣的问题。亲密关系既可以看作生活的提升，也可以看作极其乏味。因为可以把它肯定的凝聚力理解为威胁或诱惑。正如苏格拉底的圈子因对青年的腐蚀而受到谴责一样（在一定程度上纯粹是在空间中的凝聚力），这个圈子也被称赞和仿效为值得追求的密切关系。思考公共场合的私密性乐趣的一种方法，就是恢复独处的概念中最有力的例子，要求我们回忆波德莱尔的直觉，即独处被强调为人群中的一种享受（Baudelaire，1972，400）。这位诗人所表达的意思是，孤独在此刻被强调为与物种的凝聚力的时候，被体验为既属于人群中的一分子同时又远离人群的兴奋感的时刻，孤独感就更为强烈。

尽管拉班对都市场景表示同情，但正是对共享的（私人）亲密关系的客观化，使拉班除了炫耀外很难看到别的东西，这在一定程度上把戏剧性降低为某种非常消极的东西（Raban，1988，27），好像餐厅是最浅显意义的一个舞台一样。在他对两本有关法国餐馆"发明"的书所做的评论中，戈普尼克以同样肯定的笔触深化了这样一种解释，表明了这些表达方式所具有的局限性，要么把一种公共仪式描述为虚假意识（"新"社会历史），要么描述为发展"交际能力"的手段。戈普尼克说，这种学院派观点把"生活体验"

简单化为公众场合中的一种生活方式，要么从社会不平等的角度
将其看作一种心烦意乱的逃避，要么将其视为一种对话冲动的起
源。这些解释都忽视了在餐馆里吃饭是共生场合中的私人存在的
社会现象，"孤独不是自由的'代价'，而是我们从中获取利润的
一部分。餐馆的道德荣誉就像图书馆和百货商店的荣誉一样，是
19 世纪资产阶级的另一项发明——是其半私密的状态，因为半
（semi-ness）就是资产阶级社会的特殊半色调"（Gopnik，2000，
86）。他的意思是，某些最私密的事情，如亲密关系（无论是一个
人独处还是与多个人在一起），都是在陌生人的在场中被强化，
实际上被促进的，"与找到和你有共同之处的人一样重要的是，
学会愉快地与你不喜欢的人一起生活"（Gopnik，2000，86）。如
果公共生活要求我们以一种不苛求的方式快活地与他人在一起，
那么最好不要把公众看作一种刚开始的对话，而应该看作由观看
和被他人观看的活动所产生的最亲密的、最排他性的东西的情欲
强化。以这种方式出现的观看增强了对孤独的享受，因为自我专
注是由他人观看的挑战所激发出来的。要理解场景与陌生人的关
系，就需要一种重新思考，把陌生感当作不可思议的东西，而不
是未知的他者。在一家餐馆里，一群彼此不认识的顾客不受相异
性的短暂时间的影响，因为最奇怪的是巴塔耶所说的期待丧失所
释放出来的那种不可估量的东西（Bataille，1985）。陌生感确切地
阐述了冒险、恐惧和损失中介中不可或缺的风险。外出就餐会看
到在任何一种关系中所肯定或失去的风险，即便是暂时的，这既
是乐趣，同时也是危险。

　　正如戈普尼克所认为的那样，当场景的私人乐趣被看作必要
条件时，场景和景观之间的解释性交流让人们很容易把场景看作
一种虚假的意识。但是，这样的观点永远与快乐，尤其与那种似

181

乎是排他性的快乐不相一致。这样的观点可能会把公共场合的快乐看作炫耀，也就是说，在痛苦中远离他人，甚至更糟糕的是，以牺牲他人的利益为代价，通过招人怨恨地肯定自己的好运来炫耀自己。此外，公共习惯中明显的怠惰，如吃东西、不正儿八经走路，懒洋洋的样子都一直被贬低为一种做事不严肃的选项，似乎最好把娱乐的生活体验当作一种选择（戈普尼克谈到的"为权力而吃"的观点），或者通过思考被观看到的"内容"（想一想阿多诺对爵士乐的看法）进行分析。在场景的话语中，这样的风言风语总是对在公共场合中的虚伪行为和亲密举动产生反感。可以把受到在场的陌生人的刺激看作反常的和/或颓废的表现（就像对浪荡子的某些解释一样，如 Buck-Morss，1986）。在某种程度上，"在公共场合中孤身一人"被视为一种重要性的失败，一种反对（或者逃避）对话的选择。就好像孤独被看作一种不幸地适应没有朋友的状态。最终，场景的声誉总是冒着被一种苦行僧式的指责所玷污的风险，这种指责（齐美尔称之为）亲密性的游戏形式，往往以怀疑的形式认为场景的主题就是一种不知情的资本主义剥削的欺骗。但是，对场景的一种分析，难道不需要考虑欲望的系统——资本主义明白且被视为理所当然的东西——使它能够把场景想象成一个市场，把市场想象成一个场景吗？正如 C. 赖特·米尔斯（通过"权力精英"本身就是一种场景的观念）雄辩地指出的那样，资本主义和其他一切都弥漫在现场的吸引力中（也就是说，我们有一套冗长的文献证实这样的方式，在那里，"权力精英"和无能的飞地都一起埋头苦干掏空场景的资源，集体生活永远受这种欲望的控制）。假如这就是我们需要理解的诱惑，那么难道这不是分析城市里的兴奋和各种伪装的开始吗？而这些东西正是使形形色色的资本主义充满活力的甜美生活的动力。

场景的政治经济学

是否有一种场景的政治经济学？当然，城市是一个市场，商业目标和激发企业的想象性结构不断组织城市活力的起落盛衰。资本的无情循环是对市场的不断探索，这种探索（在某些人看来）可能会消除所有的地方性约束。场景被精心考虑和重新配置为消费投资和创造的恰当时机。场景是在贪得无厌的利润最大化和损失最小化的驱动下，即在制约经济逻辑的驱动下产生和毁灭的。这种市场营销的欲望，反之亦然，把市场变成了场景，表达了无所事事的旁观者对城市的一致性报复，力图使城市的创意变得有利可图。如果场景似乎是由热爱者创造的，那么热爱者和非热爱者之间的辩证法就是其内在生活不可或缺的东西。这一立场就是场景话语的一部分；就像粉丝、流行乐队迷、看客、游客和怪人必须成为其氛围的一部分，商业和贸易也必须如此。商业和创意的混合体体现了城市及其场景的特色。企业和公司专注于场景是调动人们参与积极性，产生吸引力不可或缺的东西。这种场景吸引了集体，并且在引起人们对"开发"的蔑视、贪婪或谋划的同时，使城市的创造性成为一种集体价值。场景的活力总是可以成为一种商品。我们需要提出的问题是，场景究竟如何处理它的魅力——它的诱惑——从而使之成为集体生活的一种欲望客体？也就是说，作为场景本身是怎样继续做生意的？这会使我们（以一种我们现在只能是暗示的方式）探索和研究场景与项目之间的联系。

创造性城市

一个城市可以通过多种方式分享私人事务，也就是说，为分享私人事务而创造出一个场景是可能的。场景分布在整个城市，促使人们探索属地边界。场景挑战了人们对属地和属地本身的控制。此外，每一个场景总是允诺成为波希米亚活动或者实践的中心，在某种意义上，这种实践中心把一个普通领域的审美、休闲和嬉戏性质戏剧化。在城市里，波希米亚风格被创造出来（文学沙龙、咖啡馆、圈子），然后不仅仅（或仅仅）被转变为消费的机会（用德里克·韦恩的话来说"商品化的波希米亚人"），而且经常被驯化和改造成主流的活动。被图卢兹-劳得勒克不朽化了的巴黎红磨坊是臭名远扬的景点的一个典型例子，它因成功地变成了一个景观，它的越轨客户的臭名远扬和妙趣横生的行为成为吸引游客的源泉，这些人的存在把原来的人都赶跑了。场景的轨迹往往伴随着原住民的悲叹，他们要么因为场景的备受欢迎而遗弃，要么被遗弃。每个场景本身都有潜力开始作为一个有魅力的空间，并且随着时间的推移变得习以为常，以一种不留下任何原始能量踪迹的方式被重新塑造为一个正常的空间。

如果纽约和巴黎这样的城市以场景的兴衰为标志，那么这种反复无常与其说是城市及其居民变化无常的表现，不如说是对创造力的证明。对于一个城市来说，这样的轨迹就是一种场所。在这里，场景是经常被创造和被毁灭的，由此，场所是不断诞生的，这个城市活着！场景的存在，尽管有其必死性，但是意味着城市不断滋生的集体愿望，以确定为具体的、特殊的而且以独有的方式体现共享的亲密关系。城市孕育着对亲密关系的褒扬，这意味着城市的文化与正规的"高雅艺术"如芭蕾舞、歌剧、剧院、博物馆和画廊等机构一样，坐落在场景范围之中。对场景的一种理解方式，尽管倾向于排他性，但是表达了人民的声音。不过，话又说回来，场景并不仅是"大众文化"（想想布卢姆斯伯里或阿尔冈金酒店的"魅力圈"）的表达，因为庆祝活动往往指向的是作为凝聚力纽带的特殊品质的排他性肯定。通过场景，城市体现居住欲望，一方面是社区的和多元性的欲望，另一方面是排他性的、特殊的和亲密的欲望。

供给和需求

这样的游戏会因为人们偏离"严肃"的政治活动和表达不同意见（好像场景本身就是无聊的）而受到安抚和镇压，一个暴君能来监督许多场景的创造吗？更准确地说，在一个大众社会里，场景仅是尊重人们的多样性偏好和激活各种程度的差异性的方式吗？场景是由大量的边缘性选择、不同倾向和各种需求创造出来的，体现了一个群体的特征。下面这段摘录是辛西娅·奥齐克对纽约的城市描述：

> 他们中的任何一个人都可以冒险到一个趣味和想象不受地理限制的集体当中去。爵士乐、蓝调音乐和夜生活爱好者，电影爱好者，同性恋，说唱艺术家，拳击和摔跤狂热者，单身者，深秘传餐馆常客，中央公园慢跑者，马拉松跑步员，博物馆成瘾者，音乐、戏剧或舞蹈爱好者、求友者、购物者，到酒店度周末的人，酒吧常客，礼拜者，犹太法典爱好者，出生于布朗克斯的藏传佛教徒，苏菲主义学生，犹

184

太神秘学者，神智学者，唱歌或滑雪教练，高考和法学院入学考试填鸭式教师，业余画家，工会成员，董事会和信托公司成员，互联网爱好者，洋基队或大都会队或喷气机队或尼克斯队的粉丝，灵媒信徒和茶社朗读者，街上行人及其皮条客，古玩爱好者，艺术收藏家，慈善家，语言学教授，词典编纂者，出版编辑，图书馆员，幼儿园教师，交通管理员，葡萄酒爱好者，店面房按摩师，中文或希伯来语或阿拉伯语书法家——所有这些人，可以想象还有更多的人，都可以从任何一个地方出来，即便仅几小时，生活在一个富有同情心的近邻中。专门技能、性情癖好和燃烧的欲望，都在纽约点燃和燃烧，一场多种多样、贪得无厌、躁动不安的意志大火。（Ozick，1999，156）

我们可能会添加野性和疯狂的名单制造者！奥齐克调侃说，场景的观念就像"纽约有很多场景，因为纽约有很多怪胎"的陈词滥调所说的那样。但是，如果这是真的，那么纽约就有很多稀奇古怪的人，开放的问题是，在场景营造中，稀奇古怪的人如何以及在何种程度上表现自己的形象。我说过的一切应该已经清楚地表明，这是一个无所事事的旁观者对现场的看法，因为某一场景过于严肃而不能留给怪人，而且至少需要对怪癖加以约束，才能成为场景的一部分。这种规训又一次指向这样一个问题，即在这种情况下，如何处理那些装成怪胎的无所事事的旁观者。每个场景都需要处理那些会损害其纯粹性的怪胎。城市的这种异质性意味着，场景总是容易受到怪胎的影响，也就是说，容易受那些把它当作一种表达怪癖的机会的人的影响。这意味着，场景始终面对维护声誉的问题，面对怪癖的吸引力而证明目的严重性的问题。

请注意，黑格尔是如何把处理无所事事的旁观者的问题转化为持久不变的自我形成问题的，通俗地说，无所事事的旁观者往往被称为与怪人打交道的场景问题。也就是说，这一场景非但不是怪人的避难所，而且必须缓和怪癖，尤其是要把怪癖想法的幼稚魅力看作某种必要的东西。

> 个体的心灵通过无限数量的偶然性修正而把彼此区别开来。但是，这种无限性属于虚假的无限性。因此，人们不应该过分评价人的怪癖。恰恰相反，老师应该认真调整自己以适应每一个学生的个性，研究和发展它，必须把它看作闲聊……在家庭圈子里，孩子的癖性是可以容忍的；但是，在学校里，便开始了一种服从普遍规则的生活，服从一种适用于所有人的规则。正是在这种场所，必须引导心灵抛开各种癖好，引导他们懂得和渴望普遍性，接受普遍存在的文化。这就是心灵的重塑，这就是教育的意义。（Hegel，1971，51-52）

185

从这个角度看，场景并没有加重怪癖，恰恰相反，正是支持普遍性的承诺而塑造和"搁置"各种怪癖的场所。通过这种方式，黑格尔赋予场景一种完整性或尊严。这种场景代表着把普遍性强加于那些——以其不成熟的方式——只把它看作怪异活动的避难所（看作达到这种目的的一种手段）的人。在这种情况下，怪癖开始表现为一个个人的幼稚想法，这种想法所体现的，充其量是对家庭圈子里的自我放纵的容忍。相比之下，他认为我们把场景理解为城市的伟大"文明进程"的一部分（Elias，1978），这个过程通过鼓励人们对它所肯定的实践中支持的"普遍性"承诺而"搁置"怪癖，也就是说，这是通过在公共场所中分享艺术背后对关注某种品质的理念而"搁置"怪癖的一个过程。不管场景对无所事事的旁观者来说有多么奇异——如施虐—受虐者的场景——它都支持普遍性，也就是说支持它本身所是的生活经验或行动过程。无论我们同意还是不同意这一点，黑格尔的引人注目的明确挑战都产生了一种张力，这种张力存在于场景的最核心，存在于对堕落和目的妥协的地方性关注，这是它的话语的一个组成部分。这个问题始终困扰着场景，涉及其纯粹性和非纯粹性的辩证法。

思考这个问题的一个更好的方法就是提醒我们自己，场景和怪癖与其供给或丰富程度的关系较少，而与欲望相关（就像"你在纽约什么都能得到"这句话所表达的那样）。这不仅意味着纽约是每个人都能获得满足感的地方，而且意味着是一个任何人都可以找到联系，都能在共同的实践中与某人建立联系的场所。在纽约可以获得所有的东西，意味着这个不合法的市场以某种方式减少了场景，就像以自我为中心时所表现的那样。然而，这种场景的主体既不限于怪人，也不限于瘾君子，因为这个城市所提供的丰富性就是具有亲和力的潜能，它所提供的共享的亲密关系。如果我们把这个城市的场景理解为梦想的场所，那么这一点永远都不可能实现就是不重要的了。城市是一个场景，因为承诺使它的场所成为一个相互认可的场所。请注意，瓦莱丽·斯蒂尔所阐述的巴尔扎克的巴黎之爱，如何以一种比奥齐克对待纽约的多样性更为有力的方式捕捉到异质性的场景特征。

186　　　　　每个首都都有自己的诗……最特别的就是它本身。今天的林荫大道就像大运河对于威尼斯一样。摄政街对伦敦……

（但是）无法与巴黎的林荫大道相提并论……在摄政街，总是
（有）同样的英国人和同样的黑色西装，或同样的麦金托
什！……大运河是一具尸体……而在巴黎的时候！……哦！
在巴黎，有智慧的自由，有生命！一种奇特而丰硕的生
活……一种艺术和有趣形成鲜明对比的生活……酒鬼、女
工、公证人、裁缝……朋友、敌人。（Balzac，quoted in
Steele，1988，143）

如果私人领域把具体和特殊活动中的多样性看作区分城市居
民的某种品质，那么在把它的居民带到公共空间的时候，巴黎就
要求他们在公开场合表现出差异性。这个城市是一个场景，就是
说这个城市把公共空间变成一个剧场，通过邀请他们表现并分享
对品质的多样性和差异性关系，巴黎让它的居民成了表演者。

巴黎之所以成为一个不同于其他场所的独树一帜的城市，就
在于它增强了各种形态的多样性，更具体地说，就是因为它把这
种多样性带到了开放的空间中，在城市街道和空间中展现出独特
的多样性。在把它的多样性打造成一场表演（而不是像许多不瘟
不火的城市那样设法应对它）的时候，巴黎实际上就通过坦然无
畏创造了场所的自豪感。正是因为巴黎能够把各种有特点的东西
带到公共空间中，把公共空间塑造成它自己的空间，放弃私人空
间的限制，使之成为表现变化的途径，巴黎才能把自身当作一个
独一无二的特殊城市展现给其他的地方。具有讽刺意味的是，这
座伟大的城市通过创造自身的景观不断提高地位，也许，这就是
开始允许我们把城市本身理解为一个场景的原因。

当然，这样的观察与齐美尔有关大都市的厌倦态度的讨论有
联系（Simmel，1950），但是与通常所设想的方式完全不同。不是

The Imaginative
Structure of the City

赞成大都市的异化，而是为什么不把对景观多样性的冷漠看作城市让场景任其自然的方式，即城市抵制盲目指责或拥抱场景诱惑的方式呢？城市不会因为其边缘性而对场景实施恐怖统治，也不会有人傻乎乎地盯住它的景观，要么居民盯着正在进行的建设工作，要么目不转睛地盯着大街上正在进行的模特拍照或电影拍摄现场（景象）。

场景与社会形态

187　　　在伦敦，当住在格洛斯特路附近一个朋友的寓所里时，我常常去参观一家主要是阿拉伯男人光顾的小咖啡馆。他们每天都有规律地到这里来，似乎是以习惯的方式彼此认识，仅此而已。对他们来说，我想我也是，这个地方就是一个场所。非常不同的是，一个围绕烹饪、摇摆舞或其他"技能"（股票投资、语言学习）等活动断断续续调动起来的集体，更像是一个围绕着某项任务或者某个人而联系在一起的社交圈子。通常场所具有一个地点的保障，而圈子则往往投入时间寻找适合的地点。小圈子（coterie）则似乎两者兼而有之，比场所更加个人化，也许比圈子（circles）更持久、更有激情，更多地围绕一个中心人物的精神和殷勤，而不是场所的空间或圈内的功能性活动。小圈子似乎有一种富有魅力的光环。雄厚的师资力量通常致力于把课堂从点（投宿中心）或圈（由信息传递"功能"统一的协会）转变为小圈子，尽管由于他们需要通过小圈子的方式把它转变为一种机会，从而被认为是在试图抵制教学（以及事实上的许多工程）的机械化。但是，这往往会因为把他们的教学变成"个人崇拜"而受到贬损。

　　如果我们问它究竟怎么样，如让·热内的戏剧《阳台》中描绘的"妓院"，我们可能会以相关的方式思考都市俱乐部、"表演场所"，甚至系列读物。但是，场所、圈子和小圈子也许只有在通过戏剧性仪式来公开他们的亲密关系时才会具有场景性，就像《巴黎在燃烧》描述的易装癖舞会一样。除非我们能把它看作为本研究所讨论的那种初始的想象性结构的一部分，否则，就不会把表面上的街头节庆称为一个场景。这提醒我们，不能以任意方式自由地谈论社会世界的事情，必须通过解释性的工作对陈述承担责任。这种解释性的工作使我们认识到，我们与语言和行动的模糊性之间的关系。

我们注意到了贯穿这种想象性结构的主题，通过使它成为一次机会的观念把空间与时间连接起来。这种空间的产生是根据它的安置、把空间变成一个场所的意识的一部分。对场景的渴望，以突出作为都市经验的一种方式，即通过关键时刻寻求更新的方式，淡化人们对事件性的集体关注。在这里并没有什么启示录的东西，场景似乎就是城市的想象性结构所固有的东西，努力使当下成为一个值得纪念的时刻，并因此成为正在进行的和可以修正的传记的一部分。

场景通过使一个地点成为一种有计划的时机来完成工作。在这方面，拉康讲述了一个故事。一个年轻人如何通过从事一些实际和世俗的事情逃避抽象生活，陪伴一些渔民在布列塔尼的海上工作。

　　一个叫佩蒂-让的人……我指了指浮在海浪表面的东西。 *188*
是一个小罐头，一个沙丁鱼罐头…佩蒂-让对我说——你看到那个罐头了吗？你看到了吗？嗯，它没看见你！这个小故事的意义，正如我的搭档所想到的那样，他觉得很有趣，而我

觉得不那么好笑。这是因为，如果有人给我讲述一个这样的
故事，那是因为我在那个时刻——就像出现在那些与无情的
自然作斗争的人，非常艰难地谋生的人面前一样——在这个
世界上似乎什么都没有。总之，我在这幅图景中显得有些不
对劲儿。（Lacan，1981，96）

　　拉康的解释所强调的是，对那些从事一项计划的人来说，如
何因为他作为一个无所事事的旁观者出现而变得不对劲儿。一个
场景在聚集力量的时候，就会使那些无所事事和心不在焉的人表
现出不在状态。这就提醒我们，一个场景总是一项筹划。因此，
对所有那些陷入它的魔咒的人来说，与场所的相遇都会变成一种
考验。尽管拉康被这个筹划迷住了，在一定程度上被它所具有的
让他欣喜若狂的能力吸引住了，但是，拉康并没有得到这个筹划
的认可，也没有在这个筹划中得到认可。这是任何一个场景的危
险——自作自受吗？

结　论

　　套用巴塔耶的话来说，场景以一种放弃暴力的方式摧毁了主
体与功利性的关系，恢复了与亲密性的联系，因为聚焦于功利性
总会危及亲密关系（Bataille，1989）。然而，这种解释把场景本身
的状态最小化为一种商品，强化了主体对欲望系统的投入和接
触，扩大了社交网络和信息的获取。艺术与商品、愉悦与功能的
场景融合重新肯定了参与性的两面性质，它既是做生意的一种方
式，也是背离做生意套路的一个兴奋点，它使功能性愉悦和功能
性关系变得令人愉快。场景就通过联系和分类的功能方法模仿着

城市的经济，与此同时，通过共同投入其具有传染性的乐事来嘲弄这种功能。场景——从来没有一个最终意义上的共同体——是一项进行中的工作，在那里，场景与其他的事物结合起来，成为一个不断发展的开放性问题，从而把社会生活的亲密性看作一个永无止境的问题来解决。

第七章　唯物主义

引　言

城市被认为是唯物主义的；作为资本集中的中心，据说是由唯物主义支配的，只有凭借物质力量才能变得非同寻常。然而，城市给我们的印象通常是不寻常的，因为它们展示了被认为不可磨灭的精神。如果城市给我们留下深刻的印象既是物质的又是理想的，既是物质的也是精神的，那么我们就能开始揭示这种关系，使之更易于理解。

波德莱尔把大城市称为"文明世界之都"（Baudelaire，1972）。这种形象在重要性方面使城市与文明的辩证关系成为问题，这种关系是以首都的概念及其两面性的模糊性为中介的。这种两面性提醒我们，成为一种商品是城市的命运之一。事实上，城市的价值及其中心地位保证了许多用途都将是能够为参与城市的人创造的交换价值。

与城市的接触怎样建立在一种欲望系统中？这个欲望系统以

马克斯·韦伯所说的"西方资产阶级的起源和它的特殊性"为中介（Weber，1930，24）。这是一种由怀疑主义启发的想象性结构，对过去的怀疑主义在当下释放并激发了一种令人兴奋的吸引力，希望把过去延续到未来，作为一种区分现代性及其不确定性的方向。它的表现方式既体现在创新的地方性商业中，也体现在嘲弄它的越轨行为上，它们把每一个城市都表现为充满机遇的景观，把每一个城市都表现为一个提供振兴愿望的允诺场所。我认为，不同的城市通过资产阶级的"地方特性"以具体方式体现出各自的特色，特别是这些在商业与波希米亚主义之间的张力中形成的特色，这种张力使这个阶级对生产性的根本模糊性具有了结构，就像小资产阶级以典型的方式所经历的那样。

190

这种既是一件艺术品又是一件商品的双头怪城市，在不断以颠覆决定性的各种方式消解，因此仍然是齐美尔意义上的客观性文化的一种成就（Simmel，1971），其不可估量的用途包括对它所做的一切，包括把城市之美看作有利可图的能力，以及把它的盈利机会看作某种意义上的美的能力。从这个意义上讲，城市的象征秩序的存在与斯宾诺莎的观察是一致的："不同的人能够以不同的方式受到同一个对象的影响，同一个人可以在不同的时间以不同的方式受到同一个对象的影响"（Spinoza，1992，111，Proposition 51）。城市作为这样一个欲望客体的模糊性正不断地用地方性的和显而易见的方式来解决。

城市是一个市场，这是城市研究中反复出现的一个主题，让我们对市场的文化进行思考。今天，如果我们被告知，对城市的研究必须保留城市文化经济基础的观念（房地产开发、中产阶级化、经济两极分化、消费、住宅变化率和分离、企业涌入），仿佛经济控制着或决定着城市的文化一样，那么我们可能会针对这种观点进行思考，即把城市文化看作有关城市话语的一部分而不是整个故事的一种声音。对城市进行理论化的努力并不否认唯物主义，但是，只有通过把唯物主义本身恢复为问题提出和解决的象征性秩序和想象性结构的一部分才能发挥作用，并且为甜美的生活梦想和美好生活提出和反驳各种主张。事实上，使唯物主义理论化的努力不敢把日常生活中的各种表象斥之为一种陈词滥调，因为研究和探索正是来自这样一个开端，不过，总是以某种方式打破这些形象，以便在话语中恢复它们的地位。这是因为市场本身就是一种象征性秩序和想象性结构，它把意义赋予城市的所有客体、所有价值和所有欲望，从而使之结构化并且与往往表现为无条件的社会结构之现实前景相一致。

世界经济力量

人们通常都谈论世界经济影响力塑造日常生活的力量，而城市似乎也不能幸免于这样一个无情的过程，群体和个人都有点儿像保龄球瓶一样，在一个不动的推动者的道路上来回旋转。每当假设有举措积极干预这个进程的时候，它就会疲软地体现为企业策划和决策发生在一些匿名空间中的功能，体现为一种在最优化的逻辑下以适当的方式机械地完成这个过程的程式化企业活动，或者说，最后体现在只能维持这样一个系统必然发生的进程的无能为力的地方性回应形态之中。

在对从弗兰克·诺里斯的《章鱼》到罗伯特·卢德勒姆等人书写的资本主义小说传统进行评论时，詹姆斯·苏罗威基认为，这种小说的特征揭示了资本主义的秘密：

　　引人注目的是，正是诺里斯认识到了铁路的胜利并不是因为邪恶的行为，而是因为市场的迫切性。"铁路本身的建设"，铁路总经理曾经说过，"在有需求的地方迟早会得到满足……当你谈到小麦和铁路的时候，你是在与实力打交道……而不是与人打交道"。(Surowieki，2000，62)

　　这个阐述中，像"小麦"和"铁路"这样的词似乎是不容变更的，就像事物一样。然而，词语也表达一种存在的方式。我们需要恢复与这个词的不可改变的关系。就城市来说，"供给"和"需求"这样的词，意味着要描绘市场的运动；或者"两极分化"这样的词，意思是要描绘贫富之间不可避免的分化；或者"优化"，目的是描绘行为者陷入这个被支配的过程的方式。所有这一切都给了我们各种形象或者含蓄的诠释，它们总是决定着任何一个城市都只不过是一个符号的命运，仅此而已。

　　我们不能忽视这样的解释，在很大程度上，这些看法和声音都是关于城市话语的一部分。可是，我们必须开始研究世界经济力量这个概念，即不动的推动者，而不是简单地维持和重申解释框架本身：

　　在这个意义上，跨国资本的全球市场是突出的，既不独属于这个星球上的任何一部分，也不受外在于其自身运作的内在标准的任何逻辑的约束。它主张一个普遍的交换价值（其存在的唯一媒介）范围，这种价值是从所有其他价值抽象出来的，并且没有其他价值的限制——其纯粹的财务标准完全是对其运作的内在要求。(Hallward，2000，10)

The Imaginative
Structure of the City

我们可以根据具有地方性表现力的想象性关系和欲望回路具
体说明这样一个过程的任务。对于被想象在实践中指向这些解释
所需要的一切的行为者来说，供给与需求被认为是基础性的关系
（Blum and McHugh，1971）。如果说，人们认为市场是由供给与
需求这样的概念支配的，那么我们可以看到，在这种意义上，被
解释为所需要和所想要的东西就是，供给和需求必须始终基于一
种以行动为导向（在供给和需求要做什么的概念上）的供求社会关
系的视野。假如城市是一个经济创新的中心（Jacobs，1970），那
么它是一个思想在思维能力方面取得卓越表现的场所，也就是
说，共同情境被不断重新定义为创新的场所，因而也是按照某种
方式进行经济创新的场所，因此，它是模仿性的而不是自动化
的。经济创新不可或缺的东西，就是不断地给旧的东西增加新的
价值，即在任何当前时刻创造组织关系的组合。这是纽约市开发
商路易斯·霍罗威茨的夸夸其谈所暗示的，他决心把纽约市的天
际线变成现实，也就是说，把过去和未来都带到当下的欲望是他
帮助完成这种变迁的基础。就想象未来的能力而言，他在当下改
变过去，并不是供给和需求的"结果"，而是有能力把（需要和愿
望的）未来城市构想为当下的具体化的结果，因为他能够想到如
何应对过去的消失和重塑。

我想重新回到对这些（经济）概念的更深刻的理解上来，社会
学家们通常称为行动路线、规范秩序、集体表现和社会事实，它
们总是牵涉到行动者之间错综复杂的渴望关系。因此，我将讨论
一套有限的概念——主要的经济力量、市场、供给与需求、作为
一种商品的城市——以便探讨这种象征性秩序和想象性结构，究
竟是如何通过各种集体表现方式在城市生活的几个区域里为推理
和行动提供依据的。

舍 弃

我们需要提出的问题是，究竟如何协商城市作为资本集中和流通场所的性质与作为"文明世界之都"的吸引力之间的界限？在提出文明本身的问题时，城市总是把个人的私利与公共的利益之间的冲突戏剧化，或者把齐美尔所说的处于人类价值意义核心的利益与舍弃之间的关系戏剧化（Simmel，1971）。也就是说，假如唯物主义的表现只是关心利益（贪婪、获取）及其自私自利和私人化的典型现象，那么我们可能就会失去对舍弃因素的理解。

齐美尔文章中的舍弃概念听起来好像是指一种选择的情境，某些选择必然会被那些被选中的选择所排除。这是因为在所有承诺、任何行为，包括经济行为中都有一种舍弃因素。因此，如果说"金钱使世界运转"，那是因为共同情境被界定为，行为者被金钱的相关性和力量，以及被作为集体生活基础的倒数第二种纽带、协调一致的实践和项目的"现金联系"的概念所支配。这意味着它们被看作牺牲了定义真实的其他方式。"金钱使世界运转"是一种抽象概念，我们只能通过指定一种表现的场景才能使它具体化，在这种场景中，它所建议的东西在行为中被定位为一个显而易见的必须解决的问题。当说出这种陈词滥调时，我们就建构了一个世界，不管陈词滥调是否建议排除其他问题，行为者都要受到支配。当人们认为行为者是以"金钱使世界运转"作为一种引人注目和不可改变的真实社会结构的体现方式，在实践中指向金钱的优先性和相关性的时候，其他参与真实社会结构的方式就会被排除在外，而这种方式把陈词滥调本身表现为一种舍弃的姿态。我们可以说，为了符合这种描述的条件，任何一种表述都需要它

193

所规定的必须舍弃的行为者。

从另一个意义上讲，舍弃是指通过一个过程来破坏主体与市场价值本身的关系。在这个过程中，它提出了令人满意及其不可避免的不确定性的问题。也就是说，如果在实践中"金钱使世界运转"是可以观察到的，那它就不仅舍弃了构想世界的其他方式，我们不禁要问，怎样才能以一种真正符合言说结构的方式把它说出来。这种陈词滥调要求我们思考言谈问题及其卓越之处，在这种情况下，为了探讨关于表象所隐含的棘手问题所压制的辩证法，也是关于表现问题本身的辩证法，就必须舍弃那种把这个命题看作对事实进行辩论的机会的看法。我们放弃了把这种陈词滥调当作一个在事实上或辩论上必须做出决定的问题的诱惑，目的是把它看作一种与有待探讨的问题相关的隐含话语的表现。由于冒着遭遇模糊性而失去控制的风险，这种真正的舍弃破坏了主体与言谈的（市场）价值之间的联系。

正如乔治·巴塔耶在谈到舍弃的时候所说的那样，"它把受害者从功利性的世界中抽出来，并把它复原到莫名其妙的变化无常的世界中"（Bataille，1989，43）。巴塔耶的意思是，当受市场价值支配的世界走到尽头之时，它似乎处于典范性的、高不可攀的状态，它本身的力量暴露了界限的反复无常，从而使它向所惩罚的生命关头或意义问题的活力和暴力开放。这种生产性的巅峰状态，既是终结，也是开始；既是死亡，也是生命，在生产性通过它对主体的控制来实现其力量的那一刻，便把主体带入了质疑生产性的暴力世界之中。随着物质力量的增加、增强和达到高潮，它们由于加剧自身的极限而达到终点或死亡；但是，正是这样一种死亡，才能够通过恢复她与当下时刻的暴力和肯定性质疑之间的联系从而使主体起死回生。这一观点是对涂尔干的失范概念的一种隐晦的传译（Durkheim，1951）。

> 真正的秩序必须是……使生命保持中立，并代之以劳动
> 社会中属于个体的东西。但不能阻止生命在死亡中的消失，
> 无法揭示生命的无形光辉，生命并不是一件物。死亡的力量
> 意味着这个真实的世界……并不会揭示令人眼花缭乱的消
> 费，直到它停止运转的那一刻。当它存在的时候，没有人知
> 道它就在那儿；它由于支持真实的事物而被忽视了：死亡是
> 其中一件真实的事情。那个……生命，已经失去了完成自我
> 的能力，我主要把它当作一件事情，但由于它的缺席而完全
> 恢复了我的敏感性。死亡在其丰富性中揭示生命并消解真正
> 的秩序。（Bataille，1989，47）

舍弃打破了主体与市场价值之间的联系，因为市场价值只是
根据规范性和合法性惯例（韦伯的"有效秩序"）对用法及其治理的
一个隐喻。归根结底，规范秩序基于区分，可理解性可能总是以
受到挑战的方式被强制执行和予以制裁。舍弃冒着使主体敞开着
暴露给区分之不确定性的风险，而这种区分的不确定性是由某个
客体的意义及其根本模糊性问题释放出来的。

舍弃描述了从把客体（城市）看作外在的东西，即一个物，到
把城市想象成思想的对象或一种观念的运动。在这个运动中，概
念的出现既摧毁又复活它所构想的对象，从而在对话的不确定性
及其"莫名其妙的变化无常"中恢复与语言和世界之间的亲密关
系。由于冒着在这种姿态中把对话本身当作一件物的危险，重新
恢复与客体的对话关系，即便摧毁了事物，它也通过赋予这种关
系以生命而聚集强度。如果我们能在这样的谈话面前保留疑心或

渴望，可能就会事先提出，城市本身应该承担起这种矛盾的重负，这是把矛盾体现并戏剧化在日常生活中的重负。它们通过恢复需求和愿望与生命辉煌的重新联系，把文明成就推向巅峰（并因此以某种方式走向死亡）。也就是说，城市是一个场所，在那里，这种区分在使用中不断地受到挑战，或者以加剧焦虑和不和谐的方式变得脆弱不堪，而这便是当下任何一个时刻动荡不安的一部分。在实验或顺从、探索或虚无主义中，伴随着这一持续挑战的激动可以被表达为对安宁和安全的舍弃，尽管现代时刻是一种更新的化身，但是任何一个城市都必须成为承担生命义务的一部分。

把城市称之为一个更新的场所是一种认识的假象，认为旧东西的消失和新东西的出现，在任何当下都表现为关于城市作为一种生活形式的振兴问题的争论。这种以地方性问题—解决的平庸形式在当下时刻呈现出来的希望和恐惧的混合物，就是城市文化研究方法致力于定位和体现的材料。再一次借用巴塔耶的话来说，假如城市为文明提供了非凡和典范的生产资料发展的景象，那么它也由此提供了"能够充分认识生产意义"的社会探究的可能性，也就是说，为解决物质性城市的问题性质提供了机会和动力。

人们开始说："让我们建设一个生产力越来越发达的世界吧。我们将满足越来越多的物质需求。"大多数人已经同意了工业企业在给人以一种被废黜的独立王国形象的同时，假设的东西继续存在。很明显，大多数人是对的：与工业的崛起相比，其余的都是微不足道的。毫无疑问，这种多数人支持的观点已经使它沦为了事物的秩序。只有生产资料的巨大

发展才能够充分揭示生产的意义。(Bataille，1989，93)

　　生产资料发展的一部分包括鲍德里亚所说的"需求系统"(Baudrillard，1998)。也就是说，需求的发展是作为生产部件增长的一部分而被"产生的"。与生产资料的发展相关的是，人们一致认识到客体的必要性、缺乏的意识和需要纠正的不平衡。当然，我们对洗衣机的需求，是因为认识到洗衣机有更高的效率，并且希望它节省劳动力的能力能够让我们更有创造力，节约更多的时间。但是，这样的"需求"却是一种令人不安的症状，这种不安是由我们的缺乏概念和克服这种缺乏的重要性造成的。

　　这种"发展"是与掌握具有任何现代时刻特征的不安的需要相称的。在个人满意度的层面上，不安表现在获得必需品以度过一段动荡时光的需要和渴望上。生产资料的发展导致了纠正占有不平衡的需要，产生了"理智"消费，正如导致极端上瘾和炫耀性消费一样。以完全相同的方式，生产资料的发展继续"产生"各种各样的消费批评，如针对多余性的波希米亚主义(梭罗)、针对商品形式(马克思)、针对伪善(卢梭)或针对庸俗(波德莱尔)。生产资料既"产生"了进入消费的需求系统(在"我们必须拥有这个！"中的迫切性以及伴随着这种欲望的个人生活一体化的愿景)，也"产生"了作为这种系统一部分的话语所包含和决定的批评。同样，生产资料的发展包括出现在那些自以为完美无缺的人与那些认为自己没有因为这种发展而得到满足的人之间的不平等，并"产生"了富足与困苦(poros)之间的持续分化，后者体现在增长所内在固有的怨恨中(Gans，1985，171-175)。

　　人类不能超越物质的限制，但并没有像唯物主义者想象的那样，仅仅是在与物质限制的斗争中变成了人。毋宁说，人类是因为需要克服共同生活和共同行动所涉及的冲突从而超越物质的限制而被造就的。表征的起源，界定了人类，不是在"实用上"，而是在伦理上。而且从那时起，人类的物质问题就一直是由伦理协调解决的。（Gans，1985，95）

数量与数字景观

为了探讨城市如何发挥自身的唯物主义作用这一问题，我们首先需要通过构建一种叙事，以体现模糊性资源和集体行动的激励方式，把数量问题所伴随的社会复杂性看作集体生活的一个焦点。我们之所以这么说，是因为把城市看作本质上是物质主义的观点，与它作为一个数量压倒质量的场所形象格格不入。数量和质量的价值之间的这种张力似乎存在于城市表征的核心。正是通过这种辩证法，才能看到大城市的唯物主义的集体表现。这让我们开始认识到，作为一种社会现象，唯物主义并不是集体生活的一个明确焦点。

197   为了开始研究这种张力，我们需要考虑布罗代尔所说的城市中的"数字权重"与所处"交流网络中心"位置之间的联系（Braudel，1973，374）。这要求我们开始思考城市吸引力以及作为想象性结构重要组成部分的拥挤的诱惑力。假如说，数量是集体生活的一种最基本的表现，那么它在城市中的突出作用就必然会刺激与作为一种社会现象的数字始终相关的过剩，即与密度、循环、多样性、极端的富足和匮乏的数字相关的过剩。当场所通过持续不断的运动以及人群、观念和物体的流动集中和传播影响的时候，城市就必须总是在某些方面表现为一种反常，一个"怪物"；"一个物体是可怕的，在那里人们无法根据它的大小来把握构成其概念的目的"（Kant，1992，Book 11，Part 1，253，39，100）

　　对于城市，"构成这个概念的目的"是什么？从某种意义上说，目的在历史上一直被等同于城邦的概念，或者用我们的话来说就是共同体。在目前没有解决这个关系的情况下，我们可能只会注意到，在这个意义上，这种目的总是涉及对城市品质的概念，涉及城市的卓越性或德性（arete）。当城市对目的或卓越性的关切被规模所"困惑"时，城市怪异性的幽灵就会表现为一个让人焦虑的集体难题。在一定程度上，城市的传承就是数量增长与作为一种自豪感持久源泉的场所之间的相互作用。"数字的权重"迫使我们不得不用持续解决问题的方式来关注它的怪异性。

　　用这样一种方式，物体和人进出城市的运动总是把波动性本身表现为流动中的客体，表现为一个充满价值的目的地。这个千禧年的"两个最重要的"过程，"西方国家寻找香料，使外来民族和文化第一次相互接触；以及教育机会的扩大，使世界上的殖民地人民重新获得了教育的机会……有权决定他们自己的未来"（Ananta Toer，1999，112）。在这里，香料和人都从它/他们的原产/籍地向外流——往往是强有力的和在不知不觉间加剧的——标志着城市在最具体的意义上是一个交流中心，也就是说，城市是一个吸引香料和新来者的欲望的客体。尽管在没有冰箱冷藏的情况下，香料被当作食品防腐剂而让人垂涎，但是最为强烈的是，它们满足了人们想改变有限的本地菜肴口味的需求。同样，作为这种相互影响的一部分，新来者为了教育或居住而来到城市，有助于当地人口的多样化。因此，在最基本的意义上，*198*城市肯定了对变化和多样化的需要和渴望，标志着城市有能力集中和传播这种变化——其香料和人的混合体——这是城市刺激作用的一个不可分割的特征。城市作为一种欲望的客体的基本形象，植根于作为香料和人的变化以及多样性之家所具有的魅力，也植根于改变长期被认为不可改变的遗产的承诺。在某种程度上，大城市的魅力就在于，通过密度在新的事物和长期存在的事物之间建立联系而为生活增添情趣（spice）。

如果城市是自由精神栖息的场所，并且是多样性和变化形成的家园，那么，通过对与众不同的作品的生产性和创造性所带来的对城市中心地位的自豪认可，城市同时成为一个驯服这种异质性的场所。城市的财富既是异质性的标志，也是同一性、自由和生产性的标志。城市吸引和聚集这种变化本身，并把这种变化再生产为独特性象征，这是一个能够自由栖息和繁荣的场所。让城市具有吸引力的东西不仅仅是变化，而且因为它有能力用一种能够保证生产性的方式把规训施加给异质性，从而把城市导向一种有别于其他城市的事业和成就的希望。我们必须考虑，城市为何是具有生产性的？这种生产性与文明的延伸和持续时间的联系，又如何把这些城市表现为文明世界的中心和世界文明之都？

费迪南德·布罗代尔的著作《日常生活的结构》，受到了导致由数量强化的拥堵、密度和过剩挥霍的城市景象的启发："这一切都是数字的过错——庞大的人数。但是，大城市却像磁铁一样吸引着他们。从它的寄生性存在来看，任何人都可以在那里捡起一些面包屑，并找到一个合适的位置"（Braudel，1985，556）。

这里有几点是非常有趣的。首先，尽管大量的数据可能暗示了城市资源的枯竭，就像人们通常所认为的那样，人口加重了稀缺性的问题，但是城市也与可获得性产生了一种共鸣，假如所有人都能"找到一个合适的位置"的话。因此，城市的数量过剩可能不会导致平等，但是它肯定会产生一种多样性，至少可以生存下来的异质性。这表明，在城市导致的不平等的情况下，"数字的权重"能够在生存方式和手段上创造出具有多样性的环境。城市是展示人类各种极端不同的境况的场合。我们是否可以冒昧地说，城市的数量过剩使它们变成了各种各样的剧场，人类在生存方式和手段上的巨大差异都能够在这些剧场里登台亮相呢？这也意味着穷苦与富足的极端境况——匮乏和丰富——就像人类创造性的景观一样体现在城市之中，使人类痛苦和感动的各种极端境况都表现为城市公共生活的一部分，以各种不同的方式把最高端的东西和最低端的东西并置在一起。此外，这一景观的伦理性质表明，人们总是可以看到不同的极端境况，不断地向他者和所有人的相互观看开放，这意味着对它们的拒绝注定是有罪的，对它们的颂扬必定会蒙上耻辱的色彩。

这种生存方式和手段上的多样性具有伦理和美学两方面的含义，因为它带来了类型、风格、工作和娱乐、商业和犯罪方面的人类智慧的集中景象。城市是人类创造性的舞台，"数字的权重"所暗示的更多的是物质性生产，而不是任何一个人都能够"找到一个合适的位置"方面的想象性过量。

城市的"寄生性"存在再一次表明，它的密度被人们以不同的方式用来创造生存的"合适位置"。城市始终处在只是被用来当作一种手段的危险之中，在持续冒着丧失品质的风险中，城市并不具有比语境更多的任何东西，即只是作为一种为了满足人类的需要和权力而被开发或留存的资源。集中性、密度和聚集的数量力量掏空了自然，破坏了社会生活的质量，把社会关系变成了"令人可怕的聚集"（Braudel，1985，557）。然而，假如城市看起来像一个怪物，用布罗代尔引用的卢梭批判来说，这是一种丑陋的现象，那么，它可能仍然是一种反常现象，或者说，可能是一种增长的征兆。

　　事实是，这些人口稠密的城市，在某种程度上就是寄生虫，而并不是出于自己的意愿。它们是社会、经济和政治迫使自己成为寄生虫的。它们是一个衡量标准，是一种衡量手段。如果它们炫耀华而不实的奢侈，那是因为社会、经济、政治和文化秩序都是在这个模子里铸造出来的，因为资本和剩余的财富被倾注到它们身上，部分原因是它们想得到更好的东西。最为重要的是，一个伟大的城市不应该由它自身来评判。它处于巨大的都市系统中，既让它们充满活力，又被它们所决定。像伦敦和巴黎这样的不断变化的城市面貌，体现了从一种生活方式和生活艺术向另一种生活方式和生活艺术的转变……导致了一个新秩序的痛苦诞生。（Braudel，1985，557）

　　城市与"外部力量"牵扯到一种相互作用的镜像关系。如果说，城市是社会秩序的一种"衡量标准"或者尺度，那么这个秩序就"迫使"城市保持原样。我们可以通过城市"解读"社会秩序，通过社会秩序来"解读"城市。更确切地说，城市总是表现出从一种

200　生活方式和生活艺术向另一种生活方式和生活艺术的转变；随时都显示出新事物的出现。城市总是现代尺度、现代时刻以及张力、极端境况和预定解决方案的具体化。城市的用途取决于它作为一种客体、一个艺术品和一件商品的地位所具有的功能，取决于它作为资本集中的中心和作为一种景观的组织。把城市称为一件商品而不是别的东西掩盖了作为对象使用和参与的众多方式。

　　按照布罗代尔的说法，城市的力量是模棱两可的，因为它是

"在这个模子里铸造出来的"，所以反映了新的社会秩序的要求，以及"倾注""资本和剩余财富"的愿望，而这些资本和财富是城市在当时作为一种独特的结构积累起来的。城市是渴望超越正在出现的社会秩序的容器，它似乎是一种过剩，是生存的必需品，是在任何一个更新时期吸收并集中所有能量回路的场所，就像对新事物的倒数第二次反射一样。在那里，各种极端境况结合在一起成为一种明显的社会形态，从而确认和突出为自身而存在的社会秩序的现代时刻。这段引人入胜的文字，通过"社会"——作为正在出现的社会秩序——展现出具有典范性的新生事物，通过它作为一种欲望客体的诱惑而成为富有戏剧性和教育力量的景观。布罗代尔解释了城市作为一种形象发挥作用的方式。

城市拥挤和密度的强烈影响——布罗代尔称之为"令人可怕的"——常常通过它们的复杂情况把城市等同于数量，因而等同于恢复每一个城市都可能称之为自身质量的集体利益问题。这种紧张关系指向了城市的基本伦理冲突，唤起了顺从和机会、怀疑和进步的感觉，这些都被认为是城市内部生活核心的一种根本模糊性。

拥挤和密度被认为是城市必然具有的一种模糊性，因而也是粗野行为的持久责任。城市往往被认为是"乌合之众"的避难所，或者是一种未经反思的需求系统（Hegel，1967），或者是那些足智多谋的、更有组织的人操纵统治和暴政的机会，更确切地说，是被长期统治的场所，这要么出于对多数决定原则的无知，要么出于精英剥削的狡猾邪恶的自私自利。一方面，城市被认为是无知和放荡的储藏库；另一方面，城市需求的密集聚集被认为本身就产生了一种心理波动，这种波动体现在选择、变化和富足的丰富性上。

201   在这种情况下，城市的声誉取决于想象性结构的根本模糊性，这种想象能够把贪婪和机会、犯罪和创造力设想为都市生活的基石。由于这种冲突，城市的怪异性被人们认为以最为明显的数量含义表现为唯物主义的声音，这种唯物主义的声音本身又表现为任何一个城市都必须遵循的秩序。我们将开始把城市的唯物主义当作一个"问题"来处理，而这个"问题"必须以其独特的方式来加以解决。

怪异性

        布罗代尔对城市发展的看法与巴赫金对《拉伯雷》中的身体的怪诞形象的讨论产生了共鸣。在把施奈根的"否定性"怪诞的概念与他自己的概念进行比较时，巴赫金说，这种怪诞必须被看作"与对新生事物的肯定密切相关的一种否定"（Bakhtin，1984，307）。出生、死亡和更新困扰着布罗代尔关于旧制度与乡村世界的死亡概念，这个概念表现为现代性的诞生和巴赫金有关死亡的怪诞形象。从这个意义上说，城市不仅背离之前的一切，而且也是一种惊厥性的复兴，在其过渡性生活的物质化过程中表现出死亡和重生之间的张力，就像一个怪诞的双头怪身体，死亡和重生同时被当作过量的生命来经验。城市的命运将在过渡中存在，将成为过渡的场所（景观）和过渡的所在地——用作为它的"尺度"的社会秩序来衡量——它按照这个秩序，凭借它渴望达到巅峰和典范的能力，把希望和恐惧（因此还有它的怪异性）结合在一起。

        在怪诞的身体里……死亡不会导致什么事物终结，因为它与祖先的身体无关，它会在下一代中得到更新。怪诞领域

的事件总是发生在一个身体与另一个身体区分开来的分界
处，然后在它们的交汇点上发展。一个身体提供它的死亡，
而另一个身体提供它的诞生，但是它们被合并成一个双体的
形象。(Bakhtin，1984，322)

　　让我们大胆地把巴赫金的"祖先身体"理解为一个民族的精神
性，正如黑格尔所说的，集体是一个"精神集合体"而不是一个
"需要体系"。在伟大的城市中，每一代人对集体永恒性精神的更
新都被强化和戏剧化为一种异常重要的景观，是不是一种过于本
质主义的观点呢？城市似乎是一个倒数(penultimate)第二的场 *202*
所，在那里，一种新秩序的更新在与旧秩序残余的联系中得到了
具体化。这就是说，在它的时代，任何一座城市在本质上都是现
代的，并且在它的怪异性中反映出新旧之间的永恒的"怪诞"碰
撞。按照康德对可怕的表述，城市的"目的"(品质)在数量上的失
败从来不是决定性的，而是一个复兴的过程。在这个过程中，目
的的变形只是一个取代的过程。在城市中，有趣的不只是用新的
事物取代旧的东西，而且是每一个当下都指向旧事物的消失并且
在当下得到组织的方式，它表现为独特的城市，对城市记忆及其
困扰保持持续的关切。

　　城市的二元性，在某种程度上就是怪异性。人们可以从一个
怪诞的社会机体，即双体的城市形象中窥见，因为"它是生命中
一个永远被更新的转折点，是死亡和概念取之不尽用之不竭的容
器"(Bakhtin，1984，318)。在他关于空间如何"像磁铁一样"吸引
人口，以及人口如何通过超越边界并使其形成新的形态而吞噬空
间的概念中，布罗代尔注意到了城市的生存和死亡。在巴塔耶提
到的生产资料的巨大发展的概念中，数量和怪异性聚集在一起，

The Imaginative
Structure of the City

如他意识到了布罗代尔所谈到的 18 世纪末圣彼得堡的非凡生产性。在这里，它所产生的东西是以"新的多样性"形态表现出来的变迁本身。它看起来很可怕，足以激起人们产生对其身份的质疑。

> 移民潮把各色人等带到城市里，难以得到升迁的官员和贵族、家庭的小儿子们、军官、士兵、水手、技师、教授、艺术家、艺人、厨师、外籍教师、家庭教师，还有大量的农民，都是从城镇周围贫困的乡村涌进来的。他们来的时候……货运马车夫和食品零售商，要不然就是一天半卢布的铲雪和铲冰工。他们从来没有清理过通往富人住宅的道路。或者他们可能是雪车司机，在这个大城市里为了一两个小铜板开着车把顾客带到他们想去的任何一个地方……芬兰妇女是服务员或者厨师。她们很好地适应了这项工作，有时做得很好……实际上，这种混合体就是圣彼得堡原创性的基础。（Braudel，1985，538）

布罗代尔引用 J. G. 乔吉所说的话，他"发现自己在怀疑圣彼得堡的居民是否有他们自己的性格"(538)，而这正是这个城市的怪异多样性所提出的问题，也就是说面对这种异质性的时候是否有稳定性的问题。这种城市生活的狄俄尼索斯漩涡，是否废除了以某种清晰而独特的方式持续表现自己的能力呢？布罗代尔关于城市的"独创性"的概念暗示，在整个历史的盛衰兴废中，在城市中，持续存在的东西就是其混合的非凡更新，也就是多样性的非凡更新。在现代时刻，怪异的东西是正在出现的东西，就是人与保持"其自身性质"的努力之间的碰撞，这是任何一个城市里都会在"数字的权重"及其所释放的多样化压力下体现和加剧的一种碰撞，在巨人症中形成的这种多样性会让深思熟虑的人们提出这样一个问题，城市到底是什么和不是什么。这个问题暗示——来源于苏格拉底，在巴塔耶那里继续存在，而此时在这里——意味着城市的生产性及其巴比塔作为一座多样性的塔，同时也产生了哲学，或者说，渴望对它的生产性究竟意味着什么提出疑问。

"流入"任何一个城市的"剩余"都不仅是一种资源，而且是困境和富足的象征，是贫穷和丰富的象征。这是一种以面对面的城市关系为幌子而不断更新的"混合体"，而这种关系总是对乔吉的问题做出回应："城市有它自己的性质吗？城市只是一个符号吗？"在它的预兆下形成的数量和极端境况的权重，迫使城市肯定和展示一种能够调节极端境况的生活艺术，一种能够在极端性中把各种极端境况与作为一种欲望对象的城市本身联系起来的品质感。但是除了怪异外，这种生命形式本身还能有别的东西吗？

说更具体一点儿，布罗代尔通过城市撕裂自身、超越疆界、吸引更多的人，而不只是养活和满足他们来理解的城市的怪异性，这是一个动态过程的一部分，需求超过了资源。按照这种观点，城市的生命力就在于扩张，在某种程度上就是经济上的扩张，因为拥挤压倒了稀缺性，迫使不断地对城市重新进行定义。他把伦敦作为一个典型的案例。随着伦敦在拥挤的重压下扩张，多样化的人口被集中化和被取代了。假如有些人获得了财富、奢侈品、工艺品、资源及特权化的空间，那么其他的人就会被"推到"或被迫搬到其他的地方：

> 大城市……无法应付其不断增长的苦差事……即使它想这样做，也会缺乏财力。最糟糕的实质性耻辱仍然是普遍的

规则。(Braudel，1985，556)

在这个大城市里，数量的力量首先表现在通过作为一个集体问题的奢华组织起来的想象性结构之中。

204   东部和某些边缘地区正变得越来越无产阶级。贫穷在伦敦世界里的任何一个角落都可能出现，并且在那里安顿自身。这个故事中最黑暗的部分涉及两类被驱逐的人，爱尔兰人和来自中欧的犹太人……伦敦的这出戏剧……日益恶化的犯罪行为，艰难的生物性生活……只有从这条蠕虫之眼对穷人的看法中才能得到真正理解。(Braudel，1985，555)

群　体

布罗代尔说，城市的戏剧只能通过"蠕虫之眼"的穷人看法来理解。他没有说穷人是多数人还是少数人，然而，他声称为这个城市辩护。这种漫长而光荣的解释惯例，既没有说穷人是许多人，也没有说穷人无所不在，而是说他所看到的东西都是真实的。虽然布罗代尔并没有从虫子的眼光来书写，但是他必定认为表达或解释了这个观点。布罗代尔说，穷人看到的是他们自己的身体状态的存在——它的"恶化"和"艰难"的物质性存在——是一个受肉体支配的群体。倘若用穷人看待自己的方式来把这个城市理论化，那么对我们来说，对贫穷的自我理解，就反映了体现这个城市的最佳方式和方法。在选择成为穷人的喉舌时，布罗代尔冒着把蠕虫的眼光与智慧等同起来的风险。不过，我们至少可以接受这一挑战，反思这种挑衅，使真实变成透明的话语。布罗代尔告诉我们，城市不是美丽的，不是功能性的，也不是一种"融合"，而是以我们看待身体或者像穷人看待他们自己那样的方式来看待城市。为了理论化，从地面模仿熟人社会的观点，也就是从最低的有利位置来模仿蠕虫，我们就会与真实重新联系起来！

　　真正的城市只呈现给那些不带语言的面纱及假装自命不凡的人。在某个地方，马克思顺便提到过，资本主义的秘密（其分析的"关键"）在于无产阶级。他对"秘密"这个词的使用是有启发意义的，因为他专注于被遮蔽并且需要发掘的东西，专注于那些乍一看被掩盖或伪装起来的东西。大概，蠕虫之眼的视域会穿透自命不凡，预见伪装。马克思认为，人们要分析社会秩序，就应该通过不断地追问自己欲望为什么会被击败，尽力想象怀疑主义的声音。这是因为无产阶级的怀疑主义代表着欲望的消亡。

　　他建议我们在欲望的失败以显而易见的方式显示自身的地方去寻找视线。在那些几乎活不过眼下的穷人眼里，欲望的失败尤为生动。穷人的眼睛里所反映出来的欲望的失败，必须被有条不紊地防止在城市中出现，但是，它的缺席总是一种令人难以忘怀的在场。这就是说，欲望的消失总是困扰着城市。蠕虫眼睛里的穷人看法，被其艰难的生存所消耗，他们似乎没有勇气去设想自己比生存的状况更重要，因此，没有任何勇气能够把当下想象成比打发时间更重要。从蠕虫之眼的穷人视角来看，当下的生活可能被认为是给他人提供机会，而不是为穷人自己提供机会。且不管其他人，即使是大多数人可能拥有什么和相信什么，但是穷人所看到的是，任何差别都没有什么区别。无论数字提供的权重有多大，穷人都必须坚定他们的看法，对他们来说，人所消耗的一切都不会有什么区别。正如布罗代尔都感到困惑不解一样，城市被这只蠕虫之眼的穷人看法所困扰。城市作为一个群体的观点，

205

这种自下而上的看法，是城市本身不可分割的一部分，是众多的城市话语声音之一。可以认为，数量压倒质量的一种方式，也许就是通过城市作为一个群体的形象。也就是说，无论怎样把这些数字加在一起，欲望的失败都会使城市陷入变得怪异的境地。任何一个城市的资产阶级的问题之一，就是要应付各种幽灵，也就是说，要让城市漂泊流浪、焦虑不安的灵魂安顿下来。

穷人的命运与人生机会的概念联系在一起。韦伯通过社会阶级作为生活机会的概念明确了马克思的工作要求，即在当下，社会阶级的概念通过过去来体现存在的行为，以某种方式限制未来的行动。对于穷人来说，当下仍然在继续，重申没有未来的事实，也就是说，没有任何有所作为的办法。穷人的身体性存在不能受思想和行动的影响。然而，这种需要并不是唯一的选择，因为穷人被看作肉体的群体，即一种身体的群体。人们可以用其他的方式来看待城市。与这种（蠕虫之眼）的穷人看法不同，有另一种视角可以看到并力图利用每一个当下的流动性。这就是资产阶级的观点，他们无论是多数人还是少数人，总能把当下想象成有所作为的适当时机。资产阶级似乎拥有无限的乐观主义，就像无产阶级似乎存有巨大的怀疑主义一样。与把"蠕虫之眼"的看法等同于"智慧"（对社会结构的"现实主义"把握）的理论策略形成对比的是，把资产阶级的观点与智慧等同起来也是相似的策略。通常，资产阶级的观点，它的甜美生活的梦想，就是用来为城市辩护和用来谈论城市的。这些对立观点的相似之处在于，都把自己的部分意见看作知识，也就是说，都把自己的有限观点看作确定性的、全面性的看法。与这两种观点不同，我们的城市是一种欲望体系的概念认为，无产阶级的声音和资产阶级的声音都被痛苦地卷入一场为城市言说的话语斗争之中，卷入一场关于解释手段的斗争之中。

　　与蠕虫之眼的穷人看法形成对比的是，"每个人都是中产阶级"的陈词滥调表明，中产阶级占多数。这就意味着"每个人"都可以（原则上）从资产阶级的角度来定位城市。每个人都从资产阶级的角度想象自己可以参与到城市的共同情境之中。从资产阶级的角度来看，这种共同情境是包容性的。回想一下巴塔耶的看法，工业的崛起为许多人所接受，他们把事物的地位降低为不同于其他事物的存在本身。如果说"每个人"都是中产阶级，即从资产阶级的角度来想象当下，那么"每个人"都不是一条虫子，尽管还不清楚是否"每个人"都接受被还原为"物性（thinghood）"。无论资产阶级还是无产阶级的地位都不清楚，因为即使蠕虫之眼的看法把自己理解为一件物（肉体存在），也不可能"接受"它所看到的东西，并且只能表达它的痛苦。同样，资产阶级以另一种伪装形式表现为一件物，认为他们发挥了作用，并且从他们的角度看，他们积极地参与这种共同情境。倘若资产阶级像穷人一样承认自己为物，那么他们似乎就被蠕虫之眼的看法所支配；倘若把当下看作一个流动的机会，那么他们除了物就什么都看不出来。把城市简单地看作贫富分化是一种畸形比例的假象，是另一种蠕虫之眼的看法。城市以一种激进得多的形式提出了分化的问题，这是一个涉及人生机会和自我理解的问题，也是关乎城市作为一个群体的问题，以及如何（谁有权）谈论它作为一种欲望的客体的根本模糊性的问题。

穷困与富足

在卢梭提出的基本形式中，唯物主义呈现出一副怪异的面孔。

> 最后，消费性的野心，不是出于真正的需要，而是为了凌驾于他人之上狂热地提高一个人的相对财富，从而致使所有人都有一种相互伤害的基本倾向，一种隐秘的嫉妒心更加危险，因为为了更安全地攻击它，它常常以仁慈的面具伪装起来；总而言之，一方面是竞争和争夺，另一方面是利益的对立；并且总是隐藏着以牺牲他人利益为代价的欲望。（Rousseau，1964，156）

207

卢梭认为，资产阶级的观点就是一种极其怪异的伪装。对蠕虫的仁慈掩盖了对利润的渴望。然而，就目前的情况而言，这是不够的，因为我们已经提出，资产阶级首先要让每个人都一样，创造出一个由他们的观点统治的集体。当然，这个"利润"，即资产阶级，因为它会使"每个人"获利，也就是说，人人都将成为中产阶级。那么这种伪装究竟是什么呢？简单说来，让"每一个人"都成为中产阶级伪装成一种平等的姿态。事实上，无论发生什么，都仍然会掩盖人生机会的社会分化。任何一个城市都会以一种怪异的形式加剧和导致资产阶级对机会的乐观主义与那些假装为其说话的人的怀疑主义之间的冲突。

在城市中，平等与区分之间存在着一种由于数量的压力而加剧的辩证法，这种压力把区分的欲望从"形而上学"的渴望转变为社会分化。也就是说，如果"每个人"都是一样的，那么改变的愿望既是必要（必不可免的、令人满意）的，又是不确定的，因为任何价值或价值标准都只是重申了市场价值及其规范秩序（显然是当作利益来强调的东西）的合法性。在这样的环境下，城市必须在任何一个现代时刻都把"价值危机"戏剧化，从而表明如何创造一种差异性，而这种差异性的创造取决于它是否有能力获得另一个他者的认可，仅此而已。卢梭认为，任何这样的标志或符号都是一种价值的伪装，仿佛个人只不过是一个符号（即他对价值和区分的主张是一种伪装，没有任何实质性的支撑，除了自我推销之外，什么都没有）。卢梭开启了一种在社会思想史上具有重大影响的陈词滥调，即通过自信展示自我价值，而这仅集中于作为其首府的城市。根据卢梭的说法，在城市中，自我价值的根本模糊性加剧了，以至于成为一种可能会出现可怕后果的具有戏剧意味的奇观。卢梭的批评也意味着，在资产阶级看来，可以表现（如对蠕虫来说）为一种"伪装的自命不凡"所需要的东西，它似乎是对亲密关系的一种生命肯定和对自我肯定的一种恢复。假如城市通过把"每个人"的地位都降低到物的统一地位的戏剧化来创造某种平等，就必须同时产生一种区分的欲望。想要变得与众不同的愿望，就像想成为一件物之外的某种东西的愿望，这不应该马上受到谴责。对于资产阶级的乐观主义以及他们想要抓住这一似乎永恒时刻的愿望来说，这似乎是必要的。假如没有资产阶级的这种自命不凡，我们可能就会冒着使城市变得死气沉沉、令人不快的危险，要么使城市成为暴怒群众的仇恨的储藏库，要么变成极权主义扩张的场所（Arendt，1968）。

卢梭认为，在任何一个历史时期，城市都表现为权力与无权、穷困与富足一种不成比例的集中场所。这种不相称的关系，

208

似乎是一个事件，集中了区分和价值的伪装，并且蠕虫之眼对肉身之众（自我否定的）看法则是生产性的一种巨大的、令人毛骨悚然的发展。这样，城市反映着它的文明——无时无刻和无处不在——难以解决的公正问题的根本模糊性，而公正问题是城市共同情境一个不可或缺的部分。

资产阶级

本文的一个核心框架是，一方面，城市集中了不成比例的企业权利份额，并且是企业经济过度估值的关键场所之一；另一方面，城市构成了弱势群体的不成比例的份额，而且是其资本贬值的关键场所之一。（Sassen，1994，14）

萨森声称，经济全球化加剧了这种集中性，并赋予它以独特的形态，而这种并存状况是一种对城市空间具有不同影响的结构。这样，经济驱动的"数字的权重"就具体化在人口的集中性上，其中那些拥有不同权力的人有着密切接触。马克思曾说过，不同的历史时期都以它们与生产资料的关系为基础产生贫富之间的社会关系。城市就是加剧那些不同利益的人之间的隐性差异的场所。在世界上所有的主要城市中，空间的不同使用均以相似的方式被体现出来。

萨森对曼哈顿第十四大街的讨论是非常有启发性的（Sassen，1994，24-27），因为它强调了数量对空间利用产生的影响。总的来说，通过企业的贪婪拆除曾经的工人阶级生活中心而对城市进行重新设计，其理由是这个空间——被看作过时的、失修的、需要振兴的——可以用于更有利的用途，并且根据新兴职业和中产阶层更新形象的需要为办公空间和居住提供最时髦的东西。她问道，是否还会有对于这样一种空间的经济和社会生存能力的"解读"，可以挽救其作为工人阶级生活中心的原有活力呢？她声称，发生在第十四大街的事情到处都在出现，这种事情记录了对各个城市来说都具有普遍性的一个过程（除了对纽约的具体细节的"图解"外）。在这里，城市只是另一种语境，它带来了量化力量（世界经济，全球主义）的运作，在任何一个城市，这都可以被记载为一种程度上的差异。不言而喻，数量指的是世界进程的绝对力量，除了作为经济扩张和经济征服的物质外，对地方性作用仍然漠不关心。

这样的解释惯例掩盖了一种体现在"数字的权重"力量中的非常特殊的数量意识。并不是工人阶级的人数被新的阶级超过了，而是他们缺乏组织、掌握变化之速率和速度的能力及资源，在任何一个城市里，这种速率和速度都只能表现为一种冷漠而绝对的力量。也就是说，城市中的许多人无法控制在他们身上正在发生的事情，"在今天的大城市里，主要的经济力量朝着低成本的和普通工人阶级的空间利用的方向发展，无论是单个建筑物、商业区，还是制造业"（Sassen，1994，24）。城市是"主要的经济力量"以强有力并且往往难以表达的方式达到高潮的场所。"主要的经济力量"的量化表现为有能力超越个人和群体的机构，同时又适应那些最了解它们的人的倾向和利益，从而参与到培育和利用它所扩大的影响之中。在那些受"主要的经济力量"之害的人的无能为力与那些理解他们的事业的人的权力之间存在一种模糊性。尽管所有人都受到同样力量的支配，但是有些人利用了这一进程的机会，另一些人则依然无能为力。这是对马克思关于资产阶级的组织化能力的阐述的完美传译，即这些生产能力增强了他们利用资本主义的非个人机制的共同集体能力。

从这种观点来看，城市是两个阶级之间的分化加剧的地方，以至于资产阶级在那里控制着"主要的经济力量"，用符合这种发展的方式定义任何一个场所，也就是说，用定义为真实的和良好的方式利用这种发展的能力。这表明，城市始终是资产阶级指挥的场所，在一定程度上，控制着把集体目标解释为一种发展道路的手段。为此，我们可以通过提出这个问题来解释韦伯的兴趣，即怎样才能根据资产阶级特性理解城市，"就文化史而言，问题在于西方资产阶级及其特性"（Weber，1930，24）。在此，我们有机会通过其资产阶级的地方性特点具体阐明这种对待城市的办法。

210

假如认识到城市的生命是由资产阶级的尺度衡量的，这种城市的唯物主义值得注意，那么我们从马克思本人那里知道了这样一个尺度的模糊性，资产阶级既体现生产力的自由，又是生产力的羁绊。这意味着，在每一个历史时期，城市在集体生活中作为解释性属性的占有，既可以是进步或发展的时刻，又是一种可怕的东西。因此，假如像萨森所指出的那样，人们可以在第十四大街看到对工人阶级社区的破坏，那是因为这一地区被企业家重新界定为一个欲望的客体，他们有能力想象这样一种现在可以激发中产阶级消费的"革命"。即资产阶级把第十四大街想象——曾经是他们的边缘地带——为一种具有隐含的中心性承诺的欲望客体，不是想象为一种仿佛是上层建筑与经济事业有关的中产阶级的结果，而是基础不可分割的一部分。

资产阶级提出了在新事物中解决旧事物消失的方法，在任何当下时刻都保证了它的持续和丧失的问题。在他的经典文章中，韦伯围绕唯物主义所释放出的张力指出并阐述了这种模糊性，如他引用约翰·韦斯利的话："因为宗教必然同时产生勤劳和节俭，而这些只能产生财富。随着财富的增加，也会增加骄傲、愤怒……肉体的欲望，生命的自豪。因此，尽管宗教的形式仍然存在，但是，精神却正在迅速地消失。难道没有办法阻止这种现象吗……?"（Weber，1930，175）。在这里，资产阶级对生活的定义、对真实的定义的肯定……当作生产力（勤劳，节俭）……必然会释放出怨恨和公共精神的衰退。如果说，"主要的经济力量"已经对人类的生活产生了越来越大的、最终的不可阻挡的力量，在历史上这是前所未有的（Weber，1930，181），那么怨恨和私有化的力量也同样如此。城市以一种典范性的方式把这种张力的场所具体化了，即在人们的集体生活中，城市是物质主义的中心。我们需要理解，资产阶级究竟如何在任何一个城市里都以打下地方性和场所印记的方式来"解决"这种张力。城市加剧并且未能解决自私自利与公共精神之间的紧张关系，在深思熟虑的人看来，这始终是毫无希望的，从而在顺从和绝望中避开他们的目光，或者是梦想着逃离到别的地方去。事实上，作为世界文明之都的城市生产性的一部分，就是它使犬儒主义成为一种持续的诱惑，不断产生逃离的梦想，并因此产生乌托邦主义形态。

生产性和怨恨之间的这种张力，并不外在于资产阶级，而是他们的生活中不可或缺的一部分，因为生产性和建立在生产性基础之上的信心与某种程度的失范并存（Durkheim，1951）。

因此，财富，远非命中注定的选民的可靠症候……按照作为一个道德煽动者的当代良知而起作用（Schama，1984，124）……把唯物主义道德化的努力导致了一种特殊的文化关切（Schama，1984，49）。

　　在这里，沙玛确定了一种与城市生活不可分割的伦理冲突。在这样的解释立场中，我们开始窥见一种唯物主义的现象学，必须把贪婪和获取的规则理解为一种基于唯物主义本身的善的概念所驱动的欲望系统。物质主义本身作为生活方式不可或缺的难题（aporia），释放出"各种特殊类型的文化关切"，它们总是需要被当作唯物主义内容的一部分来加以解决。就城市而言，这表明自私自利的加剧与纠正的需要密切相关，总是允许我们去理解获取本身究竟如何充当"道德的煽动者"。资产阶级表面上的贪得无厌根植于"人人都是中产阶级"的甜美生活的梦想，在那里，蠕虫以一种"每一个人"都被转化为消费者的方式所改变。齐美尔关于价值不可或缺的获取和舍弃的辩证法重新表现为贪婪的企图，以便通过重申其对集体目标的贡献，把它作为舍弃价值的生产性变革的贡献来顽固地确保自己的自信。如果卢梭警告我们，资产阶级无情的生产力面对蠕虫之眼的穷人看法具有几分罪恶感，那么被怀疑主义指责的虚假的自命不凡，则必然成为这种情境不可或缺的一个特征、一个"问题"才变得富有生气，在集体生活中，这个问题作为一个"道德的煽动者"而持续存在。城市的部分创造性存在于始终衡量我们的方式之中——可以说考验我们——通过玩世不恭的挑战。

　　尽管人们过去常说，"你假如能在纽约取得成功，就可以在任何一个地方取得成功"，作为纽约高层次竞争的见证（作为资产阶级品质标准的验证），在一种"更深"层次上必然意味着，一个能够在持续诱惑下保持诚信的人有望在任何一个地方保持它。城市处理这种功能的一种方式，就是建成人民及其国家的唯物主义教育学中心。这种教育学在城市作为世界文明之都的美誉中被承认了，尽管它通常与其对都市性的看法有关，在最好的情况下是

212

世界主义，在最糟糕的情况下却是多余的。我们不是把这种教育学理解为一本关于体面生活的百科全书，而是理解为一门课程，目的是重塑使唯物主义变得持久而具有活力的权力，而这种唯物主义肯定都市运动本身就是生活的一部分。

一个有趣的问题出现了。如果我们要通过资产阶级的地方特性在某种程度上来理解一个城市，那么究竟在什么意义上它的自信会表现为一种"具有地方特色"的形态呢？我们可以通过对韦伯《新教伦理》的某种解读阐述这种联系。在那里，西方资产阶级地方特色的根源与救赎的安全性和确定性的退却有关。在一定程度上，这种确定性是确保一个人的行动和生活的意义、价值或看法的保证，即对价值或自我价值的保证。把资产阶级的问题看作一个实际的问题：在对救赎没有明确答复的情况下，如何能够取代这种自我价值的保证（面对事实，正如拉康所说，他者并没有回答）呢？也就是说，在一个不确定性不可避免的世界里，一个人如何确立自己的不可否认的价值？韦伯的解决方法包括两个方面：第一，认为自己是被选择的（也就是值得的）；第二，把世俗性的活动当作表达这种保证的手段。为了把这两点结合起来，这条规则表明，我们在有价值的活动中表现得好像是有价值的。因此，不确定性的反讽意味（对自我价值的模糊性没有明确而具体的解决方案）就在这种态度中被消解了。世俗性活动表现出来的信心，表达了在缺乏确定性的情况下持续下去的意志。这是一种基于当下的结果性（consequentiality）感觉以面向未来的乐观主义，表明在世俗的偶然事件中不断表现出来的信心被重新定义为真正的信仰。

韦伯关于现代生活中的欲望的论述及其信仰和不确定性的联系，对自我意识的扩展而非限制性的兴趣，表明信仰必须是在自

信的、有价值的活动中表现出来的。自信并不能证明价值感，无
论是在任何时候，无论以何种语言活动的标准决定，都不会减少
风险，甚至会加剧危险，因为（用巴塔耶的话说）对损失的期望会
尽可能大。一个人对价值的自信是在面对另一个人的不确定性回
答时提出的决断问题。冒着一种口语化公式的风险，表现得好像
你是成功的（就像你有价值一样），并且你将是成功的。在这里，
我们看到了犹太教和新教的特殊趋同性，每一个城市都以其资产
阶级特有的无所畏惧（无根据和无限制的厚颜无耻）为标志，特别
是在城市商业的奉献中所表现的形态。

　　卢梭认为掩饰真相的就是这种自信，没有别的东西。在他看
来，在这个事实中可以认识到，资产阶级只是简单决定或想要他
们自己的价值（他们自己的价值感），好像干脆利落地说就是这样
让它变成这个样子的。对卢梭来说，这样一种姿态在城市里占有
相当大的比例。卢梭认为这是心胸狭隘的，而不是向资产阶级开
启重建活力的唯一途径，即使他们的主张是虚假的或者毫无根据
的。他不理解自我价值和我们的结果的幻象究竟是如何成为现实
的，它之所以具体化，就在于它的迫切性就是对生命的肯定。韦
伯所表明的是，当我们从外部或逻辑上来看的时候，救赎的不确
定性，必然导致瘫痪的焦虑，他完全忽略了它在加尔文主义者看
来是一种真正的自我决定所具有的意义重要性。第二，卢梭没有
阐述这种自信膨胀的含义，认为这是资产阶级因自我确信的退出
而被过度刺激的结果。因为不确定的风险本身并不会导致焦虑的
瘫痪效应，而是通过商业本身的体验导致兴奋的集中化。也就是
说，卢梭并没有理解这种毫无根据的厚颜无耻所具有的令人陶醉
的魔力。当把自己的行为看作做买卖的持续破坏力量一部分的时
候，一种明显可见的、毫不含糊的自信表现就会显现。因此，与

效用的联系并不是像巴塔耶可能认为的那样被抛弃了，而是得到夸张的保持和强化，通过扩大和展示自我价值把这种持续性的机会戏剧化为未来的挑战和风险，从而使当下成为决定性的时刻。资产阶级总是通过探索生产性如何恢复与生活的密切联系来寻求共同情境的正当性。

因此，资产阶级所面临的令人兴奋的风险是，如果当主体与这些标准的联系被打破时，救赎便以其安全和信心的形式为自我价值提供某种程度的保证，那么"莫名其妙的变幻莫测"（恐惧和颤抖）就表现在致力于证明自我价值的行动之中，在那里，挑战的难以解决只能强化当下时刻的戏剧。资产阶级令人激动的信心产生了席卷整个城市的模仿性传染力量（Elias and Dunning，1986）。每一个城市都用这样的方式显示特点，由于自我价值保证的退却而产生的对资产阶级的过度刺激，被表现在如此令人兴奋的城市商业之中，以至于它的力量变得如此具有感染性，因而具有模仿性，从而以一种特定的方式为城市确定基调。

买卖就像具有模仿性传染的形态，兴奋和榜样不断地在城市空间中流通，在做生意的过程中，在零售的多样化中，在把创业的精神和做法向城市生活各个角落的传播中。简·雅各布斯认为，与常规性的经济举措形成鲜明对比，城市的生产性与其创新的能力相关。她试图通过提出一项多样性分区而不是整合性分区的政策纠正死气沉沉的集聚。在城市里，我们可以探讨空间上的零售功能的多样性，以及城市中商业功能和服务上的区域多样化。聚集与城市的混合体具有一种令人奇怪和成问题的关系。一方面，各种剧场的聚集产生了一个妙趣横生的剧院区，而我在多伦多居住的那个地方，集中在五街区地区的 8 家寿司餐厅却变成了一个死气沉沉的社区。这个城市的生产性与新的、多样化企业的开办、向银行担保贷款的程序以及零售职能在不同空间的集中和分散有关。此外，城市的生产性问题总是提出一个地区的意义问题，如印度餐馆集中在曼彻斯特的鲁斯霍姆，剧院集中在时代广场，古董商店集中在柏林的博格曼斯特拉斯，人们往往认为与霸道的零售集中性密度相比，这些地区更有特点和更加活跃。但是，为什么与印度餐馆的集中度相比，寿司店的集中度就会降低一个地区的活力呢？在这里，我们纯粹是沙文主义者，还是需要考虑与人、与地区和与食物本身的经验有关的其他隐藏的问题呢？

正是城市里的这种过度刺激的资产阶级兴奋，导致在商业方面自信的创新精神，也使它有能力脱离寻求振兴的公式化的商业惯例。在这个意义上，城市的企业活动才是一种具有破坏性的因素，这不仅体现在约瑟夫·熊彼特理论的复兴上，而且表现在不断缩小规模、合并以及在米利金转型之后虚拟公司的涌现上，它们不断推动着摧毁已经作为城市商业牺牲盛宴一部分而产生的东西。正是这种过度刺激的资产阶级兴奋性，加剧了怀疑主义的诱惑及各种似乎拒绝商业本身的越轨姿态。资产阶级虚张声势、毫无根据的自信的模仿性传染，既支配着商业，也支配着波希米亚式的拙劣模仿。

215

生活机会

地方性的力量表现在与欲望的问题，即永恒和消亡有关的殊死搏斗中。在这个意义上，城市既是一个剧场，也是一个竞技场。无产阶级和资产阶级的相互依存意味着它们相互依赖，而怀疑主义则是对虚假信心或乐观主义的改造。在某种程度上，通过表明这种怀疑性抵抗的特征是究竟如何保持此种"特殊性"的，我们就可以通过资产阶级的地方特性研究城市。假如资产阶级在城市中打下了烙印，那么这在一定程度上是通过怀疑主义的模仿性传染的，而这种怀疑主义通过拙劣地模仿城市的暴力兴奋性模仿这种信心，从而使它们显得与众不同。在某种程度上，城市通过怀疑性地重塑令人沮丧的资产阶级信心显示自身不可救药的地方性。这是令人兴奋的、强烈的，又是危险的，往往也是神秘的，并且从根本上说是狭隘的地方性的一种重塑。

这仍然掩盖了穷人"蠕虫之眼"的看法。布罗代尔认为，这是理解城市的一个必不可少的关键。卢梭围绕野心、虚伪和自私的概念，把两极分化的城市聚集为一种体现穷困和富足的混合体张力的表征。在卢梭看来，资产阶级既是城市的牺牲品，也是穷人的牺牲品，因此，像马克思一样，他把所有阶级都看作这个过程的主体。也就是说，假如城市确实是虚伪之地，那么正是资产阶级在慈善的面具下，以牺牲他人的利益为代价，通过掩盖他们对利润的渴求而最引人注目地完善这种艺术。在某种程度上，城市教给人们的东西是，仁慈并不像它所表现的那样。如果资产阶级对这门艺术精益求精，那么可以说，从"蠕虫之眼"的穷人看法来看，仁慈的外表与真实性之间的张力就是最为生动的。因此，在对资产阶级装模作样伪装的艺术完美性做出反应的时候，无产阶级对怀疑主义的艺术精益求精。假如除了一幅被分化的平淡无奇的城市图景外，它还表明了某种其他的东西，那么我们可能会问，这两种艺术之间的冲突究竟怎样体现一个城市的生活？是否可以通过这两种艺术在日常生活中的碰撞——虚假自信的艺术与怀疑主义的艺术的独特方式，使城市体现出独一无二的特征呢？

在马克思的原理中，无产阶级提供了这种秘密，因为无产阶级体现了这样一种认识，即过去就是一切。在对未来的天真渴望 *216*

的记忆中，它的残余仍然作为一种丧失的踪迹在当下持续存在着，作为丧失的当下经验使过去成为一个没有实现的梦想，而未来则变成了一种幻想，它只会承诺重申这种没有实现的愿望的不可改变的恒久性。这意味着，无产阶级的问题，就是要在资产阶级振兴欲望的激励中找到一个基础。无产阶级用资产阶级的方式做生意，这种方式不仅体现在服务部门、合同制和兼职工作以及非正规经济的增长上，而且反映在他们的怀疑主义充分利用资产阶级的魅力的机会上——他们的多样性、他们的活力、他们的食品和习俗、他们在生产性边缘的特殊存在方式。假如无产阶级模仿资产阶级的兴奋性（试图了解和掌握城市的政权，就像多伦多的意大利人建造大学街那样），那么资产阶级就会试图洞悉无产阶级的奥秘（这样，星巴克或者房地产开发商便力图理解和复制那些与他们不同的人所希望的那种生活，不仅通过直接的干预，而且力图通过在其他空间中应用和扩展这种形式）。资产阶级和无产阶级的相互吸引把城市的非正式规律构成一种未遂的永无止境的诱惑交换。

最普通的物品——手机——就是企业精神的传染性的完美体现。或许，这开始于商业电话联络，需要与办公室、客户或市场保持联系，而且必要时传遍城市的所有群体和所有空间，需要并且渴望保持联系，永远都不会在范围之外。这是一种新的标准吗？无论是与否，日常生活都是根据可用性以及必须确保与他人接触的有效性的不断需求而被重新设计。无论什么类型（安全、与孩子保持联系、约会）的正当理由，都不过是一种肯定总体可及性、时间性和一致性优点的想象性结构，这标志着时间表就是高效生活的总体计划。流动中的信息形象、呼叫应答的戏剧和错过的呼叫，都标志着生活本身就像在做生意，是一种道德秩序，肯定每一个人的自我价值，每一个人都不可避免地被卷入社会交往的回路之中，都涉及需求和欲望、被需要以及相互需要的日常事务，总是述说着被召唤和召唤的确定无误的价值，这是一种欲望客体的价值。无产阶级模仿手机并把手机颠倒为做生意的工具，用手机做自己的生意，从而使"富有成效"（被牵涉、被占用、忙碌）的匆忙活动和兴奋成为日常生活的基石。

无产阶级的标志不过是存在于生产性生活经验核心的怀疑主 *217* 义，这种怀疑主义体现了明显不同于资产阶级极端自信的状况。这种自信和怀疑主义是生产性的极端（在亚里士多德的意义上），或者一方面相信生产性将永远持续下去，另一方面则不管持续性如何，都没有什么差异。这意味着，为了找到城市的秘密，我们可能开始思考呼吁和表现抵制变革的方式（无论是对于波希米亚主义的越轨行为，还是对于商业的创新），而这种方式通常都是作为对生产性和市场价值的回应而形成的，当通过振兴的暴力在集体举措和社会能量的潮流中提出质疑时，它就会表现为一种颠覆性的声音；通过艺术、场景、年轻人的野性、街头生活的不安定、犯罪行为、艺术和波希米亚主义等的特别社区建设和城市生活的集体化表现出来，同时在各种举措中表现出一种创业精神的声音，诸如街头贩卖、高利贷、交易和以货换货。我们需要把这种怀疑主义理解为资产阶级地方特性的一个特征，一种模仿的、具有感染力的力量。它致力于找到一种确认掩饰的方法，并通过各种形态的花样翻新维持它。资产阶级的地方特殊性，无非就是把仁慈假装成一种虚伪的艺术，一种能够以严格的自信无视集体目标的问题。这种虚伪的艺术就是一种借口，即认为这种对自我价值感的证明解决了救赎问题。

在任何一个现代时刻，这场斗争都是通过新一代人来完成的。城市的新一代在任何现代时刻都会释放出各种重新调整欲望体系的关键机会。人们要求城市里的年轻人通过想象资产阶级的观点打破他们对人生机会的宿命束缚。城市的想象性结构的力量表现在其多样化的尝试中，它把新一代人吸引到创造一种差异性的视域中，通过想象一个不同于过去的未来从而抓住当下时刻的机会。在任何一个城市里，当下的躁动时刻都是以这种方式来体现的，其中，作为生活机会问题的社会阶级成为集体化的一个焦点，通过资产阶级的地方特性把城市环境组织成展示生产性的景观。

这种怀疑主义和信心之间的紧张关系的"调和"，存在于资产阶级经验的核心，存在于把生产性当作当下全部和终极目标的承诺的核心，这种调和是在对资产阶级遗产的辉煌事业和禁欲主义的必然"回应"中形成的，反映在人们对驱逐意义问题所感到的心神不安之中，认为这个问题是对生产性的干扰，并且总是可以看作当下一代人的"工作"。因此，在城市中，资产阶级的地方特性往往表现为对波希米亚主义的模棱两可，认为波希米亚主义是城市景观中的一种重要存在，应该把这种多样性和创造性混合体的问题作为一种合法的越轨性在场而持续下去。

模仿性传染

在关于拉伯雷的研究中，米哈伊尔·巴赫金（Bakhtin，1984）恢复了拉伯雷把巴黎市场当作仪式秩序一部分的描述，这种秩序确立了怀疑主义的集中和位移。巴赫金把这种嘲弄描述为在霍布斯世界面前维持穷人的普遍意志的政治策略。他认为，市场是在嘲弄功利交易的怀疑性自我理解，因为它实际上夸大和炫耀集体的自我利益——用鲍德里亚的话说，比虚假更虚假——因为它只能以嘲弄自己的浮夸姿态夸大交换的庸俗性。请注意巴赫金对《拉伯雷》开场白的讨论：

> 它从头到尾都是以市场的风格和基调来书写的。我们听到了巴克、庸医、神迹药品小贩和书商的叫喊声；我们听到了与反讽的广告和含糊其词的赞扬交替出现的咒骂声……这整个开场白就是对教会式的说服方法的戏仿（Bakhtin，1984，167）……城市里环绕着这么多的声音……平民百姓风格的文化在很大程度上是一种在公开场合、在街上和在市场上大声说话的文化。巴黎的叫喊声在这个文化中发挥了相当大的作用（182）……叫喊声……是市场和街道的重要组成部分……拉伯雷听到了他们为全体人民举行宴会的腔调……这些乌托邦式的腔调渗透到了具体的、实际生活的深处，这是一种能够感触到的生活，它充满了芳香和特色（185）……巴黎的叫喊和……叫卖……是矛盾的；它们也充满了笑声和讽刺。他们可以随时展示自己的另一面；……他们可能会变成恶言和诅咒。它们也发挥着贬低的功能，它们把世界具体化了（187）。

巴赫金告诉我们，集体生活的唯物主义在巴黎市场上被嘲弄，不是通过"批评"，而是用一种比它所违背的"官方语言"更具有物质性的语言。因此，如果某些东西在"官方"唯物主义的教会式方法中仍然是抽象的——伪善的贪婪为何仍然是市场价值差别的背后掩盖的一种"叫卖"——那么，现实中的市场就导致隐藏在后面的唯物主义公开化了，用各种"全民宴会"的腔调来表现它。

219

在市场的语言中，交易以一种宴会的形式出现。非常杂乱无章，通过一种可以约束的方式把功利主义公开化，暴露了交易中仍然被遮蔽的东西。也就是说，市场清楚地表明了究竟是什么东西让我们走到了一起——贪婪的行为者的令人不快的私人欲望——有如不同物种的一种共同毒液，具体而独特地属于我们的毒液，用来褒扬我们的本能的毒液，因此把我们生存的本能转变为一场"全民宴会"。现在，我们可能会重新提出这个市场的问题，由于其物质因素与理想因素的冲突，买卖怎么就成为一个喜庆的节日？按照巴赫金的说法，我们可能会认为，因为它的浮夸庸俗使私有化交易暴露了集体生存和利益斗争的阴暗面，只有通过大声说出这种语言的方式才能使人欢欣鼓舞。这是城市里怀疑主义的场所吗？大声说出资产阶级激动的语言吗？

波希米亚主义

现在我们有了资产阶级，有了自信，因为（自我）选择的人要"选择"解决如此困扰天主教和路德教的不确定性问题，在没有任何明显迹象的情况下，他们愿意拥有自己的价值和美德，理由是怀疑的表现，是软弱的标志。假如韦伯的加尔文主义的例子在今天看来有可能是站不住脚的，因为条件已经发生了改变，仿佛我们是在致力于把 19 世纪的"解读"应用于当代的情境，那么我们就忽略了这个案例作为一种欲望区分典范的地位。这是一个在"他者并不回答"的环境里道过世俗活动寻求区分的典范，也就是说，在那里，超验性的保证已经以任何理由被废除了。假如不确定性的危机是任何文明的现代时刻的特征，那么加尔文主义资产阶级的做法（modus operandi）就是要提出夸张的自信，作为一种价值论证，体现在针对行动和生活意义的有条不紊的禁欲主义策略上。在没有能够以任何其他理由提供价值的情况下，我们就只能抓住机会证明我们与另一个似乎相当的人具有差异性。资产阶级效法竞争对手的需要，是为了有所不同，并且在市场上找到更具有生产性的合适位置，尽力让我们不同于那些相似的人，在亲和力上找到一个基础，使之具有明显可见的差异性。尽管有分歧，但是必须共享一个标准，使我们能够在相互关系中认识和评价自己。

与那些不同于我们的人一样，都是以这样的方式联系在一起的，即反对者之间必须相互学习，接受他们掩饰的观点，把他们当作对手对待（走到一起是因为需要像其他人一样考虑共同情境，从而掌握对方的情况）。与那些和我们相似的人不同，即便我们研究他们的时候也与他们联系在一起，是为了使自己变得与众不同。如果现在怀疑主义被认为是指对超验慰藉的不信任（如废除任何明显的救赎迹象），那么资产阶级的乐观主义兴奋就是由价值和财富方面的自我决定机会激发起来的，即通过沉着的自信由自己证明并且为自己而证明，价值只取决于人的建构和意志（有充分的组织性和苦行精神，专心致志于重要的事情，并在我们面对无力管理和掌控的事情时减少疑虑）。竞争性的敏锐是一种令人兴奋的美德。我们可以注意到，现代波希米亚主义以拒绝奉献资产阶级的商业和稳定性为借口，却仍然以自己的方式在造福于自主建设的意志中接受对传统性虔敬的拒斥。

波希米亚主义把自己比作所居住的和"远离"（它的敌人）的资产阶级城市，同时根据对它的生活方式的真实或虚假的承诺在其朋友之间做出众多的区分，这种竞争性焦点与那些对资产阶级退避三舍的人有着相同之处。无论实质性的教义如何，波希米亚主义始终共享着资产阶级血统的基本竞争力和自我决定的傲慢自大。从根本上说，波希米亚主义拒绝不能自由选择的工作优先性的观念，充其量把一种工作和职业看作一个人的身份象征。因此，波希米亚主义总是逼过声称个人比工作更重要而试图扭转资产阶级对工作的高估，可能是因为它的惯例化而受到损害。这样，波希米亚主义总能使人们看到资产阶级对世俗优先性错误估计的罪恶。由于人们认为，资产阶级的禁欲主义否定了即兴发挥和熟悉当下不断变化的情境的机会，并自发地接受取舍，因此，*221* 波希米亚主义总是可以使资产阶级对自己的严格性和顽固性的焦虑变得清晰透明。对波希米亚主义的批判，是资产阶级反思其自身局限性的声音的激进化，"所有人都共享……以拒绝或无法接受一种稳定和有限制的社会身份为基础的边缘生存。所有的人都同时生活在普通社会之内和社会之外"（Seigel，1986，11）。在任何一个现代时刻，对于一种文明中的防护装置的变革，都需要某种类似于波希米亚主义的力量对已经被神圣化的稳定性形式及其限制进行批判。通过既模仿又歪曲资产阶级生活形式的对立赋予后代更新城市活力的权利，城市舍弃了资产阶级。

在引用特罗洛普夫人对巴黎的"无事瞎忙"的评论时，塞萨尔·格拉纳提出了一个重要观点，即便是失业的、漂泊的、漫游的边缘群体，"从本质上说它的存在仍然是即兴发挥的、标新立异的、机会主义的……自娱自乐表演中的行为者"，他们以资产阶级的方式无所事事，在无所事事中瞎忙乎，用一种模仿资产阶级的方式无所事事地做生意，并把"玻璃蜂巢"的外观（Grana，1964）带给巴黎（与伦敦相反）。这就是说，一个为了创造性而效仿巴黎的城市，需要维持波希米亚主义，让他们能够无所事事地做生意，即有效地利用他们的空闲时间。这并不是说波希米亚主义在其工作中是"生产性的"，如艺术，因为回避了那种为它所渴望的生活而创造的愿景，"波希米亚人是那些对他们来说艺术意味着生活而不是工作的人"（Seigel，1986，11）。

数量即景观

资产阶级的兴奋性感染了城市，在商业（创新实践、零售多样化、创新和破坏）上，在交易、易货和货币、货物和服务流通的即兴做法上，在波希米亚惯例化的企业中，在艺术、商业和政治领域的"主流、另类和地下活动"之间的张力中，以及在另类人共同存在的同一空间中。由于城市的这种混合体呈现出不同类型的景观性质，因此通常具有一种景观的形态，在表面现象上显得非常可怕。T. J. 克拉克发现，这是 19 世纪巴黎资本主义城市变迁的一个缩影，在这一时期，它把公共生活客观化为一种视觉表现（"符号的迷恋""信号的交换"），经历了历史的波动，阶级的独特性似乎消失了，但它仍然是城市展望的一种组织特征。在早期阶段，城市的景观是以离散而清晰的阶级标志来表现的，而资本主义的发展伴随着城市外表上有联系的部分人群之间的匿名接触，而这些群体的个性只能表现为消费者的冷漠，表现为外在的符号，而不是个性的彰显（Clark，1998，47，56-57，63-67，258）。

人们对这种小资产阶级的主题嗤之以鼻，而被城市对当下的重大投资承诺所吸引，通过有可能失去这一现象的镜头解读这一景观，即甜美的生活梦想，把美等同于城市的视觉盛宴及其沉迷于当下的各种不同模式，等同于对当下的承诺及其作为一种欲望客体的生活本身。城市为这个主题提供了一种生活在边缘的可能性，提供了过一种生活的可能性，这种生活可以偏离工作的首要性及其稳定性，赋予它服从于实际生活事务的重要性，在组织日常生活及其优先性的时候形成既自由又有条理的行事方法。

　　按照波德莱尔的说法，城市的景观并不只是体现在资本主义公共生活的怪异的客观化中，而且体现在人群的反复无常及其节奏上，它们吞噬、消费和娱乐自己，就像一只巨大的动物，色情、悦耳、冷酷、容易激动、具有威胁性。在城市中，人群的流动为观察者（代表城市的人）提供了迷失和集中的机会，让他们在城市里成为其中未被看见的一部分，同时，也想体现"运动中的每一个人怎样呈现出一种生活方式"（Baudelaire，1972，400）。对大众的挑战，也是对现代生活画家的挑战，就是在城市中被戏剧化为千篇一律的东西掩盖了差异性和独特性，而它们存在于"所有的多样性中，构成生活的所有元素的流动的优雅中。这是对非自我的一种自我渴望，每一刻都体现在比生命本身更生动的能量中，总是变化无常，转瞬即逝"（Baudelaire，400）。千篇一律的景观，只有在唤起我们渴望它的视觉表现成为一种既永恒又不确定的力量，即一种美的力量的时候，才会变得强大。正是城市唤起了我们对美的渴求，断断续续地表达在它对视觉表现的渴望之中。也就是说，在城市里，短暂而偶然的多样性细节，激励着我们渴望它成为一同时也是多的表现，成为一种既不同又有所作为的统一性。这就是城市的景象，它最初是在人群的表现中遭遇到的形象，是把作为商品的城市和作为艺术品的城市结合起来的形象。我们不是把城市的视觉表现看作对资本主义和城市作为一件商品进行批判的另一个举动，相反，我们可以开始理解快乐和效用的混合体如何在它的装饰中激发表达欲望。因此，作为生产性发展的一部分，美也是被"生产"出来的，只要人们渴望创造，只要人们用艺术的眼光看待城市，就必须承蒙资产阶级的地方性特征才会出现。

城市人口的集中不仅通过多样性来表现，而且表现在作为一种剧场景观的均匀性的物质密度上。在描述 1851 年伦敦世界博览会时，有评论者指出：

> 在 6 个月内，多达 600 万游客，占英国总人口的五分之一，排队通过海德公园水晶大教堂的走廊……据统计，有 75 万到 100 万的游客带着游览票到伦敦去，这是英国有史以来规模最大的一次人口流动。1851 年 10 月 7 日，星期二，就有多达九万二千人同时涌进帕克斯顿的荣耀花房……所有阶层混杂在一起，或者至少喜欢接近，就连年轻的维多利亚女王也在人群中随意漫步。（Mordaunt Crook，1999，5-6）

在人群形态上的集中和聚集是城市数量密度呈现出景观形式的一种方式。这座伟大城市的怪异性，在众多人群的力量下，总是以不可估量的效果被戏剧化，占据着这个城市的空间。出现在这个城市里的人群表明了作为一个首都，作为一个中心的根本模糊性，因为人群似乎同时是对有组织消费的威胁和承诺。这是一只双头怪，是一只不稳定的和传染性的兴奋性可以让人害怕并可以被利用的双头怪。如果资产阶级的这种艺术引导了展览和奇观的建设，有望吸引许多人成为群众的话，那么这种创造性产生了必须加以管理的参与，使城市既殷勤好客又秩序井然。文明为城市提供了展示和展览的机会，而这些机会基于为公共事件而设计的流通形式，正如这些事件需要把大众变成一个人群一样。城市与人群的模糊性进行斗争，奋力把它安抚为一个消费者的受众，

The Imaginative
Structure of the City

而不是成为一种难以驾驭的倾向的聚合，这种聚合因为自行其是而可能越过这些界限。城市里的人群总是被理解为一种作用和一种移动的力量，被理解为各种隐藏的力量、品质和能力。这样，人群既证明了资产阶级生产性的胜利，也证明了对数量利益的毫无根据的自信，同时证明了把群众理解为一大伙人或无头尸的怀疑主义。

224

> 群众不是由共同利益的意识团结在一起的，他们缺乏在明确的、有限的和可以实现的目标中表达特定阶级的那种表达性。群众这个词只适用于我们所处理的那些由于纯粹的数量或漠不关心的人，或者两者的结合，而不能以共同利益为基础融入任何组织的人……他们可能存在于每一个国家，并构成了中立的、政治上漠不关心的人中的大多数，他们从来没有参加过一个政党，也很少去投票。（Arendt，1968，9）

按照阿伦特的观点，大众代表了反本质主义冲动的化身，他们对语言面纱的怀疑转化为一种对"共同利益"的反感，并因此转化为一种对差异性共存的反感。在极端的情况下，群众的数量存在意味着每一个人都会与自己在一起，一个人一派，任何一种"他者"利益都会损害这种纯洁。这种怀疑主义是韦伯对资产阶级肖像的一种完美的模仿性再现："一个单独个体的前所未有的内心孤独感"（Weber，1930，104）。这就是说，群众的这种强烈的反本质主义模仿了资产阶级的强烈的反本质主义。这样，便在不确定性的条件下成功地维护了他们的共同生存，"一个资产阶级统治社会的漠不关心的阶层，如果仅仅因为没有他们而保持了资产阶级的人格完整，那么他们就几乎不可能指望在竞争激烈的生活中生存下来"（Arendt，1968，11）。

现在，我们需要恢复存在于资产阶级装腔作势与无产阶级怀疑主义之间的这种关系中的辩证法。资产阶级的"问题"是要防止生产力这个社会道德沦丧的经济主体内在的本体论怀疑主义瓦解为愤怒的无形敌对状态。只有资产阶级毫无根据的自信，这种在没有任何证明的情况下对自我价值的不切实际和自命不凡的高估，才能吸引和激发怀疑主义成为另外的东西，而不是盛气凌人、气势汹汹的他者。在资产阶级没有能力吸引无产阶级获得当下时刻决定性的地方，即在凡是不能动员无产阶级接受当下梦想的地方，（对暴政、极权主义而言）群众就有可能变成一股力量。

> 由于资产阶级声称是西方传统的守护者，并通过公开炫耀在私人生活和商业生活中不具备但实际上被蔑视的美德来混淆所有的道德问题，因此承认残忍、无视人类价值和普遍的非道德似乎是革命性的，因为这至少摧毁了现有社会所赖以生存的二重性。如果每个人都公然地不体谅别人，都假装温文尔雅，那就是在一个世界炫耀邪恶，这不是邪恶，而是卑鄙！在双重道德标准的虚伪暮色中炫耀极端的态度，公然戴着残酷的面具，这是多么诱人的一种诱惑啊！（Arendt，1968，32）

225

在这个例子中，模仿性交流显示了反转的能力。资产阶级期望大众对伪善怀有敌意，嘲弄标准，不管是通过越轨的姿态（政治或艺术上），还是通过暴露议会审议、大炮、文明的"双重标准"。尽管阿伦特把这种民粹主义的英勇行为等同于纳粹主义，但是它似乎体现了城市混合体的特征。无论这样一种交流在何处开始或结束，这种标准的伪善仍然是城市中通过它激起的迷人魅力而持续集体化的场所，因此，它既可以带来创造性的回答，也可以带来平庸的回答。模仿性交流的速度总是使开始、结束和作者身份成为问题，同时证实了城市作为一个解释性市场的创造性，因而表现为一种出类拔萃的机会。

资产阶级是生产性主体所要求的对当下承诺的一种言谈手法，一直被疯狂的幻想所诱惑，厌恶当下，因为当下只是时间的流逝。资产阶级代表的是复兴一切事物所必需的欲望体系，作为首都的城市不但体现了这种欲望体系，而且是这种欲望体系的典范。在城市中，资产阶级通过提出使每一代人都成为资产阶级的方式来进行实验。这是资产阶级自信心与蠕虫之眼的穷人看法之间交流的主要症状，而这种看法难道不是需要把当下变成一种欲望的客体吗？假如正是这种欲望在时间上赋予生存以意义，那么城市就使这种伦理冲突成为一个集体化的场所，一个使（渴望和要求）消费变得富有生产性的剧场。

多样性

作为商品和物品中体现价值流通的主要场所，作为在影响和观念上更为广泛的主要场所，对大城市的量化强调总是体现在它以丰富性的表现及其分布为幌子的多样性物质密度上。这种丰富多样性的分布是大城市把自身建设为现代时刻典范的方式之一。从这个意义上讲，个人和群体的分布作为社会大范围、大分化的类型，始终是城市在认同感上的唯物主义前提条件。城市作为文明世界之都的声誉——在这方面的身份——与赋予自身"身份市

226

场"权力的能力密切相关。从波德莱尔到齐美尔,再到罗伯特·帕克,都希望把城市的颠覆性观念当作这样一个市场,当作社会类型专业化和多样化的一个场所,同时也把它看作一个比在价格和竞争经济上所想象的更柔性的欲望系统。

即使是最粗俗的流动性愿望,在城市里也是显而易见的,物质密度的均匀性在那里激发并且确实要求人们对与众不同的渴望做出回应。正如齐美尔指出的,在城市中,数量和质量之间的紧张关系因为密度对反常品质的威胁而被加剧,并且在空间上表现为接近的社会自我之间争夺认同感而进行的一场斗争。

> 奥诺雷·德·巴尔扎克 1799 年出生在图尔,即拿破仑政变那一年。他 20 岁的时候来到了巴黎,和他作品中的许多人物一样,他来到巴黎时穿着他母亲给他的乡下衣服。然而,几年里,他遇到了几位时髦的女士,并开始从布瓦松,理查里乌大街上一位有名的裁缝那里订购衣服;一个月一件胡桃木红色的大长衣,一件黑色的马甲,一条钢灰色的马裤;下一个月是黑色的羊绒裤和两件白色的绗缝背心;后来一个月就买了 31 件背心,这是一年内计划要购买 365 件中的一部分。到 1830 年年底,他欠了裁缝 904 法郎和鞋匠近 200 法郎——这是他一年的食物和房租预算的两倍。但是,他相信,对于一个来自外地的雄心勃勃的年轻人来说,要征服巴黎,就必须穿好衣服。(Steele,1998,57)

在这里,获得和舍弃之间的辩证法,是巴尔扎克根据一种为未来而放弃当下的承认逻辑来解决的,"服装问题……对于那些想要得到他们没有拥有的东西的人来说,是一个极为重要的问题，因为这往往是以后得到它的最好的方法"（Steele，1998，58）。正是巴黎而不是外省，为把唯物主义表现为一种复杂欲望系统的舍弃奠定了基础。这不仅是因为，城市为它自己的征服提供了不同的策略（社会建设的这种陈词滥调被各色各样的和感性的思想意识盲目追从者当作一种老调反复重弹），而且正是这个城市本身创造了被追逐的欲望；正是这个城市刺激着主体成为它的热爱者。如果我们想在这里说，城市在其主题上显示出最糟糕的东西，那么必须考虑这种对认同的渴望是如何变得更为复杂的，这是一种装模作样的姿态，它冒着以物质的形式掩盖社会自我的巨大多样性的风险。

　　巴尔扎克所遵循的错综复杂的舍弃秩序，就是这个主体通过使自己变成一个欲望的客体，把社会的认可与对巴黎的"征服"结合在一起的。巴尔扎克的舍弃——使自己变成了一种商品，不管有多么不知羞耻——是为了讨好巴黎，是出于对这个城市的热爱。我们开始意识到，这种变化本身是如何变得密集的——几乎是崇高的——通过数量的权重，把起初作为对质量渴望的东西转化为城市的物质化表象，从而为"数字的权重"创造了一种美学，即产生了巴黎城市的表象。此外，在这个城市，这意味着通过确保对他的自我价值的认可赢得巴黎的爱，这就相当于赢得了全世界的爱。巴黎是不可效仿的，是独一无二的，因为它让具有自信心的城市公民把自己与世界进行比较。巴尔扎克并不需要旅行，因为他有能力把巴黎想象为世界的中心，想象为文明世界之首，而这个世界就呈现在他的眼前。由于巴黎所具有的无可比拟的中心地位，这种解释性的交流就把它和世界等同起来，同时满足了巴尔扎克成为这个世界一个男人的渴望。这种比较的想法再生动不过了，巴黎所具有的无与伦比的秘密力量，地方性所具有的无

与伦比的神秘力量，让任何一个有才华和抱负的人都能确信自己
就处在世界的中心。难道这就是每一个城市渴望变得伟大，能够
让它的公民产生这样的自信的秘密渴望吗？

这个文本把巴尔扎克形象中的信心和怀疑主义结合在一起。
首先，外省怀疑主义使他能够实现必须考虑的城市需要和想要什
么的超脱，并且能够掌握这个城市的欲望体系。他的表现以一种
大声说出资产阶级语言的姿态，仿效并改变了城市里的认可标
准，因为任何一个新来的人都必须这样做，他才能征服这座城
市，每一个人都必须用一种可以证明的方式来行事。紧接着，作
为一种"成功"，即信心满满的资产阶级的人格化表达，他的生活
依赖于巴黎人的多样性及其基本的怀疑主义，仿佛这就是他的个
人成就，他发现它的极度兴奋就是自信的一个不可比拟的源泉，
也是他自信就是这个世界一个公民的条件。这个无产阶级的巴尔
扎克，想要得到这个城市的承认，就要努力征服这个城市，在某
种程度上，这种征服是通过他的怀疑能力嘲弄城市习俗，然后把
资产阶级的腔调典型化，渴望征服这个世界，目的是被人们承认
是一个什么都会做的人，一个见多识广的人。简而言之，这难道
不是在这种征服的渴望中可触及的，在这种相互承认的结构中可看
见的，在城市中正需要解决的怀疑主义与信心之间张力的画面吗？

在市场价值的欲望体系中，作为一个言谈者的怀疑主义考虑 *228*
到，假如能够了解城市所需要的是什么，那么他就可以通过赋予
城市一些有价值的东西而取得成功。因此，他可以成为价值本身
的一个客体（充分了解这个"系统"是一个装腔作势的竞技场）。持
怀疑态度的人以一种类似但有所不同的方式懂得，城市在世俗的
拐弯抹角的回路中成为一种欲望客体的能力，不言而喻地赋予资
产阶级对城市的认可。每一种"成功"形象都取决于它们是否被认

为是某种值得拥有的东西，取决于它们借来的欲望（暗示它们与他者的关系）。按照这一关联规则进行运作，市场价值所说的东西是，其一，拥有每一个人都想要的客体，就是使这个客体变成一个被需要的对象；其二，似乎像一个被需要的客体那样发挥作用就是一个令人信服的证据，表明这个客体就是一个想要的客体。市场价值把装腔作势的伪装人格化了，一个人凭借对另一个人来说是一个有价值的对象而声称自己的价值，仿佛一个值得拥有的客体（对另一个人来说）就是一个欲望（好的）客体一样。仿佛一个人与名人有关系就使一个人成为名人一样，或者说，就像一个人拥有一个了不起的客体，就不言而喻地获得了价值似的。这些相互渗透的表达解释了"每个人都是中产阶级"的陈词滥调，同样可以很好地解释它与"每一个人都是工人阶级"的比较，因为就像城市中非常富有的人和非常贫穷的人两个极端之间的日常生活地方性策略一样，怀疑主义与自信是同时并存的。在这些极端状况中，"每一个人"都试图获得毫无根由的自信地位，"每一个人"都力图算计和洞悉这种装腔作势。这样，卢梭关于物质性城市的概念就变得更容易理解了，因为它是自信和怀疑主义的怪异混合体，这个"分裂的城市"便构成了问题—解决的环境，装腔作势与道德秩序在这个环境中成为不断被关注的问题。

奢　华

大城市的数量力量具体表现为集体生活中的奢华问题。这个问题可以"从蠕虫之眼的穷人看法来理解"，但只是城市故事的一部分，因为它作为一个欲望客体的地位超过了被分化城市的常规。如果穷困和富足之间的张力在这种大城市中加剧了，那么我们就需要问一问这种关系究竟意味着什么，以及它是如何用与场所和地方性联系起来的方式为城市提供内容的。

在关于工业主义文化根源的经典研究中（Nef，1960），内夫讨论了通常认为的英国工业进步是如何被归因于大量生产廉价商品的数量重要性的，被隐含地归因于英国从法国对质量的强调中解放出来的能力，似乎这是一种颓废的增长障碍。因此，进步似乎取决于——在已得到的解释中——数量、生产力和效用的数量重要性的能力，努力摆脱法国人对质量和工艺的精益求精所激发的"愉快经济"（Nef，1960，127，129，137）。内夫不接受这种从数量中排除质量的解释，这意味着一种增长以牺牲另一种增长为代价。他想抵制这种双重的过分行为，一方面，降低数量的价值，把它当作好像是由外部因素决定的；另一方面，消除质量的价值，把它当作好像是已经过时的进步桎梏。如果城市是肯定数量价值（廉价商品生产所代表的物质丰富性）的场所，那么就必然存在一种集体的"愉快"感，或者是在这样一个系统中存在一种被客观化了的"美好生活"的集体感。在要求我们反思而不是否认对资本主义的自我理解时，内夫要求我们考虑一下对质量的肯定，这是数量的增长总会产生的，也就是说，理解对数量的生产性的奉献为何诉诸某种确定性的美感，以及它作为"甜美生活"提升的某种目的感（Nef，1960，138）。

如果人们不把廉价商品生产的兴趣本身看作一种目的，那么就必须把它理解为涉及和指向某种被赋予了重要性和意义追求的目的和目标的概念。问一问致力于生产廉价商品揭示了什么样的愉悦，我们正在反思的是美好生活使生产本身具有活力的前景。因此，我们可以把对风格、工艺、美和愉悦的这种追求追溯到数量更大、更富有历史意义的法国人，他们试图把物体和商品与形式定位的观念和愉悦经济的效果结合起来。强调数量的说法不可能是生产大量丑陋的东西，而是要表明"可以制造更大数量的精美商品"（Nef，1960，138）。因此，我们没有缺乏质量的数量，而是拥有一种质量的数量概念。这种美好生活或"甜美生活"的定量版本以它自己的方式假设，把一种"新的形式和完美"赋予事物是可能的，并以此"在个人和国家之间产生更稳定和更人性的关系"（Nef，1960，138）。对数量的要求不是要取代对质量的要求，而是使其传播最大化的一种手段：增进美对生活的有益影响，促进对"甜美的生活"的平等享受。

230　　　这种善的定量概念告诉我们，如何能够在物质产品的生产和丰富性中保留形式，导致了我们与"机械复制"和模仿相联系的自相矛盾。希腊人通过形象与原型的关系理解这一点。内夫表明了把数量想象成价值的努力（如果它不是根植于对绝对数量或不可言喻无限性的令人目眩的艳羡的话），如何能够在把秩序和风格带入生活艺术的渴望中看出来，我们可能会把这一点与法国的快乐经济联系起来。

　　　在某种程度上，这样一种生活艺术可以在商品制作过程的完美追求中看到，它部分地表现为对工艺的怀旧或追求，部分地表现为在一种可想象的类型和场所中寻找高质量的东西，部分地体现在对城市本身作为一件艺术品的关注上。最为重要的是，在大城市里，奢侈品作为一个集体问题而变得富有生气，围绕着质量和可能性、可及性、传播和分布的问题。在与物质生产的具体关系中，"甜美生活"的问题在大城市中被戏剧化为一个紧迫的问题，并且对此进行争论。因此，大城市被戏剧化为关注富足、丰裕的一个主要集体中心，这些问题涉及生产性对需要和优先性的优化，对城市中人们之间的平等和人道关系，是否和如何导致某种差异性。我们可以说，通过模糊性的力量，城市的存在与如何使"甜美生活"这一问题变得在所难免是不可分割地联系在一起的。当开始适应资产阶级的变革及其地方特性在各种城市生活环境中的传播影响的重要性时，我们才能开始理解城市。

结　论

文明世界之都使资本主义的辉煌、光芒和光彩成为可观察到的和富有戏剧性的东西。资本主义的辉煌与它留下的枯燥无味或缺乏清晰可辨的光彩形成鲜明对比。辉煌总是提出一个问题，即它是否比真实更醒目，它的光芒是否只是徒有其表？在中心出现的这种资本主义辉煌，总是让人看到在似乎是什么和可能掩藏什么之间的差异，所是与所不是之间的差异，即意义的问题。

城市是其文化的客观性价值的重要组成部分，是以世界为中心解放欲望的资本力量。这种资本力量是改变人性、人类本性的力量，在肯定和反抗、装腔作势和怀疑颠覆的姿态中心闪耀着光芒。它似乎是一种双面的、可怕的话语景象，在那里，价值的必死性似乎总是处于却可能不会濒临灭绝的边缘。城市作为文明世界之都，不仅从外部而且通过把它与欲望的满足直接联系在一起而聚集和体现着资本的力量。在这样一个中心里，资本的力量是两面性的，不仅在于具有赋予甜美生活的梦想以数量扩张的能力，同时在于能够唤起对这种真正秩序的概念、隐藏的力量、品质和能力的质疑理论化。因此，位于一个文明中心的城市为何是首都，就在于它能够以世俗欲望的传播为它的首要关切，这种对资本重要性的关切可以被戏剧化为一个扩大的公共舞台，在那里，所有参与者都是表演者和观众，合而为一，他们在一个环境里彼此观看和被观看。这个被扩大的环境照亮了它的各种选择，这个被限制在黑暗中的环境让这些差异性不产生任何真正的影响。这种资本照亮了欲望的丰富性和多样性——无论是希望还是恐惧——把它作为至关重要的部分文明的方式。

第八章　无常性

引　言

　　文明的生产性力量在城市中的发展集中表现为一种变革的景观。在任何时候，物质性景观都会呈现出不同于原来的形态，并且由此会呈现出不同于将来的形态。倘若当下是一个失去的时刻，那么它也是一个无法估量的未来的新的开始。变革的动荡性在把戏剧性的形式呈现为一种景观的时候，把城市转变为掌控动荡不安本身的倒数第二时机，并且不断地提出这样一个问题，"这是畸形比例的一种自命不凡呢，还是相同事物的一种反复述说，人类无能为力的一种重复？"

　　死亡和对人类状况的有限感，困扰着在不断变化中关切永恒性的集体生命。也许，人类力量在集体生活中出现的第一个或最根本的形态，就是通过人类建筑物和由成就的易毁灭性质所唤起的终有一死的形象来体现的。任何一个城市的密度都由于时间的命运同时把当下物质性力量和物质性限制戏剧化了。任何一个城市的作品和成就都预见到了无常性，并向集体提出挑战，要求在当前找到和恢复作为一个具有重要含义和意义问题的场所，从而把形式赋予城市生命的持续不断的和不可阻挡的身体性运动。城市的建设和重建是第一种方式，在这种方式中，存在的无根性在令人难忘的碎片生动性中表现为一种集体景观。

城市流动

234　　无常性是城市中不断被提出的一个问题，反映在它在不断变化中持续存在的问题所带来的持续挑战之中。在与流动中的"事实"引发的无常性的幽灵有关的城市中，如何始终把握集体的永久性。笼罩在城市中的无常性的怪异氛围，戏剧性地体现在持续不断的建设和重建举措中，戏剧性地体现在事物、商品、空间和人的永无止境的循环之中，甚至通过城市作为一件经历了恶化和复兴的工艺品的性质，以其时间和空间的混合和匹配为特征，给一切人造物带来一种可怕的本体论折中主义。城市的无常性肯定了自我塑造的集体性积极能力，同时肯定了对一切未来事物的容易消亡性质的反常认识。它以这种方式证明了以作品和成就而闻名的有限性的局限，同时因无法掌握创造本身而遭到诽谤。

　　城市的无常性触动着他者的心弦，拥抱必须被重建的东西，摧毁将会被取代的东西，在阿波罗和狄俄尼索斯元素不屈不挠的融合中，对想解决永久化问题的集体构成了一种持续性的挑战（Nietzsche，1956）。在暗示一切事物都会逝去的过程中，没有任何一种东西在形式中持续，所有的过程终究可以修改，恒常性任由偶然性的摆布，在所有这些方面，无常性诱使城市屈从于命运，仿佛它的形式确实就是形式本身，无法承受生命的运动和力量（Simmel，1959），也就是说，仿佛集体的力量是一种无所事事的、人道主义的幻想。同样，无常性质疑城市把它的现实性置于"危险之中"，目的是检验它所声称的责任，而不只是一个名义上的城市。因此，为了勇敢地面对它的复兴问题，城市迫使自己经受这种挑战，这种虚无主义的挑衅。

在对人工制品——水罐、手柄、桥梁、废墟的一系列分析中，齐美尔表明了建设或重建的任何一个实例究竟如何以一种时间性的方式确证人类对自然的掌握，因为人工制品的耗损或退化——总是被客观化在废墟之中——重申着对大自然的统治，让人类直面认识到他们的脆弱性（Simmel，1959）。如果从某一个立场来看，重建的时机凸显了对尼采所说的无常性的狄俄尼索斯的直觉，那么，它同时也为人类精神持续统治的阿波罗的直觉创造了一个场所（Nietzsche，1956）。

齐美尔提供了把建筑物转化为我们可以在城市中探索社会动力的一种方法。任何建筑或重建举措都提供了研究城市如何激活空间或者把生命注入空间的一种机会。齐美尔认为，建筑物的退化给集体带来了面对面的认识，即在每一个场合，人类与自然关系的持续可逆性都被戏剧化为对城市的一种挑战。因此，我们可以把对建设和重建所需要的集体回应理解为一种张力的标志，这是人造物的无常性的直觉与需要通过重新确立人类统治而超越这种认识之间的冲突所释放出来的张力。

234

在城市中，城市政策与政治、企业利益和建筑行业之间的辩论，被当作一种关于城市空间融入生活的最佳方式和方法的对话而被激活。这些政策和解释预先假定了城市居民及其对空间利用的形象，它以各种方式掩盖了，也以各种方式提供了指向这个问题的话语，即空间的使用者究竟是如何通过这些相遇而被想象为有人使用的和富有生气的。为了通过城市居民所表达的对他们作为一个民族的持续存在和变迁的集体关切确定可能性的范围，我们可以考察各种各样争论和解决这些问题的方式。如此，我们会继续被这个问题引导，即城市如何给这种辩论烙下它的印记，而这种辩论又是怎样被城市塑造的。

我们可能会把城市看作一个人性被剥光的场所，让人们直面他们的有限性。可以说，城市让它的主体暴露给一切即将来临的事物的根本无常性之中，暴露给技巧和社会建设的不可阻挡的诡异之中。以一种完全不同于村民与自然相遇的方式，城市把它的主体定位在存在与生成之间的悬崖峭壁上。同时，城市生活的基本流动褒扬物种的自由以及对这种自由的基本限制，从而唤起我们所建构的事物之永恒性的脆弱幽灵。城市就是一种挑衅，考验着我们在面对无常性的景象时如何发现自身。假如我们被吸引到城市中去，希望挑战极限（对自由的承诺），那么我们在城市中的命运就是要接受这种认识，即这样一种挑战存在于不断更新的需求之中。在某种程度上，城市的传承就在于这一挑战本身的模糊性，它给集体提出了这个问题，即集体必须持续不断地创造、经受和挑战人们提供的各种预期解决方案。我们将开始创造一种叙事，以表明城市是如何通过无常性、多样性和碎片性、虚无主义本身的景象而产生的，对于任何一个当下时刻来说，对于现代性来说，这是对承诺的一种富有意义的激励，对承诺的一种考验。

但是，我们并不认为城市是虚无主义的，恰恰相反，我们认为，城市敢于冒险把虚无主义及其各种论调当作日常生活话语的一个重要部分的环境，这就是使城市成为一个主要的自由中心的东西。城市以这样一种方式唤起它需要超越的情感——脆弱性和无常性的反常直觉——在建造和重建中，在延迟永恒把握的同时，也证实着当下。在这种延迟中，狄俄尼索斯和阿波罗元素的混合，标志着城市的文化及其在建筑方面的根本模糊性。通过这种方式，任何一项工程都会让人们在城市中与空间接触，想象成一场想让他们的生活变得强大、具有重要意义的相遇，从而成为一种有关城市自我更新的表达。不管这样一种姿态多么富有创意，都只能从建筑艺术中流传下来的星星点点、空间类型的传统，以及被设想为居住在这些空间里的生命形式表现来充实更新的工作。

对任何一个城市来说，无常性的标志就是流动（财富的内部变化和外部波动）、建设和重建活动的暴力，以及作为一种具有自然和美学价值融合的生命周期的艺术品的时间轨迹。这允许我们可以根据循环、更新和传记的隐喻来谈论城市。通过这些修辞手法，我们可以把城市本身的基本运动理解为一个集体问题，这是城市所面对的并且必须致力于"解决"的问题。为自身所构想的作为一种象征的城市流动，体现在城市生活的各种话语中。这个问题—解决的城市开始以集体的形象看待自我更新问题，以及在被包围的运动中把握自己作为一个完整中心的需要和渴望。这种无常性的氛围表明，城市总是处于失去自我的边缘，人们似乎总是可以把它当作一种有关这个问题的道德冲突处理，这个问题就是它是谁，它是什么，也就是它的身份问题。

纽约的自相矛盾之处就在于它的消失包含了恒常性——并且不只是因为一些早期的建筑幸存下来，促使我们走向历史的自我意识。在纽约，最坚固的东西都具有转瞬即逝的变化无常的表象：这个城市长盛不衰的勇敢、活力、魅力、实验；旧激情激励着新形式的奇迹，即湮灭的东西被重新点燃。

（Ozick，1999，152-153）

城市处在不断的变化之中：人们迁入又迁出，事物存留又衰落，空间持续又退化。城市是一个运动和静止、生长和破坏的场所。就当下而言，进入城市的人都会受到其他从未搬家的人的影响，而那些不爱活动的人则会遇到运动中的其他人，也会面对与他们相似的陌生人和看上去根本不同的邻居。使城市变得引人注目的人的运动——进入与退出、出生与死亡、移民、迁移和流动——体现着城市面貌是一种静止和运动、生命和死亡、衰落和重生的辩证法。空间就像个人一样，存留与衰退都会被用于各种用途，补充或者任其腐烂、遗弃和退化。如果希望是永恒的，那么，它仍然与浪费和侵蚀循环中的损失，房屋、财产和属地的更新，没完没了的剩余物和重建，没完没了的地区、区域和事物的衰落和再生并存。正如所有的当下一样，城市的永不停息的运动——它的人和事物——表明，为何它的生命就是它的死亡，这一命运体现在更新结构必然能够瞥见的形象之中。

对于任何时候的城市主题都会提出一些问题。这个城市是否持续存在于整个变迁中？梦想中的城市与真正的城市是什么关系？在这个城市中，我置身何处，我心目中的这个城市究竟在哪里？就其本身而言，这个城市必须使这类问题具有说服力，就像它的话语在这个场所中以一种彰显其天才的方式所体现出来的那样。这就是城市的自命不凡，这就是城市的"诱惑"。假如似乎使我们梦想中的城市与眼前的真实的城市之间的关系问题成为必须回答的持续问题，那么这种表象便是吸引我们去寻找这种结构所隐藏的东西的诱惑。这是因为，城市要求我们去探询它的空间究竟是如何以永恒性问题成为难题的方式而发生变化的，它如何能够保持自身的真实？城市需要我们反思贯穿其表面变化过程的持久力，它的完整性怎样才可以说是持续性的。我们认为，城市的梦想——完整性和持久性——是与人们对城市的迷失、即"只不过是一个符号"的恐惧所预想的噩梦并存。这就是，为什么可以说失眠是夹在梦想的诱惑与虚无主义观点的诱惑之间的城市居民的清醒生活的缘故。城市被迷失了，主体所拥有和渴望的是什么以及不再是什么，城市已经死亡，随着这种死亡部分主体也死了。城市——在失眠的主体中——引起了恐慌，人们担心属于整体的部分现在不再是，将来也永远不会再是了。因此，在任何时候，都会为它的主题提出一个有关其中一部分死亡的问题。这就是为什么我们可以说失眠是城市内在生活中一种永恒诱惑的原因所在。

芝加哥学派

正是由于芝加哥学派，特别是罗伯特·帕克和他的同事们，我们才把对城市的最激进的解释当作一个运动的过程，在这个过程中，由于个人和群体都渴望"在都市生活的巨大复杂性中"找到自己的位置，再生才被不断地表现为空间的复兴（Park，1926，4-18）。生态学不仅把城市看作个人和集体的问题—解决的一种语境或背景，而且看作为自身的生死存亡所困扰的一个集体行为者，这是一个在自身各部分都反复出现的诸多影响中形成的问题。

被人们设想为一个集体行为者的城市，并不是简单地被描绘成一种聚集或有机体，而是以一种超越确定性的方式被描绘为自我肯定。这幅城市图景中的张力源自被隐藏在自然秩序中的形

The Imaginative
Structure of the City

象，就像自然秩序的"植物一样"（Park，1926，3）经历了一系列不可阻挡的阶段，在成为满足自身欲望和记忆的资源的同时，也限制了它只能在这样一种秩序的范围内回忆和期待，就好像它的过去和未来一样，仅限于记录它的选择和决定。从这个意义上说，城市作为一种集体命运生存下来，而它只能顺从这种命运，这一命运似乎标志着每一个城市在重新配置与这种普遍状况有关的地位的方式上都是独特的。城市的禀赋使它本身表现为"人口的选择和分离都已经走得最远的地方"（Park，1926），这为区分"大城市"和其他城市提供了一种方式。尽管芝加哥学派坚持不懈地关注城市的生死存亡运动，但是芝加哥学派的生态学没有任何办法，提出比他们能够想象的更为复杂的各种自我理解方式，思考城市的生活究竟如何与其历史和记忆联系在一起。

自然选择和分离并存——城市及其力量的不可阻挡的周期性秩序——都在致力于解决这一问题的方式上得到了体现。这种"工作"表现在群体和个人的无休止的运动之中，他们通过占有空间、交替着赋予和撤回空间的意义，更新边界和机会而不断地对空间产生作用，所有这些都对中心和边缘以及群体与空间之间的关系进行重新定义。城市——被描述为一种不断流动的状态——空间的破坏（衰退、衰败）与再生生命之间的更替。在那里，空间通过"人口流动"而被重新创造出来，无论是个人和群体的流动，还是边缘阶层和流动人口（为社会所弃的人、移民、艺术家）的漂流。城市中生与死的波动节奏反映在具有"一种不明确的生活"的命题中，体现在城市内部的空间生成与死亡所隐含的必然结果中，就像居住在城市中的个人和群体一样。

既然城市总是在变化，那在任何一个时刻它都不是曾经所是的样子，也不是它将来要成为的样子。在任何时候，在所有条件

下，如空间的土地价值、建筑物的高度、住房的状况、拥堵的波
动、中心与边缘的关系、城市居民的空间构成，都标志着任何一
个空间从本质上说都是不同的东西，也就是说，不同于原来的东
西，也不同于将来的东西，同时提出——含蓄地——面对这种他
者性，它如何能够保持同一性的问题。

芝加哥学派所描绘的城市之生与死表现在边界的脆弱性上，
总是遵从选择和分离的规则，总是能够认识到自己在本质上处于
转变之中，处在过去曾经是和未来将是的他者性和同一性之中。
如果说，芝加哥学派似乎要尽量减少这种流动和运动的城市边界
的连续性，那么就必须始终坚持这样一种传承的社会和政治后
果。这是因为，在任何当下形成的始终存在的选择和分离的前
景，就是记忆和渴望，就是决定和限制任何个人和任何群体行动
的过去遗存。在任何边界中，同一性和他者性的混合体都是以消
解标记的方式得到确认的，这意味着这种遗迹的踪迹以不同的形
态保持和侵蚀事物，在每一种踪迹中都对遗迹进行重塑。

在芝加哥学派的这个公式中，城市充满了意义，规模和密度
就是拥挤动态的标志，在那里，空间的更新是一个标志重新塑造
中心与边缘关系的主体化过程，无论是在长期被看作边缘地区对
中心性（中产阶级化）的模拟中，还是在现在被视为边缘（去工业
化）空间的对中心性的废除中。空间、个人和群体以及依附即将
发生和消亡的事物的这种本质的主体间性，总是把空间确立为一
种社会关系，在这种关系中，相互之间的定位在空间的根本模糊
性中都具体表现为一个有待解决的问题。我们自己的（绝对的）空
间包含着他者对这个空间的看法，而他者本人的（绝对的）空间也
包含着我们对这个空间的理解。这种空间继续证实圈占地的渗透
性，更根本的是继续证实任何一个边界的渗透性，因此，任何一

The Imaginative
Structure of the City

种内部东西都总是向外部的东西开放。

无尽的增殖

芝加哥学派通过运动和异质性指标制订更新方案。如果整体分成部分，而部分本身构成与其他部分有关的整体，那么群体和空间之间的这种明显的异质性本身就体现在其各部分的异质性之中。整体与部分、部分与整体关系的连续流动和无差别性反映在每个整体和每个部分之中，从而使空间的统一和群体的统一成为问题，因为任何空间都居住着不同的群体，任何群体都由分布在不同空间中的人组成。碎片性以一种不断提出这个问题的方式表现为城市的规律，即"中心在哪里"，实际上是"中心是什么"。

假如区域被赋予了群体的主观意义，那么每一个区域都是既统一又分离的；假如把人和群体与其空间的主观意义联系起来，那么，每个群体都是既统一又分离的。在任何空间中，居民可以是亲近的，也可以是疏远的，而在任何看起来亲近的空间之间，也可以有距离，而在那些看起来很远的空间之间，也可以有接近。就像资产阶级分割了整体的地区一样，生活方式的相似性聚集了明显的多样性和差异化的区域。在这幅处于运动中的城市图景中，固定不变的一致性程式是在运动被束缚的极端空间里想象出来的，非常富有的人的孤立飞地的社会墓地和非常穷困的人的同质性贫民窟，一再证明生死边界的相互作用方式标志着城市的社会景观，并在最明显的不可救药的边界中形成。

芝加哥学派允许我们对城市的禀赋进行推测，就像在城市的运动和异质性中所揭示的那样，因为以我们总是想要列举的方式，期待城市的独特性会使自己在空间(群体、功能、活动、公共生活)内部和之间的异质性中得到体现，同时也会在空间(群体和事物、身份和资源的衰落和更新)内部和之间的运动中得到体现。城市的不可阻挡的流动总是诱使我们认为，可以通过测量和量化"模式"把握这些变化。

如果这种评估和掌握的魅力诱使我们在表面上把城市的禀赋等同于方案所建议的选择和分离，并且在更深的层次上等同于它所隐含的运动和异质性，那么我们就会冒着用掩盖独特性的方式把大城市等同于它的动荡不安和多样性。在芝加哥学派看来，城市的精神专注于(生与死)更新的动力，这种动力是使其原则保持不变的一种外部条件。如果所有城市都能阐明这样一种动力，那么我们应该如何处理芝加哥、巴塞罗那或科隆所特有的东西呢？此外，城市是一个为了争取得到认可而努力的场所，这种认可表现为个人和群体都渴望在这个空间秩序内得到承认和实现价值，表现为城市本身为了争取认可而努力的一部分。芝加哥学派把 240 "交流"描述为在这样一个城市内部协商身份的协调方式，可以在有序(选择和分离)或颠覆(边缘性)中形成。这项工作导致的结果是社会位置的分布，即在诸如权力和声望等资源方面参照包容和排斥标准确定具有社会意义的空间分布。因此，在这样一个空间秩序及其法律条件下，对城市来说似乎总是显得很特别的是如何运作它的"身份市场"。

建设与重建

建筑是城市在面对生态波动时努力更新自身空间的手段。在某种程度上，建筑的力量在于对未来的筹划，对当下的定义仿佛是永恒面对的一个条件。暴君的幻想把城市吹嘘成一个更新的场所，因为它处于国家中心的位置从而把更新与城市的中心地位联系在一起。我们暗示城市作为一个场所的支配地位，并不是因为它的生态优先性，而是因为它需要把自身当作未来必须面对的问题来振兴。假如生态说一线城市支配着空间，那么建筑则声称永恒的城市主宰着时间。但问题是，城市终将成为一片废墟（Simmel，1959）。建筑提出了更新与毁灭之间的张力问题，即一个城市生活的集体问题—解决怎样才能处理这个难题的张力问题。

阿尔多·罗西对建筑工程进行了描述："建筑体现了城市传记的有形标志"，使城市的人工制品变得清晰易懂，使我们能够审视城市风格所体现的设计与持久基本要素之间的关系。按照罗西的说法，这些基本要素涉及城市的某些部分，如区域、住房、街道、纪念碑，以及体现在商店、公共服务机构、医院中的各种固定活动和服务。罗西假设了基于某种想象的城市视觉恒久性或形式，即最初的规划和布局随着时间的推移持续存在于被改变的剩余物之中，而这些剩余物通过各种历史踪迹仍然保持着连续性。

罗西假设城市的视觉恒久性或者形态基于这样一种愿景，即城市的最初规划和布局如何随着时间的推移在修改后的遗迹中仍然能够通过各种不同的历史踪迹保持连续性。这种城市形态的持续和改变之间的关系以它自己的方式成为了每一代人都会遇到的一个集体问题。从这个意义上说，一个城市的形态正经受着不断演变的历史的动态生活的压力，特别是体现在每一代人对传承下来的东西的需要中。希尔斯曾经把过去的现象说成是传统作用的恒定标记（Shils，1981）。

241　　　　一种人工制品的复制通过在每一个新建的具体化中重新

体现那些引导前辈们生产和使用过的形象，把过去带入现
在。在每一代人中，人工制品的每一个特殊实例都会把客体
意象的化身发扬光大——无论是一个衣柜，一座房子，还是
一杆枪——都是引导其复制的形象。（Shils，1981，80）

虽然希尔斯错过了把这种观察与齐美尔关于生命与形式的关
系讨论联系起来的机会，而这种关系困扰着人工制品的怪异辩证
法，但是它突出了建设和重建必须强调的固有的不安。这种不安
所指的不仅是建设和重建，而且也指人工制品本身。

城市中包含着越来越精细的物体分层，其中体现了对历
史过往的一种具有深度性和复杂性的观念。它们是不断增加
的有形的、物理性的人工制品的储存库。几十年来废弃的书
籍、唱片和衣物充斥着旧货商店和跳蚤市场……在当代城市
中传递着丰富的文化物品的巨大意义。（Straw，1999）

在任何一个城市，当艺术品的耗损或退化，艺术、知识体系
和实践的创新模式、空间和领域的干预措施产生变化，成为其生
活和自我定义富有争议的问题时，我们都能够确定各种经过选择
的理由。这些理由的危险表现在诸如媒体、地方政治和政策争议
中所进行的辩论和解释上，表现在通过集体行动所产生初期的或
成熟的抵抗之中。各种争议围绕着所有主要城市的重建活动展
开，这些活动使我们能够探讨建筑决策、政策和竞争，反映了城
市文化的连续性、过去的辉煌以及未来的梦想。

当建设、建造、重建和空间设计面临挑战，激活与城市作为
一种形态的连续性有关的关切和问题，以及对允许修改这样一种

形态进行限制的时候，城市生活中就存在各种各样的时刻（Ashi-hara，1983；LeGates and Stout，1996；Tschumi，1994）。有关城市形态问题的话语，总是预设了城市恒定性的某些形象、合法的转型范围以及对形式退化的各种关切。在城市中涌现出来的所有新的建筑举措的规划和工程都激活了这样一种话语，并在关于好城市、具体化方式和手段，以及在目前条件下是否能够实现的争论中活跃起来（Glazer and Lilla，1987；Rowe，1997；Jacobs，1961；Scruton，1987）。表面上看，通过建设和重建举措审视解释的冲突，似乎证实了齐美尔对于作为一种文化现象的新与旧之间对比的普遍影响所做的评论："旧的，同时又是新的，难得的东西，享有特别的尊重"（Simmel，1950，29）。

242

　　在不同情况下，要求新事物成为绝对的和前所未有的东西，受到希望背离的过去的限制（Shils，1980；Arendt，1971），正如要求过去的东西成为永恒不变的东西一样，受到许多不同形态和表象的持久性的限制（Shils，1981，164-167）。对新旧价值的解释冲突就是同一性与差异性（Heidegger，1951）、持久性与修正（Rossi，1983）以及困扰每一个行动的同一性与他者性（Rosen，1980）之间张力的一种明显形式。

　　也许柏林是当代城市中围绕这个问题发生冲突的典型案例，即公民身份的持久性是否和（或）如何能够并且应该在建设和重建活动中得到具体化。在这个语境中，保护、商业主义的力量与建筑作为一种职业的审美需求之间的碰撞，继续被当作关于这个问题的一种话语表现出来。这些问题是新城市的方向、与其过去的关系，以及对在这种解释冲突的语境中如何定位任何一项特定建设举措的关切。由于柏林的建设举措与这个城市作为德国新首都的重建相对应，因此，在柏林重建已经被破坏的东西就是建设一个新的国家中心。

这些考虑使我们能够把这个城市的重建理解为一项决定性的象征性事业。新国会大厦和政府中心的建设，波茨坦广场作为这个城市预期的新公共空间核心的更新，以及犹太博物馆的开发，都引发了政治、商业和自由派建筑界之间辩论的所有立场（Kramer，1999）。在这场辩论中，如果说，政治（如城市规划的官僚机构）已经努力以德国身份概念及其保护的名义控制拟议的改变，那么，戴姆勒-奔驰汽车和索尼等公司已经在更有限的经济考虑方面对重新界定这些变化进行了干预，在这些极端情况之间，建筑以在当下重新发明城市身份的名义为工作创造空间而进行斗争。从诺曼·福斯特的新国会大厦，到大卫·利贝斯金德对作为一个"空位"体现在博物馆外部立面和内部结构的德国-犹太关系的解释，产生了一系列解决方案。在任何一个城市里，笼罩在辩论之上的就是对所表达的相互冲突的主张和解释的心照不宣、不言而喻的一种共同体形象，这个共同体也许隐含地成为对所有行动都具有法律效力的道德审计师（Grenzer，2002）。

尽管这种争论并没有像在都柏林这样的城市里那样富有戏剧性，但是建设和重建仍然伴随着不断扩张的经济，伴随着有关如何在这种变化中保持城市可读性问题的持续政治冲突，按照时间的步伐进行着。在这方面，坦普尔酒吧项目对市中心部分地区的改造表现为一项有争议和被争论的部分主张，它们要求把发展目标与当地对艺术、社区举措和准入的支持结合起来（Corcoran，1998）。如果说，关于建筑的呼声在都柏林没有像在柏林那样有名和醒目，但是冲突的残余依然存在。因此，在都柏林，关于"遗产重建"（Brett，1996）的辩论占据了一种（结构性的）地位，类似于柏林关于公民身份的辩论（Kramer，1999；Grenzer，2002）。

243

　　城市是一个处于不断更新中的场所，不是从头开始，而是根据场合的需要被零碎地更新。这种"需要"的场合并不是通过自然规律揭示的，有时根据明显的利益，有时因为偶然的情况。如果城市就是一种人工制品的景观，那么在任何时刻，其中的一切都在消亡，在任何时候，任何事情都可以被称赞为一种干预。修复、恢复和翻新的可能性无处不在，因为死亡作为其不言而喻和无所不在的余韵持续存在于城市之中。城市作为一种人工制品景观，其真正的本质意味着，在任何时候都共存于不同的衰落阶段，因此，仅因为这些理由，就可以证明这种干预具有合理性。然而，城市的"合法性危机"表明，如果对改造、转换和拆除的呼声总是能够因为恶化而被证明是合理的，那么恶化就是一种无法解释任何干预的普遍现象。奇怪的是，建设的加速与对重建前景的强调密切相关，因为被建造的东西一定会恶化。在这个方面，建筑的创新本质的无根性便产生了无常性的根本暴力的预兆。

　　可以公平地说，暴力困扰着城市，因为人工制品的死亡使干预变得无处不在和非理性。除了人工制品的恶化之外，干预在本质上没有任何合理的依据，而且假如这适用于任何一种人工制品，那么正当的理由就总是掩盖着一种外部利益。暴力与城市之间的联系，在这里比在"犯罪"中表现得更为生动，体现在对建筑干预中所反映出来的无常性的恒久体验之中。城市是一幅人工制品的景观，本身就是一种典型的人工制品（Rossi，1983），城市的命运要遭受恶化和干预，即以复兴的名义遭受暴力的生活。这意味着，面对重新定义的干预需要，城市必须坚持自己的决断，这是一种发挥持续诱惑力作用的需要。在某种程度上，城市的传承在于致力于成为一个自由的避难所，并因此成为自由的受虐主体，而这种场所持续不断地向无常性的暴力开放。

244

自由可能意味着放松管制和缺乏对私人举措与积累的限制。这是一把自由的双刃剑,既是城市吸引新来者寻求从限制性束缚中解放出来的方式,同时也是刺激发展的雄心和项目的方式。自由的模糊性说明了其在意志神话中的地位,不仅是以创造性的名义逃离乡村的渴望,而且是更新城市生活的雄心,"路易斯·霍洛威茨在这个城市里建造了大量的建筑物。在回忆录中,他夸口说决心把纽约市的天际线变成现实"(Goldberger,1998a,176)。因此,假如说自由的一部分涉及暴力干预的权利,那么,我们希望城市能够通过对理性和非法暴力之间的差异性的承诺程度体现特征,从而在某种程度上对(暴力)发展的意愿进行深思熟虑的抵制。

新与旧的冲突

齐美尔所说的旧与新之间的模糊性应该在城市中得到强调,因为人工制品和城市本身碰撞的生命周期标志着每一次拟议中的干预,就像这种张力通过它展开的戏剧一样。城市体现了不可阻挡的消耗与创造性干预的一种需要和愿望之间的辩证法景象。干预由于奠定了各种可能性的环境耗损而变得具有可能性。在这方面,我们可以设想干预行动所建议的一系列关系。在它的限制情况下,不作为只是承认耗损的力量,因为一个空间或人造物会恶化,而不是被直接置换,因此通常会留下废物(Lynch,1990)。有时,这是作为拆除的结果而发生的,这个时候,现场就是一个"眼中钉",令人讨厌,任意破坏,并且没有到位的更新融资或政策。然而,耗损也适用于遗迹的情况,并且在这种情况下,可能会导致针对保护、尊重和/或经济机会主义的集体行动。因为耗

245

损在幻想、懒惰、好逸恶劳和无所作为方面可以采取种种不可思议的形式，就像机会主义所采取的那样，它的根本模糊性标志着城市是一片神圣的荒地。最引人注目的耗损例子是贫民窟、皇家住宅、鬼屋、破旧区，还有典型的例子是遗址开发之前柏林墙周围的空间。类似于鬼城，耗损是城市表现为一种幽灵般的空间景观——地区和人造物——总是等待着开发。幽灵般的空间类似于宠物商店橱窗里的动物或孤儿院的孩子，恳求过路人带走，并且纳入他们的生活和项目之中。既然城市的幽灵般的空间——半死不活——由于赤裸裸的利益、机会主义和运气而与更新分割开来，那么它们似乎总是受非理性力量的摆布，在某种程度上，使发展和重生前景成为困扰城市的一种不可思议的预兆。

幽灵般的空间作为衰败和死亡的迹象，以及通过它们激发的经济机会主义、发展和开发的幻想而产生的希望和更新的场所，困扰着城市。以这种方式站立在生命与死亡之间的建设工地上——衰败中的城市和处于发展中的边缘城市——在企业家形象中把死亡和生命形象结合在一起，掠夺者在幽灵般的空间中寻找机会和生命迹象。只有城市才能为贪婪的人提供救赎的可能性，为他们的终生工作提供机会，为他们重建死寂的空间。只有城市才能诱使贪婪的人加入生活的事业中，只有通过奉承和玩弄自己的私利，才能唤起他看到垂死之地的生命。在城市和掠夺者之间的这种关系中没有任何保证，这一点在曼哈顿引诱福里克、摩根和洛克菲勒等大亨建造博物馆的能力中，也在抵制唐纳德·特朗普以他本人的形象重建这座城市的过度行为的失败中，得到了证实。在这种情况下，城市中一部分不可思议的自由氛围与面对富人和强人统治时的无能为力联系在一起，把每一刻都当作无法控制的反复无常力量的玩物。

耗损并不只是一个线性下降的过程，而且被描述为持久性和修正性的创造性更新架构的一种激励过程（Rossi，1983）。正是与耗损的这种创造性关系，以一种形式连续性的标准衡量变化的方式，使对古老遗址的历史性改进变得更加丰富。尽管这会让人想起米兰大教堂这样的纪念碑式建筑，也会让人想起古老的街道或地区形象，就像一个最平庸的城市所唤起的生动感觉一样。

在某种程度上，城市拥有聚集在一起的主要干线，拥有在各种重要方面被认为与众不同的标志。城市的这些部分就像各种纲要一样发挥作用，把城市看作对于居民和局外人而言的一个整体。随着时间的推移，这些干线不仅以反映城市的经济和人口变化的方式，而且以反映具有决定性的重新分配意义的方式，仍然是持久性和改良的焦点。多伦多的永日街、蒙特利尔的圣凯瑟琳街、都柏林的格拉夫顿街和柏林的库弗尔斯坦达姆（K'dam）大街，都以各自的方式发挥着一种启发性的作用，都显示出各自城市延续性和变革性的结合。在某种文学意义上，每一条干线都是城市故事的一个主要角色，它的持久性和改进始终标志着集体自我理解的轨迹。任何一个城市的干线身份都是不容易的，就像识别一部具有多声部的复杂小说中的主要人物一样。干线与城市核心以及声称中心地位的竞争性街道之间的关系，始终是一个开放的问题，只有通过指南书才容易解决。干线的真正含义是一个继续存在的问题。此外，对于各个部件来说，把主要干线确定为一个持续存在的问题会产生总是要寻求解决办法的难题，而这些难题就体现在交通模式、通勤结构和扩散或差异的不规律性现象的偶然性影响中，破坏了以干线为标志的线性图像。这些街道的历史不仅反映了不断建设和重建活动，而且反映了影响人们、群体和物体流通的定居和运动的变迁模式。这些干线的"主要"购物功能与

246

城市人民的"次要"用途之间的张力体现在交通和运动的调节、不断变化的生活质量和街道行动、城市及其居住区边界的变迁之中，反映在这种干线与作为一个整体的城市之间的波动关系上。

改　造

在置换（replacement）关系中，一件人工制品被删除，或者被直接置换为另一种不同的东西，或者作为一个未成形的空间随着环境的发展而被填补。房地产开发，如大都会项目对多伦多市中心一个繁忙的十字路口的干预就是这样，以更有价值的存在为理由取代了这个空间中已经存在的东西。在置换时，被摧毁的旧式电影院可以完全被其他的东西所取代，被转换成一个专门用于不同功能的结构，或者可以通过在同一地点创造一个更新的版本（在这种情况下便是一种"升级"）来保存它。在那里，升级在空间中保留了功能，却改变了它的形式（和活动的形式），置换形成了新的结构和活动（如用音像店取代电影院），因而从这个区域除掉了这种功能或活动。尽管置换似乎是一种比升级更大的暴力行为，因为它把电影院从这个空间中拆除了，但是很难决定升级一家旧电影院是否比在空间中置换它更加暴力。有些人可能会说，剩下的东西（去看电影）的品质被粗暴地对待了，也就是说，就像是对看电影的质量的冒犯，而不是置换，它破坏了作为一种看电影的机会的空间。这就提出了一个重要的问题，即干预是否会对场所造成更大的破坏（说"这里不再有电影了！"），但是，对艺术形式的破坏力却要小一些（至少，我们不会坚持这个借口，即"娱乐中心"是一家真正的电影院，并提供真正的电影体验！）。

置换的模式是将未使用的土地转变成一个富有生气的、公共的场所，因为干预并不会干扰位于其中的地区或选区。因此，拨款总是有理由成为城市的一种"礼物"，声称从没有任何东西的地方创造出了某种东西，在以前没有任何东西的地方"给予价值"。在多伦多，被称为"铁路地块"的 18.2 公顷荒地的开发计划，就是想用巨大的摩天大楼和共管公寓单元取代瓦砾。尽管希望给一个空旷的空间赋予价值，但是，这项名为"城市广场"（City Place）的干预行动，给这个城市引入了一个美学的视角，这是有争议的。在巨大的共管公寓塔形式中，为了更好地观看它需从街道往回走，在破坏了街道生活的同时，也切断了大楼与周围社区的联系。用一位建筑师的话说："把一种郊区观念引入城市核心是完全错误的。城市里的建筑物塑造空间，界定街道和围墙，并用商店、咖啡馆和大堂激活人行道"（Steed，1997，C4）。在这里，似乎是在最有利的条件下，一种新的东西取代旧的东西的要求，可以被认为是重新设计，并且把传统的城市概念运用于核心区。这种改造提出一个问题，郊区的姿态是否是一种暴力行为，仅是因为它无法想象空间可能具体化的其他空间愿景。以这样的名义，置换不断地要求我们去思考，如果不能想象什么是正确的和高要求的，就会成为一种不作为，就像它想要纠正的不作为一样，会以它自己的方式对城市产生暴力。

　　在置换和升级之间只有一线之差。从本质上说，升级不是对一个场所的庸俗现代化，而在其最好的情况下是城市保持工作的一部分，并不是针对过时场所进行的修复工作，而是创造性的修复，能够使场所在变化的条件下富有想象力地持续下去。纽约的新中央航站楼被认为是堪称典范的升级，它告诉我们"不朽的建筑可以超越完善的问题，丰富日常生活的细节。这座建筑尽管人山人海，却是一片宁静的绿洲，是旋流的城市中一只澄静的眼

248

The Imaginative
Structure of the City

睛……它更像是一个城镇广场。它的清晰而宁静，还有它的威严，都属于每个人，而不像它们曾经表现的那样，主要属于那些进入 20 世纪的有限公司的人"(Goldberger，1998b，94)。同样真实的是，为了取得成功，这个项目在 20 世纪 70 年代面临商业利益的庸俗化，包括在屋顶上建瞭望塔，以满足房地产利益。地标保护委员会成功地对中央航站楼进行了合法辩护，重申"一个城市有权拯救它最有价值的建筑物，即便它们是私有的，并且它们的土地可以用于更有利可图的用途"(Goldberger，1998b，92)。请注意，假如我们重新思考地标的概念，这个案例究竟是如何使城市有权利保护任何场所不被占用的，因为它可能开始指向城市保护任何被界定为公共资源的土地的权利，即使是私有的，因此，这也适用于街角咖啡馆和建筑纪念碑。这样，升级总是含蓄地提出城市的性质问题，给它一个机会来证明对场地和空间的关切。在这里，城市的身份就是自己所关切的问题，在对自身及其永久性的爱护中，可以看出其文明和歧视的一种症候(Arendt，1968)，这种症候体现在对可观察到的干预的集体答复之中。

与升级(如多伦多的皇家约克酒店从一家大酒店变成了一家豪华酒店，或者，通过以继续保持环境形式来改造一所大学或体育场所)形成直接对比的是，我们可以理解把人造物及其活动迁移到另一个完全不同的空间的置换特点(如多伦多的枫叶花园因为加拿大航空中心而被废弃)。这种置换通常声称具有一种有价值的更新必要性，对整个城市来说都是有好处的。置换并不破坏活动，而实际上是在向另一个空间的转移中，要求通过创造新的行为中心增强城市的力量。置换具有的暴力危险在于它以某种方式放弃旧有的场所，似乎以对遗址、地区和居住点留下的重大损害为代价要求获得创造中心的地位。

因此，有三种干预措施，置换（replacement）、升级（upgrading）和位移（displacement）。第一种是在两种不同种类的人工制品之间的关系中，通过用新的东西代替旧的东西来破坏场所与行为的联系；第二种是用它与行为保持联系的方式重新界定场所，但是以能够重新界定活动性质的变化形式进行干预。第三种是把场所和行为都转移到一个新的空间。应该注意的是，对城市、场所及其对环境中发生的行为来说，每一种干预会如何对城市产生相关的风险。在多伦多建筑举措的最近案例中，我们可以观察到这样的风险，它们体现了置换、升级和位移的特征。

置 换

以各种形态和形式出现的置换都有一种远见，既具有所删除的东西的垂死性质，也具有对城市生活过程的有益贡献。有时候，置换很容易证明它的干预是正当的。比如，当它扩展到未使用或"被废弃的"属地时，要么为了城市文明的进程而进行重新改造（就像芝加哥开发从前位于密歇根大道以东的湖畔未使用的部分，从而创造新的酒店发展和"娱乐业"），要么重新设计一个时间和环境都已经变成了遗迹的中心（如为了重建一个新的波茨坦广场对柏林墙周围的属地进行再开发）。更典型的是，置换的管理与其说像扩张，不如说像一种军事行动，旧的地区和生活方式被废除了，理由是，它阻挡了决策者认为是进步的道路。在多伦多，某些开发项目的情况在这方面具有典型性。

永日—丹达斯重建项目是多伦多市中心城市娱乐区重建的一部分，重点是永日大街和丹达斯大街的交叉口。该项目包括丹达斯广场的建设，这是一个 3250 平方米的公共开放空间，还有一个名为"大都会"的娱乐综合体，一座展示标牌新趋势的媒体塔，一个类似时代广场和皮卡迪利广场展播的大型显示屏。加拿大AMC（多功能）剧院，其中一位合伙人与泛股权管理公司进行了1亿美元的开发项目，希望效仿在曼哈顿时代广场所取得的成功。

开发商打算在关键的十字路口建设一个零售—餐厅—娱乐"空间"，目的是让过往的行人能够看到它，希望把人们从毗邻的封闭的伊顿中心建筑群中吸引过来。该项目指望建造一个巨型电影院、公共广场和地下停车场："过去这是一条街道……对每个人都有好处，一个理由是人人都可以来这里。最近，它已经变得相当破旧了。它一直在产生不良的影响"（永日—丹达斯重建项目宣传材料，泛股权管理公司，1998）。

250

只有从他们的角度来看，这条街才是"伤痕累累的"，宣传片把这个区域描述为一个破旧的地带，到处都是折扣商店、一个混杂的快餐廉价经销店，一个"种族大杂烩：在肮脏的楼梯上面是'天荒情未了'，一家充满闺房内衣的商店，主要业务却是出售照片身份卡。这是一条华而不实、恶习充盈的街道"（Pen Equity）。

注入和振兴的想法激励了这个项目，破坏行为的目的是要产生有益的和建设性的反应。破坏的影响被最小化了，因为该地区正在受到"伤害"，因此，它表现出具有破坏性（转换）的东西是一种表象，仅此而已，因为它是为了这个地区和整个城市的利益。据推测，负责这项干预的人数有限的参与者认为，置换是必要的。一位政客说，"告诉毒贩和黑帮，他们不再受欢迎"，他把一种仿佛是实际的慵懒等同于犯罪横行，继续断言"它将是安全的，它将是富有生气的，它将一片光明"（Pen Equity）。这种置换是合理的，因为这个地区是多伦多黑暗的中心，是反社会的和粗野的特殊庇护所。然而，如果置换的举措出于对肮脏地区进行清理的愿望而被证明是合理的，那么这个问题本身就仍然是开放性的。在这里，只有通过命令和默契以及不慎重地诉诸一种霸权的文明标准才能得到解决。除了犯罪外，从前的荒废和衰败地区只会对那些由于这种恶化而抛弃城市的新的人口结构产生反感，现在，他们希望回到按照宜居想象来塑造的城市。为这样一群人说话的市长欣喜若狂地表达了这样的想法："我受够了那个外面挂着裤子的拐角处的跳蚤市场"（Pen Equity）。这里有一幅被愤怒的多数人围攻城市的图片，那些对不雅观地挂着裤子感到"恶心和讨厌"的人，想把这个区域改造成可以感到舒适的空间，一个有点儿像他们目前居住的地方，那些难看的东西已经被清除了。

更为重要的是，郊区的欲望经济决定了这个地方将被建设的方式，使它能够组织休闲、玩耍、娱乐和"夜间外出"来想象一种新的与空间的限阈，而且是一种新的典型的相遇方式。因此，一个用户友好型城市空间的梦想与一个新的行为者、观看者、用户和一种新的行为过程的概念是共存的，"总体概念就是要让顾客能够参观大都会，在其中一家主题餐厅里用餐，造访图书超市，欣赏一部很棒的故事片，浏览电影超级商店，并在主题酒吧或互动零售区享受一些后电影娱乐活动。"

251

尽管这仿佛是资本主义急于吞没阻碍其发展的东西的又一个例子，或者至少是一种符合城市更新惯例及其乌托邦式意识形态的姿态，但是，我们应该考察一下推动这个项目的解释链，看一看它究竟是如何向城市居民推荐某种发展前景的。严格说来，这些举措总是声称，通过提供用户想要的服务来实现空间（乃至整个城市）用户的最大利益。在某些情况下，假如这被称为"品质"，或者仿佛得到了消费者偏好调查的支持，就必须以一种未经慎重考虑的方式来假定作为一种标准的需要，即所建设的东西是由

The Imaginative
Structure of the City

（黑格尔所说的）需求系统所设定的标准（Hegel，1967）来指导的。
这个问题总是求助于多数人的愿望就等同于善这个假设。在目前
的情况下，开发商对不同利益群体的概念是通过主题环境的形象
来把握的，它让我们思考这样的方式，即全体民众的利益究竟是
如何被表现为某个主题公园结构中所体现的公共利益的。

　　在这里，被集中起来的活动（吃饭、观光、看电影、互动游
戏）从表面上看是为了方便，但是，在某种程度上破坏了从一个
地点到另一个地点运动的自发性和偶然性，因而破坏了不确定
性，除了渠道的选择外，还有步行和决策过程。在很大程度上，
功能的集中好像是根据主题分类限制和约束选择的一个课程设
置，仿佛用户没有给场所带来任何有力的和独特的东西，而只是
对最基本分类（如"意大利食物""动作片""新奥尔良风格酒吧"）的
复制，因此，除了主题所提供的东西之外，没有体现出任何才智
或辨别力。没有给用户任何机会用即兴的和创造性的方式去探索
和重构就餐、喝酒、看电影和观光的行为，也就是说，没有把它
当作完成一次夜间外出、打发时间和娱乐的整体方式、方法的一
部分。这就好像用户从根本上说还没有形成，还需要通过大量的
房地产开发教学设备来了解城市。这种项目甚至可以证明自己是
合理的，理由是用户想要这样做，一种夜生活需要和渴望这样的
指导，因此，这种结构符合用户的"最大利益"。这种项目甚至可
以声称说"需要"的正是这样一种用户，即一种新式的人，而对举
措的抵制就是抗拒变革的症状。从某种意义上说，这一说法是正
确的，因为已经发生的变化体现在新的人群结构的新的要求之
中，即允许人们使用城市空间的方式不会受到过去排斥他们的审
议、评估和歧视的影响。这样，新用户就可以认为，在过去因为
"需求"性质，即因为需要用户在他们的空间范围内培育自己的工

作而被排除在城市之外。房地产开发则可以声称，通过创建新的畅通无阻的公共空间反映新用户的要求。

娱乐综合体似乎想象使用者与食物、电影、书籍、散步甚至娱乐没有任何历史和教养关系，即把时间和空间体味成一种显而易见的、偶然的社会成就。要得出的一个结论是，空间的使用者被想象成一种城市生活方式的陌生人，没有步行以及走一走看一看历史的新来者，期待便利、高效和关心安全及卫生的郊区居民，以及那些对景观和休息的期望压倒了其他考虑的青少年。置换，真正激进的置换，用一种想象性的结构取代了一种生活方式和一种城市居民，这种想象性结构总是使关于新旧关系的有争议的解释浮出水面。因为无论这样一种创新有多么新，都不能使过去不受干扰。按照它所声称的背离过去的标准，它需要过去并且运用过去。

升　级

升级声称要把一个场所现代化，就像改造或者翻新和整容手术的共振一样，这并不是没有根据的。在城市中，许多升级改造的场所都有极其重要的地位，值得以某种形式加以维护，至少是一个地标性的踪迹。在多伦多，皇家约克酒店便会让人们想起加拿大在英国殖民时期的辉煌岁月，在被改造为商务酒店的时候，它是过去的一种踪迹，似乎值得保留下来。这样，皇家约克酒店的地标性地位就能够使商务旅客根据他们对这个城市的重要性来区分这个场所与其他的豪华酒店，让他们感觉到它的独特性。

在其他情况下，当没有地标能够提供阻力的时候，升级就变成了毫无节制的暴力。一种现代的、无差别的结构，如多伦多约克大学，就很容易被人们感觉是发展性幻想的受害者，因为它不同于约克酒店，没有任何独特性。因此，升级假如不受任何实际限制的约束，就会随意地忽视大学的意义与空间之间的联系，并且可以对它进行改造，好像它就是要被征服的处女地。在升级过程中引入了三个新元素，而不考虑它们与过去的联系，一个零售商场、一个圆形大厅和一个公共空间。由于大学作为一个场所的概念的模糊性和功能的具体化，这些创新耗尽了升级换代的可能性。在这种情况下，没有了任何限制，升级就可以把空间界定为零售商店、青草小丘，或者用任何一种方式界定它。因为空间的定义受到那些脱离其内涵历史的人的控制，而那些与场所有密切关系的人，要么因为缺乏专业知识而退出，要么轻易放弃了他们的利益。由这种升级带来的模糊性在于两种观点之间的张力关系，假如增加服务和便利设施，没有资源的丑陋场所对大多数人来说更为可取；然而，这种改变只有从作为商业机构的功能角度来看才是可取的，即服务设施的数量增加（一个食品场、一家清洁商店、一家互动电子游戏室等）。这种升级所造成的暴力行为提出了一个有趣的问题，即一种环境的组织如何有助于清晰地理解在其中发生的行动，如一所大学应该如何利用空间。

如果这个问题让我们思考什么是大学，什么不是大学，那么很显然，这种升级就把一所大学的空间看作一个营销机会，而学生就是碰巧在上课的消费者。这种被禁锢的消费者群体的概念与把电影剧院重新定义为主要是食品加工渠道相类似，这样一来，对艺术（电影、高等教育）和使用者（电影观众、学生）的暴力行为就变得很有趣儿。显然，这所大学的升级把高等教育重新定义成了服务供给，把空间的使用者重新界定为课前和课后需要功能设施的通勤人群。这种设计符合对新的学生群体的设想，兼职工人则局限于工作和郊区家庭之间的两极化关系，他们需要快捷而高效的服务满足教育就是有机会获得证书的一张时间表，一种主要环境之间的临时停靠站。这样一来，高等教育以及环境的设计就成了问题，它再一次挑战了对于过去与当下之关系的看法。这种干预在公立学校、医院和教堂的升级中是很典型的。例如，人们经常声称，教会的"现代化"使它们与公司无法分辨，严重损害了形式（宗教仪式）与功能的关系。然而，每一次这样的争论都具有更新这个问题的积极作用，形式（高等教育、宗教、照顾病人）是什么，随着城市的变化，应该如何坚持和（或）加以修正。

在大多数的升级中，不管暴力事件如何，当下与过去之间关系的一些踪迹都得以持续。有些升级的规模是如此之大，以至于它所取代的结构，既没有确定性区域，也没有独特的功能，它们都把先前的状态确定为相对无形式的结构。在这种情况下，升级是一种大规模的干预，与过去场所的新颖性和难以识别的联系，目的是证明自己成为城市中心地位的合理性。尽管这些超级市场的置换和升级之间的界限很小，但还是值得进行单独讨论。

254

位 移

多伦多一个古老的运动场被撤空（Maple Leaf Gardens，b. 1931），这是把功能转移到另一个地点和一个新结构过程的一部分，这个结构被设计成一个最时新的"艺术状态"多用途设施（加拿大航空中心）。当地媒体报道称，这个新的设施"对天际线贡献并不大，但是对这个城市的贡献却是巨大的"（Hume，1999，S2）。在天际线和城市之间，这种区别是值得追求的，这也许是对"纯粹"的表象与某种更"真实"的东西之间的对比，或者，是对外在的东西与内在的东西、表面的东西与深度的东西之间对比的一种思考。至少提出了这种区分对表面的东西与灵魂的东西之间这个关系本身的问题（Simmel，1959），这意味着，至少在这些词语里，在这个城市中，与某种真实的贡献进行比较时，或许就把天际线贬低成了装饰性的东西。

对于这次干预的不同评论，为这个新设施提供了几个方面的正当理由，所有评论都强调了新建筑通过开辟新的未使用空间扩展多伦多市中心的都市性方式。这个新的设施通过一种探索性修辞组织起来，仿佛建筑举措就是对未知领域的洞悉，在某种程度上，就像一种吞并的姿态。据说，加拿大航空中心是，①征用废弃的土地；②让城市延伸到离湖边更近的地方；③把这个地点与市中心火车站连接起来更便于郊区通勤者使用，从而振兴公共交通；④要求进一步开发，因为通过未使用土地的路径有望在其举措启动后为进一步的发展开辟道路。

所有的人，特别是市长，他是这个项目的啦啦队队长，都说这个新场所"改善"了这个城市，在一定程度上，是基于具有激发进一步发展前景的能力，但是，作为这个城市一个新的中心枢纽的自我赋权，也是作为一种创造性影响的自我赋权，与任何装饰性的创新相比，都更为重要。对于旧事物来说，这种新事物的创造性基于开拓未被使用空间的需要，并且以这种方式发起进一步的拓展努力来效仿它。对于大都市地区不断变化的人口结构和渴望来说，这能够更有效地回应进入该地点的郊区居民。这个项目是同时具有繁殖性和社会性的典范，使贫瘠的空间变得肥沃，通过新的行动和活动来填充它，从而使它发挥作用，使那些已经离开或选择反对城市的郊区居民重新融入社会，由于按照他们的规格对这个城市进行了重新设计，从而使它变得更富有吸引力，更容易接近，更有效率，因此，他们想回迁到这儿。

改进的另一个理由是，建筑师宣称新的场所将会成为"一个体育和娱乐剧场而不是一个竞技场"，一个集中了许多目的和功能的场所，能够引导人们认为这会是"可以早来和迟走的一个场所"（Hume，1999，S2）。请注意，通过位移所改变的是运动场以及设施的观众和使用者的想法，在某种方面与体育本身是相关的。也就是说，体育和观众（"粉丝"）的意义可能会发生变化，因此，对城市体育的表现和意义会产生影响。

对于体育来说，这种含义并不是唯一的，是由这种结果暗示的，即位移危及在环境中发生的任何艺术或活动的形式，但是在方式上始终按照最时新的或者"进步的"活动限制来判断合理性。成为一个观众，成为一个空间使用者的条件变化，与艺术或活动本身的形式相互作用，空间的使用者与行为的相遇，始终是以挑战行为完整性的方式提出疑问的。

因为这是城市核心不断发展的一个借口，所以位移便以几乎无可争辩的方式证明了自己的合理性。它舍弃了在更当代的眼光看来那些已经过时的行动形式，迎合了大都市地区的新需求，开辟了新的空间，在开放新空间和创造新途径的过程中，为大多数城市人口提供了"便利"的方式。它把行为建构为一种能够被欣赏的娱乐活动，而不需要任何特殊的鉴别能力。

在多伦多这个案例中，曾经的竞技场和其原来的所在地都被舍弃了，理由是它们的生存能力被限制在这个城市历史的一个阶段，而这个阶段如今已经成为过去。只有在一个拥有与这项运动密切相关的同质性人口的单一体育城市中，枫叶花园才是可行的。现在，一个没有这种责任历史的新的多元文化人口和一个对体育在城市娱乐矩阵中的地位有不同期望的郊区人口结合在一

256 起，给体育本身的重新定义及其与城市里的自由时间、休闲和有组织社会性系列活动的关系施加了压力。

加拿大航空中心的景观可以在内部设计中观察到。活动领域的设施被当作一种技术肯定，通过在这个区域的不同角度设置一个巨大电视屏幕网络和遍布整个场所以及盥洗间及公共空间的电视监视器，保证各种行动都将持续地受到监视，永远都不会在视线之外。即时的重放允许观众恢复错过的瞬间，相机定位创造了多个角度，人们从多个角度观看游戏，监视器通过所有的终端和转移使各种行为保持在视野之中。该设施的设计者声称"今天的大多数粉丝都期待这种质量"，表明这项技术是为了"增强粉丝的体验"（Brown，1999，S2）。然而，其中的关键问题在于，粉丝正在"需要"的究竟是技术还是体育，以及为什么应该假设两者是相同的而不是对立的需求。既然粉丝最"需要"的可能是技术而不是环境中发生的某种行为形式，那么，设计师可能无意中指出了这个重要的问题。

加拿大航空中心体现了观众希望通过技术上的专注完全掌握视觉效果的愿望，希望消除置身于这个情境中的任何观众在座位、注意力、视角和时间性上的不平等。这样，该设施的全视景技术梦想，基于观众追求质量的形象，实际上构成了通过限制离经叛道和不正当行为控制身体的一种规训，因为这些行为可能会破坏一种不被打扰的安宁。

请注意，在很大程度上，这种新设施以这样一种方式集中了各种功能，即对场所及其所在地与整个城市之间的关系具有重要的影响，而这些影响总是从被废弃的场所开始，在这种情况下，居住在那里的往往是市中心的用户。位移只能出现在游乐、休闲、自由时间、体育的语境中，边缘与城市空间中心位置之间的关系需要进行重新思考。位移提出了各种各样的问题。①采取举措的时机是什么，那就是做出暴力行为的理由吗？②这种改变是如何得到认可和受到抵制的？③在新的和被遗弃的空间中，这种改变对未来和过去有什么影响？④对于重新定义发生在这个场所和观众或使用者的建设中的行为，这种改变有什么影响？在伴随干预而来的，并且标志着其事件是城市的一个关键时刻的富有争议的解释和行动的话语中，每一次位移都对我们和城市本身提出这样的问题。

超级商店

所谓的超级商店都汇集了许多这样的问题，因为它声称，通过把它转化为景观来创造一种环境，从而提升局限于环境的行动。这个问题总是提出这样的关切，即新的东西如何与旧的东西妥协，或者"用户方便性"如何以重新界定其中的行为方式来发挥作用？假如我们考虑要把一个电影院改造成一座影视城综合体，那么，纯粹性和进步之间的张力就会变得更加清晰（Adelman，1998，Dl，12）。

扩大后的电影和多功能影院把各种电影和不同类型的电影观众结合起来，往往是要积极解决单一化的电影观众的孤立性和审美集中性问题。但更为重要的是，通过在一个具有差异性活动的环境中引入新的用户群体，它便在同一个屋檐下以某种方式创造了一种新的功能集中性，主动地把看电影重新定义为一种集体性的体验。在这种情况下，看电影就不得不重新审视它在其他功能方面的地位，比如吃快餐，因为男男女女与多功能的结合把电影观看转变成了一系列没有特殊优先性的活动之一。

　　新电影院同时播放许多电影，并因此用一种旨在使选择最大化的方式混合着各种观众。高分贝的声级强化了体验。同样，影视城给环境添加了许多功能，诸如视频游戏和交互媒体等，这样，观众就不会在等待期间受到任何影响。在某种程度上，美食可以成为观众的主要活动，更舒适的座椅有望让观众把室内当作家庭的延伸，好像看电视时那样舒舒服服地边吃边聊。还有，私密性房间是为观看电影时的单独观看和社交活动（"尽情欢乐"）而设计的。很明显，新的设置有助于以一种符合新型空间用户而设计的方式对电影进行重新界定。除了那些被认为是"正统主义者"的人之外，人们往往没有注意到的是，这些干预措施是为了重塑常规性的城市生活艺术，重塑看电影、购物、浏览的艺术。因此，在"新"事物的压力下"旧"事物受到了质疑。同样，新杂货店、新书店以及其他诸如此类的设施在城市中所发挥的作用，不仅是增加规模和服务集中度的例子，而且是在空间用户与空间里的各种行动形式之间的相遇中观察暴力干预的场所，无论是去看电影、购买杂货还是去书店看书。这种"建成环境"，通过把原有的和古风式的功能（电影、杂货、书籍）用作一种托辞创造和维持对客体的欲望。它们经常被赞美为新的公共空间。在展示不同的功能安排时，它们不仅为每个人提供了某种东西，而且成功地肯定了它们自身的功能集中是一种增强集体力量的景观。在一个场所中能够满足不同兴趣的东西就是景观，这是一种工程学的胜利。它的魅力在于，有能力消除对品质和歧视的痴迷，而这种痴迷在过去有可能阻碍大多数人参与这些行动。

258

公共空间

纽约时代广场的重建，提出了改造与所谓的翻修之间的差异性问题（Sussman，1998，42）。尽管这个空间一直是一个旅游区，但据说现在被赋予了一种"几乎完全是视觉性的"消费模式（Rossi，1998，43-44）。因此，不仅仅是商业主义改变了这个地区，而且产生了一种不同的方式，从而使这个地区能够通过表现过去展示自己。例如，据说时代广场和位于新波茨坦广场遗址的前信息箱（Info Box）都通过展示和导游改写了历史，通过景观抹去了对这个地方的真实记忆，而这些景象所迎合的是它作为一种具有极大吸引力的视觉客体诱惑（Rossi，1998）。用萨斯曼的惯用语来表达，就是与场所生活的过度整合被重构为"安全过度"，即被重构为没有推斥力的景点。在关于传统市场效仿的辩论中，我们已经注意到了这一点；在时代广场的重建过程中，它表现在广告和标牌上，这些广告和标牌只是指向时代广场本身作为景观的客体（Sussman，1998）。媒介就是信息，因为这些展示本身就是有魅力的客体。据说与场所的这种"视觉"关系，是为了协调与整合该场所的过度设计，并且把景观的过度设计再生产为主导性的集体记忆。假如这是真的，那么便意味着，把场所表现为一种客体的东西就是过度设计本身。新的公共空间就是作为工程或设计景观的自我指涉，通过精湛技巧，把它们自身的过度协调表现为"一种全民盛宴"。

我们可以理解对这样翻新举措的批评，因为在按照它自己的方式创造一种景观的时候，这种自我指涉的展示总是有失去与体现该场所历史细节之间联系的风险。通常，建筑或设计举措都把其行为表现为一种破坏传统的集体联系的舍弃，无论是历史故事还是对建设和建构的"过时"看法。对这种举措的抵制往往被看作是"过时的"，无论是应对企业或公司裁员，还是应对蔑视"叙事"的计算机专家的技术狂热，抑或是应对某位政客提出的"格格不入"的措施。翻修的暴力行为加剧了集体的不安，使人们（或可能/应该）看到了这种形式本身的主题。

在这一举措中，翻新有把这个场所的故事简单化的危险，在时代广场的例子中，这个地方就是百老汇的故事，是"这个社会成功和失败的极端"的混合体，体现了特定职业、夜猫子、小贩、艺人和失败者、流浪者、恶棍等的多样性（Sussman，1998）。所有重要的场所都成为城市历史的一部分，就像百老汇是曼哈顿故事不可或缺的一部分一样，在艺术中，它通常被表现为一种集体情感的持久聚集地。对场所的这种记忆与其历史重建之间的差异性可能就在于，一方面，它的过度表现为人口稠密的惊人多样性——与极端状况的不稳定性共存；另一方面，在它的设计和方法上又展现为一幅壮丽景象（Grenzer，2002）。在这里，由于在城市中赋予场景以意义的需要释放出来的这种伦理冲突，是由构想场所的不同方式所导致的，这些不同的方式都把场所看作一种再生产"全民盛宴"的机会。然而，大多数用户通常对它提供的变化和机会感到满意，明显不同于少数被认为每一次建筑修缮都是反对者的正统主义者。围绕城市公共空间质量问题的冲突，对于把场所更新为集体本身（在"topos"的最初意义上，即场所）这个话题的难题产生了不同的"解决方案"，这些方案总是预先假定这样的问题，即场景如何有效地把它们的性质表现为一种社会交往的场合，因而，它们的多样性的拥挤或设计如何调动这个主题的魅力？这种冲突继续表明，在关键时刻，城市必然会被这种问题——

259

解决方式所持续困扰。

作为一种客观性文化成就的"建成环境"

这种建筑争论已经解决了场所的"主要"和"次要"功能之间的区分，重申了这样的认识，即不应该再假定解释优先于无数用途的场所概念，优先于它的多变性，它作为一个客体的象征性价值，它作为一个符号的性质的概念。正如我们自始至终所认为的，作为一种符号，建筑环境是一种"客观文化"的成就，既是美的，又是"功能性的"；既是一件艺术品，也是一种商品。我们需要探索的正是建成环境的这种事件性，这种体现在不确定性用途中以及在城市空间问题上的伦理冲突中的事件性。*260*

建筑本身作为一门艺术的无情破坏性，必然与（建筑物、博物馆、酒店、购物中心、电影院）风格的破坏和更新同步前行，因为它既是旧事物的丧失，也是新事物的开始。通过把人们带到前所未有的数量、组合以及被认为是新的和解放的娱乐场所扩展交流领域的承诺，把建成环境中的每一个物品都表现为一个新的消费和社交场所，目的是增强和拓展交流与联系的领域，增强信息流通的潜力以及让陌生人聚集在一起。城市中的建设和重建是否是卢梭曾经指出的资产阶级装模作样伪装的又一个例子，打着仁慈的幌子，声称重塑城市对于城市有益呢？"新的公共空间"的理念所传递的信息，就是把空间从束缚中解放出来。我们需要考察这种说法。

在这些条件下，必须重新审视场所的主要功能和次要功能的概念，不是把活动的"内容"与作为一种符号的事件性或特征进行对比，而是从公共空间作为陌生人的"事件性"共在的"基本"概念开始。我们不禁要问，在城市的集体生活中，这种混合体究竟有什么作用？真正基本的东西就是设计和工程的吸引力及其技术景观。建成环境通过对自然的控制肯定对动荡不安状态的征服，技术则声称要在工程和设计的壮举中表现这种对自然的控制。这体现了现代的进步特征，体现了当地资产阶级的协商品质、权力和能力，也就说，如何在当下创造出另一种客观性文化成就的领域范围。建成环境赞赏"我们"及独特的解决当前不安状态的仪式性方案，这是所有人都会为它的生产性景观着迷的一种仪式。

结　论

我们强调了如何通过干预城市的社会景观不断质疑集体作用的意识，这些干预生动地唤起了城市的日常生活，城市的根本无常性，城市本身的脆弱性。这种无常性通过让人忧伤的人造物的丧失、补充的伴随物以及不断消失的面貌所产生的痛苦后果体现出来，在沃尔特·本杰明的孤独形象中，这些东西被当作流动的理想化主题得到了集中体现（Benjamin，1998 and 1999）。人造物、人、空间和生活方式的永不停息的循环，无止境地证明了在任何时候过去的东西都已经不复存在，而现在的东西也都终将逝去。更有甚者，无常性的氛围，由于统治的持续性而加剧（Weber，1947），由于明显超出了居民改变城市的力量和智慧而加剧，在它们影响这些事态的能力方面，这些力量却仍然保持一种永久的无助感。这种无能为力又是通过对城市日常生活质量的持续不断和无可阻挡的量化的自杀性回答体现的，在某种程度上，这在盖伊·德波的孤独形象中已经具体表现为这种景观的理想化主题，所有的变化在这种景观中似乎都被控制意志的力量所支配

(Debord，1983)。与其他环境一样，正是城市的活力本身及其对未实现的愿望的许诺，在最敏感的主题中导致了一种无根感，却又总是以某种方式诱惑它们使这个问题发挥作用。在这场戏剧中，建筑本身扮演着皇家艺术的角色，取代了笛卡儿把治疗实践（完美艺术）看作规训与发明完美融合的观点，目的是要体现现代主体对时间的掌控和对空间的征服，从而创造出某种具有持久价值的事物。

第九章　兴　奋

引　言

我们把城市说成是建设和重建的场所，它提供了新旧之间不断发生伦理冲突的景象，这种景象充满活力地体现在困扰城市日常生活的无常性幽灵之中。现在，我们必须对作为一个欲望系统的城市进行更为深入的探索，而这个系统是围绕对经验及其持续不确定性的探索而组织起来的。这让我们把城市当作一个爱欲的场所来考察，这种场所体现在人口稠密与城市居民的创造性的联系中，致力于在实施过程与其永久性剩余物之间的空间中解决这个问题。

兴奋与资产阶级的革命性质及其所释放的模仿性歪风有关，特别是通过企业的概念，旨在通过各种即兴艺术和举措保持每一代人的活力，激活城市涉及的所有人口阶层的欲望，企业的尊严掩盖了基本的、多样化和不断变化的忙碌形态。一个城市越大或者越是富有创造力，就越能够通过个人提升的伦理社会化增强忙碌与自我完整性之间的关系。

从某种意义上说，忙碌是通过把自己设想为自我形成的必要性，设想为现代人创新能力的一个标志而被社会化的。这种想法是，他们需要冒险被定义为责无旁贷的人和令人兴奋的人。既然每一种真正的风险都预示着失败的可能性，那么忙碌的兴奋就同时仰赖于这种希望和恐惧的前景而生活。更为重要的是，必须始终保持的成功本身是在持续不断的期待中被保持的，为了避免崩溃必须再生产这种期待。用企业的惯用语来说，即使成功胜于失败，也仍然是一种容易毁灭的东西，也就是说，这是一种随时都可以收回的拥有或在场。这种存在于企业最深处的丧失感，以寻常的方式生动地表现出来，甚至比有关集体记忆的话语所揭示的东西更加生动，这始终意味着任何一种成就的兴奋性质为何在某种程度上都来自无法取决于它的成就。 *263*

我们如何才能把城市说成是令人兴奋和让人疏远的，通过探索围绕这个问题产生的一些话语参数，一种传统上与闲逛者相关的话语，这种话语对一系列声音和其他各种利益都有影响。从某种意义上说，我将重新阐述关于闲逛者的看法，一半是强化它，一半是指出某些局限性，即通过在一个更大的有关城市兴奋的对话中重新确定它的地位。在另一种意义上，通常被称为城市艺术的东西，为何只有在博物馆和音乐厅里才被无关紧要地发现，而最富有活力的东西则是在构成其节奏的空间和时间的运动中以及各种不同的混合体中被边缘性地发现的。因此，如果说城市经常被认为与兴奋有关，那么，我将开始通过美、冒险和行动等概念来追溯这种联系，可以认为它们是一种爱欲领域景观的一部分。我会提出一个问题，"城市的色情地带有什么特别之处？"尽管在我看来，城市提供这样一个许诺是无可置疑的——色情地带的诱

惑——但是，我们也必须记住卢梭的问题，即这样的供给是不是
资产阶级装模作样的伪装的一部分。我会努力把这个问题与具体
城市的细节联系起来，这样，或许就可以通过让其爱欲问题能够
观察到的方式理解城市的独特性质。我将通过重新思考城市作为
一个行动场所与机会主义冒险之间的引人注目的联系，探讨城市
色情地带与企业之间的联系。在这里，机会主义并不是指赤裸裸
的自私自利和贪得无厌，而是指现代自爱的独特形态，这种自爱
希望使当下变得让人难以忘怀，就像人类处理有限性本身的自我
反省方式一样，资产阶级释放和"克服"走向虚无主义的诱惑，他
们忍受所有当下的痛苦，不断地完善日常生活的艺术。

色情地带

为了让城市的色情地带呈现出来，我们需要把匿名性（ano-
nymity）当作一种社会现象来看待。这意味着我们必须抵制所有
过于容易的诱惑，不能简单地批评匿名性，因为这种诱惑会忽视
其辩证的细微差别。当本雅明在提出运用语言对抗自身的策略
时，他暗示了这样一种辩证法的方向（Buck-Morss，1986，108-
109），或者，用鲍德里亚的习用语来说，"要把真实置于现场"
（Baudrillard，1984，43）。因此，我们希望把匿名性置于现场，
在这个问题上的探讨方式就是考察闲逛者（flâneur）的用法。但是
这几乎没有给我们带来什么宽慰，因为这种评论往往要么把闲逛
者赞美为一个代用的观察者，要么把闲逛者批评为一个资本主义
逻辑的受害者，在任何一种情况下都倾向于消灭这种现象。

沃尔特·本雅明，不管评论者如何，都可以把他看作一个试
图恢复匿名性声音的人，并且暗示了快乐、孤独和拥挤之间的联

264

系，这是把主体化表现为同性恋(homo ludens)的一个实例。匿名性声音的恢复常常被批评所压制，这种批评只能从闲逛者的脚步声中听出私人化和消费主义。

即便涂尔干也是在匿名性中认识到这种作用的。匿名性本质上的模糊性使他把社会道德沦丧和各种自私自利建构为解决优柔寡断性质的途径和方法，以便从经验上准确地说明任何一种关于这个问题的"解决方案"所具有的局限性。涂尔干的《自杀》让我们开始把匿名性理解为一种具有许多不同形态的话语，而这些话语只在极端状态中才表现为过度的私人化，但总是可以想象它们是由一种比例感或主要是由它集中发挥的作用激发出来的。

当本雅明的作品被解读成是主体在资本主义下色情堕落的见证时，我们就失去了理解城市居民即兴表演的途径，由于在城市生活环境中重新创造了丧失和更新性格的机会，因此，这是他"把他的存在方式置于问题之中"的一种方式(Bataille，1986，17，31)。如此看来，用本雅明的惯用语来说，闲逛者就被看作"一个决定论者的稻草人"(Benjamin，1998，307)。

在对闲逛者的赞扬和批评中(以及含蓄地体现在对本雅明的评论中)，似乎没有得到充分论述的是，作为城市情人的闲逛者的概念以及本雅明计划为城市居民书写的"情人话语"的概念。如果对闲逛者的赞扬不接受对它的批评，那么它就采取了肯定这个人物就是观察者的形式，一个不屈不挠地植根于各种城市和环境中的"侦探"。这就把城市居民的敏感性降低到独立观察的"高尚"工作。请注意，克里斯托弗·詹克斯关于闲逛者的产物的问题，他把这个问题与那把把闲逛者驳斥为非生产性的、颓废的和无所事事的闲逛者的做法进行了对比："除了一种深沉的严肃性之外，他们还会背叛什么呢?"(Jenks，1995，152)

　　这种虔诚的赞扬是由于作者不满意对闲逛者的拒绝以及闲逛者与快乐、懒惰、休闲的联系所造成的，似乎只有通过把闲逛主义引入自然主义观察或者社会主义现实主义的万神殿，才能界定人物的"目标严肃性"。闲逛者由于被解释为临床观察者而被解救，他力图洞悉和理解那种具有重要性的表面现象背后的生命，这种重要性意味着匿名性是孤注一掷而并非夸大其词。相比之下，请注意评论家的说法："一种新形式的受薪员工……为了在资本主义下生存，他书写他看到的东西并出售了一种产品"（Buck-Morss，1986，113，111）。

　　无论被赞扬还是被批评，也无论被视为独立的和反思性的，还是被看作一种受欺骗的虚假意识的样本，闲逛者的匿名性都被看作一种分离的手段，一方面是增强他的观察新技能（一个萌芽的社会学家），另一方面被看作资本主义市场价值所产生的一个被疏远的"温顺的身体"。在这两种情况下，劳动的人（homo faber）和游戏的人（homo ludens）之间的辩证法都受到了压制。这是因为，假如赞美想要重申闲逛者工作的"严肃性"，那么批评就只能通过把无所事事贬低为"想入非非"的极端而对立的姿态，从而否认这种严肃性。然而，匿名性的声音处于这些极端、这些对立之间，在某种程度上，要求我们反思黑格尔的扬弃（aufhebung）公式——消除对立，保留它们的差异性（Hegel，1904）。在某种程度上，闲逛者的严肃性和幻想性都需要加入城市居民的想象性结构的表现之中，在赋予匿名性以公正的同时，想象性结构从这种结合中获取养分。正是在这个空间里，我们才能开始听到本雅明的声音，（城市）情人话语的萌芽。

城市情人

在某种程度上，情人的声音表达了被城市诱惑的欲望，用巴塔耶的话说，这是质疑一个人的存在的一种机会。在巴塔耶看来，这种对性欲的唤起就具体化在人们参与的活动中，集中体现了自我形成的浓缩轨迹——抑制、丧失和更新——成为对同一和他者、一致性和相异性的回忆，期待着通过当下某种重大事件的允诺而得到复兴。可以说，这种想象性的马赛克在任何时候都构成了色情地带，这也是城市里的匿名性允诺的一部分。在有关匿名性的话语中，这种允诺的形象总是被批评的悲叹以及把资本主义当作一种复活的企图抹杀，"资本主义有两种处理休闲的方法，一种是在失业的意识形态中污蔑它，另一种是利用它来为自己赚钱"（Buck-Morss，1986，113）。

休闲衍生的匿名性，是用一种毫无乐趣的资本主义工作标准衡量的——要么是仿真的生产性，要么是逃避约束。匿名性被降低到被迫失业的无所事事状态，或者是当作一种利用闲暇谋利的机会。这种被删节了的反思机械地认为，资本主义的声音就是给匿名性的声音授权——毫无疑问——在某种程度上，这种简化把研究变成了匿名性本身。正如闲逛者屈服于批评一样，批评家也无法逃避资本主义的普遍性及其强制性的可理解性。

在这些观点看来，城市居民是真正的"决定论者的稻草人"，是一个没有任何力量的被压迫的主体，他们的行为只能符合资本主义市场价值的设计。因此，无论是对于作为理论家的行为者（闲逛者）还是作为行为者的理论家（批评家），绝望都压倒了这个主体，即匿名性只能被视为被生存或被利用，而不是被看作诱惑

266

The Imaginative
Structure of the City

的机会体验。用维特根斯坦的惯用语来表达，客体（匿名性）因为毫不相关而退出。简单地说资本主义从闲暇中"占有"利润，就是在掩盖令人兴奋的资本主义在越界的机会中提供了什么的问题，以及资本主义与令人兴奋之间的联盟是什么的问题（这种联盟暗示着城市的想象性结构——每一个城市的想象性结构）。

最初，往往是由于流动和拥挤给城市赋予了一种令人兴奋的性质。通常这种兴奋和匿名性的感觉并存，把城市表现为一个粒子循环的强烈漩涡。假如说，在城市生活中，拥挤是一股强大的力量，那么，它的意义就在于人流、身体在空间上的移动和分散，以及在街道和城市地区调节这种轨迹的社会性组织的方式和方法。在象征性互动的研究中，特别是在戈夫曼和洛夫兰的作品（Goffman，1967；Lofland，1985）中，都市的公共空间被理解为陌生人之间相遇的场所。除了这些研究的材料之外，相互影响的秩序被人们当作城市日常生活的一部分被阐述、被质疑和被修改。根据戈夫曼的说法，人们流动的仪式性质由于异质性人群对城市空间的不同使用而有不同的影响。通过与他们相关的人，通过他们的行为场景和环境，区域和地区以各种各样的方式来表明它们是可以辨认的，而且借助于这样的标记，通过它们的吸引和排斥力诱导人们的流动。因此，城市空间就是通过这样一个过程来区分的，在这个过程中，使用这些空间的人对空间进行相互识别，从而使它成为一个众所周知的地方，也就是那种场所。这种相互作用的秩序，不断被城市居民重新塑造和重新使用，从而把城市转变成一种组织人们流动的空间集合。在某种程度上，这是通过诱使他们去想象与安全、危险、兴奋、探索和打发时间有关的可以辨认的具有不同意义的场所。

对于城市来说，步行和使用把街道生活变成一个共同的问

第九章 兴 奋 353

题，这是一个必须由成员解决和协商的问题。它似乎是城市的合法性秩序的一部分，不仅体现在交通管制、产权划分和行人流动的政策和法规中，而且体现在闲逛、无家可归、集会示威和侵犯财产等越轨行为中，所有这些都引起了对干预和执法的呼吁。城市的安全机构以公共和私人化的治安形式，在标志着街道的合法秩序和使用空间的人之间进行调解。最初，城市居民的生活往往被看作处理这种相互影响的秩序的方式、重塑秩序、处理违规行为和临时解决办法。在某种程度上，这项工作包括由不同的群体占有的不同街道，并且出于不同目的把各种身份指派给街道。此外，在不断颠覆街道生活的法律秩序的过程中，城市居民把边界、地区和行动的权威性概念多样化了，并且挑战了这些概念。

步 行

我们要理解作为一种社会现象的城市，就必须考虑街道的生活，还要考虑步行。也就是说，我们必须提出，把街道解释为一种互动秩序的惯例所隐含的缺失现象学。街道的生活和步行不仅重新肯定了城市与运动的联系——步行者路过的运动形象和作为一种运动形象的步行者——而且重新肯定了城市与公众的联系。城市里的步行被德赛尔当作一个问题重新提出来，他问道："阅读这样一个宇宙的狂喜究竟属于什么样的知识爱欲？"（de Certeau，1984，92）。无论是从摩天大楼的顶部俯瞰曼哈顿，还是在米兰大教堂最高部分的视线水平高度，从紧邻其中一个侧面的酒馆餐厅的阳台上观看，这些场所的景观都只能突出把观看与被观看分离开来的体验。在某种程度上，这种被观看总是消除人们的

The Imaginative
Structure of the City

怀疑，并且激动人心。如果德赛尔对"太阳之眼就像上帝一样俯瞰"的描述唤起了一种掌控的感觉，那么同样的场所也会与康德的崇高概念及其对人类有限性认识的含义产生共鸣。如果人们通过这种壮观视线可以从修辞上获得这种匿名性，那么这种匿名性会通过行走在城市里的活动和实践体验到的分离乐趣得到强化。正如德赛尔所说，我们"使城市的某些部分消失并夸大其他部分，扭曲它，分裂它，并使之偏离它固定的秩序"（de Certeau，1984，102）。

　　在活动中存在，在大街上存在，是城市公共生活意义的一部分。这就要求我们理解隐私究竟是如何与家庭、家庭生活以及工作和生产性相适应的。街道不只是一个空间，而且是家庭生活与工作、无所事事与家庭安全以及生产性的合理化与规训性之间的空间。从这个意义上说，家庭生活和工作的两个极端维持了时间和空间的正规化，以及那些对具有可靠知识的人来说的熟悉性或封闭性，而在街上则消除了这种规训性及其相应的可靠性。

　　在使街道生活理性化的尝试中，我们可以注意到这种差异性，就像在寻找道路的模式一样（Arthur and Passini，1992），这种模式把街道看作在解决到达目的地问题时进行协商的一个迷宫。从这个意义上说，即使似乎把街道视为正规或私人化以外的其他领域的旅游文学，即使把街道看作不同于家庭生活或工作的领域，也会把街道规定为以有限的理性方式到达目的地或观看场所的途径。这样的行人总是被看作实际的行为者，承担着把城市当作一个可识别的空间区域掌握的任务。

　　为了便于实际的掌握，尽管所有的项目都把城市的街道理性化为一个空间系统，但是街道仍然是一个可以抵制目标的正规化和工具性关系的场所，是一种邀请或挑衅，刺激了一种旨在质疑家庭和工作的自我抑制的参与，有助于颠覆围绕有限经济组织起来的欲望，因为这种经济是工具性的，并且斤斤计较于利益得失。

街道以带有暴力色彩的方式，竭尽全力让城市居民摆脱一种被限制的欲望经济及其特有的循规蹈矩。街头的诱惑与这种风险有关，与这样一种诱惑有关。由于街道使主体回归成了问题，因此总是威胁家庭生活和生产性的神圣性。家庭生活和生产性都害怕街道对所诱惑的那些人产生影响，被召唤到街上的人永远都不会回家，永远不会回到生产性上，即会永远留在大街上，或者回来后就会成为一个新的人，为街道而魂不守舍，他在家庭或工作场所的出现只会表现为一种怪异的存在。

对街道就是懒惰或者滥交、不忠、颓废和漫无目的栖息地的责难，只能通过把街道想象为这样的情况才能保持。即要么把街道想象为一种达到实际目的的手段，如到达目的地或者专业活动场所的位置；要么是另一个极端，把街道想象为一种逃避家庭生活和生产性规训的静观、娱乐和休闲的景观或者环境网络。

这些极端的情形——以城市为手段和景观——只把约束（家庭生活、生产性）及逃避（娱乐、休息）想象为城市生活的支配性选择。这些看法发挥了街道话语和有限经济用途的一部分作用，而它的公共生活概念则必须始终与之进行斗争。在这一话语中，行人一方面是通勤者，另一方面是游客或郊区居民。在这种情况下，城市的掌控作为识别和协商地理范围的能力就成为城市知识的必要条件。

由于把城市知识等同于解释其活动地点的能力，又以用作参照和行动依据的标志为基础，因此，找路（wayfinding）的概念就把这种地理知识理想化了。假如行人想从害怕迷路的恐惧中解脱

269

出来，步行就被认为是没有方向的生存问题，因此，知识的标准
是对迷宫的掌握。找路掩盖了步行不可思议的性质以及打发时间
是某种生存以外的东西的问题，类似于通过丧失运动的根本偶然
性而参与到匿名性生活中的行为。与找路形成对比，我们可以开
始认为步行就是即兴表演，因为步行和即兴表演都在街头的集体
表现中扮演角色。

开始在城市居民这幅图景中出现的，是居住在匿名性的空间
里的人，闲逛者所强调的破碎体验本身就是一种愉快与其他居住
形象的最初对立。无论是场所（景点）的游客消费者（如徒步旅行
的参与者），还是试图在城市空间中导航的寻路人，就像一个新
来者致力于完成一项实际的任务一样（Arthur and Passini，
1992），闲逛者一开始就表现为夸张地参与到城市文本性的角色。

我们必须问一问，在城市漫步的实践中瞥见的匿名性快乐，
与游人的迂腐嬉戏或者寻路者的生存策略，甚至与乡村步行的
"孤独散步"（Rousseau，1979）究竟有何不同？我们可能会认为，
这种快感与过往场景的流动性及其每一幅图景的易变性有关。这
种图景的流动性提出了一个人与他们相遇的完整性问题，在某种
程度上，这使步行者作为一个他者形象成为问题。

我们要正视对城市里的行人、步行者的各种描述中的张力，
以便更好地把城市的供给物和诱惑理解为一种欲望的客体。如果
270 说步行者只是一个偏离主题的例子，那即使是一个在最有趣和最
有创造性的意义上的文学（literature）形象（Chambers，1999），似
乎也会受到她从中寻求的短暂休息的生产性支配。对步行的这种
看法产生了关于实践以及典型闲逛者的不同版本，最直接的是，
逃避重复性的日常生活和世俗性，或者在没有区别的人群中体验
到被强化的无所不在的幻想（Chambers，1999，215-249），或者，

最后是保护自己免受城市生活的感官密度和速度影响的一种本能要求（Latham，1999）。因此，一种有关城市经验的话语便开始出现了，它以创造性游手好闲者的形象为象征，他们可以看作被逃避、权力或者生存的本能驱动的人。人们对城市及其典型居民的某些持续性的集体关注，取决于他们是否毫无疑问地接受一种非常基本的欲望概念。在这里，我们需要把城市中的运动当作一种强大的社会现象把握，以便理解它的辩证法、它的风险以及它在集体生活中的问题。这就要求我们逐步阐述表现为城市中的欲望轨迹的经验探索，首先是对行为的探索，然后是通过期待冒险的探索。这会让我们明白齐美尔把城市当作一种欲望客体的概念。

街头生活

本身我们把城市看作一种等待和步行的场所，并隐含地指一种观看的场所。由于行人本身的匿名性意识，观看似乎与等待行为和步行本身联系在一起。一个没有计划等待和行走的人，是根据此时此刻，根据碰巧出现的事情来界定的。城市居民的无所事事指的是按照随机性、间接性和偶然性定义的意愿。观察家认为，城市的文化最好把它最典型的主体想象成只是为步行而步行的行人，"到目前为止，步行是打量城市的最佳方式。没有什么能取代步行时的观看"（Jacobs，1985，12）。步行是为了实现具体的计划，到达目的地、约会、通勤，甚至为购物而进行的，往往是漫无目的的，但指向行动和富有事件性的场所。

在城市里，把步行、等待和观看联系在一起的是街道。街道是步行的路径，更重要的是提供了最完美的观看位置，因为通行

271 在街道上移动。既然接近街道或行人通行的位置是观看的必要条件，那么，观看大体上就与久坐不动的形式或位置，如咖啡厅和长椅联系在一起。街头生活的不断运动要求照顾到观看的活动，照顾到观察哨里不时被打断的活动。尽管城市里的许多步行都是由那些下班的人进行的——午餐时间的办公人员、建筑工人——商店老板和服务人员的持续观察，可以说这是他们职业的一部分，照看孩子的人则往往把游乐场变成了监听站。假如一个城市的人员流动不像自动化的东西那样持续不断，就必须建立监听站，正是在城市欲望经济中的这种观察和被观察、观看与被观看之间的张力，把行人表现为一个社会行为者，并为监听站提供富有启示的解决方案。

观看与被观看之间关系的模糊性释放出许多张力。既然商业机构控制着大多数观察哨，那么商业的视角就始终与这些哨所的需求以及有利的空间需求并存。这就产生了行人的颠覆性以及他们在城市中对观看和等候空间的机会主义搜索，把商业机构转变为观察哨，以及在这些没有想象到的地方重新改造这些哨所。城市文化的一部分，就在于有关这些机会的口头流传，在某种程度上，标志着行人不是在不断地与汽车搏斗，而是与城市对行人空间的占有进行持续的斗争。城市的法律秩序、法令、地方法规和财产制度对步行的监管与行人的创造性处于持续的紧张状态之中，行人力图在法律秩序约束及其审查隔离与步行计划之间找到一个位置。当把观察和被观察之间的关系与下班和当班活动之间的区分进行比较的时候，突出强调的是这种观察的无所事事，这始终是一种解释的可能性。因为，如果通勤者和上班族觉得处在他们认为无所事事的人的持续监视之中，那么通勤者和闲逛者都可以感觉到一目了然，并且会接触到那些忙于工作的人的凝视。

最后，当被观看的那些人认为是对他们隐私的一种侵犯时，观看的超然性可能始终是一种争论的根源。这表明，在街上的存在并不必然是在公共场合中的存在，这让我们怀疑，在强迫行人承认街道是一种消解身体隐私的方式上，不同的城市存在着差异性。城市总是提出这个问题，即私人的事情是否或者如何可以和应该被公开？私人的身体与大庭广众中的身体之间的适当界限是什么？正如步行和等待一样，区域性城市往往把观看界定为一种不应在公共场合进行的活动，要不然，就以尽量减少风险的方式把它制度化。 *272*

假如这些张力存在于任何一个城市，那么我们便可以把城市看作"解决"这些问题所表达的方法。城市是可以被想象的，并且可以根据如何创造一种步行、观看和等待、政策以及分离模式的环境从统计学上进行区分。在某种程度上，每一个城市都必须在极端状况之间创造一种街头文化，一方面没有反思性的行人流动，仿佛是运动中的一条生产线；另一方面相互循环的面对面的邻居的定居飞地，就像太阳系的单元一样。这样，城市的问题始终是一个对抗和更新这种私人化的街道看法的问题，在第一种情况下是实现某种目的的工具性手段，在第二种情况下则是那些只想摆脱孤独的人的一个避难所，仅此而已。

密度，孤独

城市由于公共生活的戏剧性吸引私人化的居民走上街头。城市越是地域性的，居民就越逃避街道的生活，要么是出于安全、疲劳、自给自足等原因，要么只是利用城市旅行和"娱乐"。在某种程度上，对街道的恐惧，就是对观看和被观看风险的恐惧，对遇到偶然和未知的风险的恐惧。因为当街道被强烈地卷入时，它就是一种具有匿名性和异质性的持续实验，而这种匿名性和异质性是由观看的偶然性和以无法估量的表现方式释放出来的。

　　在街上独处的真正令人兴奋的东西是城市的拥挤加剧了孤独。独处和拥挤之间的张力随着城市居民的孤独而重新焕发出活力，一种体验是因为独处并且是在同一时间里被强化的，因为一个人既作为群体的一部分又与群体相分离地沉浸其中（Baudelaire，1972）。波德莱尔非常清楚的是，完美的行人是单独的人，在公共场合中，独处的脆弱性加剧了冒险和兴奋。成双成对和成群结队行走的安全性不仅在于人数，而且在于他们对亲密无间的承诺，而单个人的创造性则取决于她的脆弱性以及它为她所提供的考验独特性的机会，因为她有在公共场合享受独处的能力。行人作为一个单独的人的风险在于她是调情老手，知道自己是一个无足轻重的人，是一个独一无二的人，因为知道街道引发了这样的问题，即这种知识究竟会麻痹人心还是会鼓舞人心。对于行人来说，街道是一条更新的道路，让她想起了物种命运之中的根，想起了"从灰烬到灰烬，从尘埃到尘埃"中的根，让她回想起了面对那个幽灵的时候要肯定自身的生命需要和渴望。

　　一方面，城市的数量力量可以压倒行人，就像香港或加尔各答一样，这是因为数量并不总是与多样性的刺激力量混合在一起。也就是说，大城市可以是密集的，但并不是富有动力的。从这个意义上说，它们具有作为威力和无限性的数的力量，这种力量与康德的崇高概念有关，不是因为它们的巨大和无形式感而表现为美，而是因为表现为巨大（Kant，1952，98-100）。另一方面，数字可以产生一种形式，并形成取消刺激机会的简朴性和目的性。单靠数字并不能为城市注入生命，因为就像布托在他的小说(Butor，960；1996，52)里把曼彻斯特叫作布莱斯顿一样，一个大城市可以集中在私人空间中从而隐藏多样性，让街道只向陌生的、边缘的或贫困的范畴开放。

> 布莱斯顿并不是独一无二的……曼彻斯特或利兹，纽卡斯尔或谢菲尔德或利物浦……要不然，毫无疑问，像匹兹堡或底特律这样的美国城市也会对我产生类似的影响。(Butor，1960，35-36，38)

这表明，拥挤在泛滥的过度与简朴的不足之间，在数量的过度和崇高的无形式感之间的空间中有一种平均值，并且不足和丑陋的不和谐——这些极端状况之间的一个点——使城市作为集体能量中心的街道生活成了问题。如果城市能够为行人的街头生活创造一个机会，那么在某种程度上，这是因为城市街道生活的混合性特征，即由于那些他者的在场——成双成对和成群结队的步行者和观看者——他们沉浸于亲密无间之中，并且把行人的孤单戏剧化了。行人只能在其他人的镜子中看到自己，在她与他们的对比之中看到自己，这意味着行人的活力取决于成双成对和成群结队的共存运动中的这种异质性。如果没有这样一种混合体，行人就会消失在一致性的流动之中，成为熟悉的孤独难民，他们作为体现城市特征的共同孤独的一部分困扰着地域性城市。

行人的风险出现在他者之中，行人观看并且被他们观看，这是街头生活不断运动的一部分，也是它在与它受到威胁的虚无的对抗中考验完整性的不可阻挡的机会。对这些他者而言，对这些成双成对和成群结队的人说，街道是一种乐趣，是一次参与城市场所便利设施的机会，但绝不是对富有事件性和重大行动的承

274

诺。假如波德莱尔说，要是没有被人群看见就能唤起一种掌控感，那么行人的掌握就取决于他们把他变为奴隶，行人对这种混合体的渴望，以及含蓄地表明城市能够满足这种欲望，使他成为城市的奴隶，使他在任何一个不能履行承诺的城市里成为无家可归的人。离开了这些可能性，行人便成为一个火柴人，他之所以会被疏远，不是因为缺乏关系或者因为陌生的习俗，而是因为街道缺乏生活。我们想要开始探索的正是这种联系。

奇　遇

按照齐美尔的看法，经验的内容并不意味着就是一种冒险，只有当激活某种"经验的张力且这种基本内容得到实现"的时候，即只有当"力量的中心源泉"转变为"生命的外在化"（Simmel，1959，253）之时，经验的内容才会被规定为一种冒险。奇遇以自己的方式描述了一种经验，这种经验违背了生活的连续性，仿佛是"我们的存在中的一个外来物体"，然而，只要被赋予的重要性使它又返回或者陷入生活的语境中（Simmel，1959，243），它就不是偶然性的和陌生的。齐美尔的意思是，奇遇描述了一种经历，无论是外在的还是偶然性的经历，似乎都与生命的整体隔绝，但是在（而不是尽管）这种明显的"治外法权"中，它把"回到"与生活的必要性联系起来，以一种更新它的意义的方式回归到"梦想般的"生活（Simmel，1959，246-247）。经验的边界总是在当下，既与生活隔绝，仿佛是外在的，又在同一时刻由赋予生活的必要性和意义的能力定义。

齐美尔认为，奇遇就像风流韵事一样，外在性来自它对无法被决定或无法强迫的某种东西的依赖，即便这种东西是通过毅力、技巧或作为一种"免费礼品"而"赢得的"，看起来更像是"一种命运的恩惠"（Simmel，1959，252）。从这个意义上说，风流韵事的外在性及其短暂性，在某种程度上与生命的中心联系在一起，而不同于所有偶然发生的事件。作为奇遇的典范，风流韵事既是永恒的，又具有永恒的有效性，是对永恒的一种时间表达，是一个无时间性的有效性和理想意义的时刻（Simmel，1959，251-253）。风流韵事及其结局所强调的是奇遇辩证法中的张力，是一种"高潮的、突如其来的征服激情"，是"心有灵犀一点通的命运"，是某种无法言传的东西（Simmel，1959，253）。风流韵事告诉我们，奇遇作为当下的一种转变，为何必须把偶然性的或外在的——偶遇——想象成充满了梦幻般记忆的力量，而这种力量作为生命意义和必要性的故事的一部分萦绕在生命的未来变奏之中。

275

> 这种无与伦比的经验，只能被解释为由于内在必然性而包含外在偶然性的一种独特的经验。（Simmel，1959，247）

这种奇遇的辩证法是一个"在偶然性和必然性之间来回发挥作用的永恒过程"（Simmel，1959，247）。在这个过程中，意外被解释为对生命之意义的更新。这种辩证法是作为欲望系统而变得具体化的，在那里，不可预料的生命因素是用一个人所知道的既不可能又渴望的信心和决心来对待的，并且在面对这种不可能性的时候又带着确定性去渴望它，而这种不确定性通常是为能够预期的东西而保留的。冒险者被驱动着把瞬间和易逝的时刻"转化"为一种具有永恒有效性的事件，它总是冒着巴塔耶所说的"尽可能大的损失"的风险（Bataille，1985），因为它是超过事件结果及其成本核算的一种损失。在赋予当下这样一种永恒的意义的时候，一个人总是表现出仿佛我们生命中的不可知元素是已知的。在这里，齐美尔用卡萨诺瓦作为某个人的一个例子，他"对未来的看法在这个……瞬间完全被抹去了"（Simmel，1959，246）。就行为的空间和场所而言，我们能够通过具体说明它把这种奇遇的概念带到现实中来吗？这会让我们能够在一定程度上解决冒险的物质性基础问题。

城市即行为的场所

戈夫曼告诉我们——用通俗的话说——行动被用来指一种特殊的情境，一种与偶然机会有关的各种情境（Goffman，1967，149-270）。只要有行动，就一定会有机会（Goffman，1967，149）。戈夫曼根据他所谓的应然性和事件性来概念化这些情境的参数。如果应然性指的是超越它所完成的场合边界的一种行为衍生物，即当对执行者的整个生命产生影响时，他就把它与有限制的和孤立的"被消磨的时刻"进行对比，并且"不会波及余生和产生不良的影响"（Goffman，1967，162）。

276　　　　个人的生命历程不受被消磨的时光影响，他的生命是以这样一种它们不受影响的方式组织起来的。消磨时光的活动是预先选择的，不能羁缚或纠缠个体的活动。（Goffman，1967，149）

也就是说，一个行为可能是有问题的，但是仍然没有什么后果；而一个对个人的整个生命产生影响的有问题的行动却被认为是富有事件性的。

> 一个活动可能是有问题的，也可能是有结果的。我把这种活动称为"命运多端"，尽管"事件性"也是如此，在这里，正是这种偶然性关系与我们相关。（Goffman，1967，164）

这就好像除了个人的特殊癖性外，事件是情境本身所固有的，在某种程度上，可能会让我们想到一种具有这种可能性的情境样式。

> 人类的状况确保事件性始终将是一种可能性，尤其是在社会情境中。然而，个人通常组织自己的时间和有时限的工作以避免命中注定……然而，在社会生活中，有一些特殊的称心工作，在那里活动是如此明显的成问题和意义重大，以至于参与者很可能会前瞻性地使自己倾向于命中注定，在这些方面觉察到正在发生的是什么。正是在那个时候决定性的情境发生着微妙的转变，必须由经受它们的人从认知上重新组织起来，［假如］平淡无奇的时刻被解释为并非必然有问题的……［而且］倾向于枯燥乏味……那么把一个情境看成富有事件性的，就是期望它是一种偶然性的情境。社会世界就是这样的，任何一个强烈地倾向于行动的人，如果像一些赌徒一样，就能察觉到机会的潜在性，在这些情境中其他人则认为没有事件性，这种情境甚至可以被建构起来，从而使这些可能性变得显而易见。（Goffman，1967，170，200）

富有事件性与以某种方式预测一种情境的想象性能力有关。

The Imaginative
Structure of the City

这意味着情境本身为这种想象性结构提供了机会，意味着富有事件性就是它们存在的一部分。

277

> 我所说的行为这个词，是指那些意义重大的、成问题的并且是为了自己的缘故而进行的活动。行为的程度——严重性或真实性——取决于这些性质如何得到了充分的强调，以及如何在衡量方面从属于相同的模糊性，就像在偶然性的情况中所描述的那样。行为似乎最为明显的时候是……发挥作用的各个阶段……都出现在一段时间内，简短到足以包含在持续的注意力和经验范围内。正是在这里，个人将自己释放给正在发生的时刻，把自己的未来状态押在未来几秒钟之内变幻莫测的事情上。在这样的时刻，一种特殊的情感状态很可能会被唤醒，转变为兴奋。行为的位置可以容易而快速地移动，正如任何浮动的双骰儿赌博所证明的那样。（Goffman，1967，185）

戈夫曼把命中注定看作对个体生命的一种情境后果。这是一种既成问题又意义重大的活动。决定命运的行为是不确定的（它们可以是这样或那样的），而且是有效果的。许多行为是不确定的，却有无动于衷的效果。根据戈夫曼的说法，命中注定需要这种模糊性和后果的联合。正如富有事件性是情境本身的一部分一样，命中注定也是由行为释放的机会产生的。

按照戈夫曼的说法，行为的情境描述了那些激发事件性和宿命感的期待机会的条件。用一个更古老的成语来说，它们就像机会结构一样。一种行为的情境为激发与环境的事件性和决定性关系提供了资源。让我们跟随戈夫曼深入一步：

从……碰碰运气开始，我们进入因果性；从那里变成了那种命中注定的尽职尽责……从那里到行为——都是一种值得颂扬的自我决断的活动。并且，我们看到了这种命中注定，许多人都会回避，有些人出于某种原因会认可，而有些人则创造了一种可以专心致志于其中的环境。一些有意义和特殊的东西似乎涉及行动。（Goffman，1967，214）

假如我们不理会启发戈夫曼的人格概念的限制经济是一种自我表现和自我保护（其功利主义光环），那么就仍然可以跟随他来理解作为一种人格考验的行为情境的吸引力。

鉴于这些关于人格性质的争论，我们有可能更好地理解，为什么行为似乎有一种特殊的吸引力。很明显，正是在行动的时刻当中，个人有时在关键的时刻向自己，有时向他人展示其行为风格的风险和机会。性格冒险，一个单独的漂亮的展示可以看作具有代表性，而一个糟糕的展示却不会轻易得到原谅或不会有重新尝试的机会。要展示或表达性格，要么我们强大，要么造就我们的性格。简单地说，自我可以自愿地接受再创造。（Goffman，1967，237）

这应该能够具体说明第七章提到的资产阶级革命性质的底蕴。戈夫曼关于"间接体验到的命运感"的观念，使我们能够掌握对生产性的重视如何在想象性结构中被取代和浓缩的方式，这种想象性结构把所有的机会都看作痛苦的场合，也由于这种挑战而被看作是令人兴奋的。我们可以开始把城市居民想象为行为者，从行为承诺的角度"寻找"情境。现在，行动是指使性格问题发挥

278

作用的机会。这与巴塔耶的爱欲观念并没有太大的不同,在这个概念中,人类行为者"把他的存在置于疑问之中"(Bataille,1962,29)。在这里,我们不是简单地按照找路的模式,即按照在城市地形空间中找到自己的路的模式来设想社会行为者,而是把社会行为者看作由行为的预期及其所承诺的性格更新来指导的人。

> 为了这种满足信念和连续性的基本要求,我们在一种根本性的错觉中受到鼓舞。这就是我们的性格。这完全是属于我们自己的不会改变的东西,不过,它仍然是不稳定和可变的。性格方面的可能性激励着我们,在我们所接触的社会活动的每一个时刻努力更新自己,特别是在社会活动中;正是通过这些更新,旧的惯例才能得以维持。在我们所面对的时刻,有一些东西是可以赢得的,这样社会才能面对不同的时刻并且战胜它们。(Goffman,1967,239)

在这个概念中,性格在一定程度上起到了作为社会行动者梦想的作用,即更新既是可能的,也是被情境性嵌入的。难道我们不能把这一概念与城市景观联系起来,作为呼唤或质询行为主体的空间和环境的允诺镶嵌图吗?这使我们开始反思,在面对日益加剧的一致性时,一些城市的特殊性和持久性所表现出来的明显矛盾,人们认为这种一致性消灭了城市的个体性。例如,如果纽约、伦敦和东京被认为是全球城市的典范,它们被经济标准化和企业涌入的浪潮所淹没(Sassen,1991 和 1994),那么它们作为集体完整性中心的持久力,或许就在于景观如何使社会行动的想象性结构变得更加丰富的方式。

也就是说,不管经济全球化所导致的公司一致性的外部表象如何，但是，作为一种行为场所的城市感仍然没有形成。我们不是在谈论伴随着城市变化而来的装备，如中产阶级化、滨水区项目，也不是在谈论吸引旅游业的资源。城市以不可还原为这些条件的各种方式为它们想象具有事件性和决定性的生活提供了机会。从这个意义上说，城市作为"世界文化之都"有望成为可能——作为社会情境地形学的一部分——一种预示着性格更新的事件性和决定性的想象性结构。我们能够开始探索的东西，正是这种饶有趣味的假设。

假如说，雷蒙·莱德鲁特所谈到的爱欲私人化及其和解似乎体现了现代城市的特征（他所指的是意义丰富的历史行为的消失），那么我们或许可以首先从其社会空间生活中的事件性和决定性参与感的消失的角度，把这一点理解为各种行动情境所提供的机会前景的消失。

这一概念允许我们用一种更具有特殊意义的方式研究城市居民的生活——各种日常工作和惯例——往往把她对空间的定位看作想象性的，而不仅视为对她进行惩罚的一种剥夺，就像批判理论及其对闲逛主义和作为消费者的城市居民的私人化的沉思冥想所做的批判认为的那样。在这里，我们可以开始想象，城市生活的积极面为何是其想象性结构不可分割的组成部分。戈夫曼把两种角色区分开来，一种痴迷于安全和保护，另一种则寻找兴奋和刺激。第一种角色类似于在寻路模式中描绘的行为者，为了完成一项实际的任务而在城市空间中大胆选择自己的道路，另一种角色则被设想为给这样的地形赋予一种富有事件性和宿命感的期待。正如戈夫曼所认为的那样，我们可能会扭转这种看法，并将这种类型学应用于情境本身。

在寻找行为在何处时，人们获得了对世界的一种浪漫划
分。一方面是安全而寂静的场所、家、在商业、工业和职业
方面的良好协调角色；另一方面是所有那些产生表达的活
动，要求个人把自己置于边界之上，置于危险时刻之中。正
是由于这一对比，我们几乎塑造了我们所有的商业幻想。正
是这种对比，流氓、罪犯、骗子和运动员们都获得了自尊。
也许，这是为了我们利用他们的表演仪式而支付的报偿。
（Goffman，1967，268）

从我们对城市以及巨大变化的经验来看，从某种根本性的意
义上说，城市的性质与它为性质的肯定和更新、为决定性表现的
情境提供机会有着千丝万缕的关系。在这种情况下，个人"把他
们自己置于边界之上"，并且在这些机会中，兴奋和无法估量共
存，难道这不是可能的吗？这就要求我们考虑两种活动，它们都
处于这种事件性和决定性机会的边缘。一种是戈夫曼所掩盖的作
为"消磨时间"的活动，被用来当作一种无事件性的范例；另一种
是步行的活动，他在文章中对此保持沉默。然而，在这两种意义
上，消磨时间和步行都为深化我们对城市行为概念的理解提供了
机会。根据戈夫曼的说法，与集体组织的"严肃工作"不同，消磨
时间是"休息时间"活动种类的一部分，这很可能是成问题的和无
动于衷的，"严肃工作要求个人努力适应其他人的需要，为了履
行他们自己的义务，这些人指望他提供用品、设备或服务……
［保存］其作品和交付以及处罚……假如他没有完成的话……的记
录"（Goffman，1967，162-163）。这听起来好像是在打发时间，
虽然有问题，却无关紧要。我们需要思考的是这样一种问题，即
消磨时间如何能够被转变，如何被转变为决定命运的行动。

280

在这里，我们有典型的城市活动集合——购物、消费、散步、浏览、闲逛——所有这些活动都被描述为城市私人化的例子，被描述为孤独的资产阶级城市居民对自恋性的自我陶醉的癖好。然而，应该有一种以更有力的方式理解消磨时间的机会，消磨时间是社会行为者寻找行动的一部分，即在社会情境中寻找事件性和决定性的活动。如果消磨时间包括步行，那么我们就必须能够重新思考以想象性方式参与社会机会的"暂停行为"究竟是什么样子的。也就是说，假如没有一种关于消磨时间的美学，那么我们就无法把闲暇理解为任何东西，除了反抗资产阶级——私人化的和异想天开的——对生产性资本主义经济逻辑的要求。如果追求这一方向而摒弃这一现象，那么我们就有把城市生活概念简单化的危险，因为城市生活似乎与我们无法简单抵制的这些时刻有着千丝万缕的联系。

等待、懒散和打发时间

当开始把打发时间当作一种正规的、重要的、决定性的承诺来对待的时候，我们才能够理解城市公共生活的紧张程度。打发时间之所以是正规的，是因为它是由艺术来引导的，不管做得好还是做得不好；打发时间之所以在任何时刻都是重要的，在于平凡和有条不紊的特性在把空间划分为一个特殊和有区分的场所的时候会受到抵制；打发时间之所以是决定性的，在于当参与性受到差异性诱惑的时候，它的遭遇会预示一种行动上的认识。

正如我们已经注意到的那样，把闲适的修养看作一种无所事事的完美体现（Chambers，1999），是为了应对生产性、流水线和机械化的重负，这种观点仍然保留着闲散性及玩乐性的偏见，这

281

是由现代城市生活需要优雅的生存所决定的（Chambers，1999）。
在这里，我们开始发现一种街道的修补术，这是一种都市文化。
然而，在城市经验就是对城市日常生活的背离性颠覆的这种看法
中，真相往往集中在逃避现实的性质上。相比之下，在一些目的
是要恢复城市生活的积极经验的工作中，真相却往往被埋没在所
谓的批判理论中，各种解释都集中在机会主义的更新不受控制的
城市有形速度和意象的欲望上，通过一种"富有韵味的"参与模
式，把它们定位于"改变客体的纯粹物性"（Latham，1999，466）
和"挽救事物中被遗忘的人类残余物"（Latham，1999，467）。

　　在不同的情况下，城市都被认为唤起了强烈而生动的不受控
制的情绪或反应，无论是重复、不安还是感觉过载。但是，在有
关城市集体生活的隐性焦点及其培育"问题"等看法中，懒散的行
为以及赋予无足轻重的外在事物以意义重要性和必要性的行为，
都仍然没有得到充分的探索。我们怎么能够开始把打发时光想象
为城市中的兴奋经济的一部分呢？齐美尔和戈夫曼都暗示了这一
点，并且隐含在关于闲逛者的话语中。

　　在沃尔特·鲁特曼的经典电影《柏林：大城市交响曲》(1927)
中，柏林首先出现的是一条指向城市生活中一天生产的难以察觉
的运动装配线。这个城市以某种旨在展示身体匿名性的方式被描
绘成运动和拥堵的喧嚣，仿佛是从笛卡儿式的观察者角度在社会
空间中看到的抛射物，他的感知停留在景观上，这种景观就是一
堆视而不见的机械操作的向量，一个吸引和排斥的社会原子轨
迹，偶尔会相互接触和相互排斥，就像运输线上的物体，处在不
断地演变和退化之中。

　　因为城市生活中的一天在这部电影里被当作出发点，从醒来
到一天的夜间活动结束，所以这个城市被想象成了一个庞大的运

行和运动的循环，就像一个绝对掌握这个全景的感知者所看到的那样。这个概念所释放出来的匿名性与观看者对行动场合的漠不关心有关。正是每一个场景的无足轻重才赋予一整天以意义。但是，这些无足轻重的场景，对处于运动与和谐中的这些视而不见的物体、身体的质感和活动，甚至是工作和娱乐项目的质感和活动的特写镜头，都并不意味着重要性。毋宁说，重要的是城市中一天的无足轻重。在不能把城市想象为一个行为场所的情况下，人们所看到的东西就只是城市的匿名性的重要性。柏林的道德原则本身并没有出现在这部电影之中，因为它希望把这个城市表现为一部由移动的身体组成的交响乐，把它一天的无足轻重当作这个城市，实际上是当作所有城市的重要而独特的东西表现出来。

这部电影以一种奇妙的方式获得了成功，既因为它把城市重新塑造成一个无足轻重的场所，又因为它非常尖刻，充满意义，把城市描绘成存在的意义和目的发挥作用的场所，并当作一个问题提出来。电影本身突出一天中那些毫无意义的时刻，它似乎是机械运作脱离了任何更大的整体，含蓄地提出了从一天到一天的不同时刻以及从一种生活到另一种生活的不同时刻之间的关系问题。

假如承认柏林的虚假画面就是这个城市是什么（在构成这部电影的形象中所体现的脱离现实的运动装配线），我们就会忽略电影的"虚假性"的夸张之处，即被夸大的、比虚假更加虚假的形象的真理。这个城市的真实之处，就在于无足轻重的重要性，它的漂移点，它的匿名性。假如任何一个城市都是如此，在某种程度上，柏林与芝加哥或墨西哥城没有什么区别，那么，它还是允许我们开始探索作为一种挑战、作为一种提出其身份问题方式的生活（日常事务）的匿名性。从这个意义上说，戈夫曼所说的性格更新，富有事件性和决定忙参与的前景，作为一个问题的生命无意义的一部分的解决方式和途径，难道不是使匿名性具有行动可能性的一种集体筹划吗？

　　城市的匿名性是被时时刻刻和日日夜夜的永无止境、无休无止的无事件性，用一种实现景观重要性的方式戏剧化的吗？而且，在压抑的无事件性中体验到的匿名性景观的魅力，难道不是一种被人们当作需要克服和掌控的经验唤起和期待的东西吗？因此，对城市行为的预期，在作为决定性和事件性参与的关键时刻的结构中，既基于这种无事件性的超越，也许诺这种无事件性的超越。如果这是第一次出现在作为一种事件性和决定性的行为机会的城市诱惑中，那么，这就是需要得到发展的开端。前进的道

283　路是把体验城市的社会行为表述为这样一种导向行为，即把短暂性事件转化为一种必要的行为，而这种必要性"与生命承载者的性格和身份联系在一起"（Simmel，1959，246-247）。

　　埃里克·甘斯告诉我们，在《等待戈多》中，贝克特把普遍人类学的状况或者无所作为的社会情境戏剧化了（Gans，1982），也就是说，通过赋予等待本身以意义，而无需考虑结果和最终目的，等待的无所作为便充满了意义。这些人物并不等待机会、利润、回报和确定性结果，而是一个不可实现的目标，并且在这样做的过程中，把必要性和重要性赋予那些表面看来只是短暂的东西，仿佛这就是所有的存在。

　　与等待邮递员或者获奖竞赛结果相比，这种以等待死亡的方式表现出来的无所作为之等待的"普遍"性质，却是一种更为"基本"的状况或行动。这个戏剧提出来的问题，就是真正的等待和虚假的等待之间的差异性问题，真正的懒散行为与等待某个结果的活动之间的差异性问题。因此，我们把生命本身理解为打发时

间，理解为在等待死亡之时展现出来的无所作为。在这里，对于闲逛者的典型看法需要更新，因为由时间、空间的可触性和模糊性体现出来的生命的无足轻重，可以看作一种外部的环境，用齐美尔分析冒险的话来表达，这样一种环境提供了"与生命载体的性格和身份相连接"（Simmel，1959，246）的材料。

　　冒险家的秘密，就在于把打发时间的无所作为看作一种行动，他懂得因受到死亡的限制而被赋予意义的生命与只受制于结果的生命之间的差异性。也就是说，他知道死亡把意义赋予了当下的每一刻、它的外在性和无足轻重性，而这种意义就是培育生命的适当材料。冒险家所遭遇的打发时间的外在性，仿佛切断了与生命的联系，却又转向并且回到了生命的中心，仿佛是一种梦幻般的碎片。当下的时刻为未来提供了过去的梦想，显示出冒险家就是使短暂性变成永恒的这种不可能的愿望的化身。也许，我们可以预见到，既能激发不可控制的消遣情感，又能在面对打发时间的外在性时需要和渴望建立意义的东西，为何正是这种无所事事，这种性格的不着边际。

　　经历真正的无所作为总是指向这种差异性，即等待所期待的东西，是作为"目标"的结果与在它看来这种期待始终是一种目的性和重要性伪装的限制之间的差异性。无所作为必须首先拥有所剥夺的东西，才能以力量拒绝结果（否则，它就有成为"酸葡萄"、怨恨的危险）。因此，如果真正的无所作为放弃或者剥夺了当下对它的控制，在其伪装中把它看作未来的东西，看作未来的过去，那么这种冒险性的精神就不仅与陈规老套作斗争，而且与对时间中的冒险存在本身的具有讽刺性的自我理解作斗争。城市能够拯救当下吗？齐美尔允许我们把对城市的体验——通过其理想的言说者的眼睛——理解为持续的斗争，从而使打发时间成为有

284

意义的行为，并且成为对城市的体验——尽管"外在性"好像是一个异物——一种更新其性格和身份的冒险。让我们用这样一个概念评估有关闲逛者的典型讨论。

匿名性与亲密性

"开化"的文化根源，似乎总是坚持用未开化的人的巧妙方式提出它与天性的不同。从这一观点来看，天性通常表现为乡村，好像因为城市是一件人造物、是一种建成品的性质而被等同于文化。这种解释掩盖了城市文化中的张力，人们假定，这种围绕难以驾驭的倾向而组织起来的张力，普遍存在于所有的集体生活状况之中。也就是说，"天性的"东西不是乡下，而是教化本身的张力，这是为控制动荡的需要和渴望而提出的基本问题。正如埃里克·甘斯认为的：

> "文化"这个词本身意味着掌控这个概念的一个更具有社会相关性的定义。农业这个最初的隐喻术语的来源，体现了人类对自然的驾驭。耕地就是一种属于人类的有用秩序的征服，不同于自然的"无序"。"文化"这个词对人类的隐喻性应用，起初应用于儿童，然后用于成年人，成为伟大的艺术作品、音乐作品、文学作品等的……谆谆教导，相当于对自然的——以及未被社会认可的——人自身的"无序"的征服。（Gans，1982，11）

如果说，文化是对灵魂中的无序性的掌控，那么，它在城市中的应用就会使它与乡村的对比——与那种自然观的对比——而不像与内在自然，即与城市生活相适应的无序形象的对比那样明显。为此，甘斯说："因此，艺术的'掌握'的真正含义，就是对人类情感的掌握。要做到这一点，艺术家就必须对各种情境、对唤起这些情感的经验进行令人信服的表现或'模仿'"（Gans，1982，11）。

这表明文化激发并加剧了它需要克服的情感或无序状态。从 *285* 这个意义上说，城市创造了需要被控制的情感，例如，通常注意到城市居民表现出来的焦躁不安、心烦意乱、疲倦不堪、匿名性、逆来顺受和虚无主义的情绪。我们能不能说，在富有事件性和决定性的想象性马赛克中，城市强化了这些情绪及其"克服"呢？因此，文化就会在需要强化和超越这种困扰日常生活的极端偶然性经验中定位这种张力。请注意，对这个问题的处理有各种不同的方法。

在最直接的层面上，如果说城市是自由和流动的堡垒，那么，它也是怨恨获得某种特定现代形态的场所。这是与解决不平等现象的自由和主观的个人怨恨的需要相称的，这些场所被想象为把他们与中心（行为所在的场所）隔离开来的条件。城市的性质及其多样性与一个人群的混乱情绪有关，他们的怨恨与中心和周边的这种分层模式联系在一起。排斥和对社会剥夺的怨恨充斥着整个城市，因为在任何时候，一个人都不在行动所在的地方，也就是说，一个人是外围的人。

从这个意义上讲，为了"克服"或者消除这些情绪，城市的文化体现了唤起这些情感的情境。城市的文化产生了魅力、自怜和恐惧，因为人们与行为的隔离被认为是由生活的机会释放出来的分化所导致的。困扰城市及其担心他们被排除在行动之外的最"敏感"的居民的焦躁不安，是城市的想象性结构的组成部分，导致焦躁不安的方式各不相同，有形形色色的阴谋论，各种想入非非，诸如错失机会、对"高雅生活"的神秘感、名人场景、难以进入社交圈子、流言蜚语以及被称之为"城市神话"的种种形象。城市里充斥着正在被错失的事情，正在发生的事情，唤起了一种持续不断地对行动场景的不可思议的集体感，引起了一种排他感和遥远感。这种感觉总是顺着作为一种隐秘场所、一种都市乌托邦的边缘地带在别的地方流动，这种感觉煽动着怨恨和诱惑，总是对城市里焦躁不安的灵魂起着一种诱惑作用。

按照这种观点，城市的文化是以这样的方式被揭示出来的，即通过短暂的地形学释放的焦虑，唤起并产生碎片化的形象及其超越。卓越的城市方法是增强它的魅力，因为城市的匿名性和碎片化的拥挤景观就是控制怨恨的手段。在激活这种匿名性的景象时，行为的情境激发了对它进行掌控的需要和欲望。因此，在被想象为一致性承诺、亲密性允诺之更新时刻的表现中，城市模仿

286 对匿名性的掌控。从这个意义上说，行为的情境把对生活的事件性和决定性参与——遭遇的偶然性和无常性——表现为对其掌控的真正承诺。这种行为情境的形象把匿名性当作永恒的负担戏剧化了，而城市居民则可能通过应对教养的挑战来克服这种重负。在甘斯看来，作为这种掌控的延迟而具体化了的教养，是因为城市的多样性、生活机会在现代生活中释放的怨恨，以及一心想着那些未能实现和被挫败的欲望而成为必要的东西。因此，教养会出现在那种使怨恨变得文明的努力之中（Gans，1982，11-12）。

为了预见某些方向，这种行为的承诺为匿名性的戏剧性质提供了无事件性。如果没有铭刻在行动的想象性结构中的这种期待，无事件性就会等同于无聊的苦差事。在这个意义上，如果这个国家被确定无疑地指责为平静无事，那么，它就是那种没有行

动（承诺）的无事件性的生活。在这个国家里，无事件性的生活就会变得无聊起来。相比之下，城市的无事件性与在富有事件性和决定性的活动中所期待的克服共存。正是这种共存，把无事件性戏剧化为匿名性的景观。城市的无事件性因与行为中的克服相关而被赋予了戏剧性，而这种行为又使都市的无事件性成为一种匿名性的景观，而不是一种无聊的体验。行为的情境是对亲密性的承诺，是对成为真实的自我的承诺。从这个意义上说，城市的这种无事件性，与这个国家的无聊明显不同，可以被理解为躁动不安。正是这种无事件性，用一种获得景观重要性的方式把匿名性戏剧化为躁动不安。

换一种方式来说，城市的无事件性就是一个事件，因为等待和期待的方式——寻求行动——本身就成为一种景观。如果说，等待意味着在那种会熄灭它的活动期待中经受着无事件性的痛苦，那么，相比之下，无聊简直就是在忍受看不到尽头的无事件性。赋予等待以戏剧性的东西，就是行动机会的社会分化。行为的目的总是在怨恨的征兆下被想象出来，这不仅因为无事件性的痛苦只能通过行动补救，而且因为无事件性的痛苦是按照他者的生活所证实的这种可能性观点设想的，而他者就在行为所在的地方。他者的难解之谜和他们的满足感——存在于行为的所在之处——是对事件性真理的一种持续证明。等待的戏剧性，不仅是期望改变一个人的命运，而且他者就在那儿，因而不仅通过行动克服一种希望，而且他者总是站在某个立场上想象着要进行的行为事件的希望。等待的戏剧性与行动机会的分层有关，在某种程度上，强调等待是一种可以通过亲密性事件克服匮乏的分离。在无聊中，无事件性只是生活本身的一个参数，而城市里的等待的无事件性则把一个人的存在戏剧化为二合一，把一个人的存在与

287

行动分离开来，并且能够克服这种分离。

城市文化既造成了混乱，又产生了克服手段，这意味着城市把人类与有限性的关系戏剧化了，使时间和空间的挑战具有"可怕的"广袤性，同时使进取心的"替代性宿命感"成为克服必死性（解决问题）的手段。可替代性的幽灵暴露了城市领域中的空间限制，城市彼此之间（从根本上说）没有什么区别，因此，它们丧失的幽灵也暴露了时间的限制，人或事物的任何一种价值区分都注定会消逝。从这个意义上说，城市日常生活中的即兴艺术和以"替代性宿命"的形式释放出来的模仿性传染，都必须保持生活在当下的典范性的生命方式。

城市能够激发人们对当下的渴望，不仅是为了打发时间，而且是一种承诺的事件，按照那些构成希望图景的环境和场所中发生的事件性行动的诱惑，它也是一项未完成的事业。这样的景观使城市充满了一种无限的、但又未实现的亲密性氛围；城市在这两个极端之间不断地塑造自己的形象。从社交场合的阈限到大众文化、非正规和类似的经济，到显眼和荣誉物品的区分，每一种形象都体现在使用的区分和行为之中，并且在城市中通过协会、个人当作机遇的情色景观的一部分发挥作用，成为各色各样的和狂欢性的掌控虚无主义一般理论和方法的一部分。

怀旧与享乐

我将继续考虑闲逛者的欲望。他的热爱渴望在掌握城市时表现出来，通过在各种姿态中迷失自己。不同寻常的是，通过肯定时间和空间上的分离，这些姿态充当了他讨好城市和赢得青睐的手段。城市不能被控制，而且闲逛者必须渴望，对城市的这种不

可能的掌握会在他对现在与过去和未来的分离中被揭示出来。城
市的行为总是在别的地方。一方面，居民在城市的历史中缺席，
在某种程度上，激起他不断地诱使城市的历史展露过去，从而把
怀旧释放成为他的受虐式漫步的可见途径；另一方面，当下的诱
惑表现为一顿要被吞食的饭菜，表现为未来某一时刻要被消化的
物质，在这里，过去的分量，对于这个当下而言，严格说来是无
法预测的。

这意味着城市居民从来就不是城市的一部分（从最好的意义
上说，这是他渴望成为的东西），而是期望在城市成为他的一部
分的时候享受时光。城市诱惑的模糊性张力释放出来的这种"客
观性反讽"（Baudrillard，1987，38），为城市居民提供每时每刻都
令人兴奋的张力。

这就是作为一个诱饵的城市，作为宠儿的城市。城市说：
"你试图通过知识来占有我，试图成为我的一部分是毫无希望的，
但是，如果你愿意，我可以成为你的一部分。"用拉康的惯用语来
说，闲逛者放下他的武器（自我抑制），以便敞开自己的胸怀去拥
抱城市的诱惑。只有当冒着放弃城市匿名性的风险时，他才能最
终在当下的希望中活下来，把城市铭刻在他的未来，使其成为一
种值得纪念的过去。

如果在这里，对于闲逛者与生产性的复杂关系，有关闲逛者
的话语在直觉上是正确的，那是因为闲逛者可望使他的当下时刻
在城市里成为"生产性的"，因为通过赋予这个场所中的此时此刻
以一种宿命感，他的生命对现在是什么和继续（或未来）是什么将
会是决定性的。在城市里的这一段时光，这个当下时间的事件
性，就是一个人的传记中不可或缺的东西。他必须认识到，在未
来的每一个当下，他是怎样不离不弃地把城市当作他命中注定的

288

过往。而在当下"产生"的具有重要性的东西，就是现在体现在他的这个场所中的丧失和更新，这将在未来被确认为他自己创造的历史。齐美尔关于奇遇中梦幻般的性格概念很好地说明了这一点，就像风流韵事一样，这是对"永恒有效性的时间性表达"，闲逛者对当下这种稍纵即逝时刻的生产性，就是使自己的性格和身份变得必要的方式。齐美尔对奇遇与艺术品的比较是富有启发性的，因为闲逛者通过使当下充满不可能的永恒重要性，充满（我们可以称之为）传记的集中性，从外在的事物中创造出意义。

人　群

对于一个完美的游手好闲者，对于一个热情的观察者来说，在人群中，在潮起潮落中，在喧嚣繁忙中，在转瞬即逝和无穷无尽中建立起寓所，就成了一种巨大的快乐源泉。呆在家里，在任何一个地方也都有一种在家的感觉；看一看世界，置身于世界的中心，这就是独立的、浓郁的和没有偏见的一些精神的小乐趣。（Baudelaire，1972）

不被如此接近和如此包罗万象的事物所感动，就是要给自己证明有某种力量。闲逛者留在人群中并且依赖于人群的需要，似乎与这些精神的"独立"形成鲜明的对比。闲逛者在匿名性的潮起潮落中伪装自己，就是要看一看他的完整性是否经得起这样的考验，这种沉浸感、定向感而不是随意性。利用一天的节奏，他在人群中移动，他伴随高峰期的人群移动，他被流动所吸引，他着迷于工作的时间和明确的标志，迷恋于游戏和一天中不同时刻之间的社会间隔。在这种人群的潮起潮落中，物种的基本凝聚力可以被理解为拥挤——数量、密度、未知物体的碰撞、传染病的威胁、边界和分类的物质性，仅此而已。

对闲逛者的批判性评论总是把波德莱尔对人群的描述当作一个例子。他的目空一切，他在谈到乌合之众时对无所不能或令人作呕的独特性的言过其实的渴望，仿佛他的独特感是要以牺牲无差别的人群为代价而发展的。在最糟糕的情况下，闲逛者被看作渴望权力的人，在最好的情况下，他带着一种治疗性声音的俯就语气，声称他想接近众多的人，可是又没有任何联系，就好像他"害怕参与"一样（quoted in Latham，1999）。但是，减少这种冒险并不能公正地对待辩证法：人群是惩戒性的、"不受管辖的"异物，与生命的连续性断绝，需要回归到生命的中心。跳进人群之中会引起难以预料的外在性和难以控制的心烦意乱，这就是对冒险的挑战。人群中最外在的东西不是缺乏独特性，而是释放出来的匿名性力量。在人群中，一个人是未知的，或者只是在表面上为人所了解，没有任何保障使有限的圈子里的相互交往变得容易。一个人似乎是一个无足轻重的人，对于这些他者来说，就是一个异类，反过来说，以各种不同方式唤起所有人的不受约束的没有品位的经验，唤起无须社会区分的武器而不得不保持自己地位的不受约束的经验。借用拉康（Lacan，1981）对艺术作品的解读，在人群中，我们放下了武器，冒着赤身裸体和毫无防备的危险把自己交付给他者。大众之所以令人兴奋，并不是因为提供了具有无与伦比的优越感的机会——不是因为那种超然脱俗——而是因为有能力创造挑战来维持我们的存在，即通过"其偶然性外力的特殊包容性"（Simmel，1959，247）保持我们自己的挑战。波德莱尔在他的劝告中捕捉到的这种人群的兴奋，即任何一个在人群中感到无聊的人，自己就是一个无聊的人，一个他鄙视的傻瓜

290

（Baudelaire，1972），我们可以在对闲逛者（一时的喜悦和危机四伏的悲伤）来说那种必要的喜悦和悲伤的混合体中看到这一点。

　　在集体的运动中，物种的凝聚力被感受为一个在数量的力量中体现出来的原始联系信号，这种数学的力量存在于表达形式和范畴的人造物和教化之前。拥挤本身作为一种吸引闲逛者的诱饵，成为一种让人们想起物种在其形成过程中的团结一致的方式，面对脆弱和危险的时候，便会提出这个始终让人困惑的问题，即它的持续性和连续性，它将留下什么样的记载，它将证明什么样的遗迹，它的当下在明天会是什么样的纪念碑。

　　现在，我们能够开始理解，对于作为理想言说者的闲逛者来说，他们对城市的爱，为何是描述城市居民与城市之间关系的另一种方式，就像齐美尔意义上的风流韵事一样，对闲逛者来说他本身就是一种出色的奇遇。因为作为一种欲望的客体，闲逛者在城市中的存在就是"一种'命运的眷顾'——即使这是一种瞬间的、高潮的、突然抑制的激情"（Simmel，1959，252-253）——这种命运的眷顾与居住者的生命永恒的有效性和理想重要性联系在一起。作为典范性的冒险活动，城市中的生命尽管有其外在性，但还是要回到我们的中心，就像对我们的性格和身份如此有效的梦幻般的那种体验，只能允诺在未来会不可避免地困扰着我们。我们推迟了对无法拥有的城市的掌握，同时，把它的必要性保留在我们无法逾越的内心深处，这是"彼此相依的两个灵魂"的命运，这是一种永恒的时间性表达。

结 论

美的概念首先是把城市当作一件艺术品来讨论，然后是当作对韦伯关于艺术和科学区分的回应，最后是在齐美尔的客观性文化概念中。波德莱尔允许我们把美重新表述为这种方式的一个特征，即任何当下的短暂性质都体现在出现和显现的表现之中，"现代性就是短暂性、稍纵即逝；它是艺术的一半，另一半是永恒和不变"（Baudelaire，1972，403）。城市是这个"样子"出现并且变得明显的场所，特别是在呈现一副要被展示和观看的面孔的时候，包括呈现自我的时候，目的是在被观看之中唤起人们最引人注目、最令人钦佩、最有价值的东西，"我曾说过，每一个时代都有自己的马车，有它自己的表情，有它自己的姿态"（Baude-laire，405）。

城市把短暂性、稍纵即逝和偶然性的呈现戏剧化了，在一定 *291* 程度上，表现在需要以一种积极的态度为这种展示提供机会的时候，并且在这个时间和这个场所使一种"积极态度"具有景观的意义。城市之美就在于通过这些场合把它的短暂性环境组织成具有魅力的方式，从而吸引城市里的人们前来观赏，用他们的眼光看待自己，在公众面前进行表演或演出，让人观看和引人观看。关注这一时刻使我们能够恢复一种"积极态度"的集体观念，使其众多的日常生活和环境具有这样一种偶然性的特性，通过赋予城市的日常生活以装饰的品质从而给实用性增添乐趣。城市之美就在于敢展示和炫耀它的肤浅性。它的矫饰主义，因为对生活的渴望而体现在它压倒一切的世俗性之中。

因此，当波德莱尔富有典型性地描述吸引艺术家注意的各色

人等——歌剧中那些上流社会的年轻女性、有抱负的郊区女演
员、兜风的中产阶级家庭、游手好闲者、举止粗野的人和妓
女——的时候，他对这庸俗性的嗤之以鼻掩盖了他所发现的种种
相似之处，如那个时代的"表情"或"姿态"。请注意，为何不同于
布罗代尔把城市视为肉身的蠕虫之眼的描绘，波德莱尔的肉身城
市所关注的是一种相面术（physiognomy），这种相面术不只是"正
在溃烂的"东西，而且是表现性的东西，在受这种看法的影响中，
这种相面术把城市表现为一种泰然自若和尴尬笨拙的混合体。波
德莱尔的案例要突出表现的是一个共同的渴望，即这种场合激发
仪式性注意力的方式，因为利害攸关的渴望——偶然的、短暂
的——以无法掌控的方式出现而又消亡。因此，它始终因为对失
去的恐惧而激发兴奋，同时又是在同一时刻闪光和突出的机会。
波德莱尔的方法需要一个规则，如果观察那些令人兴奋地专注于
表现的人，我们就会开始理解一个人的自我价值、希求以及价值
究竟是如何在集体生活中得到体现的。城市之美无非就是具有能
够吸引所有被感动的人的那种力量，从而把日常生活当作壮丽的
景象和环境，当作永恒的激励和机会，冒险参与到城市的表演狂
之中，即承载着价值的标志——成为核心的和最时新的标志——
在某种程度上体现了以城市为中心的文明。这意味着，这种城市
的主体确实是一个伤心欲绝的动物，永远处于繁衍欲望的魔咒之
中，渴望重新恢复相似性，找回喜庆、兴奋和亲密的迹象。

　　这种形象所代表的对城市的爱，是城市的想象性结构本身的
一部分。对城市居民来说，奇遇始终是一种欲望的对象，有时是
怀旧，有时是戈夫曼的激进主义形态，但是更深层次的东西，是
要把在这个场所里的时间打发转变为一种精神的冒险。我们能够
想象城市在如何为冒险创造空间方面发生的改变吗？

如果我们从波德莱尔的文章中想起，据说闲逛者一直困扰着世界的文明之都（Baudelaire，1972，400），那么对已经失去的闲逛者的哀叹，同样能够告诉我们对城市已经失去的东西的痛惜，言下之意，也是对失去它所允诺的冒险的悲伤。从最好的意义上说，城市过去是、现在仍然是一个世界文明之都。这可能开始表明，闲逛者的失去与城市之间有分量的差异感的丧失是相称的，它把文明之都区分为城市的倒数第二形态。事实上，（在"全球主义"的条件下）匿名性似乎危及城市本身的特征，很有可能会消除任何一个城市与他者之间的差异。你还能爱一个城市吗？在这样一个更新的过程中，你还能与城市建立起联系吗？

这些问题以非常有趣的方式把对城市匿名性的看法复杂化了。如果首先出现在私有化和异化的形象中，那么闲逛者的例子就会使我们把匿名性定位在城市热爱者的内心运动中，他们渴望把可爱之物当作"文明资本"，因而当作形成性和决定性的资本来突出和拥有（不可能的）。现在，城市作为这样一个欲望的客体以及闲逛者的客体的退出，使得当代城市居民的匿名性就像本雅明的不可避免的怀旧一样。不过，这是围绕一个陌生人或者流浪者对城市居住的掠夺性策略而组织起来的一种怀旧，这种策略使打发时光变得有意思和富有效果。假如本雅明的筹划是把居民的印象集合成一本城市之书的碎片，为一种独特的匿名性形态提供参考，那么我们应该开始探索的正是这种超然性与城市热爱者之间的张力。在一定程度上，城市的探险培养了对怀旧和都市生活的回应；必须克服即时性和敏感性。只有从隐含在这样一种反应中的激情出发，教养才能获得力量。如果关于城市独特性的争论仍然存在的话，难道不是针对城市是否、如何以及在何种程度上可以激发冒险的问题吗？它如何能够而且必须以各种不可能的欲望客体的名义坚持下去呢？

　　如果在这个意义上，波德莱尔通过体验短暂性的兴奋感把城市之美与城市的幸福感联系在一起，那么这种联系则是把兴奋与进取心以及对间接体验到的被压抑而永恒期待的命运感联系在一起的结构凝聚。这样一种在大众文化和边缘性市场的不断创造中体现出来的对城市的兴奋感，在边缘上不断变化的呼声作用中得到了证实，试图在城市生活的各个领域通过追求和做事情塑造自己的利益。由于受到机会和丧失的兴奋力量的制约，城市作为一种社会事实的力量总是作为一种竞争性的景观发挥作用，反过来又提高公共生活的兴奋节奏。正如左派所认为的，全球化会把那些无法抓住机遇的人排除在期望之外。右派认为，城市持续不断的机会主义正在摧毁长期存在的重大差异性。从任何角度来看，城市被认为是把每一种区分都当作一个机会，而每一个机会都被视为一种交易，使每一代人都有可能对这些问题提出质疑，从而在任何时候都能激起人们对青年活力的蔑视和崇敬。

结　论

　　在本书中，我们试图表明城市的象征秩序及其想象序列的范围如何在现代文明的日常生活中起着至关重要的区别作用。我们把城市视为一种流动现象，它既限制又激发密集而丰富的有关集体实践意义和价值的解释和行动的分层景观。为此，我们把城市看作一个场所，在那里，关于时间和空间的不同解释和行动的遭遇，出现在各种世俗的伦理冲突之中，这种冲突涉及各种影响的循环、人和物、世界主义、夜生活、物质主义、建设和重建，还有兴奋。把这样的现象理论化需要一些概念，通过揭示它提供给救赎集体行动的挑战，使城市的表现成为问题。在这方面，每一章的叙事都是围绕特定的焦虑安排一种对话的蒙太奇，而每一种焦虑被确定为一个集体问题—解决的核心。

　　在整个过程中，城市变化的加剧造成了解决新与旧、近与远、空间和场所、城市化和城市性、碎片化和参与、类别和集体以及逃避和冒险之间区分的模糊性的持续需要。这些区分的模糊性被看作难题，也被看作社会现象。在城市的共同情境及其生活质量在细枝末节上受到质疑的关键时刻，表现为有关人类交往的根本性的和饶有趣味的问题事例。城市被看作双头怪，它既是物质的也是理想的，在生命中留下持续的、不确定的踪迹，当作集体行为的场所焦点面对和维持。

集体的自我理解

这就引出了一个更为基本的问题。凡是在本书中作为范例出现的东西在仔细考察时都显示为一种行动和阐释的情境，其中，都市生活的生命力揭示出时间和空间中，时间性和集体性存在的问题是一种原初的约定。时间与空间、新与旧、近与远、此与彼等的区分，都是因为城市变迁的加剧不断地产生的，因而是作为共同关心的问题（主题、现象）而出现的。同时，作为所有行动的怪异记录，作为紧迫的关切，作为集体生活表面下的涟漪，挑战我们渴望去救赎自己，使我们成为某种绝不是虚无和无所依傍的东西。这种集体想要回归自我、重新扎根并发现自己为一体的愿望，因为城市通过短暂性的膨胀所引起的自我理解的根本模糊性而受到打击，这种模糊性总是作为困扰同一与他者之关系的踪迹持续存在，并且渴求这种关系的不确定性释放出来的真理和知识。在这里，马丁·海德格尔是很有帮助的。

> ……面对一个人的焦虑情况是完全不确定的……
>
> 面对一个人有焦虑的情况是由哪里都没有危险这个事实来体现的（Heidegger，231，＃187）
>
> 对于焦虑就像面对焦虑的情况，即在世存在那样焦虑揭示自身（233，＃187）。

不透明的和决定性的在世存在（being-in-the world），包括和逃避我们把世界理解为一种近在手头的区分或一个他者实体的一切努力。对自身而言，集体的在世存在[海德格尔称之为此在（da-sein），人类]是完全不确定的，在某种程度上它体现为无场所性（placelessness），就像对无物和无场所的共同体验一样。在特殊的时刻和特殊的场合，这种自我理解会被加剧，具体化为有生气的和丰富生动的东西，因为集体在坚持对同一性的感觉（它可以看到和言说这一点）的同时，会遭遇所不是的东西（因为存在不是一个物，不是场所）。

> 这种不可思议的探求……持续不断地……这种威胁可以在一个人的日常关切中事实性地与完全确信和自我满足共同存在。焦虑可能会在最平淡无奇的情境中产生。（234，♯189）

本书试图使一个具体的解释场所变得清晰，集体生活在这些 *296* 场所中作为一种问题—解决出现并变得显而易见。我一直反对通过一种倒数第二的解释把城市当作某种聚集在手头的可以"理解"的东西，仿佛当作 1 吨钢铁或某种确定的东西对待；城市在本质上是我们与世界的不确定关系的一部分。在单一的整体现象（案例、范例）中，即在显现中揭示的这种关系，同时具有模糊性的分量和负担，并让我们的敏锐目光在对质询的开放性中看到存在之光。

把这些碎片(重又)组合起来的失忆症

鉴于柏拉图谈到了记忆或回忆的理论化,我们可以让这种用法更具当代性。请注意乔治·佩雷克对谜题的类比用法。

> 木制拼图谜题……不是要相互区分和离散分析的元素之和,而是一种模式,即一种形式,一种结构:元素的存在并不先于整体也不后于整体的存在,因为部分并不决定模式,而是模式决定部分。对模式及其规律、集合及其结构的认识,不可能来自构成元素的散乱知识。这意味着你可以花3天的时间来看一个谜题,可以相信你知道所有关于它的颜色和形状的知识,并且不会比你开始的时候更进一步。唯一重要的是具有把这个部件与其他部件联系起来的能力。(Perec, 1978,Preamble,1)

如果这个案例是一个有待解决的谜题(通过把它与其他"部件"联系起来提出质疑),那么同样真实的是,这种质疑必须受我们的预期引导,即这种现象本身是如何在其不确定性中并通过不确定性联系在一起的。这项工作已经探讨了社会性联系我们的方式,即使通过区分和差异,我们也利用每一个例子追问这个谜题的物质形态。如果社会生活的谜题首先要求我们研究约束这种场合的"共同的相互性",那么我们已经发现了这样一种观点,即社会要经历作为一种劳动分工、作为为生存而与海怪作斗争、作为工具性的权力交换以及作为含义和"中介"的联系的不同现象学形态。

我们力求保留这些观点（作为城市生活蒙太奇中的声音），并通过不断地把城市话语表述为那些流动的、不确定的印象和共同利益记录的点点滴滴来超越它们。与这样一种记录的接触，就是城市作为一个欲望客体的不言而喻的基础，指向了我们早些时候提到的共同体建立的概念，这是面对存在的无根性形象释放出来的焦虑时，稳定和规范自我理解的集体工作的一部分。同样，马克斯·韦伯为这种集体问题—解决工作提供了一种说明。

297

> 共同的品质、共同的情境或共同的行为方式的存在，绝不意味着存在一种共同的社会关系。例如，由于那些人被归类为属于同一"种族"，因此拥有一种共同的生物遗传，自然地并不意味着他们之间有任何共同的社会关系，即便他们以同样的方式对这种情境做出反应，也并不构成一种公共关系。如果他们对这种情境及其后果有共同的"感觉"，后者甚至也并不存在。只有当这种感觉导致相互行为的共同定位时，他们之间才会产生一种社会关系，一种相互之间的社会关系，而不仅是环境中的人。此外，只有当这种关系涉及共同的归属感时，它才是一种"公共的"关系。（Weber，1947，138）

正如韦伯明确指出的那样，一个集体是否以及以何种方式被视为集体是一个开放的问题。这个问题不仅困扰着必须用这种或其他任何一种方式做出决定的问询者，而且困扰着被问询者描述为社会情境所吸引的行为者，即必须解决或者力图解决眼前问题的行为者。这个开放的问题及其不同的形态恰恰是在任何一个例子中都必须解决的问题，即必须对齐的拼图谜题部件。可以说，掌握谜题的愿望与它在最深层意义上的不可能掌握是共存的。正如佩雷克所说的，这个谜题是由他者设计的，并且正如拉康所说的，他者并没有提供答案。

我在本书中给自己设置的谜题，可以说就是要恢复聚积每一个例子的相互导向的社会关系，聚积所有例子的城市之间的相互导向的社会关系。我从抵制确信无疑地把社会行为者仅视为海怪（第 2 章）、仅看作能指链中的发送者和接受者（第 1 章和第 2 章）的诱惑开始，尽管这些情境似乎都带有"相互导向的社会行动"的踪迹（also，see Sartre，1963）。

通过把社会生活的不确定性阐述为自身在任何情境中的问题，我力图克服（超越和保留）这种社会情境的图景，它们是在与空间和时间的不确定集体关系的具体细节中形成的。这样，即使韦伯的相互导向的社会关系的概念所具有的"高度"，也远不如我们所能做的更有效（过于"规范"），因为始终要解决的问题是，我们是什么、我们是谁以及我们怎么样，必须既利用确定性也利用模糊性的资源，如形式的概念。对于进行理论化的我们来说，这个难题就永远无法解决，除非在城市生活的具体细节的例子中，在区分作为一种生命力量的具体细节的例子中，同一与他者之间关系的根本模糊性变得显而易见。

298

形　式

我们认为形式就是真理、正义和美，它们的相关实践就是哲学、政治和艺术。这是一个柏拉图式的惯用语，今天，只有老派的人才会认真对待。经常讨论的"终结"概念所固有的东西，就是任何一种区分都是必要的或者决定性的形式终结观念。大多数人都知道，任何一个这样的概念都是传统的、可修正的、可改变的、偶然的和间接的。任何一种真理的要求都是修辞性的；任何普遍意志的肯定都是利益和权力的延伸；情人眼里出西施。对区分的神圣性的攻击在动荡不安的时刻变得更加严重，往往是极端不确定性的症状。用波德莱尔的话来说，这些争论成了一个时代的哲学忧虑的表达。围绕这样的争论，城市为这些领域的边缘实验和创新提供机会。没有一个名副其实的哲学家会接受，真理和修辞之间界限的模糊性阻止人类社会无视对话机会（不可避免的需要和欲望）来面对真正的修辞学问题。没有一个名副其实的政治家会争辩说，普遍意志和群体利益之间的可渗透性边界，阻止了共同体以一种持续的方式遭遇公共利益的问题。没有一个名副其实的艺术家会说，美与各种其他形式之间的不确定性阻止了共同体谈论什么样的令人愉快的作品是富有生产性的。城市就是场所（并且正因为它是一个场所），集体生活的目的才被当作释放实验和抵抗、冲突和敌意的一个问题来处理。在提出这样的问题时，城市作为其文明的集体化的场所，不仅吸引了创造性的灵魂，而且吸引了掠夺者、笨手笨脚的人和没有开化的人，也就是说，所有人都希望"找到一个合适的位置"。

The Imaginative
Structure of the City

参考文献

Abu-Lugod, J. L. 1999. *New York*, *Chicago*, *Los Angeles*: *America's Global Cities*. Minneapolis: University of Minnesota Press.

Agamben, G. 1998 (1990). *The Coming Community*. Trans. by M. Hardt. Minneapolis and London: University of Minnesota Press.

Alberoni, F. 1972. "The Powerless Elite: Theory and Sociological Research on the Phenomenon of the 'Stars,' in D. McQuail, ed. *Sociology of Mass Communication*. Harmondsworth, England: Penguin Books, 75-98.

——1994. *Movement and Institution*. New York: Columbia University Press.

Albrow, M. 1998. Review of Modernity at Large: Cultural Dimensions of Globalization by Arjun Appadurai, in *American Journal of Sociology*, vol. 103, no. 5: 1411-1412.

Alexander, C. 1996. "A City Is Not a Tree," in R. T. Legates and F. Stout, eds. *The City Reader*. London & New York: Routledge, 118-132.

Anderson, B. 1991. *Imagined Communities: Reflections on the Origin and Spread of Nationalism*. London & New York: Verso.

Appadurai, A. 1990. "Disjuncture and Difference in the Global Cultural Economy," in *Public Culture*, vol. 2, no. 2: 1-24.

——1991. "Global Ethnoscapes: Notes and Queries for a Transnational Anthropology," in R. G. Fox, ed. *Recapturing Anthropology*. Santa Fe, NM: School of American Research Press.

Apter, E. and W. Pietz, eds. 1993. *Fetishism As Cultural Discourse*. Ithaca and London: Cornell University Press.

Archer, M. S. 1988 (revised in 1996). *Culture and Agency*. Cambridge: Cambridge University Press.

Arendt, H. 1956. *The Human Condition*. Chicago: University of Chicago Press.

——1968 (1951). *Totalitarianism: Part Three of the Origins of Totalitarianism*. San Diego, New York, London: Harvest/HBJ Book.

——1971. *The Life of the Mind*. New York and London: Harcourt Brace Jovanovich.

——1994. "The Crisis in Culture", *in Between Past and Future*. New York: Penguin Books, 196-227.

Arthur, P. and R. Passini. 1992. *Wayfinding: People,*

Signs and Architecture. Toronto: McGraw-Hill/Ryerson.

Ashihara, Y. 1983. *The Aesthetic Townscape*. Cambridge, MA, and London: The MIT Press.

Augustine, St, 1961. *Confessions*. Trans. with intro. by R. S. Pine-Coffin. Harmonsworth, Middlesex: Penguin.

Bachelard, G. , 1969. *The Poetics of Space*. Trans. by M. Jolas. Boston: Beacon Press.

The Baffler, no. 7. , 1995. Special Issue: Twentieth Century Lite: The City in the Age of Information.

Bakhtin, M. 1984 (1968). *Rabelais and His World*. Trans. by Iswolsky H. Bloomington: Indiana University Press.

Banham, R. , 1971. *Los Angeles: The Architecture of Four Ecologies*. Middlesex, England: The Penguin Press.

Barber, S. 1995. *Fragments of the European City*. London: Reaktion Books.

Barrow, C. 1993. *The Sorrow of the Ancient Romans*. Princeton, NJ: Princeton University Press.

Barthes, R. 1972. "The World as Object", in *Critical Essays*. Trans. by Howard, R. Evanston: Northwestern University Press, 3-13.

——1981 (1980). *Camera Lucida*. Trans. by Richard Howard, New York: Hill and Wang.

Bataille, G. 1985. *Visions of Excess: Selected Writings*, 1927-1939. A. Stoekl, ed. Minneapolis: University of Minnesota Press.

——1986. Erotism: *Death and Sensuality*. San Francisco:

City Lights Books.

——1988a (1954). *Innes Experience*. Albany: State University of New York Press.

——1988b (1961). *Guilty*. Venice, CA: The Lapis Press.

——1989. *Theory of Religion*. New York: Zone Books.

Baudelaire, C. 1972. *Selected Writings on Art and Artists*. Trans. by P. E. Charvet. Penguin Books.

Baudrillard, J. L. 1982. "Fatality or Reversible Imminence: Beyond the Uncertainty Principle" (trans. by Pamela Park), in *Social Research*, vol. 49, no. 2: 272-293.

——1987. The *Evil Demon of Images*. Sydney: Robert Burton P/L.

——1991. *Seduction*. New York: St Martin's Press.

——1996. *The Perfect Crime*. Trans. by C. Turner. London and New York: Verso.

——1998. *The Consumer Society: Myths and Structures*. London: Sage Publications.

Bauman, Z. 1988-1989. "Strangers: The Social Construction of Universality and Particularity," in *Telos: A Quarterly Journal of Critical Thought*, no. 78: 7-43.

——1989. *Modernity and the Holocaust*. Oxford: Polity.

——1973. *Culture As Praxis*. London: Routledge and Kegan Paul.

——1993. *Intimations of Postmodernity*. London: Routledge.

Beck, U. 1992. *The Risk Society*. London: Sage.

Becker, H. S. 1984. *Art Worlds*. Berkeley: University of

California Press.

Beckerman, B. 1990. *Theatrical Presentation: Performer, Audience and Act*. New York and London: Routledge.

Beckett, A. 2000. "Bringing Down Chunks of the Ceiling," in *London Review of Books*, vol. 22, no. 4, February 2000: 32-33.

Begag, A. 2000. "Speed and the City: le Rodéo urbain," in *Queen's Quarterly: A Canadian Review*, vol. 107, no. 2, Summer 2000: 211-221.

Bell, A. 1991. *The Language of News Media*. Oxford and Cambridge: Blackwell Publishers.

Benardete, S. 2000. *The Argument of the Action*. Chicago: University of Chicago Press.

Benchaim, D. 1981. *Distance in the Theatre*. Ann Arbor, Michigan: UMI Research Press.

Bencivenga, E. 1993. "The Irony of It," in *The Philosophical Forum*, vol. 25, no. 2: 125-134.

Benevolo, L. 1993. *The European City*. Oxford: Blackwell.

Benjamin, W. 1971. *Illuminations*. Trans. by H. Zohn. London: Jonathan Cape.

——1996. *Selected Writings I*. Bullock and M. W. Jennings, eds. Cambridge, MA: Harvard University Press.

——1998. *Reflections: Essays, Aphorisms, Autobiographical Writings*. Trans. by E. Jephcott. New York: Harcourt Brace Jovanovich.

——1999. *The Arcades Project*. Trans. by H. Eiland and

K. McLaughlin. Cambridge, MA, and London, UK: The Belknap Press of Harvard University.

Benn, S. I. and G. F. Gaus. 1983. *Public and Private Social Life*. London and Canberra: Croom Helm.

Bennett, J. 1964. *Rationality*. London: Routledge and Kegan Paul.

Bennett, S. 1997. *Theatre Audiences*. London and New York: Routledge.

Berger, H. Jr. 1982. "Plato's Flying Philosopher," in *The Philosophical Forum*, vol. 13, no. 4: 385-408.

Berman, M. 1983. *All That Is Solid Melts into Air: The Experience of Modernity*. London: Verso.

Berns, L. 1974. "Socratic and Non-Socratic Philosophy: A Note on Xenophon's Memorabilia," in *Review of Metaphysics*, September 2000: 88-95.

Bhabha, H. O. 1994. *The Location of Culture*. London and New York: Routledge.

Birchall, B. C. 1980. "On Hegel's Critique of Formal Logic," in *Clio*, vol. 9, no. 2: 283-296.

——1981. "Hegel's Notion of *Aufheben*," in *Inquiry*, no. 24: 75-103.

Birchall, J. 1998. "Time, Habit and the Fraternal Impulse," in M. Young and T. Schuller, eds. *The Rhythms of Society*, London & New York: Routledge, 173-197.

Black, C. 1966. *The Dynamics of Modernization: a Study in Comparative History*. New York: Harper and Row Publishers.

Blum, A. 1964. "La typologie du jeu a deux appliquee communications de masse," in *Communications*, no. 3: 1-12.

——1996. "Panic and Fear: On the Phenomenology of Desperation," in *The Sociological Quarterly*, vol. 37, no. 4: 673-698.

——1998. *The Symbolic Order and Imaginative Structure of Modern Society*. Unpublished manuscript.

——2001. "Voice and Its Appropriation: the Ventriloquist and the Dummy," in *Poiesis: A Journal of the Arts and Communication*: 114-146.

Blum, A. and P. McHugh. 1971. "The Social Ascription of Motives," in *American Sociological Review*, no. 36: 98-109.

——, eds. 1979. *Friends, Enemies, and Strangers: Theorizing in Art, Science, and Everyday Life*. Norwood, NJ: Ablex Publishing Corporation.

——1984. *Self-Reflection in the Arts and Science*. Atlantic-Highlands: Humanities. Boardman, J. 1967. *Pre-Classical: From Crete to Archaic Greece*. Middlesex, England: Penguin.

Bocock, R. and K. Thompson, eds. 1992. *Social and Cultural Forms of Modernity*, Cambridge: Polity in association with the Open University.

Body-Gendrot, S. 2000. *The Social Control of Cities?* Oxford: Blackwell Publishers.

Bonner, K. 1997. *A Great Place to Raise Kinds: Interpretation, Science, and the Urban-Rural Debate*. Montreal and

Kingston: McGill University Press.

——1998. *Power and Parenting: A Hermeneutic of the Human Condition.* London: Macmillan and Company.

——2001. "Reflexivity and Interpretive Sociology: The Case of Analysis and the Problem of Nihilism," in *Human Studies*, no. 24: 267-292.

——2002. "Understanding Placemaking: Economics, Politics and Everyday Life in the Culture of Cities," in *Special Issue of Canadian Journal of Urban Research*, no. 1, Summer 2002: 1-17.

——, ed. 2002. "Space and Place." *Special Issue of Canadian Journal of Urban Research*, no. 1, Summer 2002.

Borden, I. and D. Dunster, eds. 1995-1996. *Architecture and the Sites of History.* New York: Whitney Library of Design.

Borgja, J. and M. Castells. 1997. *Local and Global: Management of Cities in the Information Age.* London: Earthscan.

Bouissac, P. 1989. "The Circus's Golden Age," in *Canadian Theatre Review*, no. 58, Spring.

——1992. "Ecology of Street Performance," in *The Drama Review*, vol. 36, no. A, Fall 1992: T35.

Bourdieu, P. 1984. *Distinction.* Cambridge, MA: Harvard.

Bourne, L. S. and D. F. Ley. 1993. *The Changing Geography of Canadian Cities.* Kingston and Montreal: McGill-Queen's University Press.

Bouvier, N., G. Craig, and L. Grossman. 1994 *Geneva, Zurich, Basel: History, Culture and National Identity.* Princeton，NJ：Princeton University Press.

Boyer，M. C. 1994. *The City of Collective Memory*. Cambridge，MA，and London：The MIT Press.

Boyer，R. 1990. *The Regulation School：A Critical Introduction*. New York：Columbia University Press.

Braudel，F. 1973. *Capitalism and Material Life：1400-1800*. New York：Harper & Row.

——1985. *The Structures of Everyday Life*. London：Collins.

Brett，D. 1996. *The Construction of Heritage*. Cork：Cork University Press.

Buck-Morss，S. 1989. *The Dialectics of Seeing：Walter Benjamin and the Arcades Project*. Cambridge，MA：The MIT Press.

——1986. "The Flaneur，the Sandwichman and the Whore：the Politics of Loitering," in *New German Critique*，no. 39，Fall 1986：99-142.

Budd，L. and S. Whimster，eds. 1992. *Global Finance and Urban Living：A Study of Metropolitan Change*. London：Routledge.

Burgin，V. 1996. *Some Cities*. Berkeley，Los Angeles：University of California Press.

Burns，R.，ed. 1995. *German Cultural Studies：An Introduction*. Oxford：Oxford University Press.

Butor，M. 1986. *The Spirit of Mediterranean Places*. Marlboro，Virginia：Marlboro Press.

——1996. *Improvisations on Butor*, L. Oppenheim, ed. University of Florida Press.

Cache, B. 1995. *Earth Moves: The Furnishings of Territory*. Boston: MIT Press.

Calvino, I. 1974. Imaginary Cities. New York: Harcourt Brace.

Cameron, R. and L. Schnore, eds. 1997. *Cities and Markets*. Canham, MD: University Press of America Ltd.

Canetti, E. 1978. *The Voices of Marrakesh*. London and New York: Marion Boyars.

Caplan, J. 1999. *In the King's Wake: Post-Absolutist Culture in France*. Chicago and London: University of Chicago Press.

Cappelin, R. 1991. "International Networks of Cities," in R. Camagni, ed. *Innovation Networks: Spatial Perspectives*. London: Belhaven.

Carr, D. 1986. *Time, Narrative, and History*. *Bloomington/Indianapolis*: Indiana University Press.

Casey, E. 1997. *The Fate of Place*. *Berkeley and Los Angeles*, CA: University of California Press.

Castells, M. 1994. "European Cities, the Informational Society, and the Global Economy," in *New Left Review*, no. 204: 18-32.

——1996. *The Rise of the Network Society*. Oxford: Blackwell.

——1997. *The Power of Identity*. Oxford: Blackwell.

——2000. *End of Millenium*. Oxford: Blackwell.

Chambers, R. 1999. *Loiterature. Nebraska*: The University of Nebraska Press.

Charleton, P. 1992. *Offences Against the Person*. Dublin: The Round Hall Press.

Chesire, P. and I. Gordon. 1995. "European Integration: The Logic of Territorial Competition and Europe's Urban System," in J. Brotchie et al. , eds. *Cities in Competition*, London: Longman, 108-126.

Clammer, J. 1997. *Contemporary Urban Japan: A Sociology of Consumption*. Oxford: Blackwell Publishers Ltd.

Clark, T. J. 1998 (1984). *The Painting of Modern Life: Paris in the art of Manet and his followers*. London: Thames and Hudson Ltd.

——2000. "Reservations of the Marvelous," in *The London Review of Books*, no. 22: 3-9.

Clarke, E. O. 2000. *Virtuous Vice: Homoeroticism and the Public Sphere*. Durham and London: Duke University Press.

Clarke H. B. 1995. *Irish Cities*. Dublin: Mercier Press.

Close, P. 1995. *Citizenship, Europe and Change*. London: Macmillan.

Connerton, P. 1989. *How Societies Remember*. Cambridge: Cambridge University Press.

Conley, V. A. , ed. 1993. *Rethinking Techniques*. Minneapolis: University of Minnesota Press.

Connolly, W. E. 1993. *Political Theory & Modernity*. Ithaca and London: Cornell University Press.

Conrad, P. 1999. *Modern Times, Modern Places*. New

York: Alfred A. Knopf.

——2000. *The Hitchcock Murders*. London and New York: Faber and Faber.

Corcoran, M. 1998. "The Re-enchantment of Temple Bar," in M. Peillan and E. Slater, eds. *Encounters with Modern Ireland*. Dublin: Institute of Public Administration, 9-24.

——2002. "Place Attachment and Community Sentiment in Marginalized Neighbourhoods: A European Case Study," in K. Bonner, ed. "Space and Place. " *Special Issue of Canadian Journal of Urban Research*, 47-69.

Corrigan, P. 1997. *The Sociology of Consumption*. London: Sage Ltd.

Cosgrave, D. and S. Daniels. 1988. *The Iconography of Landscape*. Cambridge: Cambridge University Press.

Crow, D. , ed. 1990. *Philosophical Streets: New Approaches to Urbanism*. Washington, DC: Maisonneuve Press.

Crowhurst, S. H. and H. Lennard. 1995. *Liveable Cities Observed. A Gondolier Book*. California: Carmel.

Curtin, C. , D. Hastings, and T. M. Wilson, eds. 1993. *Irish Urban Cultures*. Belfast: Institute of Irish Studies.

Davis, M. 1990. *City of Quartz. Excavating the Future in Los Angeles*. London: Verso.

De Certeau, M. 1984. *The Practice of Everyday Life*. Berkeley, California.

——1997. *Culture in the Plural*. Minneapolis: University of Minnesota Press.

De Certeau, M., L. Giard, and P. Mayol. 1998. *The Practice of Everyday Life 2: Living and Cooking*. Minneapolis and London: University of Minnesota Press.

De Coulanges, F. 1955 (1865). *The Ancient City: A Study on the Religion, Laws, and Institutions of Greece and Rome*. Garden City, New York: Doubleday and Anchor Books.

De Solà-Morales, I. 1996. *Differences: Topographies of Contemporary Architecture*. Trans. by G. Thompson. S. Whiting, ed. Cambridge, MA: The MIT Press.

De Soto, H. 2000. *The Mystery of Capital*. New York: Basic Books.

De Tocqueville, A. 1945. *Democracy in America*. New York: Vintage Books.

Deane, S. 1997. *Strange Country: Modernity and Nationhood in Irish Writing Since 1790*, Oxford: Clarendon Press.

Deards, E. and S. Hargreaves. 1998. *Cases and Materials: European Community Law*. London: Blackstone Press Ltd.

Deben, L., W. Heinenmeijer, and D. Vander Vaart, eds. 1989. *Understanding Amsterdam. Essays on Economic Vitality, City Life and Urban Form*, University of California. Berkeley: HET.

Debord, G. 1983 (1967). *Society of the Spectacle*. Detroit: Black and Red.

Deguy, M. 1987. "Motifs Towards a Poetics," in *Contemporary French Philosophy*. P. Griffiths, ed. Cambridge, UK, and New York: Cambridge University Press: 55-67.

Deleuze, G. 1994. *Difference and Repetition*. Trans. by P. Parron. New York: Columbia University Press.

Delanty, G. 1995. *Inventing Europe: Idea, Identity, Reality*, London: Macmillan.

——1997a. "Models of Citizenship: Defining European Identity and Citizenship," in *Citizenship Studies*, vol. 1, no. A: 285-303.

——1997b. "Social Exclusion and the New Nationalism," in *Innovation*, vol. 10, no. 2: 127-143.

Demaris, R. and A. Germain. 2000. *Montreal: The Quest for a Metropolis*. Chichester: West Sussex; New York: Wiley.

Denny, W. 1993. *Lost Toronto*, Toronto: McClelland and Stewart.

Derrida, J. 1973. *Speech and Phenomena*. Evanston: Northwestern University Press.

——1974. *Of Grammatology*. Baltimore: The John Hopkins University Press.

——1995. *Archive Fever: A Freudian Impression*. Trans. by E. Prenowitz. Chicago and London: The University of Chicago Press.

Dicken, P. 1992. *Global Shift: The Internationalisation of Economic Activity*, London: Chapman.

Dirlik, A. 1993. "The Global in the Local," in W. Dissenayake and R. Wilson, eds. *Global/Local: Cultural Production and the Transnational Imaginary*, Durham: Duke University Press, 21-45.

Docher, J. 1994. *Postmodernism and Popular Culture: A Cultural History*. Cambridge: Cambridge University Press.

Dorter, K. 1977. "The Dialectic of Plato's Method of Hypothesis," in *Philosophical Forum*, no. 7: 159-187.

Douglas, M. 1986. *How Institutions Think*. Syracuse: Syracuse University Press.

Douglas, M. and B. Isherwood, B. 1979. *The World of Goods*. New York: Basic Books, Ins. , Publishers.

Douglas, M. and J. Friedmann, eds. 1998. *Cities for Citizens*, Chichester: Wiley.

Dührrschmidt, J. and U. Matthiesen. 2002. "Everyday Milieux and Culture of Displacement," in K. Bonner, ed. "*Space and Place.*" *Special issue of Canadian Journal of Urban Research*: 17-47.

Durkheim, E. 1933. *On the Division of Labour in Society*. New York: MacMillan Company.

——1938. *The Rules of Sociological Method*. Glencoe: The Free Press.

——1951. *Suicide: A Study in Sociology*. Trans. by J. A. Spaulding, and G. G. Simson iii. Free Press.

——1961. *On the Elementary Forms of the Religious Life*. New York: Collier Books.

Düttman, A. G. 2000. *Between Cultures: Tensions in the Struggle for Recognition*. London and New York: Verso.

Eade, J. ed. 1996. *Living the Global City: Globalization as Local Process*. London: Routledge.

Edward, C. S. 1997. *The Fate of Place*. Berkeley and Los Angeles: University of California Press.

Elias, N. 1978 (1939). *The Civilising Process*. New York: Urizen Books.

——1996. *The Germans: Power Struggles and the Development of Habitus in the Nineteenth and Twentieth Centuries*. New York: Columbia University Press.

Elias, N. and E. Dunning. 1986. *The Quest for Excitement: Sport and Leisure in the Civilizing Process*. Oxford; New York: Basil Blackwell.

Ellin, N. 1996. *Postmodern Urbanism*. Cambridge and Oxford: Blackwell.

Enzensberger, H. M. 1992. "The Great Migration," in *Granta*, no. 42: 15-55.

Erickson, J. 1995. *The Fate of the Object: From Modern Object to Post Modern Sign in Performance, Art and Poetry*. Ann Arbor: University of Michigan Press.

Everett, S. 1979. *Lost Berlin*. Greenwich, CT: Bison Books Corp.

Fainstein, S. , I. Gordon, and M. Harloe, eds. 1992. *Divided Cities: New York and London in the Contemporary World*. Cambridge, MA: Blackwell.

Featherstone, M. , S. Lash, and R. Robertson, eds. 1995. *Global Modernities*. London: Sage Publications.

Fine, B. 1995. "From Political Economy to Consumption," in D. Miller, ed. *Acknowledging Consumption*. London and

New York: Routledge, 127-157.

Fischer, C. 1971. "A Research Note on Urbanism and Tolerance," in *American Journal of Sociology*, no. 76: 847-856.

——1984. *The Urban Experience*. New York: Harcourt Brace Jovanovich.

Fishman, R. 1987. *Bourgeois Utopias: The Rise and Fall of Suburbia*. New York: Basic Books.

Flanner, J. 1972. *Paris was Yesterday: 1925—1939*. New York: Viking Press, Popular Library.

Focillon, H. 1986. *The Life of Forms in Art*. New York: Zone Books.

Forgacs, D. and R. Lumley, eds. *Italian Cultural Studies: An Introduction*. Oxford: Oxford University Press.

Foucault, M. 1982. "The Subject of Power," in *Critical Inquiry*, no. 8: 777-795.

Franko, M. 1994. "Double Bodies: Androgyny and Power in the Performaces of Louis xiv," in *The Drama Review*, no. 38, no. 4: 71-82.

Friedberg, A. 1994. *Window Shopping*. Berkeley and Los Angeles: University of California Press.

Friedman, Jeffrey. 1997. "Pluralism or Relativism?" in *Critical Review*, no. 11: 469-481.

Friedman, J. 1986. "The World City Hypothesis," in *Development and Change*, no. 17: 69-83.

——1995. "Global Systems, Globalization and the Parameters of Modernity," in *Featherstone*, 68-90.

Friedman, Jonathan and G. Wolff, 1982. "World City Formation: An Agenda for Research and Action," *International Journal of Urban and Regional Research* 6: 309-344.

Friedman. T. 1999. *The Lexus and the Olive Tree*. New York: Anchor Books.

Frisby, D. 1985. *Fragments of Modernity: Theories of Modernity in the Work of Simmel*, Kracauer and Benjamin. Cambridge: Polity.

Fritzsche, P. 1996. *Reading Berlin 1900*. Cambridge, MA, and London: Harvard University Press.

Focillon, H. 1989. *The Life of Forms in Art*. New York: Zone Books.

Gadamer, H. 1975. *Truth and Method*. New York: Sheed and Ward Ltd.

Gaines, J. 1996. *Contested Culture*. Durham: Duke University Press.

Gans, E. 1982. "Beckett and the Problem of Modern Culture," in *SubStance*, vol. 11, no. 2: 3-16.

——1985. *The End of Culture: Toward a generative anthropology*. Berkeley: University of California Press.

——1993. *Originary Thinking: Elements of generative anthropology*. Stanford, CA: Stanford University Press.

Gans, H. 1968. "Urbanism and Suburbanism as Ways of Life," in R. E. Pahl, ed. *Readings in Urban Sociology*. London: Pergamon Press, 170-195.

Garfinkel, H. 1967. *Studies in Ethnomethodology*. Englewood Heights, NJ: Prentice-Hall Inc.

Garvin, T. 1996. *The Birth of Irish Democracy*. Dublin: Gill and Macmillan.

Gauchet, M. 1998. *The Disenchantment of the World*. Princeton, NJ: Princeton University Press.

Gawthorp, J. and J. Holland. 1998. *Berlin: the Rough Guide*. London: Rough Guide.

Gay, P. 1968. *Weimar Culture: The Outsider as Insider*. New York: Harper and Row Inc.

——1978. *Freud, Jews and Other Germans: Masters and Victims in Modernist Culture*. Oxford: Oxford University Press.

Gebauer, G. and C. Wulf. 1995 (1992). *Mimesis: Culture, Art, Society*. Trans. by D. Reneau. Berekeley, Los Angeles and London: University of California Press.

Gelley, A. 1995. *Unruly Examples: On the Rhetoric of Exemplarity*. Stanford: Standford University Press.

Germain, A. and D. Rose. 2000. *Montreal: The Quest for a Metropolis*. Chichester and New York: The John Hopkins University Press.

Gibbons, L. 1996. *Transformations in Irish Culture*. Cork: Field Day, Cork University Press.

Giddens, A. 1991. *Modernity and Self-Identity*. Oxford: Polity.

Gillis, J. , ed. 1994. *Commemorations: The Politics of National Identity*. Princeton: Princeton University Press.

Girard, R. 1977. *Violence and the Sacred*. Baltimore and London: Johns Hopkins Press.

Glazer, N. and M. Lilla, eds. 1987. *The Public Face of Architecture: Civic Culture and Public Spaces*. New York: The Free Press.

Glazier, R. 1899. *A Manual of Historic Ornament*. London: B. T. Batsford.

Goffman, E. 1961a. *Encounters*. Indianapolis: Bobbs-Merrill and Company.

——1961b. *The Presentation of Self in Everyday Life*. New York: Anchor Books.

——1963. *Behavior in Public Places*. New York: The Free Press.

——1967. *Interaction Ritual*. New York: Anchor.

——1974. *Frame Analysis*. New York: Harper and Row.

Goldberger, P. 1998a. "How Donald Trump Does It," in *The New Yorker*, 22 February and 1 March 1998: 176-182.

——1998b. *The New Yorker*, 28 September 1998: 92-96.

Gopnik, A. 2000. "What's Cooking: Two Books Tell Us How the Restaurant Got Its Start," in *The New Yorker*, vol. 76, no. 25, 4 September 2000: 82-86.

Gordon, D. 1994. *Citizens Without Sovereignty: Equality and Sociability in French Thought. 1670-1789*. Princeton, NJ: Princeton University Press.

Gorman, M. 1989. *The Unification of Germany*. Cambridge: University Press.

Gottdenier, M. 1986. "Culture, Ideology and the Sign of the City," in M. Gottdenier and A. Lagopoulos, eds. City and the Sign. New York: Columbia University Press, 202-219.

Grana, C. 1964. *Bohemian vs. Bourgeois: French Society and the French Man of Letters in the Nineteenth Century*. New York: Basic Books.

Graver, D. 1995. *The Aesthetics of Disturbance: Anti-Art in Avant-Garde Drama*. Ann Arbor: The University of Michigan Press.

Greenberg, R. , B. W. Ferguson, and S. Nairn, eds. 1996. *Thinking About Exhibitions*. London and New York: Routledge.

Greenblatt, S. 1991. *Marvelous Possessions: The Wonder of the New World*. Chicago: The University of Chicago Press.

Gregory, C. A. 1982. *Gifts and Commodities. Introduction*. London: Academic Press.

Grenzer, E. 2002a. "Setting the Stage for the New Germany: Architecture and the Scene of Berlin," in Public, no. 22/23, Special Issue on CITIES/SCENES: 219-243.

——2002b. "The Topographies of Memory in Berlin: The Neue Wache and the Memorial for the Murdered Jews of Europe," in *Special Issue of Canadian Journal of Urban Research*, no. 1, Summer 2002: 93-111.

Habermas, J. 1989. *The Structural Transformation of the Public Sphere*. Cambridge: Polity.

——1996. *Between Facts and Norms: A Contribution to a*

Discursive Theory of Law and Democracy. Cambridge: Polity.

——1998a. *A Berlin Republic: Writings on Germany*. Trans. by S. Bendell. Lincoln: University of Nebraska Press.

——1998b. "On the Relation Between the Nation, The Rule of Law and Democracy," in *The Inclusion of the Other: Studies in Political Theory*. Cambridge, MA: MIT Press, 129-154.

Habraken, N. 2000. *The Structure of the Ordinary: Form and Content in the Built Environment*. Cambridge, MA: MIT Press.

Hall, P. 1998. *Cities in Civilization*. New York: Pantheon.

Hall, S. 1991a. "The Local and the Global: Globalization and Ethnicity," in A. D. King, ed. *Culture, Globalization and the World-System*. London: Macmillan, 19-40.

——1991b. "Old and New Identities, Old and New Ethnicities," in A. D. King, A. D. , ed. *Culture, Globalization and the World-System*. London: Macmillan, 41-68.

Hall, S. , D. Held, and T. McGrew, eds. 1992. *Modernity and Its Futures*. Cambridge: Polity Press in association with the Open University.

Hall, T. 1997. *Planning Europe's Capital Cities*. London: E&FN Spon, Chapman Hill.

Halluard, P. 2000. "The Singular and the Specific: Recent French Philosophy," in *Radical Philosophy*, no. 99. January/February 2000: 6-19.

Halton, E. 1993. "The Cultic Roots of Culture," in

R. Munch and N. J. Smelser, eds. *Theory of Culture and Society*. Berkeley: University of California Press, 29-63.

Hamel, P. 1993. "City, Modernity and Post Modernity: The Crisis of Urban Planning," in *Canadian Journal of Urban Research*, no. 1: 16-29.

Handler, R. 1988. *Nationalism and the Politics of Culture in Quebec*. Madison: University of Wisconsin Press.

Hannerz, U. 1980. *Exploring the City*. New York: University of Columbia Press.

——1992. *Culture, Cities and the World*. Amsterdam: Centrum voor Brootstedelijk Onderzoek.

Hannigan, J. 1995. "The Post-Modern City: A New Urbanization," in *Current Sociology*, vol. 43, no. 1: 152-214.

——1998. *Fantasy City: Pleasure and Profit in the Postmodern Metropolis*. London and New York: Routledge.

Harbison, R. 1994. *The Built, the Unbuilt and the Unbuildable*. Cambridge, MA: The MIT Press.

Harris, R. 1996. *Unplanned Suburbs*. Baltimore: Johns Hopkins.

Harvard Design Magazine. 2001. *Special Issue: East of Berlin*, no. 13, Winter/ Spring 2001.

Harvey, D. 1975. *The Political Economy of Urbanizations in Advanced Capitalist Societies*. Baltimore: Johns Hopkins Center for Metropolitan Planning and Research.

——1985. *The Urbanization of Capital*. Oxford: Basil Blackwell.

——1989a. *The Condition of Postmodernism*. Oxford: Blackwell.

——1989b. "From Managerialism to Entrepreneurialism: The Transformation of Urban Governance in Late Capitalism," in *Geographiska Annaler*, vol. 71B, no. 1: 3-18.

——1996. *Justice, Nature and the Geography of Difference*. Oxford: Blackwell.

——1997. "Social Justice, Post-modernism and the City," in *International Journal of Urban and Regional Research*, vol. 16, no. 4: 588-601.

——2000. *Spaces of Hope*. Berkeley and Los Angeles, CA: University of California Press.

Hawlbwachs, M. 1980. *The Collective Memory*. Trans. by F. J. Ditter, Jr. , and V. Y. Ditter. New York: Harper Colophon Books.

Hegel, G. W. 1904 (1873) *The Logic*. Trans. by W. M. Wallace. Oxford: Oxford University Press.

——1967 (1952). *Hegel's Philosophy of Right*. Trans. by T. Knox. Oxford: Oxford University Press.

——1971 (1845). *Hegel's Philosophy of Mind*. Trans. by A. V. Miller. Oxford: The Clarendon Press.

——1993 (1886). *Introductory Lectures on Aesthetics*, Trans. by B. Bosanquet, London: Penguin Books.

Heidegger, M. 1961. *Introduction to Metaphysics*. New York: Anchor Books.

——1962. *Being and Time*. Trans. by John MacQuarrie &

Edward Robinson. New York and Evanston: Harper & Row Publishers.

——1967. *What Is a Thing*. Chicago: Henry Regnery Co.

——1971. *On the Way to Language*. Trans. by P. D. Hertz. New York: Paper and Row.

Heilbrunn, J. 1996. "Germany's New Right," in *Foreign Affairs*, vol. 75, no. 6, November/December 1996: 80-988.

Henkin, D. M. 1998. *City Reading: Written Words and Public in Antebellum*. New York: Columbia University Press.

Herodotus. 1943. *The Persian Wars. New York: Random House*.

Hesiod. 1953. *Theogony*. Indianopolis and New York: Bobbs-Merrill.

Hesselgren, S. 1972. *The Language of Architecture1*. Sussex, England: Harvester.

Hill, J., ed. 1998. *Occupying Architecture*. London and New York: Routledge.

Hillier, B. and J. Hanson. 1984. *The Social Logic of Space*. Cambridge: Cambridge University Press.

Hilmer, S. D. 1985. *Hitler's Berlin: The Speer Plans for Shaping the Central City*. Ann Arbor: Umi Research Press.

Hirschman, A. 1977. *The Passions and the Interests*. Princeton, NJ: Princeton University Press.

Hirst, P. and G. Thompson. 1992. "The Problem of Globalization," in *Economy and Society*, no. 214: 357-396.

Hollier, D. 1992. *Against Architecture: The Writings of*

Georges Bataille. Cambridge，MA：The MIT Press.

　　Hollinger，D. A.，1995. *Postethnic America*. New York：Basic Books.

　　Holsten，J. and A. Appadurai. 1996. "Cities and Citizenship," in *Public Culture*，no. 8：187-204.

　　Hommon，D. 1986. "Urban Views：Popular Perspectives on City Life," in *Urban Life*，vol. 15，no. 1：3-36.

　　Honan，K. 1997. "Producing Dublin：The City in Writing," in *City*，no. 7：57-66.

　　Honneth，A. 1996. *The Struggle for Recognition. The Moral Grammar of Social Conflicts*. London：Polity.

　　Honowitz，H. L. 1976. *Culture and the City：Cultural Philanthropy in Chicago from the 1880s to 1917*. Lexington，KY：The University of Kentucky Press.

　　Horspool，M. 1998. *European Union Law*. London，Edinburgh and Dublin：Butterworths.

　　Horton，D. and R. R. Wohl. 1956. "Mass Communication and Para-Social Interaction," in *Psychiatry*，vol. 19，no. 3：215-229.

　　Hourihane，A. M. 2000. *She Moves through the Boom*. Dublin：Sitric Books.

　　Innis，H. A. 1995. *Staples，Markets and Cultural Change*. D. Drache，ed. Montreal and Kingston：McGill-Queen's University Press.

　　Jacobs，A. 1985. *Looking at Cities*. Cambridge，Mass：Harvard University Press.

Jacobs, J. 1961. *The Death and Life of Great American Cities*. New York: Vintage Books.

——1970. *The Economy of Cities*. New York: Vintage Books.

Jacobson, D. 1997. *Rights across Borders: Immigrants and the Decline of Citizenship*. Baltimore: Johns Hopkins University Press.

Jameson, F. 1998. "The Brick and the Balloon: Architecture, Idealism and Land Speculation," in *New Left Review*, no. 228: 25-46.

Jay, M. 1992. "Scopic Regimes of Modernity," in S. Lash and J. Friedman, eds. *Modernity and Self-Identity*. Oxford: Blackwell Publishers, 178-195.

Jelavich, P. 1993. *Berlin Cabaret*, Cambridge, MA, and London: Harvard University Press.

Jenks, C. 1995. "Watching your Step: The History and Practise of the Flaneur," in *Visual Culture*, ed. C. Jenks. New York: Routledge, 142-160.

Kant, I. 1952. *The Critique of Judgment*. Trans. with an introd. by J. H. Bernard. New York and London: Hafner Publishing Company.

——1963. "Idea for a Universal History from a Cosmopolitan Point of View," in *On History*, Indianapolis and New York: The Liberal Art Press, Inc. , 11-57.

Kaplan, A. and P. Roussin. 1994. "Introduction: Celine, usa." *Special Issue: The South Atlantic Quarterley*, vol. 93, no. 2： 129-204.

　　Karatani， K. 1995. *Architecture as Metaphor： Language，Number， Money*. Trans. by S. Kokso. Cambridge， MA： The MIT Press.

　　Karatheodoris， S. 1979. "Logos： An Analysis of the Social Achievement of Rationality，" in P. McHugh and A. Blum， eds. *Friends， Enemies， and Strangers： Theorizing in Art， Science， and Everyday Life*. Norwood， NJ： Ablex Publishing Corporation， 175-214.

　　Kasinitz， P. ed. 1995. *Metropolis： Centre and Symbol of our Times*. London： Macmillan.

　　Kearney， R. 1988. *The Wake of Imagination： Toward a Postmodern Culture*. Minneapolis： University of Minnesota Press.

　　——1990. Migrations： *The Irish at Home and Abroad*. Dublin： Wolfhound Press.

　　——， ed. 1993. *Visions of Europe*. Dublin： Wolfhound Press.

　　——1997. *Postnationalist Ireland-Politics， Culture， Philosophy*. London： Routledge.

　　Kearns， G. and C. Philo. 1993. *Selling Places： The City of Cultural Capital， Past and Present*. Oxford： Pergamon.

　　Kiberd， D. 1984. *Anglo-Irish Attitudes， A Field Day Pamphlet*. Belfast： Dorman and Sons Limited.

　　——1995. *Inventing Ireland*. London： Jonathan Cape.

　　King， A. D. 1990. *Global Cities*. London： Routledge.

——ed. 1991. *Culture, Globalisation and the World System*. Basingstoke: Macmillan.

Kitazawa, M. 1995. "The Twilight of a Tradition," in *tdr Drama Review*, no. 39: 106-114.

Kockel, U. , ed. 1994. *Culture, Tourism and Development. The Case of Ireland*. Liverpool: Liverpool University Press.

Kolb, D. 1990. *Postmodern Sophistications: Philosophy, Architecture and Tradition*. Chicago and London: The University of Chicago Press.

——1986. *The Critique of Pure Modernity*. Chicago and London: The University of Chicago Press.

Kopytoff, I. 1998. "The Cultural Biography of Things: Commoditization as a Process," in A. Appadurai, ed. *The Social Life of Things*. Cambridge: Cambridge University Press, 64-91.

Koshar, R. 1998. *Germany's Transient Pasts: Preservation and Natural Memory in the Twentieth Century*. Chapel Hill and London: The University of North Carolina Press.

Kosselech, R. 1983. *Future's Past: On the Semantics of Historical Time*. Cambridge, MA: The MIT Press.

Kowalke, K. H. , ed. 1986. *A New Orpheus: Essays on Kurt Weil*. New Haven and London: Yale University Press.

Koyré, A. 1957. *From the Closed World to the Infinite Universe*. New York: Harper and Brothers Publishers.

Kramer, J. , 1996. *The Politics of Memory*. New York:

Random House.

——1999. "Living With Berlin," in *The New Yorker*, 5 July 1999: 50-64.

Kureishi, H. 1990. *Buddha of Suburbia*. London: Faber and Faber.

Kymlicka, W. 1995. *Multicultural Citizenship*. Oxford: Clarendon Press.

Kymlicka, W. and W. Norman, eds. 2000. *Citizenship in Diverse Societies*. New York: Oxford University Press.

Lacan, J. 1968. "The Empty Word and the Full Word," in *The Language of the Self: The Function of Language in Psychoanalysis*. Trans. by A. Wilden. Baltimore: John Hopkins University Press, 9-29.

——1981 (1973). *The Four Fundamental Concepts of Psychoanalysis*. New York and London: W. W. Norton & Company Inc.

Ladd, B. 1990. *Urban Planning and Civic Order in Germany 1860—1914*. Cambridge, MA, London: Harvard University Press.

——1997. *The Ghosts of Berlin: Confronting the German History in the Urban Landscape*. Chicago: University of Chicago Press.

Lash, S. and J. Urry. 1994. *Economies of Signs and Space*. London: Sage.

Latham, A. 1999. "The Power of Distraction: Distraction, Tactility and Habit in the Work of Walter Benjamin," in

Environment and Planning D: Society and Space, no. 17: 451-473.

Le Goff, J. 1992. *History and Memory*. Columbia University Press.

Ledrut, R. , 1986. "Speech and Silence in the City," in M. Gottdiener and A. P. Lagopoulos, eds. *The City and the Sign*. New York: Columbia University Press, 114-134.

Lee, J. J. 1989. Ireland 1912—1985: *Politics and Society*. Cambridge: Cambridge University Press.

Lefebvre, H. 1991. *The Production of Space*. Trans. by Donald Nicholson-Smith. Oxford: Basil Blackwell.

——1996. *Writings on Cities*. Selected, translated, and introduced by E. Kofman and E. Lebas. Oxford: Blackwell.

Letourneau, J. 1995. "The Current Great Narrative of Quebecois Identity," in *Nations, Identities, Cultures, The South Atlantic Quarterly, Special Issue*, vol. 94, no. 4, Fall 1995: 1039-1055.

Levinas, E. 1969. *Totality and Infinity*. Trans. by A. Lingis. Pittsburgh: Duquesne University Press.

Liggett, H. and D. C. Perry, eds. 1995. *Spatial Practice*. London: Sage Publications Inc.

Lincoln, C. 1993. "City of Culture: Dublin and the Discovery of Urban Heritage," in B. O'Conner and M. Cronin, eds. *Tourism in Ireland , A Critical Analysis*. Cork: Cork University Press, 203-232.

Lofland, L. 1985. *A World of Strangers: Order and Ac-*

tion in Urban Public Space. Sistersville: Prospect Press.

——1995. "The 'Thereness' of Women: A Selective Review of Urban Sociology," in M. Millman and R. Kantor, eds. *Another Voice: Feminist Perspective in Social Life and Social Science*. Garden City, NY: Doubleday Anchor. 144-170.

——1998. *The Public Realm: Exploring the City's Quintessential Social Territory*. Hawthorne, New York: Aldine de Gruyter.

Logan, J. and H. Molotch. 1987. *Urban Fortunes: The Political Economy of Place*. Berkeley, CA: University of California Press.

Long, E. , ed. 1997. *From Sociology to Cultural Studies: New Perspectives*. Oxford: Blackwell Publishers Ltd.

Lovatt, A. , J. O'Connor, J. Montgomery, and P. Owens, eds. 1995. *The 24-hour City, Selected Papers on the Night-Time Economy*. Manchester: Institute for Popular Culture.

Luhmann, N. 2000. *The Reality of the Mass Media*. Stanford: Stanford University Press.

Lynch, K. 1960. *The Image of the City*. Cambridge, MA: MIT Press.

——1972. *What Time Is This Place?* New York: Harcourt Brace.

——1990. *Wasting Away*. San Francisco: Sierra Club Books.

Lyotard, J-F. 1991. *The Inhuman Reflection on Time*. Stanford: Stanford University Press.

MacFarquhar, N. 2001. "A Nation Challenged: The Dictates of Faith," in *The New York Times*, 7 October 2001: B7.

MacGregor, R. 2001. "Forgive Me, Ancestors, For What I Have Done. What Are We Doing to Cottage Country?" in *Cottage Life*, *Special Issue*, March 2001: 37-38, 101-104.

MacLaren, A. 1993. *Dublin: The Shaping of a Capital*. London: Belhaven Press.

Machiavelli, N. 1961. *The Prince*, trans. with intro. by G. Bull. Harmonsworth, Middlesex: Penguin.

Maffesoli, M. 1996. *The Time of the Tribes: The Decline of Individualism and Mass Society*. Trans. by D. Smith. London: Sage.

Malone, P., ed. 1996. *City, Capital and Water*. London: Routledge.

Mannheim, K. 1956. *Essays on the Sociology of Culture*. New York: Oxford University Press.

Marriot, S. 2000. "Where the Mixed Grill is King," in *The Irish Times*, 4 March 2000: 14.

Marris, P. 1998. "Planning and Civil Society in the Twenty-first Century," in M. Douglas and J. Friedann, eds. *Cities for Citizens*, Chichester and New York: Wiley, 9-18.

Marshal, D. 1986. "Rousseau and the State of Theater," in *Representations*, no. 13: 84-115.

Marwell, G. and P. Oliver, eds. 1993. *The Critical ma in Collective Action*. Cambridge, Mass: Cambridge University Press.

Masotti, L. and J. R. Hadden, eds. 1973. *The Urbaniza-tion of the Suburbs*. Beverly Hills: Sage Publication.

Massey, D. , 1991. "A Global Sense of Place," in *Marxism Today*, June 1991: 4-29.

Massey, D. , J. Allen, and S. Pile. 1999. *City Worlds*. London and New York: Routledge.

McAlmon, R. with K. Boyle. 1984. *Being Geniuses To-gether 1920—1930*. San Francisco: North Point Press.

McCumber, J. , 1995. "Dialectical Identity in a 'Post-criti-cal'Era: A Hegelian Reading," in Nations Identities, Cultures. *The South Atlantic Quarterly*. Special Issue, vol. 94, no. 4, Fall 1995: 1145-1160.

McHugh, P. 1968. *Defining the Situation: the organiza-tion of meaning in social interaction*. Indianapolis: Bobbs-Mer-rill.

——1996. "Insomnia and the (T)Error of Lost Foundations in Post-Modernism," in *Human Studies*, vol. 4, no. 19: 12-22.

McHugh, P. , S. Raffel, D. C. Foss, and A. F. Blum. 1974. *On the Beginning of Social Inquiry*. London and Boston: Routledge & Kegan Paul.

McKeon, R. 1951. "Philosophy and Method," in *The Jour-nal of Philosophy*, vol. 48, no. 22: 653-682.

——1952. "Philosophy and Action," in *Ethics: An Interna-tional Journal of Social, Political, and Legal Philosophy*, vol. 42, no. 2: 79-100.

McMurtry, L. 1972. *All My Friends Are Going to Be*

Strangers, New York: Pocket Books.

McNeil, K. and J. D. Thompson. 1971. "The Regeneration of Social Organizations," in *American Sociological Review*, no. 36: 624-637.

Melluci, A. 1980. "The New Social Movements: A Theoretical Approach," in *Social Science Information*, vol. 19 no. 2: 199-226.

——1998. "Getting Involved: Identity and Mobilization in Social Movements," in *International Social Movement Research*, no. 1: 329-348.

Merger, V. 1994. *Modern Irish Literature: Sources and Founders*. Oxford, New York and Toronto: Oxford University Press.

Meyer, J. W. and BvRowan. 1977. "Institutionalized Organizations: Formal Structure as Mythand Ceremony," in *American Journal of Sociology*, vol. 83, no. 2: 340-363.

Meyer, J. W. , G. M. Thomas, F. O. Ramirez, and J. Boli. 1987. *Institutional Structure: Constituting State, Society, and the Individual*. Newbury Park, California: Sage Publications.

——1996. "Institutional versus Actor-Centered Theories of Culture: The case of World Society," in *American Sociological Association's Culture Section*, 10 no. 3-4: 1-4.

Midgley, D. , ed. 1993. *The German Novel in the Twentieth Century*. Edinburgh: Edinburgh University Press.

Miller, D. 1987. *Material Culture and Mass Consumption*. London: Blackwell Publishers.

——1998a. *A Theory of Shopping*. Ithaca, NY: Cornell University Press.

——, ed. 1998b. *Material Cultures: Why Some Things Matter*. Chicago: The University of Chicago Press.

Miller, J. H. 1995. *Topographies*. Stanford, California: Stanford University Press.

Miller Lane, B. 1968. *Architecture and Politics in German 1918—1945*. Cambridge, Massachusetts: Harvard University Press.

Milward, A. 1992. *The European Rescue of the Nation State*. London: Routledge.

Mingione, E. 1991. *Fragmented Societies: A Sociology of Economic Life beyond the Market Paradigm*. Oxford; Blackwell.

Mintz, S. W. 2001. "The Buzz that Cheers," in *tls*, 6 April 2001: 36.

Mitchell, K. 1996. "In Whose Interest? Transnational Capital and the Production of Multiculturalism in Canada," in R. Wilson and W. Dissanayake, eds. *Global/Local: Cultural Production in Transnational Imagery*. Durham: Duke University Press, 221-251.

Moerman, M. 1965. Typescript, rpt. in "Ethnic Identification in a Complex Civilization: Who are the Lue?" in *American Anthropologist*, 1965: 1215-1230.

Montag, W. 1999. *Bodies, Masses, Power: Spinoza and his Contemporaries*. London and New York: Verso.

The Imaginative
Structure of the City

Montaigne, M. E. 1983. *Montaigne's Travel Journal*. Trans. by D. M. Frame. San Francisco: North Point Press.

Mordaunt Crook, J. 1999. "The Great Exhibition of 1851" (Book Review), in *tls*, 5 November 1999: 5-6.

More, T, 1965. Utopia. Penguin.

Morley, D. and K. Robins. 1995. *Spaces of Identity*. London: Routledge.

Morris, M. 1998. "Things to Do with Shopping Centres," in S. Sheridan, ed. *Grafts*, London: Verso, 193-225.

Moughton, C. 1992. *Urban Design: Street and Square*. Oxford: Butterworth-Heinemann Ltd.

Mumford, L. 1961. *The City in History*. New York: Harcourt, Brace and World.

Münch, R. and N. Smelser, eds. 1992. *Theory of Culture*. Berkeley: University of California Press.

Muschamp, H. 2001. "Filling the Void: A Chance to Soar," in *New York Times*, 30 September 2001, Section 2: 36.

Nancy, J.-L. 1993a. *The Birth to Presence*. Palo Alto: Stanford University Press.

——1993b. *The Experience of Freedom*. Palo Alto: Stanford University Press.

Nef, J. 1960 (1958). *Cultural Foundations of Industrial Civilization*. NewYork: Harvey Torch Books.

Nelles, H. V. 1999. *The Art of Nation-Building: Pageantry and Spectacle at Quebec's Tercentenary*. Toronto, Buffalo and London: University of Toronto Press.

Nielsen, G. M. 2001. *The Norms of Answerability: Social Theory Between Bakhtin and Habermas*. New York: Suny Press.

Nielsen, G., Y. Hsu, and L. Jacob 2002. "Public Culture and the Dialogics of Democracy: Reading the Montréal and Toronto Amalgamation Debates," in K. Bonner, ed. "Space and Place." *Special Issue of Canadian Journal of Urban Research*, 111-139.

Nietzsche, F. 1956. *The Birth of Tragedy and The Genealogy of Morals*. Trans. by F. Golffing. Garden City, NY: Doubleday and Company Inc.

——1967 (1949). *The Use and the Abuse of History*. Indianapolis: The Bobbs-Merrill Company, Inc.

Noirel, G. 1996. *The French Melting Pot: Immigration, Citizenship and National Identity*. Minneapolis: University of Minnesota Press.

Nora, P. 1989. "Between Memory and History: ies Lieux de Memoire," in *Representations*, no. 26: 19-25.

——1997. "Guy Dubord and the Internationale Situationniste," in *October*, *Special Issue*, 79.

Olley, J. 1993. "The Theatre of the City of Dublin, 1991," in *Irish Arts Review*, no. 9: 70-78.

O'Mahony, P., and G. Delanty. 1998. *Rethinking Irish History. Nationalism, Identity and Ideology*. London: Macmillan.

O'Neill, M. "Letter from Cambodia: Home for Dinner," in

The New Yorker, 3 July 2001: 55-63.

Ong, A. 1999. *Flexible Citizenship*. Durham and London: Duke University Press.

Ong, A. and D. Nonini. 1997. *Ungrounded Empires: The Cultural Politics of Modern Chinese Transnationalism*. New York and London: Routledge.

Ozick, C. 1999. "The Synthetic Sublime," in *The New Yorker*, 22 February and 1 March 1999: 152-153.

Pagden, A. 1993. *European Encounters with the New World*. New Haven & London: Yale University Press.

Park, R. 1926. "The Urban Community as a Spacial Pattern and a Moral Order," in E. Burgess, ed. *The Urban Community*, Chicago: The University of Chicago Press 1926: 3-18.

Parkes, D. N. and N. J. Thrift. 1975. "Timing Space and Spacing Time," in *Environment and Planning A*, no. 7: 651-670.

Parsons, T. 1951. *The Social System*. Glencoe, Illinois: The Free Press.

——1954. "Democracy and Social Structure in Pre-Nazi Germany," in *Essays in Sociological Theory*, revised edition. New York: The Free Press, 104-124.

Pearce, S. , ed. *Experiencing Material Culture in the Western World*. London and Washington: Leicester University Press.

Peck, J. and A. Tickell. 1991. "Regulation Theory and the Geographies of Flexible Accumulation. Transitions in Capitalism, Transitions in Theory," in *Progress in Human Geography*, vol. 162, no. 1: 90-218.

Peillon, M. and E. Slater, eds. 1998. *Encounters with Modern Ireland*. Dublin: Institute of Public Administration.

Perec, G. , 1997 (1974). *Species of Spaces and Other Pieces*. Ed. and trans. By J. Sturrock. London: Penguin Books.

——1987 (1987). *Life: A User's Manuel*. Trans. by David Bellos. London: My Harvin Press.

Perniola, M. 1995. Enigmus: *The Egyptian Moment in Society and Art*. London; New York: Verso.

Perniola, M. 1986. "Post-Political Styles," in *Differentia*, no. 1: 37-47.

Piedra. J. 1991. "Poetics for the Hip." *New Literary History*, vol. 22, no. 3: 633-677.

Pietask, A. 2000. "Boom Town Platz," in *The Guardian*, 22 July 2002: 10.

Plato. 1945. *The Republic of Plato*. Trans. with introduction and notes by F. Cornford. London: Oxford University Press.

——1956. *Phaedrus*. Indianapolis: Bobbs-Merrill.

Poggioli, R. 1968. *The Theory of the Avant-Garde*. Cambridge, MA: The Belknap Press of Harvard University.

Pompili, T. 1997. "Milan: The Failure of Agency in the Metropolis," in C. Jensen-Butler, A. Shachar, and J. Van Weesep, eds. *European Cities in Competition*. Aldershot, England; Brookfield, vt: Averbury Publishing Company, 299-332.

Priuz，J. 1991. *Discourse/Discourse on Art*. New Bruns-wick. New Jersey：Rutgers University Press.

Raban，J. 1988. *Soft City*. London：Collins Harvill.

Radner，H. 1999. "Roaming the City：Proper Women in Improper Places," in M. Featherstone and S. Lash，eds. *Spaces of Culture：City，Nation，World*. London：Sage，86-99.

Rancière，J. 1994a. *The Names of History：On the Poetics of Knowledge*. Minneapolis：University of Minnesota Press.

——1994b. "Discovering New Worlds：Politics of Travel and Metaphors," in G. Robertson et al. ，eds. *Travellers' Tales：Narratives of Home and Displacement*. London and New York：Routledge and Kegan Paul，29-37.

——1995. *On The Shores of Politics*. London/ New York：Verso Press.

——1999. *Disagreement：Politics and Philosophy*. Min-neapolis：University of Minnesota Press.

Regin，D. 1969. *Sources of Cultural Estrangement*. The Hague：Moutin.

Richardson，H. W. 1973. *The Economics of Urban Size*. England and USA：Saxas House，Lexington Books.

——1997. *The New Urban Economics*. London：Pion Ltd.

Richie，A. 1998. *Faust's Metropolis：A History of Berlin*. New York：Carroll and Graf.

Robb，P. 1996. *Midnight in Sicily*. London：The Harvill Press.

Robertson，R. 1992. *Globalization：Social Theory and*

Global Culture. London: Sage.

Rodwin, L. and R. Hollister, eds. 1984. *Cities of the Mind*. New York and London: Plenum Press.

Rojek, C. and J. Urry, eds. 1997. *Touring Cultures*. London: Routledge & Kegan Paul.

Rokkan, S. and D. Urwin. 1993. *Economy, Territory, Identity*. London: Sage.

Rose, D. 1984. "Rethinking Gentrification," in *Environment & Planning D Society & Space*, no. 2: 47-74.

Rose, G. 1995. *Love's Work: A Reckoning With Life*. New York: Schocken.

Rose, N. 1996. "The Death of the Social? Re-figuring the Territory of Government," in *Economy and Society*, vol. 25, no. 3: 327-356.

Rosen, S. 1980. *The Limits of Analysis*. New York: Basic Books.

——1987. *Hermeneutics as Politics*. New York and Oxford: Oxford University Press.

——1974. G. W. F. Hegel: *An Introduction to the Science of Wisdom*. New Haven; London: Yale University Press.

Ross, K. 1995. *Fast Cars, Clean Bodies: Decolonization and the Reordering of French Culture*. Cambridge, MA, and London: The MIT Press.

Rossi, A. 1983. *The Architecture of the City*. Cambridge, MA, and London: The MIT Press.

Rossi, R. 1998. "Times Square and Potsdamer Platz," in

TDR The Drama Review，no. 42，Spring 1998：43-48.

Rousseau，J-J. 1947（1762）. *The Social Contract*. New York：Hafner Publishing Company.

——1964. *The First and Second Discourses*. Trans. by R. D. Masters and J. R. Masters，eds. New York：St Martin's Press.

——1979. *The Reveries of the Solitary Walker*. New York：Harper Collins.

Rowe，P. 1997. *Civic Realism*. Cambridge，MA，and London：The MIT Press.

Rudofsky，R. 1969. *Streets for People*. Garden City，NY：Doubleday and Company.

Ruper，K. 1991. *German Encounters with Modernity*. New Jersey and London：Humanities Press International，Inc.

Rykwert，J. 1989. *The Idea of a Town：The Anthropology of Urban Form in Rome，Italy and the Ancient World*. Cambridge，MA，and London：The MIT Press

Sahlins，M. 1976. *Culture and Practical Reason*. Chicago and London：The University of Chicago Press.

Saile，D. ，ed. 1986. *Architecture in Cultural Change：Essays in Built Form and Culture Research*. Lawrence：School of Architecture and Urban Design，University of Kansas.

Samuel，R. 1994. *Theatres of Memory*. London：Verso.

Sartre，J. P. 1963. *Search for a Method*. Trans. by H. E. Barnes. New York：Vintage.

Sassen，S. 1991. *The Global City*. New York，London，

Princeton，New Jersey：Princeton University Press.

——1994. *Cities in a Global Economy*. California：Pine Forge Press.

——1996. *Losing Control? Sovereignty in an Age of Globalization*. Princeton：Princeton University Press.

——1998. Book Review of Martin Albrow，*The Golden Age：State and Society beyond Modernity*，in *American Journal of Sociology*，vol. 103，no. 5：1412-1414.

——2000a. "Spatialities and Temporalities of the Global：Elements for a Theorization，" in *Public Culture. Special Issue，Globalization*，vol. 12，no. 1：215-232.

——2000b. *Globalization and Telecommunication：What Future for the City? Reflection 2000*，University of Chicago Newsletter.

——2000c. Foreword in S. Body-Gendrot，x-xiv.

Savitch，H. V. 1988. *Post-Industrial Cities：Politics and Planning in New York. Paris and London*. Princeton，New Jersey：Princeton University Press.

Scarry，E. 1985. *The Body in Pain*. New York and Oxford：Oxford University Press.

——1999. *On Beauty and Being Just*. Princeton. New Jersey：Princeton University Press.

Schama，S. 1994（1984）. *The Embarrassment of Riches：An Interpretation of Dutch Culture in the Golden Age*. New York：Vintage Books.

——1999. *Rembrandt's Eyes*. New York：Alfred A. Knopf Inc.

The Imaginative
Structure of the City

Schlor, J. 1998. *Nights in the Big City*. London: Reakton Books.

Schmid, M. 1993. "The Concept of Culture and Its Place within a Theory of Social Action," in R. Munch and N. J. Smelser, eds. *Theory of Culture and Society*. Berkeley: University of California Press, 88-120.

Schmitt, C. 1996. *The Concept of the Political*. Trans. by G. Schwab. Chicago and London: University of Chicago Press.

Schorske, C. 1968. "The Idea of the City in European Thought," in S, Fava, ed. *Urbanism in World Perspective*. New York: Thomas Y. Crowell, 409-444.

———1979. *Fin-de-Siecle Vienna*. New York: Knopf.

Scott, A. G. and E. W. Soja. 1996. *The City: Los Angeles and Urban Theory at the End of the Twentieth Century*. Berkeley: University of California.

Scott, D. 1999. *Refashioning Futures*. Princeton, NJ: Princeton University Press.

Scott, W. B. and P. M. Rutkoff. 1999. *The Arts and the City: New York Modern*. Baltimore and London: The John Hopkins University Press.

Scruton, R. 1987. "Public Space and the Classical Vernacular," in N. Glazer and M. Lilla. *The Public Face of Architecture: Civic Culture and Public Spaces*. New York: Free Press, 13-26.

Seigel, J. 1986 (1951). *Bohemian Paris*. New York: Viking Penguin Inc.

Senelich, L., ed. 1992. *Gender and Performance*. Hanover, New England: Tufts University Press.

Sennett, R. 1970. *The Uses of Disorder: Personal Identity and City Life*. New York: Vintage Books.

——1977. *The Fall of Public Man*. Cambridge: Cambridge University Press.

——1990. *The Conscience of the Eye: The Design and Social Life of Cities*. New York: Alfred A. Knopf.

——1994. *Flesh and Stone: The Body and the City in Western Civilization*. New York, London: W. W. Norton & Co.

Serres, M. 1982. *The Parasite*. Trans. by L. R. Schehr. Baltimore: The John Hopkins Press.

Shapiro, G. 1979. "Notes on the Animal Kingdom of the Spirit," in *Clio*, vol. 8, no. 5: 323-339.

Shattuck, R. 1979. *The Banquet Years: The Origin of the Avant-Garde in France, 1885 to World War i: Alfred Jarry, Henri Rousseau, Erik Satie and Guillaume Appolinaire*. New York: Random House.

Shils, E. 1981. *Tradition*. Chicago: the University of Chicago Press.

Simmel, G. 1950. *The Sociology of Georg Simmel*. Trans. and ed. by K. H. Wolff. New York: Free Press.

——1955. *Conflict and the Web of Group Affiliations*. Trans. by K. Wolf and R. Bendix. Glencoe: The Free Press.

——1959. 1858-1919, K. H. Wolff, ed. Columbus, Ohio: Ohio State University Press.

——1968. *The Conflict in Modern Culture and Other Essays*. Trans. and introd. by K. P. Etzkorn. New York: Teachers College Press.

——1971. *On Individuality and Social Forms*. D. Levine, ed. Chicago: University of Chicago Press.

Smith, M. P. 1988. *City, State and Market: The Political Economy of Urban Society*. New York and Oxford, England: Basil Blackwell.

——2001. *Transnational Urbanism: Location Globalization*. Oxford: Blackwell Publishers.

Smith, M. P. and J. R. Feagin, eds. 1987. *The Capitalist City*. Oxford and Cambridge: Basil Blackwell.

Smith, M. P. and R. Tardanilo. 1987. "Urban Theory Reconsidered: Production, Reproduction and Collective Action," in M. P. Smith and J. R. Feagin, eds. *The Capitalist City: Global Restructuring and Community Politics*. Oxford: Blackwell, 87-110.

Smith, N. 1979. "Toward a Theory of Gentrification: A Back to the City Movement of Capital Not People," in *Journal of the American Planning Association*, no. 45: 538-548. Social History, no. 29, 1996. Special Issue: Spectacle Monument, and Memory.

Soja, E. W. 1989a. "Economic Restructuring and The Internationalization of the Los Angeles Region," in M. P. Smith and J. R. Feagin, eds. *The Capitalist City: Global Restructuring and Community Politics*. Oxford: Blackwell, 178-199.

——1989b. *Postmodern Geographies*: *The Reassertion of Space in Critical Social Theory*. London: Verso.

——1991. *The Stimulus of a Little Confusion*. Amsterdam: Centrum voor Brootstedelijk Onderzoek.

——1996. *Third Space*: *Journeys to Los Angeles and Other Real-And-Imagined Places*. Oxford: Blackwell.

——2000. *Postmetropolis*: *Critical Studies of Cities and Regions*. Oxford: Blackwell Publishers.

Sorkin, M. ed. 1992. *Variations on a Theme Park*: *The New American City and the End of Public Space*. New York: The Noonday Press.

The South Atlantic Quarterly, vol. 97, no. 1, 1998. Special Issue: Friendship.

Steele, V. 1988. *Paris Fashion*: *A Cultural History*. Oxford and New York: Berg.

Stinchcombe, A. 1986a. "The Sociology of Ethnic and National Loyalties," in *Stratification and Organization*. Cambridge and London: Cambridge University Press, 122-144.

——1986b. "Reason and Rationality," in *Sociological Theory*, no. 4: 151-166.

Straw, W. 1991. "Systems of Articulation, Logics of Change: Communities and Sciences in Popular Music," in *Cultural Studies*, vol. 5, no. 3, 361-375.

——1993. "Montreal Confidential: Notes on an Imagined City," in *Cineaction*, no. 28, 58-64.

——1999. Unpublished manuscript.

Surber, J. P. 1975. "Hegel's Speculative Sentence," in *Hegel Studien*, no. 10: 211-230.

Surowiecki, J. 2000. "The Financial Pace: Lessons from Ludlam," in *The New Yorker*, 2 October 2002, 62.

Sussman, M. 1998. "New York's Facelift," in *tdr The Drama Review*, no. 42, Spring 1988: 34-42.

Suttles, G. L. 1984. "The Cumulative Texture of Local Urban Culture," in *American Journal of Sociology*, vol. 90, no. 2: 283-304.

Swanson, G. 1970. "Towards Corporate Action: A Reconstruction of Elementary Collective Processes," in T. Shibutani, ed. *Human Nature and Collective Behavior*. Englewood Cliffs: Prentice-Hall, 124-144.

——1971a. *Social Change*. Glenview, il: Scott Foresman & Company.

——1971b. "An Organizational Analysis of Collectivities." in *American Sociological Review*, no. 36: 607-623.

——1974. "The Primary Process of Groups, Its Systematics and Representation," in *Journal for the Theory of Social Behavior*, no. 4: 53-69.

——1992. "Doing Things Together: Some Basic Forms of Agency and Structure in Collective Action and Some Explanations," in *Social Psychology Quarterly*, vol. 55, no. 2: 94-117.

——1993. "Collective Purpose and Culture," in R. Munch and N. J. Smelser, eds. *Theory of Culture and Society*. Berkeley: University of California Press, 173-217.

Tate，Spring 2001. Special Issue: Urban Myth.

Taylor，C. 1992. *Multiculturalism and the Politics of Rec-ognition*. Princeton: Princeton University Press.

Taylor，I. ，K. Evans，and P. Fraser. 1996. *A Tale of Two Cities: A Study of Manchester and Sheffield*. London: Routledge.

Taylor，R. 1998. *Berlin and Its Culture: An Historical Portrait*. New Haven and London: Yale.

Taylor，T. D. 1997. *Global Pop*. New York and London: Routledge.

Tester，K. ，ed. 1994. *The Flaneur*. London: Routledge.

Therborn，G. 1995. *European Modernity and Beyond: The Trajectory of European Societies. 1945-2000*，London: Sage.

Thompson，M. 1989. *Rubbish Theory: The Creation and Destruction of Value*. Oxford: Oxford University Press.

Thucydides. 1934. *The Complete Works. The Peloponne-sian War*. Trans. By J. Gavorse. New York: Modern Library.

Tiffany，D. 1995. *Imagism and the Cryptaesthetic of Ezra Pound*. London: Harvard University Press.

Tilly，C. 1994. *Cities and the Rise of States in Europe*. Boulder: Westview.

Timberlake，M. 1987. "World-System Theory and the Study of Comparative Urbanization，" in M. P. Smith and J. R. Feagin，eds. *The Capitalist City: Global Restructuring and Community Politics*. Oxford: Blackwell，3-37.

Time Out Guide: Dublin. 1978. Penguin Books.

Todorov, T. 1993. *On Human Diversity: Nationalism, Racism and Exoticism in French Thought*. Cambridge, MA: Harvard University Press.

Toer, P. 1999. "Best Story: The Book That Killed Colonialism," in *New York Times*, Sunday, 18 April 1999: 112-114.

Toulmin, S. 1992. *Cosmopolis: The Hidden Agenda of Modernity*. Chicago: Chicago University Press.

Touraine, A., 1995. *Critique of Modernity*. Oxford: Blackwell.

Tschumi, B. 1994. *Architecture and Disjunction*. Cambridge, MA, and London, UK: MIT Press.

Tsing, A. 2000. "Inside the Economic Appearances," in *Public Culture. Special Issue Globalization*, vol. 12, no. 1: 115-144.

Turner, V. W. 1982. *From Ritual to Theatre: The Human Seriousness of Play*. New York: Performing Arts Journal Publications.

Urry, J. 1990. *The Tourist Gaze*. London: Sage Publications.

——1995. *Consuming Places*. London: Routledge.

Van Harmersveld, I. and N. Vanderwielen, eds. 1996. *Cultural Research in Europe*. Amsterdam: The Boekman Foundation.

Vidler. 1992. *The Architectural Uncanny*. Cambridge, MA, and London, UK: The MIT Press.

Virilio, P. 1986. *Speed and Politics*. New York: Semiotext(e).

——1994. *The Vision Machine*. Bloomington: University of Indiana Press.

Wagner, P. 1999. "Vanishing Points: Inescapable Yet Unattainable Lessons for Social Theory," in *European Journal of Social Theory*, no. 2: 1.

Waters, J. P. , ed. 1996. "Ireland and Irish Cultural Studies," in *Special Issue*, *South Atlantic Quarterly*, no. 95: 1.

Watts, J. 1992. *Remaking Modernity*. New Brunswick, nj: Rutgers University Press.

Weber, M. 1946. *Essays From Max Weber*. A. Gerth and C. W. Mills, eds. Glencoe: The Free Press.

——1947. *The Theory of Social and Economic Organization*. Glencoe: The Free Press.

——1958. *The City*. Glencoe: The Free Press.

——1930. *The Protestant Ethic and the Spirit of Capitalism*. London: George Allen and Unwin.

Westwood, S. and J. Williams, eds. 1997. *Imagining Cities: Scripts, Signs, Memory*. London and New York: Routledge.

Whittaker, H. 1999. *Setting the Stage: Montreal Theatre 1920—1949*. Montreal and Kingston: McGill-Queen's.

White, J. 1989. "Old Wine, Cracked Bottles? Tokyo, Paris, and the Global City Hypothesis," in *Urban Affairs Review*, March 1989, vol. 33, no. 4: 451-477.

White, W. 1989. *City: Rediscovering the Centre*. New York: Doubleday and Company.

Whiteson, L. 2000. *A Terrible Beauty : An Exploration of the Positive Role of Violence in Life, Culture and Society.* Oakville: Mosaic Press.

Wiggins, D. 1976. "Truth, Invention, and the Meaning of Life," in *Proceedings of the British Academy*, vol. 62: 351-378.

Wigley, M. 1993. *The Architecture of Deconstruction.* Cambridge, MA, and London: The MIT Press.

Wilson, E. 1991. *The Sphinx in the City : Urban Life, The Control of Disorder and Women.* Berkeley and Los Angeles, CA: University of California Press.

Wilson, R. and W. Dissanayake, eds. 1993. *Global/Local : Cultural Production and the Transnational Imaginary.* Durham: Duke University Press.

Winfield, R. D. 1984. "The Route to Foundation-Free Systematic Philosophy," in *The Philosophical Forum*, vol. 15, no. 3: 323-343.

Wintle, M. , ed. 1996. *Culture and Identity in Europe.* Aldershot: Avebury.

Wise, M. Z. 1998. *Capital Dilemma : Germany's Search for a New Architecture of Democracy.* Princeton: Princeton Architectural Press.

Wittgenstein, L. 1953. *Philosophical Investigations.* New York: The Macmillan Company.

——1979. *Remarks on Frazer's Golden Bough.* ed. by Rush Rhees, Atlantic Highlands, NJ: Humanities Press.

Wolff, K. 1965. *Essays on Sociology, Philosophy and Aesthetics*. New York: Harper.

Wood, D. 1987 "Beyond Deconstruction," in *Philosophy: The Journal of the Royal Institute of Philosophy*, no. 21, 175-199.

Woolacott, M. 1996. "Our Cities Face Crisis and Challenge," in *The Toronto Star*, 5 November 1996: A21.

Wright, E. 1982. "Derrida, Searle, Contexts, Games, Riddles," in *New Literary History*, vol. 13, no. 3: 463-477.

Zach W. and H. Kosok, eds. 1987. *Literacy Interrelations: Ireland, England and the World: 3 Natural Images and Stereotypes*. Gunter Narb Verlag Turbingen.

Zerubavel, E. 1981. *Hidden Rhythms: Schedules and Calenders in Social Life*. Chicago and London: The University of Chicago Press.

Zukin, S. 1987. "Gentrification: Culture and Capital in the Urban Core," in *Annual Review of Sociology*, no. 13: 129-147.

——1991. *Landscapes of Power: From Detroit to Disney World*. Berkeley: California University Press.

——1995. *The Culture of Cities*. Oxford: Blackwell's.

——1997. "Cultural Strategies of Economic Development and the Hegemony of Vision," in A. Merrifield and E. Swyngedouw, eds. *The Urbanization of Injustice*. New York: New York University Press, 223-243.

Zumthor, P. 1981. "The Great Game of Rhetoric," in *New Literary History*, vol. 12, no. 3: 493-508.

索 引

（本索引所标页码为英文版页码，参见中文本边码）

Abu-Lughod，J. L.，J. L. 阿布-卢格德，71-72

action，行为，行动，28-30，36，38-39，64-65，263，265-280，286-287，296-298；eroticism，色情，74，263-267，287-288；productivity，生产性，19，56，82-85，117，195-196，228-231，259-260；problem-solving，问题—解决 17-18，20-21，25，40，42，53，59，86，235

Adorno，T.，T. 阿多诺，181

adventure，奇遇，冒险，274-275

Agamben，G.，G. 阿甘本，15，20，44，50

alienation，异化，66-68

anamnesis，记忆，48，296

Anderson，B.，B. 安德森，165

anxiety，unheimlich，焦虑，不在家，295

architecture，建筑，259-260

Arendt，H.，H. 阿伦特，71，139，208，224-225，242

art，艺术，170；and progress，～与进步，75-76

Arthur，P. and R. Pasini，P. 亚瑟和 R. 帕西尼，268-269

Athens，雅典，82-86

aufheben，扬弃，34

Augustine，Saint，圣奥古斯丁，143

Bakhtin，M.，M. 巴赫金，76-78，85，201-202，218-219

Balzac，巴尔扎克，186，226-227

Banham，R.，R. 班纳姆，73

Barrow，C.，C. 巴罗，175

Bataille，G.，G. 巴塔耶，5，7，13，74，121，137，149，180，188，193-195，212，264-265，268，278

Baudelaire，C.，C. 波德莱尔，4，82，189，222，274，288，290-292，298

Baudrillard，J.，J. 鲍德里亚，6，24-25，27，36，45，64，102，218，264，272，274，288

Becker，H.，H. 贝克尔，170

Beckett，A.，A. 贝克特，133-135

Beckett，S.，S. 贝克特，283

beliefs，信仰，信念，15-18

Benardete，S.，S. 贝纳尔德特，33，35，40，43，114

Bourdieu，P.，P. 布尔迪厄，162

Benjamin，W.，W. 本雅明，64，82，126-127，261，263-264

Bennett，S.，S. 贝内特 167

Berlin，柏林，41，81-82，166，241-242，281-282

biography，传记，60-61

Black，C.，C. 布莱克，56

Blum，A. and P. McHugh，A. 布卢姆和 P. 麦克休，192

Boardman，J.，J. 博德曼，121-122

Body-Gendrot，S.，S. 博迪·让德罗，18-20

bohemianism，波希米亚主义，219-221

Bonner，K.，K. 邦纳，4，43，

bourgeoisie，资产阶级，63，135-137，179-180，189，205-206，208-215，219-221，224-225，227-228，262

Braudel，F.，F. 布罗代尔，99，197-204，291

Buck-Morss，S.，S. 巴克·莫斯，181，263-264

building and rebuilding，建设与重建，230-234

built environment/objective culture，建成环境/客观性文化，259-260

Butor，M.，M. 布托，273

canon，标准，114

Carr，D.，D. 卡尔，35，60-64

case studies，案例研究，13，15-16，18，31，44-45，296

Castells，M.，M. 卡斯特尔，22，105

Certeau，M. de，M. 德赛尔，39，267

Chambers，R.，R. 钱伯斯，270，281

Chicago，芝加哥，72，109-112

Chicago school，芝加哥学派，236-240

circulation，循环，91-94

city：center，城市：～中心，99；common situation，～共同情境，30，53-55，65；communication center，～交流中心，98-99；creative，创意～，182-183；duration and extension，～持续与扩展，89-91；good，～的善，5-6，50-52，230；hospitality，～好客，122-125；identity，～身份，26-32；as a market place，～作为市场，190；monstrous，怪异的～，201-204；object of desire，～作为欲望的客体，39，43-44，76-79，93，226-228；perpetuity，～持久性，94-95；place，～场所，44；science and art，艺术与科学；74-75；as a sign，～作为符号，24-26，106；social change，～社会变迁，56-59，61，79-82，109-112，294；travel，46，159-160；twenty-four-hour，24 小时城市，96，144，149，162；as a work of art，～城市作为艺术作品，5-6，39，69，70-75，190

civilizing process，文明进程，21

Clark，T. J. ，T. J. 克拉克，221-222

Clarke，E. D. ，E. D. 克拉克，165

class，阶层，阶级，35，63，215-218

Cocteau，J. ，J. 科克托，169

coffee，咖啡，126-128，142，162

collective life，集体生活，107；purpose，目的，19，32，36，52-53，72，75，90，95；utopia，乌托邦，133

commodity，商品，66-67，105-106，124，166

common situation，共同情境，53-55，90，96，103，136-137，139-140，186-188

community，共同体，社区，3，6-7，297-298

comparing cities，比较城市，27，37，40，42

consumption，消费，136-137，195-196

Corcoran，M. ，M. 科克伦，31，59-63，243

cosmopolitanism，世界主义，138，149，227-228

Coulanges，F. de，F. 德库朗热，85，94

crowd，人群，222-223，288-290

culture，文化，14，19，22，52-54，56，284-285

death，死亡，62，75，78，82，85-86，232. See also mortality，参见必死性

Debord，G. ，G. 德波，65-69，261

Delanty，G. ，德兰蒂，105

Deleuze，G. ，G. 德勒兹，26，88

Derrida，J. ，J. 德里达，47

Descartes，R. ，R. 笛卡儿，260

diversity，多样性，101-105，183-186，197-199，225-228

divided line，分界线，16-18

division of labor，劳动分工，3

Dublin，都柏林，60，125-133

duration and extension，持续与扩展，89-91

Durkheim，E.，E. 涂尔干，32，92，142，194-211，264

Dührrschmidt，J. and U. Matthiesen，J. 杜尔施米特和 U. 马修森，30，60-64

ecology，生态，79-81

Elias，N. and E. Dunning，N. 埃利亚斯和邓宁，98，185，213

Enzenberger，H. M.，H. M. 恩岑贝格尔，138

flâneur，闲逛者，263-265，284，287-290

Focillon，H.，H. 福西永，42

free time，自由时间，146-148

Gadamer，H.，H. 伽达默尔，140

Gans，E.，E. 甘斯，99，196，283

Gans，H.，H. 甘斯，33

Garfinkel，H，H. 加芬克尔，38

Gay，P.，P. 盖伊，168

Gemeinschaft-Gesellschaft，共同体—法理社会，181

General Will，普遍意志，35

generation，同代人，一代人，83，90，241

Genet，J.，J. 热内，187

Girard，R.，R. 吉拉德，15，44

Glazier，R.，R. 格莱齐尔，118-119

globalization，全球化，18-23，38，61，79，91-92，94，105-109，190-192

Goffman，E.，E. 戈夫曼，170-171，173，266，275，281

Goldberger，P.，P. 戈德伯格，244

Gopnik，A. ，A. 戈普尼克，180

Gottdiener，M. ，M. 戈特迪纳，101，140

grammar，语法，165-166

Grana，C. ，C. 格拉纳，221

Grenzer，E. ，E. 格伦泽，259

Hallward，霍尔沃德，191

Harvey，D. ，D. 哈维，22.

Hegel，G. W. ，G. W. 黑格尔，3，34，113，184-185，200-201，251，265

Heidegger，M. ，M. 海德格尔，4，6-7，28，32-33，115，165，178-179，242，295

Hesiod，赫西奥德，145，147

Hitler，希特勒，81-82

Hobbes,，T. ，T. 霍布斯，22，64

images，形象，15-18

imaginative structure，想象性结构，31-34

Innis，H. ，H. 英尼斯，89，91-92

insomnia，失眠，150-156，162，236

interpretation，解释，15

Isherwood，B. and M. Douglas，B. 伊舍伍德和 M. 道格拉斯，98，109，136-137

Jacobs，J. ，J. 雅各布斯，192，214

Jenks，C. ，C. 詹克斯，264

Kant，I. ，L. 康德，197，273

Karatheodoris，S. ，S. 卡拉西奥多里斯，94

Kolb，D.，D. 科尔布，178

Lacan，J.，J. 拉康，9，17，22，28，126，187-188，212，288，297

Ladd，B.，B 拉德，81

Latham，A.，A. 莱瑟姆，270，281，289

Ledrut，R.，R. 莱德鲁特，38-39，43，51-52，65，68，70，176，279

Lefebvre，H.，H. 列斐伏尔，22

Levinas，E.，E. 列维那斯，126

life chances，生活机会，215-218

locality，地方性，36-9，58，88-89，93，123

Lofland，L.，L. 洛夫兰，266

London，伦敦，187，203-204，223

Los Angeles，洛杉矶，71-72

Lynch，K.，K. 林奇，244

MacGregor，R.，R. 麦格雷戈，97

Machiavelli，N.，N. 马基雅维利，147-148

Maffesoli，M.，M. 马费索利，164

Manchester，曼彻斯特，133-135

Mannheim，K.，K. 曼海姆，164

market，市场，22，69，86，153，193-195，228

market value，市场价值，100，193-194，227-228

Marx，K.，K. 马克思，35，72，204-205，208-210，215

masses，群众，200，224

Massey，D.，D. 马西，101

Massey，D.，J. Allen，and S. Pike，D. 马西和S. 派克，46

mathematical，数学的，115-116

McAlmon，R. and K. Boyle，R. 麦卡蒙和K. 博伊尔，169

McCumber，J.，J. 麦克库伯，95-96

McHugh，P.，P. 麦克休，38，54，56-59

memory，记忆，68-69

metaphysics，形而上学，15

method，方法，14-16，26-69，43-44，48，298

Meyer，J. W.，J. W. 迈耶，108

Mills，C. W.，C. W. 米尔斯，181-186

Mimetic，contagion，模仿的，传染，218-219，225-228，262-263

modernity，现代性，21-22，60，76，78，133-135，140

Moerman，M.，M. 莫尔曼，37

Montreal，，蒙特利尔，30，41

monsters，怪物，156，199

Moore，T.，T. 摩尔，146

Mordaunt Crook，J.，J. 莫当特·克鲁克，223

mortality，必死性，90，95-96，168-170

Muschamp，H.，H. 穆尚普，116

Nancy，J. L.，J. L. 南希，33-34，145

Naples，那普勒斯，77-79

Nef，J.，J. 奈夫，228-230

neighborhood，邻里，178

Neitzsche，F.，F. 尼采，4-5，38，46，72-73，82，117，139，243

New York，纽约，72，185，235，245

Nielsen，G.，Y. Hsu，and L. Jacob，G. 尼尔森，Y. 徐 和 L. 雅各布，31，44-45

nihilism，虚无主义，3-13，234

Norris，F.，F. 诺里斯，190

old ad new，旧与新，116，244-246

O'Neill，M，M. 奥尼尔 73-74

open and closed，开放与关闭，118-122

Ozizk，C.，C. 奥齐克，183-184，235

Padmore，G.，G. 帕德莫尔，169

paradigms，范式，112-113

parasitical，寄生的，199

Paris，巴黎，185-186，221，226-227

Paris Is Burning，巴黎在燃烧，187

Park，R.，R. 帕克，109-112，236-240

Parker，D.，D. 帕克，169

parochial，狭隘的，138

Parsons，T.，T. 帕森斯，53，172

Perec，G.，G. 佩雷克，296

Pericles，伯里克利，82-86

perpetuity，永久性，94-95

Pierce，C.，C. 皮尔斯，62

place，场所，28，31-32，44-45，62，66，94，125-133，135，178，187 Plato，3，7-12，15-18，24，48-49，51，73，103，117，296

political economy，政治经济，181-182

poor, the，穷人，204-208

private/public，私/公，179-181，185

public spaces，公共空间，156-158，258-260

puzzle，谜题，296

question，提问，8-12

Raban，J.，J. 拉班，165，179-180

Rabelais，拉伯雷，218-219

Rancière，J.，J. 朗西埃，27，35，46，86

remakes，重塑，246-249；displacement，位移，256-257；replacement，置换，249-252；upgrading，升级，252-254

representation，表现，表象，3，16-20，23-27，36-39，45，55，57，59-65，68-69，105，112-116；ambiguity，模糊性，14，54，66-67，86-87，96；indeterminacy，不确定性，12，16，28，31-33，51，86；life world，生活世界，68，70-76

The Republic，《理想国》，117，127-129；and justice，～与正义，3，7

Rhys，J.，J. 里斯，156-158

Robb，P.，P. 罗布，77-79

Rome，罗马，81-82

Rosen，S.，S. 罗森，34

Rossi，A.，A. 罗西，113，240，242，244

Rossi，R.，R. 罗西，258

Rousseau，J. J.，J. J. 卢梭，35，199，206-208，211，215，263，269

Ruttman，W.，W. 鲁特曼，281-282

sacrifice，舍弃，192-196

St Petersburg，圣彼得堡，202

same and other，同一与他者，24，31，33，46，54，72，75，159-166，295

Sartre，J. P.，J. P. 萨特，54-55，72-73，171，297

Sassen，S.，S. 萨森，18-20，22，105-106，123，208-210，278

Scarry，E.，E. 斯卡里，126

scenes，art，场景，艺术，170；collectivization，集体化，170-171；mortality，必死性，168-170；New Left，新左派，174；parasitism，寄生性，173，199；performance，表演，174；theatricality，戏剧性，171-173；transgression，越轨，149，173-175

Schama，S.，S. 沙玛，211

Schmid，M.，M. 施米特，52-53

Schmitt，C.，C. 施米特，168

Schumpeter，J.，J. 熊彼特，214

Scott，D.，D. 斯科特，137

Seigel，J.，J. 西格尔，221

self-reflection，自我反思，7-8，13-18，43-48；dialectic，辩证法，9，40-42，296-298；free space of meaning，意义的自由空间，4，36-39；identity，身份，认同，21，29-35，40-46

Serres，M.，M. 塞雷斯，173

Shils，E.，E.. 希尔斯，58，88，99，105，240-242

Simmel，G.，G. 齐美尔，39，74，98，162，186，190，192-193，211，226，243，270，274-275，281，283-284，288，290

Smith，M.，M. 史密斯，102，106

social change，社会变迁，19-20，56-59，75-76，79-82，90，109-112，294

Socrates，苏格拉底，7-12，33，128-129，150-152，169，176-178

Soja，E. W.，E. W. 索娅 22

space，空间，88-89，91-94，97；and time，空间与时间，22-23，44，58-67，70，80，90，94-100，116，187

spectacle，景观，175-176，181，221-223；congestion，density，拥挤，密度，200，223；quantity and number，数量与数字，196-201，203-206，221-225，230；visual，视觉的，221-223

Spinoza，斯宾诺莎，190

Steele，V.，V. 斯蒂尔，185-186，226

Stinchcombe，A.，A. 斯廷奇库姆，35

Straw，W.，W. 斯特罗，249

streets，街道，246，266-267；density，solitude，密度，独处，270-274；walking，步行，267-272；way-finding，找路，268-269

superstore，超级商店，257-258

Surowieki，J.，J. 苏罗威基，191

Sussman，M.，M. 萨斯曼，258-259

Swanson，G.，G. 斯旺森，52-53，56，58

sweetness of life，甜美生活，94，228-230

Thrasymachus，色拉叙马库斯，9-12，15

Thucydides，修昔底德，82-86

Time，时代，90，94

Times Square. See public spaces，时代广场，见公共空间

Todorov，T.，T. 托多洛夫，43

Tocqueville，de，德·托克维尔，176

Toer，A.，A. 图尔，197

Travel，旅行，46-48，158-160

Tsing，A.，A. 秦安娜，107

universal，普遍的，98-99，124-125

urbanization，都市化，96-100

Venice，威尼斯，42

waiting，等待，148-149，280-284

Weber，M.，3，M. 韦伯，18，29-33，36，75-76，161，189，194，
205，209-210，212-213，219，297

Wiggins，D.，D. 威金斯，64

Wittgenstein，L.，L. 维特根斯坦，15，29，46-47，178，266

Woolf，V.，V. 沃尔夫，169

Wynn，D.，D. 韦恩，182

Zukin，S.，S. 佐京，164

图书在版编目(CIP)数据

城市的想象性结构/(美)艾伦·布朗著;李建盛译. —北京:北京师范大学出版社,2022.1
(文化与城市研究译丛)
ISBN 978-7-303-26416-2

Ⅰ. ①城… Ⅱ. ①艾… ②李… Ⅲ. ①城市文化-研究 Ⅳ. ①C912.81

中国版本图书馆 CIP 数据核字(2021)第 045684 号

北京市版权局著作权合同登记号: 图字 01-2017-4559

ⓒ McGill-Queen's University Press 2003

本书根据麦吉尔-女王大学出版社 2003 年英文版译出

城市的想象性结构
CHENGSHI DE XIANGXIANGXING JIEGOU

[美]艾伦·布朗 著 李建盛 译

策划编辑: 禹明超　　责任编辑: 李锋娟
美术编辑: 王齐云　　装帧设计: 王齐云
责任校对: 康　悦　　责任印制: 赵　龙

出版发行: 北京师范大学出版社	开本: 730mm×980mm　1/16	版次: 2022 年 1 月第 1 版
印刷: 鸿博昊天科技有限公司	印张: 29.25	印次: 2022 年 1 月第 1 次印刷
经销: 全国新华书店	字数: 360 千字	定价: 98.00 元

北京师范大学出版社
http://www.bnup.com
北京市西城区新街口外大街 12-3 号
邮政编码: 100088
营销中心电话: 010-58805602
主题出版与重大项目策划部: 010-58805385